미국의
아시아 회귀 전략

미국의
아시아 회귀 전략

미국의 전문가 15인에게 묻는다

이용인 · 테일러 워시번 엮음

창비

아시아 회귀와 한반도의 미래

2010년 미중관계는 살얼음판을 걷고 있었다. 2009년 12월 코펜하겐 기후변화회의에서 타협을 거부한 중국에 대한 미국의 불쾌한 반응은 예고편에 불과했다. 2010년 1월 대만에 대한 미국의 무기 판매와 이에 대응한 중국정부의 미국기업에 대한 제재 선언, 7월 하노이 아세안지역포럼(ASEAN Regional Forum, 이하 ARF)에서 당시 미 국무장관인 힐러리 클린턴(Hillary Clinton)의 남중국해 분쟁에 대해 베트남·필리핀 지지, 9월 일본이 센까꾸 열도(尖閣列島, 중국명은 댜오위다오釣魚島) 인근에서 '공무집행방해' 혐의로 중국어선의 선장과 선원 14명을 체포한 것에 대한 중국의 강경한 반응과 10월 노벨상위원회가 중국의 반체제 인사인 류 샤오보(劉曉波)를 평화상 수상자로 선정한 것에 대한 중국정부의 대(對)노르웨이 경제제재 등 미중 간 갈등의 진폭은 갈수록 커져만 갔다.

격동의 미중관계 한가운데에는 천안함사건(2010년 3월)과 연평도 포격사건(2010년 11월)이 있었다. 미국은 천안함사건을 부상하는 중국에 맞서 동북아시아에서의 주도권을 강화하기 위한 전략적 포석으로 삼아 이에 개입했다. 이미 중국의 공세적 행동에 감정이 상할 대로 상한 미국은 천안함사건을 계기로 베이징까지 들여다볼 수 있는 조지워싱턴호 항모를 서해 한미 합동훈련에 포함시키겠다며 중국의 신경을 자극했다. 중국은 격하게 항의했다. 대륙세력과 해양세력의 경계선에 위치한 지정학적 특성과 냉전체제 장기화로 외부세력의 개입에 취약한 한반도는 미중 간 갈등의 전선으로 급속히 빨려들어갔다.

천안함사건에 이어 북한의 연평도 포격사건이 발발했을 때에는 이미 남북 모두가 문제를 직접 해결할 수 있는 능력을 상실한 상태였다. 한국이 대북 보복 계획을 세우자, 한반도에서 무력충돌이 발생할 경우 이에 연루될 수밖에 없는 상황을 우려한 미중이 암묵적인 합의를 나누고 각각 한국과 북한에 대한 억지에 나섰다. 무력충돌이라는 최악의 상황은 피했지만, 미중의 영향력은 더욱 커지고 남북관계의 구심력은 더욱 약화되는 결과를 초래했다.

2011년 1월 버락 오바마(Barack Obama) 미 대통령과 후 진타오(胡錦濤) 중국 국가주석의 정상회담으로 미중의 갈등은 봉합됐지만, 중국의 부상은 미국에 전면적이고 통합적인 새로운 대응을 요구했다. 오바마 대통령이 2011년 11월 미국의 총체적 동아시아 외교안보 전략이라고 할 수 있는 '아시아 회귀'(Pivot to Asia) 정책을 발표한 것은 이러한 사정을 반영하고 있다. '아시아 회귀' 정책의 요지는 향후 아시아태평양(이하 아태) 지역을 외교정책의 중추로 삼겠다는 것이나, 실제로 이 전략은 대(對)중국 전략을 전제하고 있다.

미국의 '아시아 회귀' 전략 이후 강도가 높아진 미중의 '친구 만들기' 경쟁은 동아시아 각국을 선택의 딜레마로 빠져들게 하고 있다. 상당수 국가들이 안보는 미국에, 경제는 중국에 의존하고 있기 때문이다. 한국도 이런 딜레마에서 예외일 수 없다. 게다가 동맹국 및 우호국 들을 네트워크로 연결하고, 이들에게 역할을 전이하는 역량동원 전략 차원에서 미국은 한국에 미사일방어(Missile Defense, MD) 씨스템 가입을 공개적으로 요구하고 있다. 한국이 미국 쪽 네트워크에 깊숙이 편입될수록 한중 간 외교적 마찰은 잦아질 것이다. 중국의 힘이 커지면 커질수록 미국의 네트워크에서 빠져 나오라는 중국의 압박 역시 강해질 것이다. 이러한 상황은 향후 한반도문제 해결에 있어 '한반도 사람들'의 주도권과 영향력은 약해지고, 국제적 세력의 영향력은 커질 수 있음을 시사한다. 이른바 한반도문제의 '외재화'다.

　미중관계의 냉혹한 국제역학 속에서 한반도의 현상유지가 장기화되고, 심지어는 한반도가 '거래'의 대상이 될 가능성마저 배제할 수는 없다. 그럼에도 그동안 남북한 정부의 대외정책은 한반도문제 해결의 구심력을 확보하는 쪽이 아니라, 오히려 이에 역행하는 쪽으로 가면서 미중이 개입할 여지를 넓히고 있다. 2000년대 초중반 한반도 내에서 일어났던 한반도문제의 '내재화' 움직임은 이제 동력을 잃었다. 이명박 정부의 대북정책에서 볼 수 있듯이 '관계'를 무시한 당사자 일방의 강요는 결코 성공할 수 없고, 일시적으로 성공한 듯 보여도 오래갈 수 없다. 필자가 '아시아 회귀'를 화두로 삼은 것도 이 같은 문제의식에서 비롯되었다.

　최소한 오바마 행정부, 아니 현재 미국 외교가의 중국에 대한 관심에 비추어볼 때 '아시아 회귀'는 미국의 장기적이고 핵심적인 외교정책이 될 가능성이 적지 않다. 중국도 향후 동아시아에서 미국과의 관계 설정을 외교정책의 최우선 순위로 둘 것이다. 따라서 미중 간 세력권의 지정학적 경계선에 위치한 우리에게 미중관계는 생존의 문제가 될 것이다. 한반도의 내적 문제에 더해 언제든 주변국의 문제로 불똥이 튈 수 있다. 남중국해에서 분쟁이 생길 경우 중동에서 믈라카해협을 거쳐 원유를 들여오는 에너지 수송로가 막혀 에너지 대란이 발생할 수 있다. 더불어 센까꾸/댜오위다오 문제로 중국과 일본 간 무력충돌이 일어날 가능성 또한 적지 않다. 가능성이 현실이 된다면 한국은 미일과 중국 양쪽으로부터 병참기지화 요청을 받게 될 것이라는 예측이 과연 터무니없는 공상일까? 임진왜란 당시 일본의 토요토미 히데요시(豊臣秀吉)가 중국 명나라를 치겠다며 조선에 길을 빌려달라고 요구한 '정명가도(征明假道)'가 현대에서 재연되지 말라는 법도 없다.

필자의 현장 취재 '경험담'도 미중관계에 대한 관심을 환기시키는 계기가 되었다. 2011년 1월 오바마 대통령과 후 주석의 정상회담 결과는 외교통상부를 출입하던 필자에게 반추의 기회를 주었다. 정상회담 직전까지만 하더라도 미중관계가 정상회담을 계기로 오히려 악화될 것이라는 전망이 외교관과 전문가 들 사이에서 지배적이었다. 필자도 이에 동의했다. 그러나 미중 정상은 41개항으로 구성된 공동성명을 발표했으며, 획기적인 돌파구는 아니더라도 동아시아에서의 미중 간 갈등을 진정시키는 전환점이 되었다. 이후 미국은 한반도 정세 변화를 시도해 그해 8월 북미대화를 이어나갔다. '빗나간 예측'은 미중관계에 대한 필자의 반성의 출발점이 되었다. 또한 현장 취재 경험에 비추어보면 미중 간 중요 협의 내용에 대해 중국정부는 말할 나위도 없고 미국정부도 한국정부에 상세하게 설명을 해주지 않는다. 한반도문제는 강국들에게 여러 포석 중의 하나일 뿐이다.

이번에 만난 미중관계 전문가들에게서도 이와 유사한 관점을 찾아볼 수 있었다. 이들은 미중관계의 틀 속에서 한반도문제나 북한문제를 바라본다. 이들의 사고방식에 한반도문제의 특수성이 비집고 들어갈 여지는 많지 않다. 북한은 붕괴시켜야 하거나 붕괴될 대상이고, 그로 인해 생길 수 있는 한반도 내 혼란에 대해서는 별 언급이 없다. 또한 중국을 견제하기 위한 한−미−일 삼각안보라는 목표 속에서 한일의 과거사문제에 대한 한국인의 감정은 대수롭지 않은 것으로 취급되곤 한다. 예를 들어 제니퍼 린드(Jeniffer Lind) 다트머스대학 교수는 전후 독일의 사례를 들어 일본이 과거 침략 전쟁에 대해 사죄할 필요가 없다고 주장한다. 한국인의 입장에서 보면 쉽게 수긍하기 어려운 주장이나 경험적 데이터로 뒷받침되는 이러한 논리 전개가 한−미−일 삼각안보체제 구축을 목표로 하는 미국의 전략가들에게는 반가운 소식일 수밖에 없다. 우리가 이러한 논리에 맞서 방어할 준비가 되어 있는지 잘 모르겠다. 불편하더라도 미중의 의도를 분석하고, 이에 대응하려는 노력이 절대적으로 필요하다.

이 책은 이러한 문제의식에서 미국의 외교 전문가들과의 인터뷰를 통해 미국의 '아시아 회귀'로 상징되는 미중관계의 과거, 현재, 미래와 그것이 동아시아 각국에 미칠 영향을 소개하고자 한다. 이 15편의 인터뷰는 아시아 회귀에 대한 다양한 견해를 날것 상태로 전해줄 것이다. 해법까지는 아니어도 미중관계의 지형만이라도 파악하는 데 도움이 되었으면 하는 바람이다. 미국은 전문가집단이 미 행정부의 외교정책 수립 과정에 상당한 영향을 미치는 동시에 회전문 형식으로 행정부 밖의 외교 전문가들이 결국 행정부에 입각하는 구조를 보인다. 이러한 까닭에 이들 전문가들의 생각을 가감없이 소개하는 것이 중요하다고 생각했다.

마지막으로 용어와 관련된 사족을 덧붙이고 싶다. 이 책의 핵심개념인 'Pivot to Asia'에서 'pivot'을 '회귀'로 번역했다. 국내에서는 '아시아로의 중심축 이동'이나 '아시아 중시'라고 번역하지만, 이 용어의 탄생 과정을 보면 오바마 대통령이나 클린턴 전 국무장관 등이 2012년 대선을 앞두고 중국을 군사적·지정학적으로 견제하고 있음을 강조하기 위해 의도적으로 사용한 측면이 강해 그 의미를 그대로 살리기로 했다. 'Pivot'에는 이라크·아프가니스탄 전쟁 때 중동 지역에 집중적으로 배치되었던 군사적 자산을 미 태평양사령부로 전환·배치하고, 호주와 필리핀 등 아시아 각국과의 느슨해진 군사동맹을 다시 강화한다는 의도가 강하게 깔려 있다.

더불어 'rebalancing' 역시 대체로 '재균형'이라 번역하지만 이 책에서는 '재조정'으로 옮겼다. 'pivot'이 널리 퍼지면서 중국과의 군사적 대결이 언론에 의해 집중적으로 부각되고 중국의 반발이 거세지자 2012년 대선 이후 백악관은 이를 'rebalancing'으로 바꾸어 말하기 시작했다. 해당 표현은 외교안보 정책의 전략적 우선순위를 유럽, 중동, 아시아 간에 지역별로 재조정하고, 아시아 정책에서 외교와 군사력의 균형을 재조정한다는, 'pivot'보다는 '순화된' 뜻을 담고 있다. 그렇기 때문에 '재균형'이라고 번역할 경우 본래의 뜻을 담아내기 어려울 뿐만 아니라, 국제정치학의 용어인 '세력균형'(balance of power)과 연관이 있는 듯 혼돈할 여지가 있다고 판단했다.

일러두기

1. 이 책은 이용인·테일러 워시번이 2013년 1월부터 6월까지 진행한 대담을 엮은 것이다. 대담은 두 엮은이가 함께 진행했지만, 인터뷰 번역 및 서문, 도입서문, 감사의 글은 이용인이 맡았다.
2. 모든 각주는 엮은이 주이며, 본문 내 문맥상 엮은이의 추가설명이 더해진 경우에는 방주로 처리했다. 더불어 엮은이가 표현한 견해는 전적으로 개인의 의견이며, 소속된 집단의 입장과는 무관하다.
3. '센까꾸/댜오위다오' '톈안먼사건' 등 정치적으로 문제가 되는 표현에 대해서는 인터뷰이의 특별한 언급이 아닌 이상 병기하거나 중립적인 표현을 택했다.
4. 이 책은 관훈클럽신영연구기금의 도움을 받아 저술·출판되었다.

제1부

미국의 '아시아 회귀 전략' 논쟁

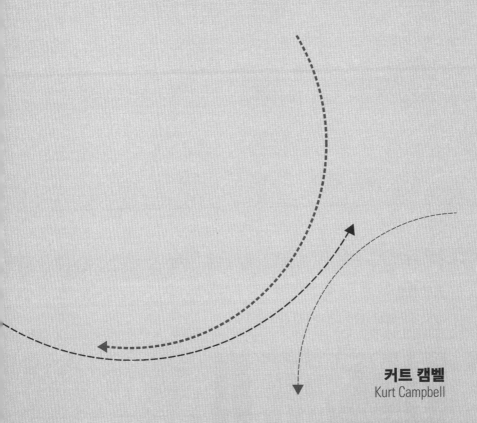

커트 캠벨
Kurt Campbell

회귀인가, 재조정인가

：

커트 캠벨 Kurt Campbell(1957~)

전 미 국무부 동아시아태평양 담당 차관보
현 아시아그룹 대표

여름의 초입인 2013년 6월 5일 커트 캠벨을 만나러 갔다. 그해 2월 그가 미 국무부 동아시아태평양(이하 동아태) 담당 차관보를 그만두고 설립한 컨설팅회사인 아시아그룹(The Asia Group)의 사무실은 로비회사와 싱크탱크 들이 몰려 있는 워싱턴 시내의 케이스트리트(K Street)에서 그리 멀지 않은 곳에 있었다. 그는 약속시간을 조금 지나 감색 양복에 백팩을 메고 나타났다. 인터뷰를 요청할 당시 그의 '몸값'은 상종가를 치고 있어 약속을 잡기가 쉽지 않았다. 미 국무부의 핵심 보직으로 한국과 중국, 일본을 비롯해 베트남, 필리핀 등 아시아 주요 국가를 담당하는 동아태 차관보를 그만둔 지 얼마 지나지 않은 상황이라 그럴 만도 했다.

캠벨이 동아태 차관보로 재직할 때에도 그에게는 지대한 관심이 쏠렸다. 캠벨의 공개 세미나나 연설 또는 그가 대담자로 나온 행사라면 족히 200~300명 정도의 청중들이 모이곤 했다. 좌석이 없어 서서 강연을 듣는 사람도 적지 않았다. 한국은 물론 미국·일본·중국·대만의 주요 언론들도 경쟁적으로 취재를 나왔다. 심지어 워싱턴에 주재하는 각국의 외교관들도 눈에 띄었다. 캠벨을 사적으로 접촉하는 게 쉽지 않으므로, 공개적인 자리에서 나오는 발언을 통해서라도 미국의 '진의'를 파악해보려는 것이었다. 캠벨의 강연장은 '외교 전쟁터'를 방불케 했다.

미 국무부 동아태 차관보는 직책으로 보면 한국 외교부의 '국장' 급에 해당하는 자리다. 한국 쪽 공식 파트너인 외교부 차관보보다는 실제로 직급이 한두단계 정도 낮다. 하지만 권한으로 보면 한국의 외교부 국장보다, 심지어 차관보보다도 막강한 것으로 알려져 있다. 주요 외교안보 회의가 열리면 해당 지역을 총괄하는 차관보의 판단이 큰 영향을 끼친다.

게다가 오바마 행정부 들어 동아태 차관보의 영향력은 특히 커졌다. 금융위기로 만신창이가 된 미국과 비교해 상대적으로 중국의 부상이 도드라졌고, 이에 대한 대응이 미국 외교정책의 핵심 사안이 되었기 때문이다. 캠벨은 미국의 중국 대응을 핵심으로 하는 '아시아 회귀'(Pivot to Asia) 정책을 입안하고 실행한 실무 총사령탑이었다.

재직 시 그의 막강한 영향력은 버락 오바마와 힐러리 클린턴과의 역학관계에서도 비롯되었다. 한국의 청와대도 그렇지만 미국의 외교정책을 총괄하고 조정하는 곳은 백악관이다. 하지만 오바마 대통령이 경쟁자였던 클린턴을 국무부 장관에 임명하자 국무부의 위상이 크게 올랐다. 클린턴은 국무부의 주요 요직을 '자기 사람'으로 앉힐 수 있는 권한을 백악관으로부터 보증받았는데, 클린턴이 임명한 대표적인 인물이 민주당 경선 시절부터 외교안보 참모 역할을 해온 커트 캠벨이었다.

국방부 출신의 캠벨은 오바마 행정부의 1기 외교안보 참모들 가운데 '보수적인' 인물에 속했고, 이 때문에 민주당 소속이면서도 공화당 내 온건파들의 지지까지 두루 등에 업고 정책을 수행할 수 있었다. 그의 정책들이 워싱턴 외교가에서 대체적으로 성공적이라고 평가받는 데에는 그의 이런 성향 및 마당발 인맥과도 무관하지 않다.

그는 미국의 외교안보 전문가들이 유럽을 중시하는 것과 달리 아시아의 중요성을 강조하는 '아시아주의자'로 분류할 수 있다. 그는 아시아가 전략적으로나 경제적으로 유럽 못지않게 중요한 지역이므로 미국이 적극적으로 관여(engage)해야 한다고 일관되게 주장해왔다. 또한 냉전이 종식된 1990년대 초 아시아에서 미군감축이 추진될 때 이를 저지하는 데 상당한 역할을 했다. 특히 클린턴 행정부 시절인 1995년부터 2000년까지 국방부 아시아태평양(이하 아태) 부차관보로 근무하며 일본의 군사적 역할을 확대하는 내용을 담은 '미일 안보 공동선언'을 기획한 것으로 알려져 있다.

캠벨은 리처드 아미티지(Richard Armitage)와 조지프 나이(Joseph S. Nye Jr.)가 주도해 만든 미국의 '초당적 대아시아 전략지침서'인 이른바 1차 아미티지 보고서(2000)와 2차 보고서(2007) 작성자로 참여하기도 했다. 보고서의 핵심은 '미국의 이익은 아시아에 크게 달려 있고, 아시아는 일본을 중심으로 관리되어야 한다'라는 것이다. 그러한 면에서 그는 대륙주의자라기보다는 해양주의자에 가깝다.

그는 부시 행정부가 테러와의 전쟁을 빌미로 이라크와 아프가니스탄 등 중동에 집중하며 아시아를 경시하는 것을 우려했고, 2007년 1월 신미국안보센터(The Center for a New American Security, 이하 CNAS)를 설립하여 이러한 자신의 입장을 개진했다. 당시 CNAS에서 발간한 「균형의 힘: iAsia에서의 미국」(Power of Balance: America in iAsia)에서 그는 부시 행정부가 군사력에 과도하게 의존하는 것을 비판하며 미국은 다양한 형태로 아시아에 관여해야 한다고 주장했다. 그가 오바마 행정부 1기에 국무부 동아태 차관보로 임명되면서 이 같은 그의 보고서들은 오바마 행정부 아시아 정책의 밑그림이 되었다. 그는 아시아주의자이면서 미국이 아시아에서 갖는 국익과 동맹을 지키려 한다는 점에서 보수적이지만, 군사력과 함께 쏘프트파워(soft power)의 중요성을 강조한다는 점에서 현실주의와 자유주의적 면모를 함께 지닌다.

캠벨은 '아시아 회귀' 전략 이외에도 미얀마와의 관계정상화를 이끌어내는 데 결정적인 역할을 했다. 미국과 미얀마의 관계정상화에는 두 얼굴이 있다. 미얀마의 민주화와 개혁·개방이라는 측면에서는 긍정적이지만 미국과 중국이 서로 영향력을 확보하기 위해 경쟁하는 지역이라는 측면에서는 우려되기도 한다. 캠벨은 인터뷰에서 미얀마를 둘러싼 미중 간 경쟁적 측면을 강하게 부인했지만, 미국의 한 싱크탱크 전문가는 필자에게 미얀마와의 관계정상화를 두고 "중국과의 외교전쟁에서 승리했다"라고 직설적으로 말하기도 했다.

이명박 정부와 외교안보 정책의 호흡을 맞추었던 캠벨은 오바마 집권 초기에는 한국을 뺀 미·중·일 3국 협의체를 통해 동아시아 문제를 관리하려 했다. 그와 동시에 대중국 포위망에 한국을 계속 끌어들이려 압박했고, 대북정책에서도 제재·압박을 통해 북한이 스스로 핵을 포기할 때까지 기다리겠다는 이른바 '전략적 인내'(strategic patience)라는 기조를 유지했다. 워싱턴의 보수적 전문가들도 오바마 1기 행정부 말기에 들어서는 북한문제를 방치해 북한의 핵능력만 높였다며 이런 대북정책을 비판했다. 그러나 미얀마의 외교적 성과에 묻혀, 그리고 북한에 대한 깊은 불신 탓에 그의 대북정책에 대한 비판은 크게 부각되지 않았다.

캠벨은 캘리포니아주립대학(샌디에이고 캠퍼스)을 졸업했으며, 마셜 장학생으로 영국 옥스퍼드대학에서 국제관계학으로 박사학위를 받았다. 하버드대학 케네디스쿨 조교수를 역임했다.

천 광청, 아시아 회귀와 미중관계

2012년 4월 27일 저녁, 외신들이 긴급 뉴스를 쏟아내기 시작했다. 중국의 반체제 인사인 시각장애 인권변호사 천 광청(陳光誠)의 자택 탈출 소식이었다. 천 광청은 중국 산둥성 정부가 한자녀 정책을 추진하면서 주민들에게 낙태와 불임을 강요했다는 사실을 폭로해 4년간 수감되었다가 2010년 9월 석방되었다. 하지만 그뒤에도 가택연금 상태에 있었다. 자택에서 탈출한 그의 행방이 잠시 묘연했으나, 곧 베이징 주재 미대사관으로 도피해 있다는 사실이 알려졌다.

미중관계에서 이 사건은 상당히 예민한 문제였다. 엿새 뒤인 5월 3일 미국과 중국은 베이징에서 이틀 동안 전략·경제대화(Strategic and Economic Dialogue, S&ED)를 열기로 한 상태였기 때문이다. 2009년부터 시작된 미중 전략·경제대화는 양국의 모든 주요 현안을 논의하는 최고위급 상설 협의기구다. 천 광청 사건이 이 협상 테이블에 올려질 경우, 북한·이란·무역 문제 등 시급히 논의해야 할 양국 간 주요 현안들이 우선순위에서 밀리거나 엉클어질 것이 뻔했다. 게다가 중국의 인권문제에 대해 미중은 첨예하게 맞서고 있었다. 중국이 무조건적으로 천 광청의 신병인도를 요구하며 강경하게 대응할 경우, 그해 11월 대선을 앞둔 오바마 행정부도 국내의 비판여론을 의식해 중국에 '압력'을 행사할 수밖에 없었다.

천 광청 사건의 파장이 어디로 튈지 모르는 아슬아슬한 상황에서 커트 캠벨 당시 동아태 차관보가 중국과의 협상을 위해 급파되었다. 천 광청이 가족과 함께 안전하게 중국에 머무르는 쪽으로 협상을 마무리한 뒤 캠벨은 5월 1일 오후 3시 2분, 천 광청의 손을 잡고 미대사관 현관문을 나섰다. 당시 미 국무부가 배포한 현장 사진은 한 고비를 넘긴 미중관계의 '아이콘'처럼 여겨졌으며, 이 문제를 해결한 캠벨에게 세계의 이목이 집중되었다. 그러나 대사관을 나온 천 광청은 중국에 남아 있을 경우 자신과 가족들의 안전이 우려된다며 미국행을 원한다고 입장을 바꾸었다. 당시 보도를 보면 미국 쪽 협상팀도 적잖게 당황했음을 알 수 있다. 결국 미중은 그의 거취를 두고 추가 협의를 해야 했으며, 천 광청은 망명이 아닌 유학 형식으로 미국으로 가게 되었다.

대담자 천 광청의 거취에 관한 중국정부와의 협상을 마친 뒤 당신이 천 광청과 함께 미대사관에서 걸어나오는 모습은 상당히 인상적이었다. 당시의 상황을 좀더 구체적으로 이야기해줄 수 있겠는가? 또한 미중 전략·경제대화 직전에 발생한 천 광청 사건이 미중관계에 시사하는 함의는 무엇이었나?

캠벨 당시의 언론보도 등에서도 알 수 있듯이 전반적으로 아주 혼란스러운 상황이어서 일련의 상황을 이해하는 것 자체가 너무 어려웠다. 그러나 가장 핵심적인 사실은 미국과 중국의 외교관들이 정말 짧은 기간에, 엄청난 압박을 받으면서도 한 개인의 운명에 대해 전례없는 두가지 거래를 이루어냈다는 점이다.

우선, 천 광청 변호사는 주중 미대사관으로 들어올 당시만 해도 중국에 머무르기를 강하게 희망했다. 그에게는 중국에 머무르는 것이 아주 중요했다. 그래서 우리는 그의 중국 체류를 허용하는 쪽으로 중국과 거래를 타결했다. 믿어지지 않을 정도의 굉장한 거래였다. 거래(deal)라는 단어는 좀 부적절한 것 같다. 일련의 양해사항들

(understandings), 즉 협정(arrangement)을 타결했다고 하자.

우리는 곧 그의 미국 망명문제를 다시 협상해야만 했지만 추가 협상도 잘 해냈다. 천 광청 사건은 충격적이고 까다로운 문제였지만 미중 모두가 물밑에서 적절히 협조할 수 있었다. 양국관계를 보호해야 할 필요성에 대해 서로 잘 인식하고 있었던 것 같다.

다시 말해, 이는 양쪽 모두 미중관계를 아주 중대하고 요긴하게 여기고 있다는 사실을 보여준다. 또한 아무리 사소한 것이라도 양국관계를 불안정하게 만들 수 있음을 여실히 보여준다. 천 광청 사건은 이를 입증해주었다. 이 사건이 잘못 다루어졌다면, 미중관계는 즉각 위기에 빠졌을 수도 있다.

대담자 천 광청 변호사를 미국으로 데려오는 것에 대해 중국 쪽 협상팀의 우려는 없었나?

캠벨 어떤 측면에서 보면, 중국 측은 천 광청이 중국을 떠나는 편이 더 낫다고 생각했던 것 같다. 체제에 불만을 가진 사람들이 중국을 떠나면 그들과 중국 국내와의 연관성이 줄어들 것이라 본 듯하다.

대담자 천 광청 사건이 당신을 규정하는 '사진 같은 이미지'라면, '아시아 회귀'는 당신을 규정하는 '용어'라 할 수 있다. 전략적 측면에서나 아이디어 측면에서 '회귀'(pivot)가 탄생하게 된 기원은 무엇인가?

캠벨 일차적으로는 미국―아메리카의 운명이 아태 지역에 있다는 인식과 믿음에서 비롯되었다. 21세기에 대비하려면 반드시 아태 지역에 초점을 맞춰야만 한다. 이는 미국의 발전에 필수적이며 미국이 추구하는 바다. 그러기 위해 기본적으로 자원의 일부를 중동이나 남아시아에서 아태 지역으로 조금씩 이동시키고, 재조정(rebalance)하고자 노력하고 있다. 이는 우리의 이해관계와 가장 부합하는 일이기에 그렇게 되도록 애써보려 한다.

대담자　아시아 회귀 정책 입안 과정에서 오바마 대통령의 역할은 무엇이었나?

캠벨　오바마 대통령의 역할은 결정적이었다. 그는 미국이 중동에 과잉투자하고 있음을 잘 알고 있었고, 아시아에 좀더 많이 투자하길 원했다. 그는 아시아에서 자란 적이 있어 그 지역을 깊이 이해했다. 단지 그곳 국가들을 잘 아는 것뿐만 아니라, 미국과 아시아를 잇는 연결고리를 매우 명확하게 이해하고 있다.

대담자　미 행정부 안에서도 '회귀'에 군사적 뉘앙스가 있다는 이유로 그 표현 대신 '재조정'이라 말하는 이들이 있는 것으로 안다.

캠벨　나도 '재조정'이라고 말할 때가 더 많다. 힐러리 클린턴 당시 국무장관이 '회귀'라는 단어를 사용했고, 그게 유행어가 되었지만 말이다. 아이러니하게도, 이제 오바마 대통령이 '회귀'라는 말을 때때로 쓴다. 하지만 '재조정'이라는 표현이 더 나은 함의를 담고 있다고 본다.

아시아 회귀에 대한 오해와 이해

대담자 '아시아 회귀' 정책을 설명하고 이해시키는 데 상당한 어려움이 있어 보인다. 미 행정부는 회귀가 중국의 부상과 관련된 것이지만, 중국을 봉쇄하기 위한 것은 아니라고 설명해왔다. 회귀의 실제적 내용은 무엇인가? 회귀가 중국봉쇄로 인식되는 것은 미 행정부의 설명 부족에 따른 오해인가?

캠벨 미국의 정책 의도가 충분히 설명되지 않았다. 설명이 부족했고, 오해도 있다. 중국 쪽에서 의도적으로 오해를 조장한 측면도 다소 있다. 그러나 어찌됐든 미국은 자신이 하려는 바를 좀더 명확하게 밝혀야 했다.

아시아 회귀는 군사전략이 아니다. 가장 큰 부분, 즉 지금까지 아시아 회귀와 연관된 덩치 큰 요소들은 외교적인 것이었다. 호주에 고작 600명의 해병대를 순환주둔시키는 사안 같은 것을 미국 외교정책의 주요한 군사적 측면이라고 말하기 어렵다. 따라서 회귀를 설명하는 방식에 주의를 기울여야 한다. 우리는 중국을 더 많은 대화로 끌어들여야 한다.

대담자 아시아 회귀가 중국봉쇄 정책이라는 오해에 대해 중국 측에 원인이 있다고도 말했는데…… 미국 측의 설명에도 중국의 오해가 쉽게 풀리지 않는 까닭은 무엇일까?

캠벨 부분적으로는 오바마 행정부가 집권했던 2007~08년, 아니, 2008~09년 사이에 미국이 금융위기의 중심에 있었던 시기와 관련이 있다. 중국은 미국이 빠르게 쇠퇴하고 있으니 조만간 아시아 지역을 떠날 거라고 생각한 듯하나 미국의 전략은 그렇지 않았다. 당시 중국은 실제로 자신들이 확실하게 우위를 점하는 시기가 올 것으로 기대했던 것 같다.

겉으로는 드러나지 않지만 중국도 지금은 미국이 자신들과 더 깊고 강한 관계를 맺는 것이 아시아 회귀의 가장 중요한 요소라는 사실을 안다. 미국은 두 나라가 협력하기를 바란다는 확신을 중국에 줘야 하고, 중국도 아시아 지역에 미국이 계속 남아 있기를 진정으로 원한다는 확신을 심어줘야 한다.

대담자 미국정부가 중국의 사이버 공격과 해킹을 공개적으로 비판하면서 이 문제가 미중 간에 폭발력 있는 사안이 되고 있다. 중국의 공격이 각국의 일상적인 첩보행위와는 다르다고 보는지 궁금하다.

캠벨 사실 해킹은 국경을 넘어선 전지구적인 문제로, 모든 국가에서 발생한다. 미국의 금융기관이나 기업 등도 해킹 대상으로, 이를 통해 미국의 지적재산권이 도난당한다. 해킹은 무차별적으로 안정을 해친다. 첩보행위는 항상 있어왔고, 앞으로도 그러하겠지만 민간기업을 대상으로 하는 해킹은 걱정된다.

대담자 몇몇 공화당 성향의 보수주의자들은 아시아 회귀가 미국 외교정책의 전통적인 중심이었던 중동이나 남아시아로부터의 방향

전환 또는 철수라고 비판한다. 이런 비판에 대해서는 어떻게 생각하는가?

캠벨 아시아 회귀를 자원의 대대적인 이동으로 인식한 것 같다. 하지만 아시아 회귀 전략에 담긴 아이디어는 그게 아니다. 이 전략의 취지는 무엇보다도 관심의 초점을 아태 지역에 맞춰야 한다는 것이다. 물론 중동이나 남아시아에도 계속 관여해야 하고, 책임감있게 그지역의 군사적 갈등을 종식시켜야 한다.

대담자 아시아 회귀 정책 탓에 2011년 시리아내전 개입을 주저했던 것은 아니었나?

캠벨 아니다. 시리아에 대한 개입이 조심스러운 데에는 다른 이유가 있다. 회귀라는 단어 사용에 따른 의도하지 않았던 결과 중 하나가 바로 우리가 중동을 떠날 것이고, 유럽에서 발길을 돌릴 것이라는 인식이다.

대담자 아시아 회귀의 맥락에서, 한국이나 일본 같은 동맹국들과 협조를 강화하기 위해 미국은 구체적으로 어떤 조처를 취할 수 있다고 보는가?

캠벨 지금까지 해온 대로 최고위급 관여를 계속하는 것이다. 또한 한미 자유무역협정(FTA)이나 일본의 환태평양경제동반자협정(Trans-Pacific Partnership, 이하 TPP)[1] 참여 등 무역 요소가 아주 중요하다. 이런 요소들이 좀더 논의의 중심이 되어야 한다. 또한 미국이 중국과 중요한 외교를 벌일 때, 한국과 일본에도 해당 외교의 중요성을 반드시 알려야 한다.

영토문제와 동아시아 갈등

대담자 당신은 2013년 3월 『파이낸셜 타임스』에 아시아 회귀 관련 기고에서 동아시아는 거대한 경제적 잠재력과 역동성을 지닌 지역이지만, 동시에 안보위협이 높은 지역이라고 했다. 갈등이 폭발할 위험성이 가장 높은 단층선은 무엇이라고 보는가?

캠벨 나에게 가장 어려운 이슈는 북한이 아니라 영토문제다. 북한은 비교적 효과적으로 관리할 수 있다. 물론 북한과 관련한 적잖은 문제들이 있지만, 거의 의례화된 절차들이 있다. 모든 행위자들이 일정한 역할을 하고 있다. 또한 북한도 위기를 피하고 싶어하고, 자신들이 강하지 않으며 엄청난 취약성을 안고 있다는 사실을 안다.
진정 어려운 쟁점은 영토와 결합된 복잡한 문제들을 어떻게 다룰 것인가다. 대만해협을 둘러싼 중국-대만 간 관계는 최근에야 실질적으로 개선되었다. 리앙쿠르 록스(Liancourt Rocks, 독도/타께시마를 지칭하는 미국의 정치외교적 표현), 동중국해와 남중국해, 팡가니방 산호초(Mischief Reef, 중국과 필리핀 간 영유권 분쟁 지역) 등의 문제들은 너무 까다로워서 외교관들이 아주 난처해한다.

대담자 중국정부가 먼바다 조업을 장려하는 등의 방식으로 영토

확장을 위해 민간 어부들을 활용하고 있다고 보는가?

캠벨 그렇다.

대담자 최근 일본에서 평화헌법 9조의 재해석을 통해 집단적 자위권 행사를 추진하면서 한일관계를 비롯한 동북아 외교정세가 불안해지고 있다. 미국은 일본의 이런 움직임을 어떻게 보는가?

캠벨 전반적으로 보면 그것은 일본에 달려 있는 문제이자 일본 국내 문제다. 일본은 민주주의 국가이고 평화를 사랑하는 국가다. 지난 70년 동안 일본은 평화와 안정을 지지해왔다.
개인적으로 국제사회에서 일본의 역할이 보다 증대되어야 한다고 생각한다. 그러나 나 역시 다른 관료들처럼 이 이슈가 역사문제와 섞이면서 고생을 했다. 역사문제는 일본의 이해에 반하는 것이다. 솔직히 말하면, 우리가 현재 마주하는 역사문제 때문에 국제사회에서 일본의 역할에 대한 논의가 맥락에서 벗어나게 되었다.

미얀마의 민주화와 미중의 이해관계

오바마 대통령의 집권 첫해인 2009년 11월 3일, 당시 차관보였던 커트 캠벨은 스콧 마셜(Scot Marciel) 부차관보와 함께 1박 2일 일정으로 미얀마를 방문했다. 미 고위 관리가 미얀마를 방문한 것은 1995년 당시 유엔 주재 미국대사였던 매들린 올브라이트(Madeleine Albright) 이후 14년 만에 처음이었다.

캠벨 차관보의 미얀마 방문은 '버마 군정과는 대화하지 않겠다'라는 미 정부의 방침에 변화가 있음을 시사하는 것이었다. 1988년 반군부 민주화시위를 군부가 폭력적으로 진압해 시민과 대학생 수천명이 희생되자 미 행정부는 그다음 해부터 미얀마에 대해 각종 경제제재를 가했다. 또한 미얀마의 군사정권이 1989년 '버마족 외에 다른 소수민속도 아우른다'라는 명목으로 국호를 버마에서 미얀마로 변경했지만, 미국정부는 이를 인정하지 않았다.

이 때문에 미얀마가 민주화의 길로 나아갈 것인지 불확실한 상황에서 캠벨의 당시 미얀마 방문은 상당한 정치적 위험을 수반하는 것이었다. 캠벨의 방문 이후 미국은 미얀마에 대해 꾸준히 관여 전략을 취했다. 미국의 지원 속에서 2011년 2월, 군부 출신으로 대통령에 취임한 떼인 쎄인(Thein Sein)은 군복만 벗어던진 것 아니냐는 안팎의 의혹 속에서도 민주화를 추진했으며, 이는 그해 11월 힐러리 클린턴 국무장관의 방문, 그다음 해 11월 오바마 대통령의 방문으로 이어졌다.

국제정치 측면에서 보면 미국과 미얀마의 관계정상화는 20년 이상 군부독재를 지지하며 미얀마를 외교적·경제적 교두보로 활용해온 중국에게는 큰 타격을 주는 일이었다. 히말라야산맥을 사이에 두고 국경분쟁을 벌이고 있는 중국과 인도로서는 무력충돌 상황에 대비해 국경분쟁 지역에서 가까운 미얀마에 대한 영향력 확보가 중요한 문제였다. 또한 중국의 14개 육상 경계국 가운데 비교적 위협이 적은 접경국가는 미얀마와 북한뿐이었는데, 이제 오로지 북한만 남게 된 것이다. 미국이 제해권(制海權)을 쥐고 있는 동남아시아의 믈라카해협을 거치지 않고 미얀마를 거쳐 가스와 원유를 자국 본토로 수송하려는 중국의 에너지 안보 전략도 불안정해지게 되었다.

한편 캠벨이 버마로 부를지 미얀마로 부를지도 재미있는 관전 포인트였다. 질문은 미국정부가 공식적으로 사용하는 버마로 했으며, 캠벨은 처음에는 '그 나라' '거기' 등의 대명사를 주로 사용하다 나중에는 "버마/미얀마"라고 표현했다. 이에 따라 캠벨의 답변은 '버마/미얀마'로 처리하기로 한다.

대담자 당신은 버마의 개혁 기간 동안 버마와 교류한 미국 쪽 핵심인물이었다. 버마의 어떤 내외적 요인들이 그런 개혁을 이끌어냈는지 궁금하다. 또한 앞으로의 민주화 과정에서 가장 큰 위협이나 장애물은 무엇이라고 보는가?

캠벨 버마/미얀마가 개혁에 착수한 데에는 여러 요소들이 결합되어 있다. 버마/미얀마는 특정한 어느 이웃국가(중국을 가리킨다)가 지배적 영향력을 행사하는 것을 원하지 않았다. 또 내부적으로 다른 국가에 비해 크게 뒤처져 있다는 우려가 있었다. 이외에도 민주주의를 위해 어느정도 역할을 하고 싶다는 욕구가 지도자들 사이에 있었다. 이처럼 긍정적인 요소들이 많았다.

동시에 버마/미얀마의 미래에 대한 위협도 현실적으로 존재한다. 몇십년 동안 와(Wa)족, 카친(Kachin)족, 로힝야(Rohingya)족 등이 중앙정부에 맞서 폭력행위를 벌여왔고, 이는 상당히 장기간 우리를 괴롭히는 문제가 될 것이다. 버마/미얀마는 여전히 몹시 가난하고, 주변국과의 관계도 복잡하다. 하지만 그들의 시작은 만족스러우며, 나는 이를 지지한다.

대담자 당신도 암시했듯이 버마를 둘러싸고 중국과 인도 간에 정치적·경제적 경쟁이 있었으며, 일본도 경제적 측면에서 어느정도 관여를 해왔다. 그렇다면 버마에 대한 미국의 이해관계는 무엇인가?

캠벨 버마/미얀마의 민주주의가 안정되고 그들이 주변 지역에 영향력을 발휘하는 모습을 보고 싶다. 미국이 버마/미얀마를 일종의 전초기지로 생각하는 것은 아니다. 간혹 몇몇 중국인이 버마/미얀마를 일종의 체스의 말 정도로 여기는 듯한데 그것은 옳지 않다. 우리는 버마/미얀마가 중국이나 주변 모든 국가와 우호적 관계, 위험분산 투자 형식의 다양한 관계를 맺기를 원한다.

대담자 동아태 차관보로 재임한 기간 중에 이룬 자랑스러운 정책이나 업적이 있다면?

캠벨 콕 집어 말하기 어렵다. 한·중·일과 관련된 것에서부터 남태평양에 이르기까지 전반적인 일련의 조처들에 자부심을 느낀다. 버마/미얀마의 정국이 잘 풀린다면, 그것 또한 의미있는 일이었다고 역사가 말해줄 수도 있을 것 같다.

대담자 워싱턴의 싱크탱크들, 특히 당신이 공동 설립한 CNAS가 이른바 '미얀마 프로젝트' 등을 측면에서 지원한 것으로 안다. 정책 수립 과정에서 싱크탱크들의 역할은 무엇이었나?

캠벨 CNAS는 아프가니스탄이나 이라크에서의 분쟁 이후 이 국가들을 어떻게 재건할 것인가를 개념화하는 데 많은 도움을 주었다. 바라건대 CNAS가 앞으로 아시아의 해양 및 영토 이슈나 다른 이슈들에 좀더 초점을 맞추었으면 한다. 나도 적극적으로 지원할 것이다.

대담자 당신이 미셸 플로노이(Michèle Flournoy) 전 국방부 정책 담당 차관과 CNAS를 창립했을 때, 주력했던 부분은 무엇이었나?

캠벨 중립적인 관점에서 당장의 국가안보 문제와 그것의 관리에 초점을 맞추고자 했다. 일부 쟁점들은 다루기도 까다롭고 덩치가 컸다. 아무튼 비즈니스를 할 때처럼 아주 민첩하고 활기찬 팀이 되기를 원했다.

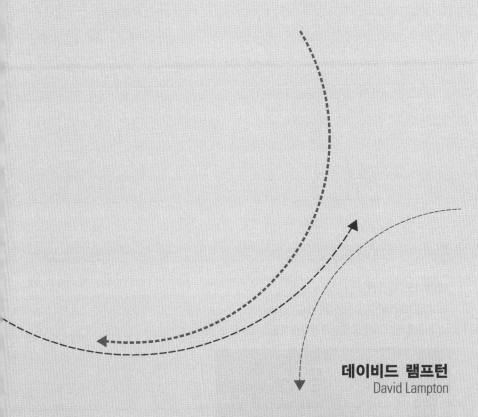

데이비드 램프턴
David Lampton

중국에 관한 오해를 깨라

데이비드 램프턴 David Lampton(1946~)

전 미중관계 전국위원회(NCUSCR) 위원장
현 존스홉킨스대학 국제관계관계대학원(SAIS) 교수

전체 계획의 절반쯤 인터뷰를 해나간 때인 2013년 4월 22일에 데이비드 램프턴 교수와의 인터뷰 약속을 잡아두었다. 램프턴 교수는 존스홉킨스대학 국제관계대학원(School of Advanced International Studies, 이하 SAIS)에 재직하고 있어 이 학교에 적을 두고 있던 필자들이 인터뷰 약속을 잡기는 어렵지 않았다. 하지만 램프턴 교수 연구실에 도착하고 보니 중국인 조교의 착오로 그는 인터뷰 사실을 모르고 있었다. 조교의 연락을 받은 램프턴 교수는 집에서 급히 택시를 타고 와서는 우리를 맞아주었다. 오후 2시 30분쯤 시작된 인터뷰는 애초 약속했던 1시간을 훌쩍 넘어 오후 4시까지 이어졌다. 종종 인터뷰가 아니라 '강의'를 듣는 듯한 느낌도 들었지만, 중국에 대한 깊은 지식과 통찰을 접하며 왜 그가 이 대학의 '슈퍼스타'인지를 짐작할 수 있었다.

　램프턴 교수는 스탠퍼드대학을 졸업하고 같은 대학에서 석·박사학위를 받았다. 1974년 오하이오주립대학 조교수로 출발해 1987년까지 이 학교에 머물렀다. 이후 학교를 떠나 활동 무대를 뉴욕으로 옮겨 1988

년 1월부터 1997년 11월까지 10년간 미중관계 전국위원회(National Committee on United States-China Relations, 이하 NCUSCR)의 위원장을 지냈다. NCUSCR은 미중관계의 건설적 협력을 증진시킨다는 목적으로 1966년 뉴욕에서 설립된 비영리조직이다. 1997년 12월부터 현재까지 SAIS 교수로 재직하고 있다.

그의 경력에서 보듯이, 램프턴 교수는 행정부에서 근무한 경험은 없다. 그럼에도 그가 미국에서 손꼽히는 중국 전문가로 알려진 데는, 학자로서의 오랜 연구 경력과 비영리조직을 맡아 운영하면서 중국과 빈번한 교류를 통해 쌓은 탄탄한 현장 경험과 인맥에 대한 평가로 보인다. 그는 중국에 관해 여러 책들을 펴냈는데, 2001년 발간한『동상이몽: 1989~2000년간 미중관계 관리』(*Same Bed, Different Dreams: Managing U.S.-China Relations, 1989-2000*), 2009년 펴낸『중국의 세 얼굴: 힘, 돈, 정신』(*The Three Faces of Chinese Power: Might, Money, and Minds*) 등이 그의 대표작으로 알려져 있다.

그는 인터뷰 도중에 지난 40여년간 다양한 직위의 중국 지도자들과 만나 나누었던 558건의 인터뷰를 바탕으로 쓴 새 책을 곧 출간할 예정이라고 밝혔는데, 이 책은 2014년 2월 '지도자 추적: 덩 샤오핑부터 시진핑까지의 중국 통치'(*Following the Leader: Ruling China from Deng Xiaoping to Xi Jinping*)라는 제목으로 출간되었다.

그는 필자들과의 인터뷰에서 새 책에 담을 내용을 미리 자세히 설명했는데, 중국을 이해하려면 정치세력 내 파벌보다 최고지도자가 처한 중국의 정치적 조건을 들여다보는 것이 훨씬 생산적이라고 조언한 부분이 인상적이었다. 이런 맥락에서 그는 중국의 새로운 경향을 세가지로 꼽고 있는데, 첫째는 마오 쩌둥(毛澤東)에서 덩 샤오핑(鄧小平), 장 쩌민(江澤民), 후 진타오로 이어지면서 지도자들의 힘이 약해지고 있다는 점이다. 두번째로 중국사회가 점점 더 복잡해지고 다원화되고 있어 파벌보다 이익집단과 관련해 생각하는 것이 합리적이며, 세번째로 자원을 보유하게 된 사회집단, 이익집단, 사적 부문 등의 자율성이 확대되었다는 점을 들었다. 이런 이유로 중국을 예측하는 일이 더욱 어려워지고 있다고 지적하면서, 누가 중국 지도자가 되든 이러한 새로운 상황에 대처해야 하는 과제가 있다고 강조했다.

램프턴 교수는 중국 내부 사정에 정통하다는 이유로 친중국적인 인물로 알려져 있지만, 그와의 인터뷰를 통해 그것이 다소 잘못된 시각일 수도 있다는 생각을 하게 되었다. 물론 그는 미국적 시각에서 중국을 바라보는 것에 대해서는 비판적이다. 예컨대 미국인들의 가장 큰 오해는 '중국의 지도자들이 미국의 상황을 더 어렵게 만들기 위해 고민하며 온통 시간을 쏟고 있다고 생각하는 것'이라고 그는 지적한다. 또한 '주변국들에게 공포를, 미국에게는 우려를 야기하는 정책을 펴고 있는' 중국의 '실수'를 지적하는 데에도 주저함이 없다. 이런 중국의 행보가 군비경쟁이라는 패착으로 나아갈 수 있기 때문이다.

특히 그는 미국과 중국 내부에서 군부가 이런 군비경쟁을 부추길 수 있다며 상당한 우려를 표했다. 양국 군부가 강경한 발언이나 태도를 통해 더 많은 예산을 따내는 데 필요한 가장 좋은 구실을 서로에게 제공하고 있다는 것이다. 꼭 군부가 아니어도 미국 내 대중 강경파로 꼽히는 언론인 출신의 로버트 캐플런(Robert Kaplan)에 대한 견해를 묻자 그때까지 온화하고 차분한 어조로 '강의'를 하던 그의 목소리가 갑자기 높아지고 얼굴이 불그스레 상기되기도 했다.

램프턴 교수는 미중 상호 간 협력과 교류, 제도적 틀의 중요성 등을 강조하는 자유주의 학파 계열의 연구자로 분류할 수 있다. 그러나 현실주의 국제정치학자들이 늘상 강조하는 국가 간의 권력분포나 국제관계의 구조 또는 자유주의 국제정치학자들이 강조하는 국제기구나 제도보다는 그 나라의 정치 지도자 및 집단과 구조에 주목한다. 국내 정치가 국제관계를 규정한다고 보기 때문이다.

국제정치학 학파의 딱지를 굳이 붙이지 않는다면 그를 현장 중심, 실용주의 접근을 취하는 학자로 볼 수도 있다. 실제로 학생들의 말을 들어보면, 그는 수업시간에 중국학생들에게 질문을 던지며 생생한 현지 사정이나 개인적인 이야기를 듣기 위해 노력한다고 한다. 수업을 들은 학생들 대부분이 그의 강의를 '생생한' '열정적' '매력적'이라고 평가한다.

상대적으로 램프턴 교수는 한반도나 북한 문제에 대한 언급은 거의 하지 않는 편이다. 학생들 사이에서도 그가 한반도문제에는 큰 관심이 없는 것으로 알려져 있다. 그럼에도 2007년 1월 아시아재단우호협회의 초청으로 방한했을 당시의 발언을 보면 그의 현장주의·실용주의가 잘 드러난다. 그는 당시 중국의 대북 영향력을 과대평가하는 것은 문제라면서 "북한이 응할 만한 '긍정적인 유인책'을 미국 없이 중국 단독으로 제시하는 것은 무리"라고 지적했다. 그는 또 중국의 대북 영향력이 상당한 수준이지만 이를 행사하기 위해서는 높은 댓가를 치러야 한다는 점을 강조했다. 이런 지적은 지금도 상당히 유효해 보인다.

중국 지도부와 체제에 대한 분석

중국공산당 정치국 상무위원들은 명실공히 중국을 이끄는 지도부다. 마오 쩌둥이나 덩 샤오핑 같은 '절대적 권력자'가 역사의 무대 뒤로 사라지고 집단지도체제 성격이 강화되면서 상무위원들의 면면은 특히 중요해졌다. 2012년 11월 베이징 인민대회당에서 열린 공산당 제18기 전국대표대회(이하 전대)에서 7명의 상무위원들이 소개되었다. 당총서기 겸 국가주석인 시 진핑(習近平)과 총리인 리 커창(李克强)을 비롯해, 장 더장(張德江), 위 정성(俞正聲), 류 윈산(劉云山), 장 가오리(張高麗), 왕 치산(王岐山)이었다.

이른바 '개혁적 정치가'로 주목받던 리 위안차오(李源潮) 당시 공산당 조직부장과 왕 양(汪洋) 당시 광둥성 당서기는 장 쩌민 전 주석 등 '보수파'의 반발로 상무위원 명단에 오르지 못했다. 이를 근거로 외부의 분석가들은 시 진핑 1기 5년간 중국의 정치개혁이 이루어질 가능성을 낮게 평가했다. 상무위원 인선에서 보수파 세력이 '압승'을 거두면서 중국 지도부가 기득권의 이해관계 대변에 주력하는 것 아니냐는 우려도 나왔다. 그러나 2013년 3월에 열린 국회 성격의 제12기 전국인민대표대회(이하 전인대)에서 상무위원에서 탈락한 리 위안차오는 국가 부주석으로, 왕 양은 부총리로 결정되었다. 차기 상무위원에 진출할 발판을 마련한 셈이다.

램프턴 교수를 인터뷰할 당시는 전대와 전인대가 열린 지 얼마 지나지 않은 때였는데, 그가 내놓은 중국 지도부와 중국의 변화에 대한 분석과 전망은 지금까지도 적실해 보인다. 중국 안에서 흘러나오는 내부 정보들이 시간의 흐름에 비례해 풍부해지지는 않는 상황에서, 램프턴 교수처럼 중국을 비교적 내재적 시각으로 바라보려고 노력하는 전문가의 식견은 경청할 만하다.

대담자 2012년 11월 중국공산당 제18기 전대를 통해 7명의 중앙 정치국 상무위원이 선출되었다. 이전의 상무위원들과 비교할 때 두드러진 차이점은 무엇이라고 보는가?

램프턴 아직 두고 볼 것이 많다는 점을 전제로 깔아야 한다. 하지만 몇가지는 말할 수 있다. 우선, 시 진핑 주석뿐만 아니라 상무위원 7명 모두가 전임자들에 비해 훨씬 다양한 교육을 받았다. 후 진타오 시대의 지도부는 장 쩌민 시대와 마찬가지로 엔지니어 분야의 인물이 큰 비중을 차지했다. 이에 비해 이번에 선출된 정치국원과 상무위원에는 법률가와 기업인이 포함되어 있다. 시 주석은 자신이 인문학 전공자라 주장하는데 내가 알기로 중국공산당 정부 수립 이후 인문계 출신이라고 스스로를 칭하는 지도자는 그가 처음이다.[1] 따라서 현 지도부의 교육적 배경은 이전 지도부에 비해 다양하다고 말할 수 있다.

두번째로 후 진타오 전 주석은 외국인 대하는 일을 매우 불편해했던 것 같다. 그가 중국체제 내에서 주석으로 부상한 경로를 살펴보면 외국인을 접할 일이 그리 많지 않았다. 특히 내가 아는 한 그는 미국인들과 별도의 친밀한 유대관계를 가져본 적이 없었다. 그가 미국인에 대해 적의를 갖고 있었다는 것이 아니라, 서양사람들과 상당한 친밀감을 유지했던 장 쩌민 주석과는 달랐다는 점을 말하는 것이다. 장쩌민은 링컨의 게티즈버그 연설[2]을 자주 인용하면서 "미국 대통령들이 중국에 관해 알고 있는 것보다 내가 미국에 관해 알고 있는 것들이 더 많다. 나는 서구에서 교육을 받았다"라고 말했다. 물론 이는 자신이 서구식 교육을 받았다는 말이었을 것이다.[3] 사실 장 쩌민 전 주석은 스스로를 국제적 감각이 있으며 미국에 관해 잘 알고 있다고 여겼으며, 이 사실을 즐거워했다. 덩 샤오핑이 "자네가 미국—중국 관계를 잘 관리해야 하네"라며 유언처럼 남긴 말을 장 쩌민은 받아들인 것이다. 이에 비해 후 진타오는 미국이나 외교정책을 대하는 과정이 결코 편안하지는 않았던 것 같다.[4]

새 지도부가 장 쩌민만큼 서양 세계에 조예가 깊지는 않지만 시 진핑도 저장성, 푸젠성, 상하이 등 연안 지역에서 근무했다. 그의 부친 시중쉰(習仲勳)은 덩 샤오핑을 도와 중국 최초의 경제특구에서 개혁·개방 정책을 추진했던 인물이다. 시 진핑이 첫 시찰지로 부친이 홍콩 근방에 건설한 경제특구를 택했다는 점을 주목해야 한다.[5] 또한 폭넓게 외국을 순방한 경험은 없지만, 조 바이든(Joseph R. Biden Jr.) 미국 현 부통령과는 상당히 우호적인 관계를 쌓아왔다. 두 사람의 첫 회동 때에는 14시간가량 대화를 나눴을 것이다.[6] 따라서 시 진핑이 (전임자인 후 진타오보다는) 한결 편안하게 서양을 대할 수 있다고 생각할 만한 이유는 충분하다. 미국과도 우호적인 관계를 맺고 싶어하는 것으로 보인다.

전적으로 낙관적으로만 상황을 바라보는 것은 아니다. 다만 양국이 공조할 수 있는 토대가 있다고 본다. 요약하면, 새 지도부는 이전 지도부에 비해 더욱 폭넓은 교육을 받았고, 특히 시 진핑은 미국인을 대하는 데 좀더 편안함을 느끼고 있다.

내가 강조하고 싶은 또다른 특징은 중국의 경제력과 군사력이 커지고 있어, 새 지도부가 더욱 자신감에 차 있다는 점이다. 이번 지도부는 미국이나 외부 세계와 우호적인 관계를 원하면서도 다른 한편으로는 자신들이 유리한 위치를 점하고 있다는 입장에서 협상을 벌일 것이다. 현재 우리가 보는 중국은 더이상 스스로가 만만하게 보일 필요가 없다고 믿는, 자신감에 찬 중국이다. 중국은 지금 자신감과 오만함 사이의 희미한 경계 위에 있다. 자신감과 오만함의 경계에서 중국은 과연 어느 방향으로 갈 것인가? 미국이 새 지도부와 동등한 입장에서 협상을 하고 중국의 핵심이익 일부를 수용한다면, 중국은 거래에 나설 것이다. 하지만 강압정책을 택하려 한다면 미국은 곤란을 겪게 될 것이다.

대담자 제18기 전대에서 왕 양 당시 광둥성 당서기 등 민주적 변화를 지지하는 인사들이 중앙정치국 상무위원에 진입하기를 희망했지만 이들은 결국 탈락했다. 이를 두고 중국의 민주주의 전망에 대해 비관적으로 분석하는 중국 외부의 전문가들이 많은데, 당신은 어떻게 평가하는가?

램프턴 논의에 앞서 누가 민주주의를 지지하는지 아니면 반대하는지를 이야기할 때에는 주의를 기울여야 한다. 민주주의는 상당히 광범위한 개념이라서 향후 일어나게 될 변화의 성격을 진정으로 민주주의라고 볼 수 있는지, 또 그러한 변화가 단기간에 혹은 장기간에 걸쳐 실행될지 등의 여러 변수들이 존재한다. 따라서 나는 중국의 지도자 중에서 누가 민주주의를 찬성하고, 누가 반대하는지 분류하는 일이 주저된다. 중국 지도부에 이런 질문을 하면 모두가 자신들은 민주적이라고 답할 것이다. 이를 인정하느냐의 문제는 복잡하다.

자유주의 사고를 지녔다고 회자되던 두 사람이 중앙정치국에는 입성했으나 상무위원회에는 낙마했다. 정확하게는 서양 쪽에서 입성을 희망했던 사람들이다. 이들 중 한 사람(리 위안차오)은 중국의 국가 부주석으로 다시 중용되었다. 다음번 전대에서 그가 상무위원에 진입할 것이라는 시각도 있다. 상무위원의 자리가 아홉에서 일곱으로 줄어든 상태에서 승진을 해야 하는 인사는 늘었기에 중국 지도부는 골머리를 앓고 있다. 하지만 이는 서로 돌아가면서 감투를 쓰는 방식과 유사하다. 따라서 이 두 사람에게도 희망이 있다고 생각한다.

하지만 민주주의의 전제조건이 무엇인가? 일종의 제도적 장치가 필요한 것 아닌가? 민주주의를 위해서는 입법기관, 독립적인 사법기관, 규제기관 등이 필요하다. "우리는 민주주의에 돌입한다"라는 선언만으로 되는 것이 아니다. 1989년 톈안먼학살(Tiananmen Massacre)[7]이 이를 여실히 보여준다. 학생들과 시민들이 광장에 나와 "우리는 민주주의를 원한다"고 외쳤다. 하지만 대안을 가진 단체가 없었다. 폴란드 민주화 과정에서의 가톨릭 교회 같은 것이 중국에는 없었다. 중국의 전인대는 우리가 생각하는 것과 달리 완전한 입법기관이 아니다. 독립적인 법원도 없다.

따라서 누군가 내일부터 당장 중국에서 민주주의를 하겠다고 선포하면, 민주적 방식으로 중국을 통치할 제도적 장치가 과연 존재하는가를 봐야 한다. 중국 영토의 절반, 아니 절반에 약간 못 미치는 지역이 여전히 농촌임을 명심해야 한다. 물론 농촌에서 마을선거가 실시되기도 한다. 어떤 측면에서는 도시보다 더 민주적일지도 모른다.[8] 하지만 중국 전역에 걸쳐 심각한 문맹률과 빈곤 문제가 여전히 존재한다. 따라서 민주주의는 단계적으로 진행될 것이다. 민주주의가 너무 급속하게 진행되면 아마도 폭력적인 양상이 벌어질 것이고, 이는 아무도 원하지 않는 결과를 낳을 것이다. 따라서 관건은 후 진타오 시기의 속도보다는 빠르게, 그러나 복잡다단하게 바뀐 중국사회가 분열하지 않을 정도의 속도로 민주주의를 진행시킬 인재집단이 존재하느냐의 여부일 것이다. 따라서 나는 시 진핑이 점점 강력해지는 사회집단과 여러 분야의 시각을 반영할 수 있도록 민주주의에 관한 제도적 역량(institutional capacity)을 발전시킬지를 관찰하고 있다.

대담자 외부의 비전문가 입장에서 중국의 정치 내부를 들여다보기는 쉽지 않다. 흔히 장 쩌민 계열, 후 진타오 계열 등의 파벌을 통해 살펴보는 것이 일반적이지만, 그것마저 투명하게 드러나지는 않는다. 당신이 보는 중국정치의 분석틀이랄까 그런 것을 소개해줄 수 있는가?

램프턴 미국 정치체제 내에는 공화당과 민주당이라는 정반대의 두 세력이 있고, 각각의 정당 안에는 파벌이 있다. 또 미국사회에는 어느 특정 정당의 입장보다는 자신의 이익을 추구하는 세력이나 이익집단 등이 존재한다. 중국의 정치체제에도 여러 파벌이 존재해 무척 복잡하다. 사실 파벌이 무엇인지, 이들을 어떻게 파악해야 하는지, 이들이 정책을 어떻게 조정하며 어떻게 정쟁을 벌이는지에 대해서 미국 내에서도 상당한 논쟁이 벌어지고 있다.
　파벌을 정의한다고 해서 중국정치를 이해하는 더 나은 방법이 나오는 것도 아니다. 우선 중국은 상당한 수준의 경제개혁을 이루어냈지만 정치개혁은 없었다는 대다수 사람들의 주장을 검토하는 것이

이 문제를 이해하는 출발점이다. '중국경제는 상당히 변했지만, 여전히 옛날과 똑같은 레닌주의 체제다'라는 공식을 들어봤을 것이다. 어떤 의미에서는 그런 공식에 약간의 진실이 들어 있다. 그러나 기본적으로 중국 정치체제는 지난 30~40년 동안 급격하게 변했다. 또한 향후 누가 지도자가 되든 그들은 변화된 상황에 대처해야 할 것이다. 그래서 이 새로운 상황을 이해하는 것이 필요하다. 새로운 상황에는 세가지 특징이 있다.

첫번째 특징은 마오 쩌둥에서, 덩 샤오핑, 장 쩌민, 후 진타오로 이어지면서 보이는 경향이다. 시 진핑은 취임한 지 얼마 되지 않았으므로 논외로 하고 그 이전의 지도자들을 살펴보자. 마오 쩌둥은 최고의 권력자였고, 실질적으로 신과 같은 지도자였다. 덩 샤오핑은 상당한 영향력을 가진 지도자였지만 소수의 원로들과 국정을 협의해야만 했다. 또 장 쩌민은 정치세력 간의 균형을 맞추고 유연성을 보여주며 협력을 이끌어내야만 했다. 명령을 내릴 수 없는 지도자였다. 후 진타오는 장 쩌민보다도 약한 지도자였다. 따라서 지도자들의 힘이 점차 약해진 것이 첫번째 특징이라 할 수 있다. 지도자들끼리 비교를 해보아도 그렇고 지도자와 사회의 관계를 비교해보아도 그렇다. 이런 경향은 반드시 지도자들이 도덕적으로 나약하거나, 혹은 부패하거나 무기력해졌음을 의미하지는 않는다. 지도부 내 동료들의 행동이나 사회에서 발생하는 행위를 통제하고 지휘하는 능력이 줄었음을 뜻한다.

두번째 특징은 중국사회가 점점 더 복잡해지고 다원화되었다는 점이다. 이제는 단순히 파벌보다 이익집단과 관련해 생각하는 것이 합리적이다. 중국의 석유회사나 다국적기업, 각 지방 성(省) 등을 예로 들 수 있다. 동북부의 성들에게 한국은 자연스러운 교역 상대로, 이들은 한국과 거래하고 싶어한다. 어쨌든 이익집단이라는 개념이 파벌 개념보다 중국을 이해하는 데 훨씬 더 유용하다. 중국사회와 관료제의 세분화가 진행되고, 이는 곧 중국이 더욱 다원화될 것임을 의미한다. 결국 이전보다 힘이 약해진 지도자가 더욱 분화된 관료제와 사회에 대처해야 하는 것이다.

세번째 특징은 사회집단, 이익집단, 가정, 사적 부문이 급격히 성장했으며, 이들은 모두 자원을 보유하고 있다는 점이다. 중국체제 내에서 돈이 흐르면서 이제는 중국인민들도 정보와 자원을 소유하고 있다. 그래서 이익집단, 가정, 개인이 상당한 규모의 자금과 훨씬 더 풍부한 정보를 토대로 이전과는 다르게 행동한다. 이들 중 다수가 특히 중국 내 기업들이 세계적으로 활동하면서 자금을 축적한 뒤 정부가 제대로 파악할 수 없는 중국 역외에 자금을 보관한다.

정리해보면 세가지 특징이란 힘이 약해진 지도자들, 더욱 분화된 사회와 관료제, 그리고 더 많은 자율권이 부여된 집단들이다. 지도자는 약해지고 사회는 강해진 아주 복잡한 상황이라 중국체제를 예측하는 일은 정말 어려워졌다.

미국에서는 그 누구도 최고지도자가 원하는 바를 안다고 해서 모든 것을 예측할 수 있다고 생각하지 않는다. 오히려 그가 처한 정치적 조건을 들여다보는 편이 보다 더 생산적일 것이다. 중국도 이 지점을 통과했다고 본다. 중국이 미국처럼 세분화되려면 아직 멀었지만 세분화를 향한 궤도에는 접어들었다고 생각한다. 마오 쩌둥이 생존했던 시기에는 그가 원하는 것을 알아내면 무슨 일이 일어날지도 파악할 수 있었을 것이다. 이제는 지도자가 원하는 바를 알아낸다고 해도 그것은 단지 측정 기준의 하나에 불과해졌다. 중국은 그렇게 빨리 변하고 있다.

역사 서술과 국제정치

대담자   근대 중국의 역사에 대한 서술방식이 현재 중국의 전략적 사고에 상당한 영향을 끼치고 있는 것 같다. 대표적인 것이 '굴욕의 세기'(century of humiliation, 百年國恥)[9]다. 당신은 중국의 역사 서술 방식과 전략적 사고 간에 상관관계가 높다고 보는가?

램프턴   내가 지난 40여년간 다양한 직위의 중국 지도자들과 만난 내용을 책으로 곧 출간할 예정이다. 이 책은 중국 지도자들과 가진 558건의 인터뷰를 바탕으로 여러 주제를 다루는데 이중 하나가 괴롭힘을 당하는 중국, 피해자로서의 중국이다. 중국의 국위를 옹호하고 굴욕을 허용하지 않는 것은 중국 지도자들 정통성의 핵심이라 할 수 있다.

'중국공산당이 지닌 정통성의 토대는 무엇인가'라는 질문에 대해 전통적 맑시즘이나 공산주의는 거의 또는 전혀 관련이 없다고 본다. 첫째, 정통성은 오히려 질서 및 안정 유지와 관련이 있다. 기근, 대약진운동, 문화대혁명, 군벌통치 등의 경험 탓에 중국인들은 안정을 소중하게 여긴다. 안정은 중국공산당이 창조해낸 소설이 아니라, 중국인들이 역사적 경험을 통해 부여한 진정한 가치다.

두번째로, 중국공산당은 중국의 자부심과 국위를 복원하는 것에 기초해 정통성을 유지하고 있다. 실제로 시 진핑은 '중국의 꿈'

(Chinese dream, 中國夢)을 말한다. 그렇다면 '중국의 꿈'이란 무엇인가? 이는 중화민족의 부흥, 즉 군사력 강화, 경제적 후생, 사회의 안정을 뜻한다. 중국의 정통성은 지도자들이 이러한 목표 달성에 기여하지 않는 것처럼 보이는 순간 흔들리게 된다. 기본적으로 중국공산당의 정통성은 지난 150년에 대한 역사 서술과 이 서술이 가리키는 현실에 전적으로 달려 있다.

대담자 그렇다면 중국의 역사에 비추어볼 때, 미국과의 관계를 보다 협력적이고 긍정적으로 발전시킬 수 있는 역사적 서술이나 사례가 있다고 보는가? 다시 말하면, 중국인들이 미국을 믿을 만하다고 여길 수 있는 역사적 사실들이 있는가?

램프턴 아주 복잡하기는 하나 매우 중요한 문제다. 국민들이 향수와 자긍심을 갖고 양국 간 협력과 친선관계를 되돌아보게 하는 정점의 시기가 있었다. 하지만 상호협력이 정점을 이루던 시기에도 양국관계에 이면(裏面)이 있었던 사실을 사람들은 알고 있다. 물론 미국이 실제 중국과 전투를 벌였던 한국전쟁처럼 고강도 충돌을 한 적도 있다. 종합적으로 고려하면 양측이 일련의 긍정적인 이미지와 부정적인 이미지를 동시에 갖고 있을 것이다. 그리고 이 사이를 왔다갔다한다고 봐야 할 것이다. 달리 말하면, 양측 모두가 서로에 대해 엇갈린 애증을 갖고 있다고 할 수도 있다.

양국 간의 관계는 진동추의 움직임으로 표현할 수도 있다. 20세기에 발간된 『타임』의 표지를 쭉 살펴보자. 『타임』을 창간한 헨리 루스(Henry Luce)가 중국에서 성장했고 그의 가족은 중국에서 선교를 했으며 그 자신도 마음속으로는 선교사나 마찬가지였기 때문에 중국에 관한 표지가 많았다. 그런데 어떤 표지를 보면 지구가 공산주의를 나타내는 빨간 개미로 뒤덮인 모습으로 묘사되어 있다. 공산주의를 아주 위협적으로 본 것이다. 다른 한편, 장 제스(蔣介石)가 기독교와 민주주의를 옹호하며 중국을 구하려 백마를 타고 길을 나서는 모습도 있다. 이처럼 미중 양국이 서로에 대해 어떻게 생각하는지에 관해서는 도처에서 찾아볼 수 있다.

좀더 긍정적인 측면에 대해서도 살펴보자. 최근 신문을 읽어보면 칭화대학이 중국에 와서 공부하는 외국인들을 위한 장학금으로 3억 달러를 기부 받아 중국판 '로즈(Rhodes) 장학기금'을 설립할 예정이라는 기사를 찾을 수 있을 것이다.[10] 물론 서구의 자금이다. 하지만 칭화대학은 1900년에서 1901년 사이 8개국 연합군의 베이징 진격사건[11] 때에도 자금을 기부받은 적이 있다. 연합군이 승리해 중국은 배상금을 물었는데, 미국은 8개국 중에서 유일하게 중국의 고등교육기관 설립에 쓰도록 배상금을 돌려줬다. 칭화대학, 베이징대학, 베이징 협화의학원 등 중국 유명 대학의 대부분이 미국의 자금과 록펠러재단 등의 자선활동에 그 뿌리를 두고 있다.

또 하나 중요한 점은 20세기에 들어서 중국에서도 고등교육에 많은 투자가 이루어졌고 중국인 미국유학생이 급증했다는 점이다. 현재 중국인 미국유학생은 19만 4000명에 이른다. 교육 및 대학 건립 등은 아주 일찍부터 시작된 영역이다.

대담자 이른바 중국의 '굴욕의 세기', 좀더 구체적으로는 일본의 중국 침략이나 서양의 중국에 대한 영토 및 이권 침탈과 관련해 미국이 어떤 입장을 취했느냐가 중국이 보기에 상당히 중요할 것 같다.

램프턴 1931년 만주침공과 1937년 중일전쟁 같은 일본의 침략기에 미국은 일본의 행위를 반대했지만 실제로 행동한 것은 없었다. 이와 유사하게 서구인들이 19세기에 아편전쟁이라는 이름으로 중국을 침범하고, 뒤이어 불평등조약을 체결했을 때 미국은 이를 반대했다. 이런 식으로 다시 설명해보자. 미국은 영국, 독일, 이딸리아, 프랑스 등과는 달리 중국의 영토권을 얻어내기 위해 무력을 사용한 적이 결코 없다. 미국인들은 간교한 유럽인들과 달리 '조약 항구'(treaty port)를 가져본 적이 없으며 이를 긍정적인 유산으로 여긴다. 중국인들도 이 점을 알고 있다. 그러나 다른 강대국들이 중국으로부터 권리를 획득하는 조약을 맺고 나면, 미국도 똑같은 권리를 요구했다.

따라서 중국인들은 어떤 역사가가 묘사한 것처럼 미국을 '남의 차를 얻어 타는 제국주의자' 혹은 '남을 모방하는 제국주의자'로 여겼다. 프랑스, 이딸리아, 독일, 일본이 '더러운 일'(dirty work)을 하고 나면 그때 나서서 "다른 국가들이 사용한 수단을 찬성하지는 않지만 다른 국가들에게 주는 권리를 미국한테도 달라"라고 말하는 국가라는 것이다. 중국인들은 이를 바라보며 "정말로 영리한 쪽은 미국인들"이라고 말한다. 이런 것이 바로 두 나라 간 애증이 교차하는 양면적 감정이다. 물론 중국인들이 양국 간 긍정적 측면을 강조하는 역사적 시기도 있다. 역사란 너무 복잡해서 관계를 강화하려 하든 약화시키려 하든 과거사에서 어떤 사례도 집어낼 수 있다.

아무튼, 양국 간 이러한 역사적 감정들은 정말로 매우 강력하다. 일전에 뉴욕에서 30명가량의 중국 인사들과 저녁식사를 한 적이 있는데 그중에는 상하이의 고위직 공무원도 포함되어 있었다. 미국행 비행기를 타기 전에 그는 상하이공항에서 미국인 비행기 조종사들의 유해송환 의식에 참석했다고 한다. 미국 조종사들은 장 제스 군대에 보급할 물자를 싣고 히말라야산맥을 넘다가 추락했고 이후 그들의 유해는 중국영토 쪽 히말라야산맥에서 발견되었다.[12] 유해는 상하이공항으로 옮겨져 있었다. 어찌됐든 그가 전하는 이야기는 이렇다. 비행기가 추락하는 동안 조종사들이 날카로운 물체를 꺼내들고 기체의 알루미늄으로 된 부분에 추락 상황을 새겼다는 것이다. 상하이 부시장인 그는 감정을 주체하지 못하고 연단 위에서 흐느끼며 말을 잇지 못했다. 그는 "미국인들이 1940년대에 이처럼 협력적이었는데, 상황이 훨씬 더 좋아진 지금은 왜 양국 간에 이렇게 많은 문제들이 존재하는지 이해할 수 없다"고 말했다.

청중들은 모두 정말로 놀랐다. 단순한 역사적 서술 차원의 문제가 아니라 실로 강력한 정서였다. 미중관계가 다른 양자관계와 두드러지게 다른 점 중 하나는 바로 이러한 양국 국민 간의 정서적 유인성(誘引性)이다. 내가 아는 한 미국인들은 러시아인들이나 심지어 인도인들에게도 이러한 정도의 정서적 유인성을 갖고 있지 않다. 이에 비해 미중 간에는 이처럼 양국 정치인이나 선동가 들이 대중을 동원하기 쉬운 감정적 특성, 과도하게 긍정적이거나 과도하게 부정적인 시각과 사건이 존재한다.

대담자 중일관계 역시 복잡 미묘한 문제다. 최근 중일관계의 악화가 양국 간 역학관계 변화를 넘어, 과거 역사문제와도 연관이 있다고 보는가.

램프턴 질문은 결국 '일본과 중국이 원만한 관계를 맺는 데 왜 이렇게 어려움이 많은 것 같냐'라는 것으로 보인다. 답하자면 원인은 다양하다.

지금으로부터 100년도 채 안 된 1919년 5월 4일, 중국에서는 개혁을 향한 노력이 전개되었다.[13] 베르사유조약 체결과 1차대전 종전과 함께 말이다. 이 시기 중국공산당이 창설되었다.[14] 국민당과 공산당 양측 모두 미국과 유럽을 불신했으며 군사 및 산업 부문의 현대화에 열중하면서 외국인들을 배척했다.

그리고 나서 일본이 1931년 중국 동북지방을 침략했고, 1937년에는 중국 전역을 침략했다. 중국공산당은 일본에 대항해 자국민들을 동원하는 과정에서 지지를 얻게 되었다. 일본의 침략이 없었다면 1949년 공산당의 국공내전 승리도 없었을 것이다. 따라서 중국의 혁명 전체가 중국 통일 및 일본인 축출과 관련되어 있다고 할 수 있다.

그다음으로 문화적 측면에서 중국은 항상 스스로의 문명을 어버이 격으로, 일본 문명을 아들 격으로 여겼다. 내가 볼 때 중국인들은 한국에 대해서도 비슷한 관점을 갖고 있다. 이런 말을 하면 한국이나 일본의 환심을 사기 어렵겠지만 말이다. 어찌됐든 어버이 격의 문명이 아들 격 문명의 침략을 받고 점령당하는 상황은 수치스러운 일이었다. 게다가 일본은 산업화와 통치제도 근대화를 훨씬 더 잘 이루어냈다. 중국은 일본에 비해 우월하다고 여겼지만, 사실 어떤 측면에서 보면 당시 일본은 중국에 없던 많은 것을 갖고 있었다.

현재 중국은 부상하고 있고 일본은 여러 문제를 안고 있다는 평이 지배적이다. 따라서 중국이 이제 최고의 위치를 차지하고 일본은 중국의 행보에 주의를 기울이면서 지내야 하는 방향으로 역사가 작동하는 것 아니냐는 생각이 뒤따르게 마련이다. 실제 중국은 센까꾸/댜오위다오 등 모든 역사적 불평등 상태를 되돌려놓으려고 한다.

당연히 일본은 이 모든 것이 불만스럽다. 일본 내에는 자국이 '정상국가'가 되기를 원하는 세력이 존재해왔고 현재 아베 신조오(安倍晉三) 일본 총리는 평화헌법 개정이라는 본질적인 문제를 논하고 있다.

사실 일본은 핵무기를 생산할 수 있는 충분한 양의 플루토늄을 보유하고 있다. 핵무기를 실을 수 있는 로켓도 이미 발사한 적이 있다. 즉 마음만 먹으면 단기간에 핵무기 보유국이 될 수 있고 아무도 이 점을 의심하지 않는다. 이에 중국은 일본이 어떻게 해서든 다시 군국주의의 길로 들어설 것이라고 강하게 확신하고 있다. 중국인, 일본인 모두가 서로에게 반감을 품고 있는 셈이다.

앞서 언급했듯이, 중국인들은 스스로 엄청난 발전을 이루었으며 자신들의 정통성의 토대가 국위를 재건하는 데 있다고 생각한다. 그리고 여기에는 일본의 코를 납작하게 해놓겠다는 의도가 어느정도 포함되어 있다. 이런 상황은 아주 불안한 조합이다. 일본과 안보조약을 맺고 있는 미국까지 끌려들어가고 있다. 미국은 "센까꾸/댜오위다오 상황을 충돌로 해결하려 한다면 어느 쪽의 주장도 지지하지 않을 것이다. 하지만 미국은 일본의 동맹국이므로 전쟁이 발발하면 일본의 편에 설 것이다"라고 말할 수밖에 없는 궁색한 입장에 놓여 있다.

아시아 회귀에 대한 평가

대담자 몇몇 전문가들은 미국의 '아시아 회귀' 전략에 대해 오바마 대통령이 대선을 한해 앞두고 정치적 목적으로 고안했다고 설명한다. 당신의 주장도 그러한 것으로 알고 있다.

램프턴 선거운동 당시를 떠올려보자. 2011년 말 오바마 대통령은 선거운동에 앞서 아시아를 방문한 자리에서 아시아의 경제적 중요성이 더 커지고 있으며, 미국과 태평양 지역 간의 무역이 미국과 대서양 간의 무역보다 많다고 말했다. 게다가 현재 미국이 파키스탄, 이라크, 팔레스타인 문제 등에 관여하는 수준 정도로 아프가니스탄이 안정되면 그곳에 집중된 자원을 점점 감소시켜 아태 지역으로 옮길 것이라고 말했다.

이것은 선거운동 논리에 맞춘 공약이었고, 중국문제 면에서 나약하게 보이고 싶지 않다는 말이었다. 당시 중국은 남중국해 분쟁과 관련해 공세적으로 행동하고 있었다. 중국 연안에 대한 미국의 정찰 및 감시 활동도 밀어내는 중이었다. 다만 당시에는 센까꾸/댜오위다오 분쟁이 재차 수면 위로 떠오르지는 않은 상황이었다. 어쨌든 아시아 회귀는 오바마 대통령에게는 두루두루 유리한 효과를 가져다주었다. 미국은 전략적으로 향후 오랜 기간에 걸쳐 아시아에 더 많은 관심을 쏟을 것이라는 메시지를 전달했고, 또한 오바마가 단호한 이미지를 내세우며 선거에 돌입함으로써 공화당 진영에서 그를 나약하다고 비난할 수 없도록 했다. 이것이 '회귀 전략'을 펴게 된 동기다. 하지만 시행 단계에 들어서는 오바마 대통령, 힐러리 클린턴 국무장관, 리언 패네타(Leon Panetta) 국방장관, 그리고 커트 캠벨 동아태 차관보까지 모두가 군사적 요소를 강조했다.

대담자 당신은 여러 글에서 '아시아 회귀'에 대해 굉장히 비판적인 견해를 보였다. 그 이유를 설명해줄 수 있나?

램프턴 우선, 군사 부문을 너무 강조했다. 호주 노던 주의 다윈에 2500명의 미군 해병대 병력을 배치할 것이라고 했는데, 사실 규모로 보면 조족지혈(鳥足之血)에 불과하다. 하지만 미국은 이를 두고 엄청나게 야단법석을 떨었다. 지도를 보면 알겠지만 다윈은 중국으로부터 꽤 멀리 떨어져 있다. 따라서 중국이 미국의 발표를 무시했으면 되는 것 아니냐고 말할지도 모른다. 하지만 이런 조처는 미국이 중국을 군사적으로 봉쇄하려 한다는 중국의 프레임워크(framework)에 딱 맞아떨어졌다. 따라서 힐러리 클린턴 국무장관이 필리핀 마닐라만에 정박한 미 구축함 피츠제럴드호 갑판 위에서 "미국은 필리핀을 위해 일어나 함께 싸울 것입니다"라고 한 연설은 중국인들의 심기를 건드렸을 것이다.[15] 뒤이어 패네타 국방장관도 베트남 캄란 만에 정박 중인 미 해군 수송선에 올라 화제가 되었다.[16] 어쨌든 미국은 군사적 요소가 더 돋보이도록 했는데, 중국 입장에서는 부적절하다고 느낄 수도 있는 것이었다. 따라서 첫번째 실수는 '회귀 전략'을 부분적으로 또는 실질적으로 군사적인 움직임으로 묘사한 것이다.

두번째로 미국은 환태평양경제동반자협정(TPP)을 추진하고 있으나 솔직히 말하면 중국의 가입을 간절히 원하는 것은 아니다. 오바마 행정부는 "미국이 정한 기준을 중국이 충족하면 중국의 가입도 환영한다"라고 말하고는 한다. 하지만 미국은 처음부터 중국을 포함하지 않는 아시아 경제협력체를 만들겠다는 점을 명확히 했다. 따라서 중국인들은 '회귀 전략'의 군사적 요소와 경제적 배제를 목격하고 있다. 하지만 중국 역시 미국을 배제하는 자신들만의 경제협력체를 꾸리려고 시도해왔기 때문에 중국도 이 점에서는 비난에서 자유로울 수 없다.

셋째로 보다 실질적인 문제가 있다. 미국은 '회귀 전략'의 비용을 감당할 수 있는가? 미국은 씨퀘스터(Sequester, 미국 연방예산 자동삭감 제도)를 실행하고 있다. 국방예산은 2021년까지 5000억달러의 삭감이 이루어질 예정이다. 아시아에 더 많은 자원을 투입하겠다는 공약을 갑자기 내걸었지만 실행할 예산이 없는 것이다.

따라서 내 견해는 이렇다. 미국은 중국에 지나치게 도발적이었고, 지금은 그렇게 할 만한 예산이 없다. 결과적으로 중국과 미국에 최악의 결과를 안겨주었다. 중국을 불쾌하게 만들었고, 미국은 말을 행동으로 옮길 능력이 없어 신뢰를 잃게 되었다. 최악의 결과라고 본다. 비유하면 '불량배'의 코를 주먹으로 때린 뒤 "아, 이러려고 한 게 아니었어"라고 말하는 것과 같다.

대담자 중국이 1990년대 이후 인민해방군 현대화 작업을 시작하면서 군비지출을 늘리고 있고, 특히 2010년을 전후해 공세적 행동을 취하고 있다는 사실도 부인할 수 없을 것 같다. 아시아 국가들은 이런 흐름에 위협감을 느끼고 있고, 미국이 '아시아 회귀'로 대응에 나선 데에는 이런 아시아의 '여론'도 작용한 것 같다.

램프턴 좋은 지적이다. 미국은 현재 진행 중인 몇가지 사안에 재조정 전략으로써 대응하는 측면이 있다. 아시아의 여론 중 하나로 중국의 군사 현대화와 남중국해에서의 공세적 행동에 대한 중국 주변국들의 깊은 우려를 들 수 있다. 이에 따라 필리핀, 일본, 한국 등 동맹국들이 미국에 더 많은 관여를 요청해오고 있다.

그러나 아시아의 상당수 우방국들은 미국의 관여를 원하면서도 동시에 미국이 중국의 화를 돋우지 않기를 바란다. 이들은 중국과 함께 살아가야 하고, 특히 신냉전 국면에서는 중국이 아시아 국가들에게 어느 한쪽 편을 들라고 요구하기 시작할 것이기 때문이다. 결국 아시아 국가들은 골디락스(Goldilocks) 경제[17]와 비슷한 상황을 원하고 있다. 미국과 중국이 뜨거운 사랑을 하는 것도, 너무 냉랭해지는 것도 원하지 않는다.

인도네시아인 여럿이 나에게 미군에 대해 이야기했는데, 그들은 "우리집 앞에 보도가 깔려 있다고 상상해보자. 우리는 미군을 집 안으로 초대하고 싶지는 않다. 하지만 미군이 집 앞의 보도에서 순찰을 해주기를 바란다"라고 말했다. 마찬가지로 일본이 미국의 도움은 바라지만, 그 댓가로 오끼나와 기지문제와 관련해 어떤 일이든 기꺼이 하려고 하겠는가? 아니지 않는가. 한국 역시 이따금씩 미군으로 인해 좋지 않은 상황이 발생하면 미군을 탐탁지 않게 여긴다. 아시아 국가들 모두가 미국이 자기 지역에 있어주기를 바라지만 기꺼이 미국을 도우려고 하는가? 항상 그렇지는 않다는 것이다. 그게 공평한 일인가?

좋다. 어쨌든 이는 복잡한 이야기다. 하지만 모두가 중국에 대해 우려하고 있는 것은 분명하다. 정말 솔직히 말하면, 2010년부터 중국은 처신을 잘하지 못했다. 이에 따라 중국에 많은 비난이 쏟아졌다. 그럼에도 기본적인 내 생각은 '지키지 못할 약속은 하지도 마라'라는 것이다. 예산 제약 때문에 미국이 약속을 지키기란 매우 어려운 상황이다. 미국이 하겠다고 말한 것을 충족시킬 적절한 능력도 없이 미국의 의도에 대한 중국의 우려만 자극한 꼴이 되었다.

대담자   중국에 대한 미국의 가장 위험하면서도 보편적인 오해는 무엇이라 생각하는가? 중국의 의도에 대한 잘못된 이해인가? 아니면 선거운동 과정에서 나오는 자극적인 수사인가? 아니면 일반적인 미국인이 지닌 중국에 대한 편견인가?

램프턴   중국을 방문하는 미국인의 대부분은 일반적으로 베이징이나 상하이, 그리고 아마도 광저우 정도에 갈 것이다. 중국 외곽을 보고 싶다면 병마용(兵馬俑)을 보러 시안 정도에 갈 것이다. 이들이 미국으로 돌아올 때 품고 오는 중국에 대한 이미지는 50층짜리 마천루를 짓고 있는 대단히 현대화된 사회의 이미지다. 미국인들은 중국이 굉장한 성공을 거두고 있다는 이미지를 갖게 된다. 물론 많은 측면에서 실제로 그러하다. 지난 30여년 동안 중국은 연평균 10퍼센트대의 경제성장률을 기록했다. 그러나 우리는 중국을 실제보다 더 많은 능력을 지닌 것으로 인식하고 있다. 중국인의 49퍼센트는 농촌에 살고 있으며 아주 가난한데 말이다.
따라서 미국인들의 가장 큰 오해는 중국의 지도자들이 미국의 상황을 보다 어렵게 만들기 위해 고민하며 온 시간을 쏟고 있다는 생각이다. 그것은 중국 지도자들의 관심사가 아니다. 중국 지도자들은 안정적인 방향으로 중국을 통치해야 권력을 유지할 수 있다고 믿는다. 이는 생활환경이 여전히 열악한 8억명의 삶을 향상시켜야 함을 의미한다. 미국은 중국이 강력한 기반을 토대로 헤게모니를 전세계로 확대하는 데 골몰하고 있다고 인식하지만, 중국의 지도자들은 자신들의 취약점에 훨씬 더 많은 신경을 쓰고 있다. 이것이 가장 근본적인 오해다.

현재 중국의 인구는 약 13억명이고, 중산층에 해당하는 인구가 대략 3억에서 4억명 정도로 미국의 전체 인구보다 많다. 이 때문에 중국에 대한 고민은 상당히 복잡할 수밖에 없다. 중국의 어느 한 부분은 꽤 선진화되어 있고, 차세대 미사일이나 항모, 항공기 등에 관한 역량도 갖추고 있다. 그러나 완곡하게 표현하면 인민 중 8억여명은 너무나 가난하다. 중국의 실수는 주변국들에게 공포를, 미국에게는 우려를 야기하는 정책을 펴고 있다는 점이다. 그것은 모두를 극도로 불행한 군비경쟁으로 몰아갈 수 있다. 군비경쟁은 실제로 이미 진행 중이다.

대담자 로버트 캐플런[18] 같은 대중국 강경론자들의 견해는 어떻게 생각하나? 그들이 중국의 의도를 잘못 파악하고 있다고 보는가, 아니면 강경하게 주장하는 다른 이유들이 있다고 보는가?

램프턴 그런 견해에 대해 나는 다소 냉소적인 편이다. 우선 군사비 지출, 군사력 증강, 군사행동은 모든 사회에서 항상 국내 정치와 연관이 있다. 앞서 언급했듯이 미국은 약 5000억달러의 국방비를 삭감할 것이다. 그런데 대체 무엇 때문에 이렇게 많은 국방예산이 드는가? 인건비도 있겠지만 값비싼 컴퓨터 씨스템, 항모, 항공우주 설비, 탄도탄요격 미사일 등 온갖 장비에 들어간다. 와지리스탄의 산악지대 동굴에 은둔 중인 무장세력(탈레반)에 대처할 목적이라면 이런 군사장비가 모조리 필요한 것은 아니다. 그렇다면 세계 초강대국이면서 11대 혹은 12대의 항모를 보유해야 할 설득력 있는 근거가 있는가?

경제성장과 군사 현대화를 추진해온 중국이 미국에 군사적 도전을 할 수 있는 가장 가능성 높은 유일한 존재로 부각된 이유가 여기에 있다. 러시아가 여전히 수천개의 핵탄두를 보유하고 있지만 기본적으로는 중국이 유일하게 미국에 도전하는 존재가 되었다. 따라서 미국 내 예산 논쟁의 맥락에서 살펴보면 중국은 미국의 매력적인 목표물이다. 게다가 중국도 미국에 곤란한 여러 상황을 야기하고 있고, 중국사회가 복잡하고 다양해지면서 거친 말을 하는 중국의 군부 인사를 쉽게 찾을 수 있다.

반대의 경우도 마찬가지다. 중국인들도 캐플런, 존 미어샤이머(John Mearsheimer) 혹은 린지 그레이엄(Lindsey Graham)[19] 공화당 상원의원 같은 강경론자들의 말에 귀를 기울인다. 중국 군부 인사가 이런 말을 한 적이 있다. "우리는 미국의 대만 무기판매, 적대적 수사, 중국에 관한 연간보고서를 무척 반긴다. 그래야 우리가 중국정부에 미국의 적대감에 대처하기 위한 더 많은 예산을 요구할 수 있기 때문이다"라고 말이다.

'예산의 정치학'이라는 측면에서 보면 양국 군부는 서로에게 최고의 친구로, 서로에게 더 많은 예산을 따내는 데 필요한 가장 좋은 구실을 제공한다. 이것이 모든 현상을 설명하는 것은 아니지만, 적어도 일부분은 된다.

또다른 측면은 이른바 '기술적 작용·반작용'(technological action-reaction)이라 불리는 것이다. 미국은 북한의 위협에 대처한다면서 더 많은 패트리어트 미사일 포대를 동아시아에 보내고 있다. 중국은

"패트리어트 미사일은 북한 미사일을 격추시킬 수 있지만 또한 중국의 미사일도 격추시킬 수 있다. 그래서 중국은 더 많은 미사일이 필요하다"라고 응수한다. 그러다보니 중국은 더 많은 미사일을, 미국은 더 많은 탄도탄요격 미사일을 보유하게 된다. 미국 방위산업체 레이시언(Raytheon, 패트리어트 미사일을 생산하는 방위산업 기업)은 정말 행복하지 않겠나? 따라서 이는 예산을 둘러싼 게임일 뿐만 아니라, 첨단 무기를 보유하려 할 때 발생하는 기술경쟁 측면이 있다. 미국은 과거에 중국 미사일 1기를 격추시키기 위해 2, 4 혹은 6기의 미사일을 배치해야 했다. 지금은 무기가 첨단화되어서 중국 미사일 1기를 요격하는 데 미국 미사일도 똑같이 1기가 필요하다. 그렇다면 중국은 어떻게 대응하겠는가? 미사일 보유량을 늘리지 않을까? 이런 양상은 부분적으로는 미국과 소련 간에 일어났던 경쟁과 유사하다. 과학기술적 가능성이 추동하는 군비경쟁인 것이다. 일종의 순환인데, 이런 상황이 잘 관리될 수 있으리라는 희망을 가져도 될지 잘 모르겠다.

대담자 마지막으로 사이버안보와 관련된 문제를 묻고 싶다. 일부에서는 중국의 사이버공격에 맞서 미국이 사이버사령부 등을 통해 적극적인 전략으로 대응해야 한다고 주장한다. 사이버안보에 대한 근본적인 해결책이 있다고 보는가?

램프턴 나는 이스라엘인들, 일본인들, 한국인들이 무엇을 하는지 모른다. 이들은 미국의 동맹국이다. 우리 동맹국들이 무엇을 하는지도 잘 모르는데 중국인들이 무슨 일을 하는지 누가 알겠는가. 중국이 사이버문제에 관여하는 유일한 당사자이고 따라서 중국 쪽에서 공격했다는 주장은 불필요하다. 전혀 설득력이 없는 주장이다. 미국에도 사이버사령부가 있고 거기서도 무엇인가 하고 있으니 말이다. 그런 점을 명심해주기 바란다. 가설이기는 하지만 만일 미국이 조금 물러나면 중국도 조금 물러날 것이다. 중국이 뒤로 조금 물러나면 미국도 조금 물러날 것이다. 미국이 먼저 그렇게 할까? 잘 모르겠다.

미국에서는 또 이런 말도 한다. "우리는 군사적 사용을 위해 사이버기술을 발전시키고 있지만 중국 내 기업의 지적재산을 약탈해 경쟁 기업에게 파는 행위는 하지 않는다"라고 말이다. 중국이 미국의 지적재산을 약탈해 다른 기업에 판매하고 있지만 미국은 그렇게 하지 않는다는 주장이다. 이런 주장이 사실인지는 모르겠지만, 믿을 수는 있다. 만일 미국정부가 지적재산권을 약탈한다면 미국정부는 곧바로 누구에게 판매할 것인지의 문제에 부딪히기 때문이다. 정부가 펩시콜라에게만 판다면 코카콜라가 가만히 있겠는가? 그럴지 아닐지 확실치는 않지만 나는 이 부분에서는 가만히 있지 않을 것이라고 믿는다. 따라서 미국이 할 수 있는 영역은 중국이 국가전략 차원에서 미국의 경쟁력을 훔치지 못하도록 막는 일이다. 중국이 저가물품에 관한 지적재산을 노린다면 미국이 고가물품에 관한 지적재산을 지키면 그만이다. 하지만 중국이 고가물품에 관한 온갖 지적재산을 훔치게 되면 이는 결국 미국의 미래 경제에 대한 공격이 된다.

사이버안보는 미소 간 전략무기 감축협상보다 더 복잡한 현안이다. 미사일에 관해서 이야기한다면 얼마나 많은 수의 미사일과 핵탄두가 있는지, 항공기에 장착되었는지, 지상에 있는지 해상에 있는지를 논의할 수 있다. 적어도 미사일의 숫자는 정해져 있다. 무엇보다도 누군가 이 미사일 1기를 발사하면 어디에서 발사되었는지 대개 알 수 있다. 사이버공격의 경우는 이런 것을 알아내기 어렵다. 사이버상의 인물이 누구인지, 중국정부인지 고등학생들인지, 지적재산권을 훔치는 프리랜서 범죄조직인지조차 파악하기 힘들다.

누가 사이버상의 행위자인가? 그 수는 얼마나 되는가? 거의 무한대에 이른다. 게다가 반드시 어느 한 국가에만 기반을 두고 있는 것도 아니다. 그래서 거대하면서도 매우 위험한 문제다. 군사 부문에서든지, 지적재산권 부문에서든지 미국이 어떻게 대처해야 할지 모르겠다. 미중 간에 논의를 해야 하지만, 손쉬운 해결책이 있을 것으로 낙관하지는 않는다.

대담자 오랜 시간 인터뷰에 응해줘서 감사하다.

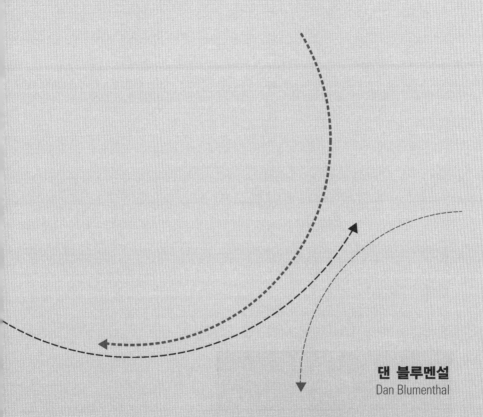

댄 블루멘설
Dan Blumenthal

중국을 봉쇄하라

댄 블루멘설 Dan Blumenthal(1972~)

전 미 국방부 중국·대만 담당 선임국장
현 미국기업연구소(AEI) 아시아연구소장

댄 블루멘설은 워싱턴대학을 졸업하고 듀크대학 로스쿨에서 법학박사를, 존스홉킨스대학 국제관계대학원(SAIS)에서 국제정치학 석사학위를 취득했다. 워싱턴에서 국가안보 분야 변호사로 활동하기 위해 국제정치학과 법학을 모두 공부했다고 한다. 그는 변호사 생활을 하다 부시 행정부 때인 2002년부터 2004년까지 국방부에서 중국과 대만을 담당했다. 이라크와 아프가니스탄 침공에 앞장섰던 도널드 럼즈펠드(Donald Rumsfeld) 국방장관이 미국의 대외정책에 막강한 영향력을 행사하고 있던 때다.

이후 2004년부터 지금까지 미국기업연구소(American Enterprise Institute, 이하 AEI)에서 근무하고 있으며, 2006년부터 2012년 말까지 미 의회 내에서 중국 관련 이슈들에 대해 조언하는 미중경제안보검토위원회 위원으로도 활동했다.

2008년과 2012년 미 대선 당시 그는 외교안보 분야에서 오바마 후보의 저격수로 활동했다. 그는 오바마 행정부의 외교정책에 대해 날카롭게,

때로는 '금지선'을 넘을 듯 사정없이 비판을 가했다. 일부에서 그를 '네오콘'이라고 부르는 이유를 어렴풋이 짐작할 수 있었다. 럼즈펠드 국방장관 밑에서 2년 동안 근무한 경력도 이 선입견에 영향을 끼친 듯하다.

어찌됐든 그가 2012년 대선 당시 미트 롬니(Mitt Romney) 후보의 외교안보 선거캠프에서 활동하면서 강도 높게 비판한 오바마의 정책이 바로 '아시아 회귀' 전략이었다. 비판의 요지는 크게 세가지다. 첫째, 오바마 행정부는 이 전략을 펴겠다면서 동시에 아프가니스탄에서 미군을 철수하기 시작했다. 이에 따라 인도를 대중국 대항마로 활용하기 어려워졌다. 아프가니스탄의 정세가 악화되면 인도는 파키스탄에 더욱 신경을 쓸 수밖에 없기 때문이다. 한마디로 아시아 회귀는 동의할 수 있는데, 아프가니스탄 철군은 하지 말라는 이야기다.

둘째로, 아시아로 회귀하면서 미국 대외정책의 전통적인 우선순위였던 중동문제를 소홀히 하면 안 된다는 것이다. 중국이 이란 등에서 영향력을 확대하는 상황이고, 미국의 동맹국들은 미국이 제공하는 중동의 군사적 안정에 기대어 원유를 수입하고 있다. 즉 동맹국까지 위태롭게 할 수 있음을 뜻한다.

셋째, 2012년 1월 공개된 국방부의 새 지침은 아시아 회귀 전략을 군사적 측면에서 구체화한 것인데, 해당 지침으로는 중국과의 충돌 시에 중국을 이길 방법이 무엇인지 알 수가 없다. 호주에 해병대 2500명이 주둔하고, 싱가포르에 연안전투함을 배치하는 것으로 중국을 이길 수 있느냐는 것이다. 블루멘설은 아시아 회귀 전략을 대중봉쇄전략으로 몰아가면서, 이 전략을 펴려면 더 많은 자원을 투입하라고 촉구했다.

이 세가지 비판의 근거들은 모두 중국의 부상을 억제하거나 견제해야 한다는 전제를 깔고 있다. 그가 중국문제에 대해 '초강경파'로 분류되는 이유가 여기에 있다.

그가 근무하는 AEI도 헤리티지재단(The Heritage Foundation)과 함께 미국의 대표적인 보수 성향의 싱크탱크로 분류된다. AEI는 1938년 루이스 브라운(Lewis H. Brown)이 이끄는 뉴욕 기업가들에 의해 미국기업협회(American Enterprise Association)라는 이름으로 출범했으며, 1943년 2차대전 중에 워싱턴으로 본부를 옮겼다. 1962년 현재의 이름으로 간판을 바꿔 달면서 본격적으로 싱크탱크로 발돋움하기 시작했다. 이 연구소는 '미국의 자유와 민주의적 자본주의' 수호를 목적으로 한다. 즉 '작은 정부'와 기업활동의 자유보장, 개인의 자유를 핵심 가치로 여기고 있으나, '적극적이고 효과적인 국방·외교 정책'을 지향한다는 점에서는 티파티(Tea Party, 공화당 내 극우적 정치 그룹) 등에서 보이는 자유지상주의(Libertarianism)와는 차이를 보인다. 냉전 종식 이후에는 미국의 힘의 우위를 내세워 일방주의적 세계 운영을 주장하는 연구원들이 많았으며, 부시 행정부 시절에는 주요 관료들을 배출하고 외교정책에 큰 영향력을 행사해 '네오콘의 요새'로 불렸다. 당시 대표적인 네오콘으로 꼽혔던 딕 체니(Dick Cheney) 부통령은 현재도 이곳 이사회의 멤버이며, 그의 아내 린 체니(Lynne Cheney) 역시 교육·문화 담당 선임연구원으로 재직하고 있다. 미 국무부 군축 담당 차관을 지냈던 존 볼튼(John Bolton)도 국무부에 입각하기 전 수석부소장을 지냈으며, 현재도 선임연구원으로 등록되어 있다. 블루멘설과의 이번 인터뷰는 이러한 성격의 연구소에서 중국을 어떻게 보는지, 미국의 아시아 정책을 어떠한 방향으로 추진하기를 원하는지 잘 보여준다.

블루멘설을 만난 2013년 3월 21일 목요일, 워싱턴의 날씨는 봄을 시샘하는 양 꽤 쌀쌀했다. 추운 기운 때문이었을까? AEI 사무실에서 그를 처음 봤을 때, 독일병정 같다는 느낌이 스쳐지나갔다. 각진 얼굴에 딱딱하고 깐깐해 보이는 표정과 풍채가 그러했다. 아마도 이러한 느낌은 인터뷰를 위해 사전 질문지를 만들 때 그의 칼럼과 논문 등을 보며 생긴 선입견인지도 모르겠다.

그래도 인터뷰를 마치고 잠시 사담을 나누는 중에는 저자들이 존스흡킨스대학 SAIS 소속이라는 점에 반가워했다. 또한 이 책과 관련해서는 "좋은 프로젝트다. 힘 내라" 하는 덕담도 잊지 않았다. 사실 그는 인터뷰 요청 당시에도 다른 전문가들에 비해 적극적인 편이었다. 요청 메일을 보내자 즉각, 현재는 아시아를 순방 중이니 미국으로 돌아가면 바로 인터뷰를 하자고 호의적인 반응을 보내왔다. 대개의 전문가들이 두세차례 '독촉' 메일을 보낸 뒤에야 연락이 온 것에 비하면 무척이나 친절한 반응이었다.

이번 인터뷰는 선거 때 언론에 했던 코멘트나 기고 등에 비하면 날이 덜 서 있다. 아마 선거가 끝났기 때문일 것이다. 그럼에도 중국을 명확하게 경쟁자로 설정하고 있는 점, 미국의 유일패권을 옹호하며 이를 위해 중국을 견제 또는 봉쇄해야 한다는 주장 등은 분명히 드러났다.

아시아 회귀와 중동 및 이슬람권에서의 미중 경쟁

대담자　오바마 행정부의 아시아 회귀 전략 또는 재조정 전략에 대해 비판하는 글을 많이 썼다. 그 근거 가운데 하나로 중동이나 아프가니스탄에 대한 미국의 이해관계가 여전하며, 따라서 두 지역에서 미국이 손을 뗄 시기가 아님을 지적했다. 더불어 중동에 대한 중국의 영향력이 증가하고 있으며, 여기에 실질적으로 대응해야 한다는 점을 강조해왔다. 현재 중동 지역에서 중국의 행보를 어떻게 평가할 수 있는지, 그리고 중동 및 이슬람권에서 중국의 영향력이 증대된다면 왜 미국의 이해관계가 위협받을 수 있는지 묻고 싶다.

블루멘설　우리는 시리아 같은 '핫스팟'(hot spot, 정치적·군사적 분쟁 지역)에 대한 미국의 정책 선호도에 따라 그곳 상황이 어떻게 전개되는지를 목도했다.

미국이나 유럽연합은 핫스팟의 쟁점과 관련해 사실상 같은 입장이다. 그러나 중국은 다르다. 예를 들어 중국은 이란을 강하게 지지하는 것에는 조심하면서도 이란으로부터 천연가스나 원유 등을 계속 구매한다. 이에 따라 대(對)이란 제재의 강력함과 이행력이 떨어지고 있다. 이는 이란 사람들에게 '더 가혹한 제재는 중국이 지지하지 않을 것'이라는 희망을 심어준다. 따라서 이란에 대한 미국의 강압 외교가 방해받게 된다.

시리아를 포함해 우리가 압박하려는 나라들은 항상 이런 형태의 안전밸브를 갖고 있는 셈이다. 물론 중국과 이란, 중국과 시리아 관계가 더 좋아지더라도 완전한 동맹구조로까지 가지는 않을 것이다.

하지만 중동 지역에서 미국의 영향력은 감소할 것이다. 또한 중국이 이 지역에서 원유를 구매하면서 '책임'까지 구매하지는 않을 것이다. 따라서 중동은 더 위험한 지역이 될 것이다.

대담자　그러나 중국뿐 아니라 한국이나 일본도 이란 등 일부 중동 국가에 대한 미국의 제재를 별로 좋아하지 않는다. 원유 수입 등에 차질을 빚기 때문에 마지못해 동조하는 형국이다.[1]

블루멘설　중국의 경우에는 중동문제 개입 동기가 꽤 다양하다. 우선 에너지 이해관계가 걸려 있다. 그다음으로 다른 국가에 대한 내정 불간섭의 관점에서 중국이 소중히 여기는, 또는 적어도 소중히 여긴다고 말하는 원칙들이 있다. 중국은 자신들 내부의 목적(티베트, 신장 등에 대한 미국의 간섭을 배제하는 일)을 위해서나, 전세계에서 미국과의 전략적 경쟁이 늘어나면서 내정불간섭 원칙을 어느정도는 신성시한다.
　그러나 한국과 일본의 경우, 에너지 수입이라는 한가지 쟁점만 있어 북미의 셰일가스(shale gas)[2] 혁명이 그 부분을 어느정도는 상쇄시켜줄 것이다. 이미 한국과 일본도 셰일가스 개발에 상당부분 관여하고 있고 앞으로 더 관여하게 될 수밖에 없다. 그러나 그 개발 때까지는 한동안 이란과 관계를 유지해야 할 것이다. 솔직히 말하면 에너지 문제는 이들 나라가 이란과 관계를 맺는 유일한 동기다. 중국과의 관계를 고려해 전략적으로 사고하는 부분도 있겠지만, 실질적으로 1차적 동기는 전력 및 원유 수요에 어떻게 대처할지에 관한 것이다.

대담자　이슬람문제와 관련해 상하이협력기구(Shanghai

Cooperation Organization, 이하 SCO)를 이야기하지 않을 수 없다. 터키가 가입에 관심을 보이고 있는 점 등을 고려할 때 SCO가 실질적으로 미국에 대항하는 의미있는 지역블록이 될 것이라고 보는가?[3] 아니면 단순히 얘깃거리만 무성한 '수다방' 수준에 그칠 것으로 보는가?

블루멘설 SCO를 의미있는 지역블록이라고 볼 수는 없다. 터키가 가입하긴 할 것이다. 그러나 회교도이라는 주제와 관련해 터키는 중국에 가장 비판적인 국가라[4] 양국의 이해관계가 충분히 맞아떨어진다고 보진 않는다.

중국과 러시아는 얼마간 이해관계를 공유할 것이다. 그러나 미국에 대항하는 블록을 만들 정도로 위협인식에 대한 공통의 이해관계가 강력하지는 않다.

중국 이외에 부상하는 몇몇 국가들이 있다. 그러나 그들이 특정 이슈에 대해 연대하는 의미로 단단한 블록을 형성한 것은 아니다. 그들이 훼방꾼이 될 수는 있다. 특정한 목적으로 어떤 연합체에 가입할 수도 있다. 그러나 그런 국가들이 부상하든 쇠락하든 추가적인 극(extra pole)을 구성한다고 보기는 어렵다. 러시아의 사례에서 나타나듯 말이다.

아시아 회귀와 파키스탄—인도 문제

전통적으로 중국과 파키스탄은 동맹은 아니더라도, 상당히 우호적인 관계를 맺어왔다. 1965년 5월 제2차 인도—파키스탄 전쟁이 발발했을 때, 중국은 미국과 함께 파키스탄을 지지·지원했다. 중국은 서남아시아에서 인도의 주도권을 견제하기 위해 파키스탄을 중요한 우방으로 생각했고, 파키스탄도 인도를 견제하기 위해 중국의 지원이 필요했다.

특히 중국은 파키스탄과 2001년 8월 파키스탄 남부의 전략적 요충지인 과다르항 개발·건설 투자협정을 맺은 이후 10년 넘게 공을 들여 2013년 2월 파키스탄으로부터 정식으로 운영권을 넘겨받았다. 과다르항을 확보함으로써 중국은 미국이 통제하는 믈라카 해협을 거치지 않고도 인도양을 통해 중동의 원유를 수입할 수 있는 에너지 수송로를 얻게 되었다. 인도는 이 항구가 궁극적으로 자신들을 견제하기 위한 군사기지로 활용될 가능성을 우려한다. 즈비그뉴 브레진스키(Zbigniew K. Brzezinski)는 2012년 펴낸 『전략적 비전』(*Strategic Vision: America and the Crisis of Global Power*)이라는 책에서 세력변동에 따른 지정학적 취약국가로 한국, 대만 등과 함께 파키스탄을 꼽았다. 중국과 인도가 대립하면서 파키스탄 내 불안정이 조장될 가능성이 높다는 것이다.

대담자 파키스탄을 둘러싼 중국의 행보를 어떻게 평가할 수 있는가? 또한 아프가니스탄에서 중국의 역할과 미국의 정책 간의 관계는 어떻게 설정할 수 있는가?

블루멘설 중국이 파키스탄과 동맹을 맺을 정도로 파키스탄을, 그리고 파키스탄의 안정성을 완전히 신뢰한다고 보기는 어렵다. 그러나 중국·파키스탄 양국이 항구나 물류허브 형태의 인도양 거점에 관심이 있다는 사실은 더이상 비밀이 아니다. 이러한 거점은 아프리카나 중동으로부터 들어오는 상선에서 시작해 점차 군함을 위해 사용될 것이다.

문제는 이에 대해 특히 한 국가, 인도가 매우 우려하고 있다는 점이다. 인도는 여전히 인도양과 아프가니스탄에서 파키스탄과 경쟁관계에 있기 때문에 중국의 행동에 불만이 많다.

내가 오바마 행정부를 비판하는 대목은 이렇다. 진정한 글로벌 전략가라면, 세계의 각 지역에서 발생하는 일들의 영향을 두루 살필 수 있어야 한다. 아프가니스탄이 안정성을 제대로 유지하지 못하는 상황에서 성급하게 철수하면 인도가 한동안 동아시아 협력자에서 배제될 수 있다.[5]

대담자 그렇다면 첫번째로 중국과 관련해서, 두번째로 파키스탄과 관련해서 미국은 인도와의 관계를 어떻게 설정해야 하는가? 현재의 전략적 동반자관계 정도로 충분한가, 아니면 장기적으로 그 이상의 관계, 예컨대 동맹 수준의 관계가 필요한가?

블루멘설 미국이 인도와 상호방위조약 같은 것까지 체결해야 하는지는 잘 모르겠다. 아마 인도가 그런 수준까지 원하지는 않을 것이다. 미국이나 인도, 두 국가 모두 가능한 한 더 많은 전략적 자율성을 원한다고 본다.

어찌됐든 인도와 최고 수위의 관계를 맺었던 때는 부시 행정부 때였다. 인도가 과거에 핵확산금지조약(Nuclear Nonproliferation Treaty, 이하 NPT)을 위반한 전력이 있음에도 미국은 모든 외교적·정치적 자원을 동원해 인도가 핵무기를 보유하고 핵프로그램을 지킬 수 있도록 노력했다.[6]

지금까지 미국과 인도 간에 그 같은 수준의 관계는 없었다. 미국과 이해관계가 상당히 일치하면서 경제적으로도 부상하고 있는 민주주의 국가와 새로운 우호관계를 만들려면, 인도의 사례에서처럼 미국 정부가 최고위급 수준에서 끊임없이 노력할 필요가 있다.

대담자　그런 면에서 공화당 성향의 전문가들은 대체로 지난 부시 행정부 때 미국과 인도의 관계가 성공적이었다고 평가한다. 인도와의 관계 개선은 부시 행정부의 아이디어인가?

블루멘설　인도와의 관계 개선은, 아주 솔직히 말하면, 부시 행정부 이전에 착수했다. 대부분의 아시아 정책이 그렇듯이 1992년 시작해 그후에 실제로 집행된 것 가운데 하나다. 부시 행정부 인사들은 클린턴 때 시작한 고위급 대화를 자연스럽게 최고위급 대화로 격상시켜 인도의 핵프로그램을 해결하는 데 활용했다.

대담자　그렇다면 오바마 행정부가 부시 때 구축한 인도와의 관계를 그르쳤다고 보는 것인가?

블루멘설　글쎄…… 오바마 행정부는 인도에 관심이 없다. 파키스탄에는 지나치게 주목하면서 아프가니스탄 등지에서 미국의 목표와 역할은 제한하려 한다.

미국이 최상위 행위자로 남아야 하는 이유

대담자　다시 아시아 회귀로 돌아가보자. 당신은 자원투입이 부족하다는 점을 들어 이 전략을 비판했다. 중국을 봉쇄하는 데 더 많은 자원을 투입해야 한다는 취지로 읽힌다.

블루멘설 좀 무례하게 들릴지도 모르지만, 사람들이 드디어 내 말을 이해하기 시작한 것 같다. 그 쟁점에 대한 몇몇 보고서들이 나오고 있다.

대담자 문제는 예산일 텐데, 재정감축 등 장기적인 재정정책이 아시아 회귀 전략에 대한 자원투입과 상충될 수 있다.

블루멘설 사실 이것은 공화·민주 양쪽 모두의 문제인데, 예산삭감과 정치인과 회계사 등 숫자를 다루는 이들이 이런 방향으로 몰고 왔다. 전략과 이를 뒷받침할 예산 등에 대한 국가적 논쟁도 없었다. 그러다보니 아시아 회귀 전략은 아무 성과도 없이 흐지부지되고, 유럽과 중동의 우방들만 놀라게 했다. 어떤 측면에서 보면 예산절감을 위한 '도상훈련(圖上訓鍊)'처럼 보이기도 한다. 말하자면 전쟁으로부터 발을 빼면서도 우리가 여전히 국가안보 게임에 참여하고 있는 것처럼 보이게 해 사람들을 안심시키려는 방법이다.

따라서 먼저 의회와 미국인들에게 행정부가 하려는 일을 솔직하게 설명할 필요가 있다. 예컨대 "미국은 아시아·태평양 이외의 지역에 투입될 예산을 삭감해야 하므로 해당 지역에서의 위험을 감수해야 한다"거나 "미국이 모든 혹은 대부분의 달걀을 아태 지역이라는 바구니에 담고 페르시아 걸프만을 비롯한 다른 지역에서는 상당한 위험을 감수할 예정이므로 그만큼의 예산을 삭감할 예정이다"라고

말해야 한다.[7]

대담자 최근 여론조사들을 보면 미국 대통령이 외교정책보다는 국내 문제에 더 초점을 맞춰야 한다고 생각하는 미국인들이 적지 않은 듯하다. 이런 생각을 가진 사람과 논쟁을 벌인다면 당신은 어떻게 논박하겠는가?

블루멘설 우리가 동맹국에서 일제히 철수한다면 어떤 일이 발생할까. 아마도 거대한 사회과학 실험이 될 것 같다.

국제관계나 정치학의 근본적 질문이라고 할 수 있는데, 사회에는 항상 시장에서 과소공급되는 공공재 또는 집합재가 있다. 그런 부족한 부분을 채워주는 일이 일차적으로 국가가 존재해야 하는 이유다. 그러면 국제사회에서는 누가 그것을 공급해주나? 미국이 그런 역할을 하지 않는다면 재화나 서비스의 이동 등 상업관계가 강화되고 세계화가 확산될 수 있을까? 해양이나 사이버공간의 안전성을 신뢰할 수 있을까? 미국 이외에 최상위 행위자 역할을 할 후보국가들이 있는가? 나는 그런 질문에 대해 아직 만족스러운 답을 듣지 못했다.

유엔이 최상위 행위자 역할을 하는 것도 아니다. 유엔 같은 국제기구들은 집합행위(collective action)라는 커다란 임무 수행에 명백히 실패했다. 그것이 미국이 최상위 행위자 역할을 해야 하는 첫번째 이유다.

국제체제의 최상위 행위자는 공공재 제공이라는 커다란 역할을 하고 있다. 공공재란 방위, 강대국 간 평화 유지, 핵심국가 간 지역안보 유지, 대량파괴무기(WMD) 확산 방지, 기후변화 대처, 무역이나 경제 같은 것들이다. 최상위 행위자가 없어도 국제체제가 제대로 작동할 수 있는지에 대해 논리적으로 일관되게 말하는 사람을 본 적이 없다. 최상위 행위자가 없다면 각 행위자들이 서로 책임을 떠넘길 것이다. 틀림없이 혼란이 초래될 것이다. 우리는 역사 속에서 단일한 최상위 행위자가 없는 실험을 해본 적이 있다. 그 실험은 결국 무시무시한 전쟁으로 끝을 맺었다. 그것이 큰 윤곽의 대답이다.

대담자 그러면 이른바 고립주의를 선호하는 미국의 여론조사 결과가 나온 이유는 정치인들이 제대로 설득하지 못했기 때문이라고 보는 것인가?

블루멘설 물론 최근의 여론조사 결과 고립주의를 선호하는 비율이 꽤 높았다. 하지만 대통령이 직접 나서서 미국이 왜 세계 도처에 존재해야 하는지, 그리고 미국이 시작한 일을 끝마치는 것과 애초부터 분쟁상황이 발생하지 않도록 억지하는 것이 얼마나 중요한지를 국민들에게 설명한다면, 여론조사 결과는 반대쪽으로 훨씬 높게 나올 것이다.

대부분의 미국인들은 실리주의자들이다. 그들은 외교나 국방 분야의 논쟁으로 빨려들어가는 것을 좋아하지 않는다. 그러나 미국 밖에 여전히 위협이 존재하므로 이런 일들을 해야 한다고 누군가 주장하면 여론조사 결과는 바뀔 것이다.

국제기구들은 그 자체로는 좋다. 사람들에게 많은 재화를 공급한다. 그러나 세계정부(world government)가 없다면, 국제기구들의 자유주의적 목표들에 동의하는 집행자가 필요해진다.

국내 정치도 마찬가지다. 예를 들어 연방정부가 없다면 국방 써비스를 제공받지 못하고 개인이 사병을 보유해야 한다. 또한 서로 제각각 쪼개져서 교역을 해야 한다.

대담자 고립주의에 대해 좀더 이야기해보고 싶다. 케이토연구소의 저스틴 로건 같은 인물의 의견에 대해서는 어떻게 생각하는가? 그는 아시아 회귀에 대해 아주 비판적이었다. 요지는 한국이나 일본 등이 자국의 방위를 알아서 하게 내버려두고, 즉 미국인이 내는 세금을 다른 국가를 위해 축내지 말고 미국이 '본토로 회귀'(Pivot to Home)해야 한다는 거였다.

블루멘설 물론 그렇게 이야기하는 사람도 있다. "한국·일본·호주는 이미 부유한 국가야. GDP 대비 국방예산 지출을 10퍼센트까지는 증가시킬 수 있어. 그러면 만사 해결될 거야." 이런 식으로 말이다. 그러나 거기에도 몇가지 문제가 있다. 미국은 한국이나 일본에서 핵이라는 요정이 유리병 안에 계속 머물러 있기를 원한다. 그들 두 나라도 북한이나 중국 등을 고려해 대체로 그런 방향으로 계속 진행되기를 원할 것이다. 다시 한번 우리 자신에게 물어봐야 한다. 미국이 사라진다면 어떤 일이 발생할까? 미국이 사라진 세계가 당신이 살고 싶어하는 세계인가?

아시아 회귀와 중국의 대응: 안보 딜레마

대담자 아시아 회귀에 대한 또 하나의 비판은 그것이 중국의 미국에 관한 인식에 부정적 영향을 미친다는 것이다. 일종의 안보 딜레마를 유발할 수 있다는 이야기다. 그런 지적에 동의하는지, 중국인들의 인식이나 대응방식에 앞으로 변화가 없을 것으로 보는지 묻고 싶다.

블루멘설 중국인들의 행동방식은 상대적으로 일정하다. 그들의 행동과 글들로 볼 때, 최소한 안보 분야의 엘리뜨 층은 냉전시기처럼 미국을 적대적인 국가로, 그리고 경쟁자로 보고 있다. 인민해방군 현대화 프로그램 등이 지닌 미국관에는 적대적인 패권국에 어떻게 대처할 것인가라는 시각이 깔려 있다. 우리가 그들과 경쟁하지 않고 협력하려고 할 때도 그렇다. 그들은 미국이 어떤 국가이며 무엇을 하는지에 대한 독자적인 인식·전략 및 목표를 갖고 있다. 그런 시각이 어느정도 지속될 것이다.

그렇다면 관건은, 적어도 안보 측면에서 중국이 미국을 경쟁자로 보고 그런 식으로 행동할 경우 향후 무슨 일이 일어날 것인가의 문제다. 우리가 지난 20년 동안 해온 것처럼 그들과 경쟁하지 않으려다가 갑자기 경쟁하려 든다면 어떤 일이 벌어지겠는가? 우리는 거기에 대한 해답을 알지 못한다. 그러나 만일 우리가 안보나 다른 분야에서 중국과 경쟁을 시작한다면, 중국도 반응해야 할 것이다. 특수한 분야에서 또는 대담한 영토 주장 등의 부분에서 중국의 반응이 나올 것이다.

대담자 리 콴유(李光耀) 전 싱가포르 총리는 중국은 단순히 서방의 명예회원이 되는 것을 원하지 않을 것이라고 말한 적이 있다. 중국은 세계에서 가장 강한 나라가 되길 갈망하며, 따라서 2차대전 이후 미국이 세워놓은 세계질서를 그대로 수용하지 않을 것이라는 이야기다. 그런 평가에 동의하는가?

블루멘설 중국과 서양의 관계를 살펴볼 때 중요한 것은 중국이 1911년 신해혁명을 시작으로 서양의 어떤 부분을 수용하려 했는가다. 민주주의혁명이든 공산주의혁명이든, 둘 다 서양 것 아닌가.

물론 여기에는 '중국다운 것과 나머지 기타'라는 식의 정서가 항상 존재한다. 그러나 중국은 마오 쩌둥이 레닌주의체제를 실시하겠다고 결정한 이후 이미 상당기간 서양의 명예회원이 되었으며, 어쩌면 그 이상으로 서구적일지도 모른다. 레닌주의체제는 곧 서양의 체제다.

다시 말해 중국이 혁명 이전의 청 왕조 식의 관행으로 되돌아가는 것이 아니라면, 그들이 선택한 정치경제 씨스템은 어떤 식으로든 서양의 일부일 수밖에 없다. 지금 중국의 체제는 레닌주의와 애덤 스미스의 자본주의가 결합된, 서양적인 것들의 혼합물이라 할 수 있다.

대담자 당신은 대만에 대해서도 많은 글을 썼다. 애초 미국의 대만 개입은 이데올로기적 문제에서 비롯되었지만, 지금은 도덕적 요소랄까 우정이라고 할까, 이런 요소들이 더 많이 반영되어 있는 것 같다. 이런 상황에서 미국-대만 관계를 추동하는 힘은 무엇인가? 여전히 안보문제인가?

블루멘설 이 문제는 대만만의 문제가 아니다. 최소한 동아시아에서 미국은 중국과 경쟁하는 상황이다. 또한 미국이 없다면 대만 스스로의 방어가 취약해지거나 아니면 심지어 즉각적 방어가 불가능해질지도 모른다. 냉전시기의 베를린처럼, 다른 동맹들에게 우리의 입장을 보여주는 아주 상징적인 장소들이 있다. 도미노이론을 과소평가하든 과대평가하든, 중국이 대만을 강제적으로 통합한 뒤 대만을 중간 집결지(staging area)로 사용한다면, 일본은 심각하게 우려할 것이다.

대부분의 이런 논의들은 아주 추상적이다. 따라서 중국이 강제로 문제를 해결하고자 해도, 즉 대만과의 통일을 추진하고자 해도 대부분의 미국인들은 대만이 어디 있는지도 모르고, 아마 태국과 혼동할지도 모른다.[8] 그러나 대만이 자유국가라는 사실을 미국인들이 알게 되면 '왜 미국은 대만에서 아무것도 하지 않는 거야'라면서 심각하게 고민할 것이다. 또한 한국·일본·호주 등 이 지역의 나머지 국가들도 미국이 왜 이 이슈에 대해 아무것도 하지 않고 있는지 의아해할 것이다. 따라서 그 시점이 되면 다른 압박 요인이 생겨나게 될지도 모른다.

물론 미국의 공약은 '대만관계법'(Taiwan Relations Act)에 분명히 명시되어 있다.[9] 그것은 일종의 도덕적 약속인 동시에 명예와 신뢰의 문제이기도 하다.

대담자　지나친 단순화인지는 모르겠지만 공화당 성향의 전문가들 사이에서도 중국에 대한 견해가 나뉘는 것 같다. 한쪽엔 키신저 진영이 있고, 다른 쪽엔 당신이나 애런 프리드버그(Aaron Friedberg)[10]처럼 '용 살해자'(dragon slayers)라고 부를 수 있는 강경파가 있다. 실제로 보수주의 내에서도 또는 공화당 내부에서도 대중국 접근법을 둘러싼 긴장이 존재하는가?

블루멘설 헨리 키신저(Henry Kissinger)는 분류에서 제외했으면 좋겠다. 보수주의 내에서 견해차는 리처드 하스(Richard Haass), 밥 졸릭(Robert Zoellick, '밥'은 로버트의 애칭)[11] 등등에서 나타나는 것 같다. 키신저는 돈을 많이 벌고 있을 뿐이고, 솔직히 말해 그외에 무슨 일을 더 하고 있는지, 또 앞으로 무슨 역할을 더 할 수 있을지 모르겠다. 그는 88세다.

나는 솔직히 밥 졸릭의 의견에 찬성하지 않는다. 그는 여전히 중국이 국제체제에서 '책임있는 이해상관자'[12](responsible stakeholder)로서의 역할을 담당해야 한다고 주장한다. 그렇게 주장하려면 중국의 행동을 경쟁적 관점이 아닌 협력적 관점에서 바라봐야 한다. 모든 관계에는 경쟁과 협력이라는 측면이 동시에 존재한다. 어느 측면이 더 두드러진다고 보는지에 따라 의견이 갈린다.

경쟁적 측면이 더 강해진다면 정말 위험해질까? 애런 프리드버그나 나 같은 사람은 미중이 안보 분야에서 상당히 치열하게 경쟁을 벌여왔고 지금도 경쟁하고 있으며, 이로 인해 꽤 위험해질 수 있다고 본다. 단순히 미국과 비교해 중국이 국방비를 얼마나 쓰느냐의 문제는 아니다. 그것이 실질적인 핵심도 아니다. 왜냐하면 중국이 세계의 특정 지역만을 놓고 미국과 경쟁하려 한다면, 미국만큼 국방비를 지출할 필요가 없기 때문이다. 특정 지역을 둘러싼 미중 간 경쟁 여부가 가장 중요한 문제이고, 그 지점에 보수주의 내부에서 견해차가 존재한다.

대담자 그렇다면 리처드 하스의 대중국 입장은 어느 지점에 서 있다고 봐야 하는가?

　　블루멘설　리처드 하스는 그런 논쟁들 속에서 보자면 다소 중립적이라 할 수 있다. 그는 어찌됐든 미국은 국제사회에서 자신의 역할을 줄여야 하고, 중국과 모종의 '대타협'만이 미국의 유일한 선택이라고 주장한다. 그의 말이 10년 뒤에는 진실이 될지도 모르겠지만, 아직은 그렇지 않다.

　　앞으로는 모든 변수를 고려해봐야 한다. 중국은 자국 내에 셀 수 없이 많은 문제들을 안고 있다. 미국도 마찬가지다. 그러나 미국은 이런 면에서 중국과 비교하면 때로는 상대적으로 유리해 보인다. 역사 속에서 미국은 언제든 재기하곤 했다.

　　언젠가 미국이 자국 문제의 어려움에서 빠져나오지 못하는 때가 온다면 중국과 모종의 타협을 해야 할 것이다. 그리고 그 시점이 되면 어떤 유형의 타협을 할지 진정으로 고민해야 할 것이다. 그러나 지금은 그럴 때가 아니다. 우리는 동맹들과 함께할 수 있는 많은 카드와 역동성 등을 보유하고 있다. 아직은 타협 문서에 서명할 때가 아니다.

오바마 행정부의 대외정책 평가

　　대담자　당신은 아시아 회귀와 오바마 행정부의 대외정책을 통틀어 '불확실성 독트린'(uncertainty doctrine)이라고 비판했다. 한마디로 공개적인 메시지가 오락가락하거나 입장 표명이 없어서, 뭘 하겠다는 것인지 잘 모르겠다는 말인데 이를 좀더 구체적으로 설명해달

라. 또한 그런 불확실성이 중국과 한국, 일본과의 관계에서 어떤 위험을 초래할 수 있다고 보는가?

블루멘설 한국과 일본이 특히 '불확실성 독트린'과 관련성이 높다. 미국이 보여주는 것들, 예를 들면 금융위기로 휘청거리는 경제, 국방이나 북한 핵 등과 관련된 불확실성 등은 한국과 일본에도 전략 차원의 큰 틀에서 고민하는 핵심인물들이 있어야 함을 드러내준다.

예를 들어 미국과 러시아의 전략무기 감축 논의는 한국과 일본에 어떤 영향을 미칠 것인가? 이에 대해 한국과 일본 입장에서는 많은 불확실성이 존재한다. 북한이 핵실험을 재개하면 "미국 정책은 역시 불확실했어"라는 주장이 한국이나 일본에서 보다 설득력을 얻을 것이다. 여기에다 중국에 대한 우려가 있다.

필리핀은 남중국해와 관련해 미국의 입장이 무엇인지, 즉 1951년 체결한 상호방위조약의 범위에 이 문제가 포함된다는 것인지 아닌지를 확신하지 못하고 있다. 센까꾸/댜오위다오에 대해서도 마찬가지다. 일본은 미국으로부터 확실한 언질을 받고 싶어하지만, 애매한 메시지만 잔뜩 받고 있다.[13]

대담자 중국에 대해 강경한 당신에게 직설적으로 묻고 싶다. 동아시아에서 최악의 씨나리오는 무엇이라고 보는가? 미국과 중국 간 군사적 충돌 가능성도 있다고 보는가? 센까꾸/댜오위다오든 북핵이든 대만이든 위험이 어느 정도로 심각해질 수 있다고 보는가?

블루멘설 물론 미중 간 군사적 충돌이 최악의 씨나리오다. 그러나 현재로서는 양국관계가 더이상 악화될 것 같지는 않다. 양쪽 모두 충돌을 피하고자 하는 동기들이 상당하다. 어느 쪽도 전투를 갈망하지 않는다.

그러나 다른 한편으로는 아주 위험한 게임이 펼쳐지고 있다. 센까꾸/댜오위다오 분쟁은 특히 위험하다. 일본이 뒤로 물러서지 않을 것이기 때문이다. 일본은 필리핀이나 다른 나라와는 다르다. 중국에 대항할 능력이 있고 아주 강하며, 중국을 경계하고 있다.

대만은 다음 선거에서 다시 문제가 될 수 있다. 중국인들의 어법을 빌면, '독립세력'(민진당)이 집권할 가능성이 크기 때문만은 아니다. 대만의 인구 구성이 상당히 바뀌고 있기 때문이다. 1996년 이후에 태어난 사람들이 다음 총통 선거의 유권자가 될 것이다. 비록 화해교류 정책이 시행되고, 젊은이들이 아무리 열성적으로 그런 국민당을 지지한다고 해도, 국공내전이 벌어진 지 50년도 넘었다. 따라서 젊은 유권자들은 '대만사람'이라는 정서가 강하다. 나는 그 점을 주목하고 있다.

북핵 등 한반도문제도 여전히 불씨로 남아 있다. 즉 동아시아에는 통제를 벗어날 가능성이 있는 지역이 크게 세곳 있다. 충돌 가능성이 높다고 보지는 않지만, 충돌을 피하기 위해서는 섬세한 국정운영능력이 필요하다.

미 국방부의 역할과 영향력

대담자 2002년부터 2004년까지 국방장관실 산하에 있던 국제안보문제실에도 근무했다. 주로 어떤 역할을 했나?

블루멘설 그때로 되돌아가면 당시에는 국방부에 별도의 아시아 태평양 담당부서가 없었다. 국방부 아태문제 책임자는 국제안보문제실에 보고를 했고, 국제안보문제실은 차관보 급이 맡고 있었다. 또한 국제안보문제실은 국방장관실 직속이었다.

그때 나는 중국이나 대만과 관련한 국방관계 및 국방정책의 수행에 대해 장관에게 핵심적 자문을 하는 직무를 수행하고 있었다. 몽골이나 홍콩 관련 업무도 있었는데, 자문할 것이 많지는 않았다.

재직 중에 내 직무와 관련된 많은 주변부 이슈들이 등장했다. 중국문제를 다루다보면 일본이나 6자회담 등의 문제도 자주 다루게 된다. 물론 그런 문제를 직접적으로 다루는 부서가 별도로 있지만, 국방부 내 담당 조직들은 그런 문제들에 대해 다른 부서와 공조하길 바라며 중국에 대한 다른 부서의 견해를 알고 싶어한다.

대담자 미국정부가 아시아 외교정책을 수립하는 과정에서 국방부가 하는 역할이나 영향력을 어느 정도로 평가하는가? 또한 어떤 요소가 정책결정에 중요한 역할을 하는지 구체적으로 설명해줄 수 있는가?

블루멘설 미국의 국방정책 결정에는 정말 많은 요소들이 작용한다. 핵심요소 중의 하나는 국방장관이 누구이며, 국방장관이 대통령에게 개인적으로 얼마나 많은 영향을 미칠 수 있느냐다. 행정부 내 장관의 협력세력과도 상당한 연관성이 있고, 또한 장관이 얼마나 많은 정책을 수행하고 싶어하는지와도 관련이 있다.

예를 들어 내가 2002년부터 2년간 국방부에서 근무할 때, 당시 국방장관(도널드 럼즈펠드)은 딕 체니 부통령 및 부시 대통령과 아주 가까운 사이였고, 게다가 정책결정에 상당한 역할을 하고 싶어했다. 그래서 국방부는 그 당시 정책결정에 실제로 중대한 역할을 했다. 하지만 그후로 국방부가 그 정도 역할을 해내지는 못하는 듯하다.

안보 분야 변호사라는 꿈

대담자　현재도 미중경제안보검토위원회의 위원인가? 위원회는 대중국 정책을 만드는 데 어떤 역할을 하는가?

블루멘설　아니다. 2012년 12월까지 있었다. 거기서 7년 동안 위원으로 있었다. 위원회 역할의 상당부분은 중국이나 특정 이슈, 예를 들면 경제나 안보 이슈에 관심있는 의원들에게 조언하는 것이다. 의회의 권한하에서 재정지원을 받아 설립되었다. 따라서 입법부에 제안을 하거나 의원들의 관심사에 응대하는 일을 한다.

대담자　개인적인 질문을 하고 싶다. 듀크대학 로스쿨에서 법학박사(J.D.) 학위를 받았고, 존스홉킨스대학 SAIS에서 국제정치학을 공부한 것으로 안다. 경력을 바꾼 것인가? 그렇다면 이유는 무엇인가?

블루멘설　경력을 바꾼 것은 아니고, 법학박사 학위과정과 SAIS 과정을 동시에 했다. 그것은 합동 학위과정이었다. 나는 정부에서 일하기 위해 워싱턴에서 국가안보 분야의 변호사가 되겠다고 생각했다. 그리고 실제로 변호사 일도 했다. 국방부를 나온 뒤에는 무엇을 해야 할지 몰랐지만, 로펌으로 되돌아가지 않겠다는 생각만큼은 확실했다. 그래서 다른 일을 찾아야 했다.

대담자 브루킹스연구소(Brookings Institution)에 있는 케네스 리버설 등 다른 학자들과도 정기적으로 만나거나 공식적인 모임을 갖는가?

블루멘설 물론이다.

대담자 그들은 당신의 주장과는 반대로 미국이 중국과 경쟁하려면 정책의 최우선 순위를 국내 경제 회복에 두어야 하고, 일단 지금은 중국과 좋은 관계를 유지해야 한다고 주장한다.

블루멘설 좋은 관계를 유지한다라…… 그런 관계를 유지해야 하는 분야들이 있다. 경제나 금융, 무역이나 상업관계 등이 특히 그렇다. 그러나 의견이 일치하지 않는 분야도 점점 늘어나고 있다. 갈등으로 치닫지 않도록 그런 차이를 관리하는 것 이외에는 실제로 할 수 있는 일이 없다.

역사에는 중단이 없다. 잠시 휴식을 취하면서 미국 내부 경제문제를 정비하자고 말할 수 없다. 세상에는 굉장히 많은 일들이 일어나는데 우리가 그 일부분이 될 수밖에 없는 일들, 우리가 동시에 해야 할 일들이 많다.

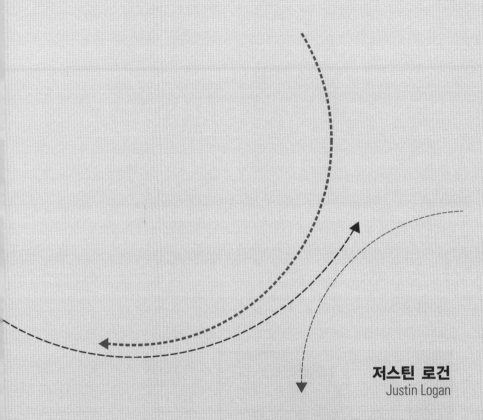

저스틴 로건
Justin Logan

'아시아로'가 아닌
'미국으로' 돌아오라

●
●
●

저스틴 로건 Justin Logan(1977~)

현 케이토연구소 산하 외교정책연구국장

저스틴 로건은 미국 외교안보 전문가들 중 한국에 그리 널리 알려진 편은 아니다. 이름값을 높이는 데 꼭 필요한 행정부 근무 경력이 있는 것도 아니다. 게다가 그가 그 산하의 외교정책연구국장을 맡고 있는 케이토연구소(The CATO Institute) 역시 한국언론에 자주 거론되는 싱크탱크가 아니다. 2006년에 어느 국내 언론사가 케이토연구소를 '진보 싱크탱크'로 소개한 적이 있는데, 아마도 케이토연구소가 부시 행정부의 외교정책을 비판하며 이라크에서의 미군 철수를 주장했기 때문에 그런 오해가 발생한 것으로 보인다.

또한 케이토연구소는 1970년대부터 주한미군의 철수를 주장했다. 한국의 정치지형에서는 '종북'으로 낙인찍힐 만하다. 하지만 좌익과 우익이라는 전통적인 이데올로기 관점에서 보면 케이토연구소는 확실히 우익에 서 있다. 우리에게 대표적인 보수적 싱크탱크로 알려져 있는 미국기업연구소(AEI)보다 더 오른쪽에 있다. 개인의 자유와 시장논리 원칙을 철저하게 고수하고 있기 때문이다. 따라서 케이토연구소는 미국 내에서는 개인의 자유와 시장논리를 펼치며 '작은 정부'를 주창하면서도 대외정책에서는 강력한 군사주의에 입각한 '큰 정부'를 내세우는 미국 기업연구소를 모순덩어리라고 비판하고 있다.

저스틴 로건을 인터뷰 대상자로 선정한 데에는 몇가지 이유가 있다. 우선 그가 자유지상주의의 이념에 근거해 외교정책 면에서 부시 행정부와 날카로운 대립각을 세웠기 때문이다. 부시 행정부는 '작은 정부'를 주창하면서도 이라크와 아프가니스탄 침공 등 공세적인 대외개입 정책을 폈다. 케이토연구소의 주장과 마찬가지로 로건은 작은 정부와 공세적 대외개입 정책은 논리적으로 앞뒤가 맞지 않는다고 말한다. 그런 의미에서 부시 행정부의 신보수주의적 시각과 전통적 보수주의에 가까운 케이토연구소의 시각을 비교해보는 것은 전통적 보수주의의 전통이 거의 없는 한국에 시사하는 점이 많을 것이라는 생각이 들었다.

둘째로, 로건은 오바마 행정부의 '아시아 회귀' 전략에도 비판적이다. 하지만 공화당의 주류나 신보수주의 성향의 전문가들의 비판과는 맥락이 완전히 다르다. 보수주의 전문가들의 대다수는 중국에 대한 군사적 압박을 강화해야 한다고 주장한다. 이에 반해 로건은 각국의 안보는 각자에 맡기고 미국은 '아시아 회귀'가 아니라 '미국으로 회귀'(Pivot to Home)해야 한다고 강조한다. 부시 행정부의 공세적 대외정책을 비판했던 근거와 같은 맥락이다.

로건과의 인터뷰가 있던 2013년 2월 21일 아침, 케이토연구소가 위치한 워싱턴 시내는 서울의 한겨울 같은 날씨를 보였다. 워싱턴의 추위는 서울보다 조금 늦게 찾아와 늦게 물러간다는 말이 실감이 났다. 하얀 빌딩의 입구를 찾는 데도 시간이 제법 걸렸다.

솔직히 로건의 인터뷰에 대해서는 기대 반 우려 반이었다. 워싱턴의 주류적 시각과 너무 멀리 떨어져 있는 사람을 인터뷰 대상자로 선정한 것은 아닌지 하는 우려가 든 반면, 독특한 시각을 좀더 자세히 들어볼 수 있겠다는 기대도 있었다. 직접 만나보니 여러모로 그는 인상적인 인터뷰 대상자였다.

우선 그는 독설가다. 화법은 직설적이었다. 인터뷰 도중에 워싱턴 외교 전문가들이나 일본 등에 대해 '얼빠진'(crazy)이라는 표현을 수시로 사용하고, 독도분쟁과 관련해 한국에 대해서도 '짜증나게 하는'(maddening) 등의 표현을 사용했다. '짜증나게 하는'은 좀 순화된 번역이고 직역하면 '미치게 만드는' 정도의 거친 말로, 저 단어를 어떻게 부드럽게 번역하나라는 걱정이 인터뷰 내내 들 정도였다. 자기 주장을 강하게 할 때는 목소리가 높아지고 얼굴색이 붉어졌다. 대개 외교안보 정책을 다루는 전문가들이나 외교관들이 맥락을 오해하게 만들 정도로 우회적이고 간접적인 표현을 즐겨 사용하는 것과 무척이나 대조적인 면모였다.

그는 이라크전쟁을 진두지휘했던 럼즈펠드 당시 국방장관의 2006년 12월 이임식에 대해서도 에이피(AP) 통신과의 인터뷰에서 "럼즈펠드의 묘비문은 우울할 것이다. 묘비의 한쪽 면에는 '국방부 수장으로서 미국인들이 국가적 비극으로 기억할, 패배한 전쟁을 지원했던 사람'이라고 적힐 것이다"라고 비꼬았다.

둘째, 그는 돈 끼호떼다. 폐쇄적인 워싱턴의 외교정책 커뮤니티(foreign policy community)를 향해 거침없는 '돌직구'를 날린다. 워싱턴 이너서클(inner circle)의 주류적 시각을 반박하고 해체하는 데 주력하고 있다. 예를 들어 로건은 2009년 9월 논평을 통해 국내 정치에서는 진보적인 성향을 보이는 자유주의자들도 외교정책 커뮤니티 안에서는 보수주의자들과 마찬가지로 전쟁을 강하게 지지하고 있다고 비판했다. 그는 그 이유를 '제한적인 외교정책'을 옹호하면 '출세'가 거의 불가능하도록 거대한 국가안보 관료기구의 인센티브가 형성되어온 탓이라고 설명한다. 이런 면에서 그는 신보수주의자(neo-conservative)이든 자유주의적 제국주의자(liberal imperialist)이든 그들의 뒤는 누군가의 이해관계와 맞닿아 있다고 주장한다. 이와 대조적으로 자기나 연구소 동료 등 '돈 끼호떼 같은' 사람들은 국방비를 삭감하고 지대 추구(rent-seeking) 기회를 줄이려고 한다고 말한다.

본문에서는 생략했지만, 그는 인터뷰 도중 자신이 시카고대학 국제관계학 석사 때 존 미어샤이머에게서 배웠다고 얘기했다. 미어샤이머는 강대국 간에 서로 우월한 지위를 점하기 위해 경쟁하는 과정에서 충돌이 일어날 수밖에 없다는 공격적 현실주의를 주장하는 학자다. 로건 스스로도 현실주의의 영향을 받았다는 점을 밝히고 있다. 인터뷰에도 나와 있듯이 그는 국제정치학의 자유주의적 낙관주의, 즉 중국의 경제성장이 중산층을 두텁게 해 정치적 민주화의 욕구를 자극할 것이고 민주화가 이루어질수록 군사적 충돌을 일으킬 가능성은 줄어든다는 생각에 대해서도 동의하지 않는다.

또한 미국의 아시아 전략의 대안으로 '역외균형'(offshore balancing)을 제시하고 있는데, 이 역시 미어샤이머의 현실주의 이론의 영향을 크게 받은 것으로 보인다. 미어샤이머는 국가들이 생존 도모와 국익 극대화를 위해 패권을 추구하지만, 아무리 강대국일지라도 전세계적 패권을 추구할 만큼 강력하지는 않다고 말한다. 현실적으로는 미국의 아메리카 대륙에 대한 패권처럼 지역 패권 추구에 머무를 수밖에 없다는 것이다. 따라서 강대국은 다른 지역의 경우에는 우호적 국가들이 잠재적 적대국에 대해 견제하도록 하는 역외균형자로의 역할을 하게 되며, 세력균형이 파괴되어 자신의 국가에 위협이 제기될 때에 한해서만 다른 지역에 직접적으로 개입한다고 설명한다. 로건이 미국의 대아시아 전략의 축소를 주장하면서, 대신에 한국이나 일본, 베트남 같은 동맹국·협력국 들이 자력방위를 위해 더 많은 자원을 쏟아 중국의 부상에 대비해야 한다고 강조하는 것도 큰 틀에서 보면 미어샤이머의 역외균형 개념의 연장선에 있는 것으로 보인다.

케이토연구소와 자유지상주의 외교정책

시장자유주의 운동가인 찰스 코크(Charles Koch)와 에드워드 크레인(Edward Crane)이 1977년 설립한 케이토연구소는 아주 독특한 곳이다. 워싱턴에서 미국의 싱크탱크를 연구했던 홍일표의 분석에 따르면[1] 케이토연구소는 보수적 싱크탱크로 분류되면서도 동시에 보수주의의 '모순'에 치열하게 대응하고 있다. 대표적인 보수적 싱크탱크인 미국기업연구소나 헤리티지재단은 '작은 정부'와 '강력한 국가안보'를 동시에 제시한다. 그러나 부시 행정부의 이라크 침공 등에서도 볼 수 있듯이 팽창주의적·개입주의적 외교정책은 '작은 정부'를 지향할 수 없게 만든다. 케이토연구소는 최소한 미국적 차원에서라도 작은 정부의 가치를 외교정책에 투영해야 한다고 주장한다. 이 연구소가 이라크로부터의 미군 철수, 이라크전쟁 반대 등을 내걸었던 것도 이런 가치에 뿌리를 두고 있기 때문이다.

'작은 정부, 적은 세금, 자유시장, 개인의 자유' 등의 가치를 절대적으로 옹호하는 자유지상주의 입장에서 미국국민의 세금을 떼어내 동맹과 전쟁에 소비하는 것은 용납하기 어려운 일이다. 따라서 미국이 제한된 외교안보 전략을 펴야 한다고 주장하는 것은 자유지상주의자들에게는 자연스러운 논리적 귀결이라고도 볼 수 있다.

대담자 우선 한국에는 다소 적게 알려진 케이토연구소 소개로 인터뷰를 시작했으면 좋겠다.

로건 나는 케이토연구소에서 외교정책연구소장을 맡고 있다. 케이토연구소는 싱크탱크이자 공공정책연구기관이다. 이곳에서 여러 학자들이 헌법이나 세금·재정·규제·환경 정책과 외교안보 정책 등 다양한 분야를 연구한다.

우리 연구소에는 외교문제를 다루는 부서가 세곳 있다. 그런 점에서 외교정책에만 초점을 맞추고 있는 다른 싱크탱크들과는 다소 차이가 있다. 첫번째 부서는 오로지 경제개발에 관해서만 연구한다. 라틴아메리카, 동유럽, 사하라 이남 지역 아프리카의 경제개발을 다루며 주로 기능적 부문에 초점을 둔다. 두번째 부서는 세계무역기구(WTO) 협상, 양자 간 무역협정 등 무역 전반을 다룬다. 마지막으로 세번째 부서는 이름이 다소 끔찍한데, '총기·폭탄·사망자'(guns, bombs, and dead people) 부서다. 이 부서는 국제안보에 관한 문제들을 연구한다.

대담자 워싱턴의 싱크탱크들은 대부분 공식적이든 비공식적이든 민주당이나 공화당, 두 정당 중 하나와 유대관계를 맺고 있다. 케이토의 정치적·이데올로기적 지향을 알고 싶다.

로건 케이토연구소는 자유지상주의적 이념을 지향하는 싱크탱크다. 대부분의 다른 국가에서는 우리의 이념을 고전적 의미의 '자유주의'라고 지칭할 것이다. 하지만 미국에서 '자유주의'는 정치적으로 보면 (정부의 개입을 지지한다는 측면에서) 사민주의에 보다 가깝다. 미국인들이 혼동할 수가 있으므로 우리 스스로를 '자유주의자'라고 부르지 않는다.

흥미로운 것은 싱크탱크 연구의 정치화 경향이 점점 강해진다는 점이다. 지적했듯이 워싱턴 지역의 많은 싱크탱크들과 특정 정당 간에 어마어마한 밀착관계가 있다. 정치인들이나 정책결정자들은 우호적인 연구기관을 찾아가면 자신들의 신념과 일치하는 연구결과를 얻을 수 있다는 사실을 알고 있다.

그런 점에서 우리 연구소는 약간 특이하다고 할 수 있다. 거의 모든 선출직 인사들과 다양한 분야에 대해 공감하기도 하지만 그렇지 않을 때도 많기 때문이다. 이를테면 정식 사법심사 없이도 무인항공기(드론)로 미국시민을 사살할 권한이 있다는 행정부 주장의 합헌성 여부와 관련해 민주당 의원과 의견을 같이할 수 있다. 그러나 세금이나 예산 정책 등 다른 현안과 관련해서는 우리는 같은 민주당 의원의 의견이라도 동의하지 않을 수 있다.

이런 이유로 우리 연구소가 워싱턴의 많은 사람들을 혼란스럽게 하기도 하고 어리둥절하게 만들기도 한다. 많은 경우에 자유주의적 싱크탱크는 민주당 의원과 함께, 보수적 싱크탱크는 공화당 의원과 함께 일하기 때문이다. 물론 이들이 모든 문제에 대해 정확하게 우호적 정당과 보조를 맞추는 것은 아니다. 그럼에도 여기에는 일반적인 동의라고 할까, 동료 간의 협조관계 같은 것이 있다. 솔직히 말해 케이토연구소가 그런 분위기의 희생자로 전락하지 않았다는 사실에 자부심이 있다.

영어 경구로 말하면, 우리는 "가든파티의 스컹크"(the skunk at the garden party)라고 할 수 있다. 모두들 이리저리 돌아다니며 즐거운 시간을 보내고 있는데, 우리 연구소가 그곳에 참석해 스컹크처럼 고약한 냄새를 풍기는 것이다. 우리 연구소는 스스로를 '아웃사이더'라고 생각하고, 또 그렇게 불러도 된다.

대담자 좋은 취지라고 생각한다. 하지만 민주당이든 공화당이든 어느 한 정당과 연결고리를 갖고 일하는 편이 더 쉽지 않나. 그래야 정책에 미치는 영향력이 커지고, 정당으로부터 재정지원도 받을 수도 있을 것 같다.

로건 그 편이 일하기가 더 쉬운 것은 분명하다. 싱크탱크에 자금을 대는 이들의 상당수가 공화당원들이거나 민주당원들일 것이다. 그렇기에 싱크탱크들이 항상 중요하게 추구하는 것이 바로 영향력이다. 싱크탱크들은 자신들이 가장 영향력 있다고 말하고 싶어한다. 그런 생각들 때문에 싱크탱크들은 정책보고서와 구상 등을 생산하고, 또 그것이 정책이 되게끔 애쓴다. 이것이 바로 기부자들이나 싱크탱크 책임자들이 보고 싶어하는 모습이다.

그러나 싱크탱크가 영향력을 구매하는 방식을 자세히 들여다보면, 정치가 원하는 바에 스스로를 맞추고 있다. 활기찬 아이디어 시장은 존재하지 않는다. 공화당원들과 민주당원들이 지적으로 정직한 상태에서 서로 다른 여러 제안들을 저울질해본 뒤, 가장 논증이 잘 되고 경험적 근거도 충분한 제안들을 고르는 것이 아니라는 뜻이다.

이러한 상황이 싱크탱크를 잘못된 방향으로 몰고가는 듯하다. 불행하게도 싱크탱크의 연구조사는 정치적 인사들이 원하는 바를 승인해주는 방식으로 이루어진다. 따라서 감세를 주장하는 한 공화당 의원은 외부 강연에서 '감세를 하면 사막에 꽃들이 만발할 것이며 모두가 부유해질 것이라는 7개의 싱크탱크 연구결과가 있다'라고 말할 것이다. 또 어느 민주당 의원은 '국가단일건강보험체계(single-payer healthcare system)를 도입하면 모든 국민의 키가 2인치씩 더 커지고, 훨씬 더 멋진 외모를 갖게 될 것이라는 7개의 싱크탱크 연구결과가 있다'라고 말할 것이다. 싱크탱크들의 연구는 바로 이렇게 이용되고, 이러한 경향은 점점 늘고 있다. 과거에 싱크탱크는 '학생 없는 대학'으로 불렸고, 사람들도 싱크탱크를 그렇게 여겼는데 말이다.

대담자　헤리티지재단이나 미국진보센터(The Center for American Progress, 이하 CAP) 같은 곳이 공개적으로 공화당이나 민주당 쪽과 밀접하게 함께하는 것 같다.[2]

로건　맞다. 나는 농담 삼아 싱크탱크들 사이에 군비경쟁이 있다고 이야기한다. 10년 전에 자유주의자들은 헤리티지재단을 보면서 '우리도 민주당과 공조하면서 활용할 수 있는 아주 정치적인 싱크탱크가 있다면 얼마나 좋을까'라고 말하곤 했다. 실제로 그런 일이 일어났고 CAP가 탄생했다. 그리고 그들은 아주 정치적이다. CAP는 민주당의 특권층과 상당부분 보조를 맞추고 있다.

이제 CAP를 보고 이렇게 말하는 보수주의자들이 생겨났다. '참 대단한 연구기관이야. 우리도 CAP와 똑같은 것이 있다면 얼마나 좋을까'라고 말이다. 이런 식으로 싱크탱크들이 점점 더 정치적으로 되고, 유명 정치인들과 긴밀해지고 있다. 이에 비해 케이토연구소는 '우리는 공공정책문제에 대해 좋은 해답을 갖고 있어. 민주당이든 공화당이든 다 환영해. 그것을 채택해볼래?'라면서 최대한 과거의 운영방식을 지키려 한다. 우리는 그런 식으로 다른 방향으로 가고 있고, 또 그렇게 하려고 노력한다.

대담자　자유지상주의자들은 세금, 시민의 자유 등 대체로 국내 정책에 대해서는 분명한 독자적 목소리를 내왔는데, 외교정책과 관련해서도 자유지상주의만의 독특한 접근법이 있는지 궁금하다.

로건　굉장히 좋은 질문이다. 대답하기에는 복잡하지만 말이다.

국내 정치와 관련해 자유지상주의적 관점에서는 '진리'라고 할 수 있는 광범위한 원칙이 있다. 더 작은 정부, 다시 말해 분권화가 더 큰 경제성장을 가져오며, 시민의 자유와 전반적인 경제적·정치적·사회적 고려를 위해 더 낫다는 것이다.

이에 비해 미국의 자유지상주의자가 생각하는 외교정책은 한국이나 이스라엘, 멕시코의 자유지상주의자가 생각하는 외교정책과는 아마 다를 것이다. 또한 자유지상주의자든 아니든, 동일한 외교정책 방향이 1940년 폴란드, 2013년 미국 등 여러 시기의 다양한 국가들에 적용된다고 말하기도 어려울 것이다. 참고로 나의 국제관계 이론적 배경은 현실주의 학파에서 출발했다.

그렇다면 자유지상주의자들의 특정한 외교정책 방향은 있는가? 확실히 미국에서는 있다고 말할 수 있다. 나는 미국인으로서 미국 납세자로부터 많은 돈을 뽑아내서 그것을 외국의 국방을 위해 지출하는 것이 도덕적으로든 다른 근거로든 어떻게 정당화될 수 있는지 모르겠다. 팽창적인 외교 및 안보 정책을 채택하려면 아주 큰 정부가 필요하다. 따라서 서로 다른 시간대의 서로 다른 국가에 소속된 자유지상주의자들끼리도 특정 국가를 위해 무엇이 이로운지에 대해 동의하지 않을 수 있다.

대담자   결국 작은 정부를 옹호하는 차원에서 외교정책에서도 적극적 개입정책에 반대한다는 뜻인 것 같다. 최소한 미국적 차원에서라도 말이다.

로건   그렇다. 냉전시기에는 물론 특히 그후에도 미국에서 자유지상주의 외교정책은 제한적 외교정책을 지지하는 경향을 보여왔다. 이것에 대한 다른 표현들도 있다. 이는 역외균형이나 축소(retrenchment) 전략 등 여러 단어들을 통해 나타난다.

여기에는 두가지 고려사항이 있다. 첫번째로 현실주의적인 고려를 들 수 있다. 다시 말해 어떻게 미국의 안보환경을 가장 잘, 그러면서도 최대한 효율적으로 만들어낼 수 있느냐의 문제다. 그러나 자유지상주의는 두번째 고려사항에서 더 큰 의미를 가진다. 즉 지나치게 공격적이고 광범위한 외교안보 정책이 국내 정치를 갉아먹는 면을 살펴볼 필요가 있다. 그런 정책은 정부를 매우 비대하게 만든다. 미 국방부는 거대한 관료집단이라는 점에서 자유지상주의자들에게는 악몽 같은 곳이다. 역사적으로 시민의 자유는 전쟁이나 군부화된 상황 아래서 혹독한 시련을 겪기 때문이다.

지금도 숨 막힐 만큼 거대한 행정 권한을 요구하는 주장들이 나오고 있다. 이는 부시 행정부 때 정점에 이르렀다. 하지만 이제는 오바마 대통령까지도 테러음모에 관여했다고 의심받는 미국시민을 무인항공기로 사살할 수 있는 권한이 있다고 주장하고 있다.[3]

자유지상주의자들의 사상은 입법부·행정부·사법부가 본질적으로 사악하다는 것이 아니라, 중앙집권적이고 견제되지 않는 권력은 누구의 손에 있든 위험하다는 것이다. 이러한 우려는 자유지상주의자들에게 고유한 것이다. 그러나 동시에 많은 자유주의자들과 보수주의자들이 이런 우려를 공유하고 있다는 점에서 자유지상주의자들 특유의 주장만은 아닐 수도 있다.

대담자 자유지상주의의 외교정책을 이해하려면 당신이 잠깐 언급한 '역외균형'을 다시 거론해야 할 것 같다. 아시아에서 미국의 역할과 관련해 당신이 이해하는 역외균형을 설명해달라.

로건 내가 알기로 '역외균형'은 현재 텍사스A&M대학의 크리스토퍼 레인(Christopher Layne) 교수가 1990년대 초에 만든 용어다. 이 용어는 만들어졌을 때부터 다양한 사람들이 다양한 방식으로 사용했다. 그러므로 10명의 사람과 역외균형에 대해 이야기하면 그것이 일반적으로 의미하는 바가 무엇인지, 그리고 미국의 아시아 정책에 대한 함의는 무엇인지가 각기 다를 것이다. 그러하니 미리 이런 부분을 언급하고 시작했으면 한다.

역외균형에 관한 내 견해는 우선 미국이 기본적으로 해양세력(maritime power)이라는 사실에서 출발한다. 미국은 캐나다나 멕시코로부터 대륙적 압력을 받지 않는다. 미국은 19세기나 20세기의 독일이나 프랑스가 아니다. 다시 말해 유럽대륙의 국가들이 겪어야 했던 대륙적 압력이 없다. 미국은 여러모로 분명한 해양세력이다. 엄청난 이해관계가 바다에 달려 있다. 두 대양을 양쪽으로 끼고 있으며, 이 두개의 바다는 오랫동안 미국의 관심사였다.

내 관점에서 미국이 관심을 갖는 역외균형은 독일이나 러시아, 중국이 세계의 특정 지역을 완전히 지배해 세력균형을 무너뜨림으로써 미국의 안보를 위험에 빠뜨리게 하는 것을 막는 것이다. 따라서 역외균형의 기본적인 생각은 전통적으로 유라시아라 일컬어지는 지역의 세력균형을 면밀히 관찰하는 것이다. 본질적으로는 특정 국가가 경제력과 군사력을 강화해 미국의 물리적 안보를 위협하는 상황을 막는 것이다.

그러나 때때로 간과되는 역외균형의 가장 중요한 부분이 바로 '역외'(offshore)라는 측면이다. 미국은 전세계적으로 수십개의 공식적인 방위 공약을 맺고 있으며, 수백개의 군사기지들과 전진 배치된 미군을 보유하고 있다. 역외균형론자라면 이러한 미군 배치를 보고 '이것이 정말 필요한가? 미국이 이란이나 다른 중동 국가, 러시아, 중국의 면전에 있어야 할 정도로 세력균형이 위협받고 있는가?'라고 물을 것이다.

'아시아 회귀'와 '컨게이지먼트' 전략 비판

아시아 회귀 전략의 성격을 놓고 워싱턴 외교 전문가들 사이에 의견이 분분하다. 대중국 정책과 관련해 경제적·외교적 측면의 관여에 방점이 찍힌 것인가, 아니면 주로 군사적 측면의 봉쇄에 무게중심을 둔 것인가에 대한 해석이 다른 것이다. 이는 역설적으로 아시아 회귀 전략의 내용과 방향성이 아직 유동적임을 의미하기도 한다.

어찌됐든 오바마 행정부는 2012년 11월 대선이 끝난 뒤 아시아 회귀 전략은 '대중봉쇄' 정책이 아니라며 손사레를 치는 일이 잦아졌다. 이에 대해 대중 강경파들은 '왜 확실하게 대중봉쇄 정책이라고 말을 못하나'

며 힐난하는 분위기이고, 대중 온건파들은 '그럼 대중봉쇄 정책이 아니면 뭐냐'며 비판하고 있다.

향후 아시아 회귀 전략의 무게중심이 어느 쪽으로 쏠릴지는 좀 더 지켜봐야겠지만, 현재 워싱턴 외교가의 지배적인 여론은 아시아 회귀 전략이 봉쇄와 관여적 요소를 모두 담고 있는 '컨게이지먼트'(congagement) 전략이라는 것이다. 컨게이지먼트는 봉쇄(containment)와 관여(engagement)의 합성어다. 아직까지는 판다의 모습을 하고 있는 또는 판다처럼 보이려고 하는 중국을 끌어안으면서도 중국의 장기적 의도가 불확실하므로 거친 용이 될 것에 대비해 군사적으로 대비해야 한다는 것이다.

로건은 이런 컨게이지먼트 전략이 개념적으로 모순된다는 점을 날카롭게 비판하고 있다. 그러나 도입서문에서도 소개했듯이, 그가 동아시아에서 미국의 축소 전략을 옹호하기 위해 내놓는 주장들 가운데 일부는 워싱턴의 주류적 시각과는 상반되는 파격적인 것들이다.

대담자 당신은 칼럼이나 보고서를 통해 미국이 향후 중국과 아시아에서 실수를 해 문제가 발생할 경우, 미국이 지금까지 중동에서 겪었던 문제들은 새 발의 피쯤이 될 것이라고 말하고 있다. 미중관계가 그만큼 중요함을 강조하기 위한 것으로 보인다.

로건 말리나 리비아에서 상황이 악화된다고 해도 이곳 워싱턴 거리를 걸어다니는 보통의 미국인에게 미치는 직접적인 영향은 크지 않다. 물론 이라크에서나 아프가니스탄에서 상황이 악화될 경우 수천명의 미국인 사망자가 생기겠지만, 일상적으로 사람들에게 영향을 미치는 것은 아니다.

그러나 미중관계가 악화된다고 가정해보자. 실제로 나는 이를 염려한다. 그럴 경우 미국인들은 여기서 파생되는 결과들을 실감하게 된다. 즉 이라크나 아프가니스탄의 한 외딴 지역에서 불쌍한 미국인 병사가 두 다리를 잃었다는 내용을 신문 헤드라인을 접하고서 아는 것과는 다르다. 미중관계 악화는 미국인들의 삶의 방식에 직접적으로 영향을 줄 것이다.

대담자   그런 맥락에서 본격적으로 오바마 행정부의 대중국 전략이라고도 할 수 있는 '아시아 회귀' 전략 또는 재조정 전략에 대해 얘기해보자. 아시아 회귀는 미국 내 아시아 전문가들로부터 광범위한 지지를 받고 있는데 당신은 굉장히 비판적인 입장이다.

로건   미국의 대중국 전략과 관련해 나는 워싱턴에 있는 대다수 아시아 전문가들과 의견을 달리한다. 그들 대부분이 미국의 아시아, 특히 중국에 관한 정책들의 기본 뼈대를 바탕으로 삼고 있기 때문이다.

일반적으로 취할 수 있는 대중국 정책이 두 가지 있다.

첫째, 봉쇄정책이다. 20세기에 미국은 소련을 대상으로 봉쇄정책을 채택했다. 소련의 군사력과 그들의 유럽지배 가능성을 매우 우려했기 때문이다. 둘째, 봉쇄와는 180도 다른 관여정책이다. 즉 이는 무역과 외교를 바탕으로 다른 나라와의 맞물림 관계를 통해 생산적이고 평화적이며 상업적인 관계를 맺는 것이다.

그러나 미국의 대중정책을 들여다보면 봉쇄도 관여도 아닌 것 같다. 현재 미국과 중국의 경제관계는 엄청나게 규모가 클 뿐만 아니라 계속 성장하고 있다. 미국은 이를 통해 적잖은 경제성장을 이루었다. 많은 사업가들이 중국에서 사업을 하며 그들의 생계는 양국의 원만한 경제관계에 달려 있다.

수많은 중국인들이 마찬가지로 양국의 원만한 경제관계를 통해 굉장한 이득을 보고 있다. 하지만 중국은 경제적으로 훨씬 가난한 수준에서 출발했기 때문에 무역을 통한 경제적 이득은 중국에게 상대적으로 더 많이 돌아간다.

미국이 얻는 경제적 이득을 깎아내리거나 미국에게 실질적으로 큰 도움이 되지는 않는다고 말하려는 것은 아니다. 하지만 무역 및 세계화가 양국에 가져다준 상대적 영향을 살펴보면, 그것이 중국을 훨씬 급격히 변화시켰음을 알 수 있다. 수치가 이를 말해주는데, 2000년에 중국은 미국 경제규모의 1/8에 지나지 않았지만 2010년인가 2011년경에는 1/2 수준까지 쫓아왔다. 상대적으로 엄청난 경제성장이다.

이러한 상황이 계속되고 있다. 경제적 관여는 매우 강력하며, 따라서 미국에서도 광범위한 정치적 지지를 받고 있다. 어느 누구도 중국과의 무역을 단절하고 경제적으로 중국을 질식시키자고 주장하지 않는다. 즉 미국은 중국을 봉쇄하고 있는 것이 아니다. 소련과의 관계가 다시 살아나고 있는 것이 아니란 말이다.

그러면 아시아 회귀란 무엇이며, 미국이 왜 아시아 국가들과 군사적 동맹을 맺어야 하느냐고 물을 것이다. 아시아 회귀 맥락에서 리언 패네타 국방장관에게 계속 제기된 흥미로운 질문이 있다. '미국이 중국을 봉쇄하려는 것이죠? 이것이 아시아 회귀의 핵심이죠?' 패네타 장관은 이렇게 대답한다. '아니다, 아니다, 아니다. 중국 때문에 아태 지역으로 미 해군력의 60퍼센트를 배치하려는 게 아니다. 해적활동과 지구온난화, 테러리즘과 대량파괴무기(WMD) 밀매와 관련된 것이다.'

이것은 얼빠진 주장이다. 중국은 이를 믿지 않는다. 아마 패네타나 그와 비슷한 미국정부 고위 지도자들도 자신들의 수사를 믿지 않을 것이다. 내가 보기에 패네타 장관의 말은 아시아의 동맹국들이 '우리는 미국이 주도하는 대중국봉쇄 연합의 일원이다'라고 분명히 밝히지 않아도 되는 상황을 만들어주기 위한 것이다.

대담자 동의할 만한 부분이 많다. 오바마 행정부가 중국에 관여와 봉쇄를 동시에 하려다 행보가 꼬였다는 말처럼 들린다.

로건 1990년대 후반 랜드연구소(RAND Corporation)에서 잘마이 칼릴자드(Zalmay Khalilzad)⁴가 이끌던 팀이 발간한 논문을 보면, 중국을 '컨게이지'해야 한다고 주장하고 있다. 봉쇄·관여 전략 말이다.

중국을 컨게이지한다는 것이 도대체 어떤 의미인가? 물론 봉쇄하고 관여한다는 의미다. 과연 중국의 야망이 너무 커지지 않도록, 즉 너무 강성해지지 않도록 경제적으로 봉쇄하면서 동시에 중국에 관여할 수 있을 것인가?

사실 '컨게이지먼트'는 중국을 어떻게 대해야 하는지와 관련해 워싱턴의 초당적 합의를 잘 묘사한 표현이다. 미국의 대중국 전략에 대한 주류적 시각이라 볼 수 있다. 따라서 나는 컨게이지먼트 개념을 아시아 회귀 전략에 대한 비판의 출발점으로 삼으려고 한다.

전략의 두 측면, 즉 봉쇄와 관여의 목적은 상반된다. 미국과 중국의 경제적·군사적 차이가 좁혀지고 있는 것은 경제적 관여의 결과다. 이 때문에 관여정책을 비난하거나 그것을 끝내야 한다고 말하는 것은 아니다. 중국과의 관여를 단절하는 것은 미국에 끔찍한 결과를 가져올 것이다. 그러나 미국과 중국의 무역, 중국과 다른 국가 간의 무역을 지지하는 것은 결과적으로 미중 간의 상대적 경제력 차이, 더 나아가 군사력 차이를 좁히는 결과를 가져온다는 사실은 정직하게 인정해야 한다.

관여를 통해 양국 간 힘의 차이가 좁혀지고 있음은 대중국봉쇄가 점점 더 어려워지고 있다는 사실을 의미한다. 관여가 깊어질수록 봉쇄는 힘들어진다. 그렇다면 다음 결과들을 받아들여야 한다. 첫째로 관여는 봉쇄를 더 어렵게 한다. 둘째로 봉쇄는 관계에 치명적인 영향을 주어 관여를 어렵게 한다. 두번째 진술의 정확도에 대해서는 다소 자신이 없지만 말이다.

아무튼 당신들이 인터뷰할 워싱턴 인사들에 대한 나의 기본적인 비판은 이들이 이러한 모순을 솔직하게 직시하려 하지 않는다는 것이다.[5]

미국은 아시아에서 물러나야

대담자 워싱턴의 주류적 시각에 대한 당신의 비판이 정확하다고 가정해보자. 그렇다면 당신이 생각하는 대중국 정책은 무엇인가?

로건 대답하기가 약간 까다롭다. 지금까지 내 주장은 일종의 반격이었다. 이제 다시 역외균형 이야기로 되돌아가려고 한다. 미국이 아시아에서도 축소정책을 펴야 한다고 주장하기는 쉽지 않다.

유럽의 경우에는 미국이 빠져나올 만한 설득력 있는 논거가 있다. 미국이 유럽에서 빠져나와도 독일이 재무장을 하거나 3차대전을 일으키지는 않을 것이기 때문이다. 중동에서도 미국이 물러나는 것이 정말로 현명한 일이며, 미국에도 이득이 될 것이라는 아주 강력한 증거들이 늘어나고 있다. 그러나 아시아에서는 중국으로 인해 상황이 복잡하다. 이런 이유로 미국이 뒤로 물러서고, 대신 다른 국가들에게 역할을 더 하라고 요구하기가 어렵다.

그럼에도 나는 미국이 아시아에서 물러나야 한다고 본다. 본질적으로 미군 전진 배치, 공식 방위조약을 통한 약속, 흔들림 없고 바위처럼 단단한 동맹관계에 대한 끊임없는 보증 등 이런 것들이 오히려 미국의 동맹국들이나 협력국들이 자력방위를 위해 보다 많은 자원을 쏟으려는 노력을 막고 있다.

미국이 역외균형자라는 상상실험을 해보면, 여러 상황들을 관찰하게 될 것이다. 우선 현재 미국에 안보를 의존하는 동아시아 '고객들' 간에 더 많은 다자안보협력이 이루어질 것이다. 또한 일본이나 베트남은 국방비를 더 쓸 것이다. 그리고 중국의 육상 쪽 경쟁자인 인도와 해양 쪽 경쟁자인 일본 간에도 많은 협력이 이루어질 것이다.

사람들은 이런 구도가 불안정한 것이라고 말할지도 모른다. 그렇다. 불안정하다. 그러나 현재의 균형도 안정적인 것은 아니다. 나의 제안은 다른 국가들에 대한 미국정부의 안보 비용 지출이 무임승차 효과를 발생시킨다는 이론을 한번 실험해보자는 것이다.

무임승차 문제가 미국의 동아시아 동반자들이 사악해서 일어나는 것이 아니라, 그들이 똑똑하기 때문에 일어나는 일이다. 따라서 나는 미국이 점진적으로 동아시아 '고객들'과 거리를 두면서, 미국 없이도 이들이 서로 공조할 수 있도록 해야 한다고 강조하고 싶다.

동시에 미국은 중국의 미래 행동에 대한 최악의 씨나리오가 현실화될지를 끊임없이 주시해야 한다. 내가 보기에는 거의 가능성이 없지만 불가능하지도 않은 '히틀러식' 난동을 중국이 시작한다면 미국도 다양하게 대처할 수 있을 것이다. 사람들이 중국의 미래와 관련해 그런 주장을 펴면서 지금 중국과 대결을 시작하는 것이 필요하다고 나를 설득해주었으면 좋겠다. 그러나 아무도 그런 주장을 하고 싶어하지 않는다. 이는 중국이 실제로 그렇지 않을 것임을 드러내는 것이다.

중국이 영토 정복에 나설 것이라고 주장하는 사람들도 일부 있다. 그러나 중국이 반드시 그렇게 행동할까? 그게 아니라면 미국은 아시아 동맹으로부터 거리를 두어야 한다는 내 생각이 맞는지 실험해볼 수 있는 시간을 주어야 하지 않을까.

대담자 마지막에 지적한 중국의 행보와 관련해 자유주의 학파들이라면 중국체제가 보다 민주적인 씨스템으로 변한다면 중국이 군사적 모험을 할 가능성은 줄어들 것이라고 주장할 것 같다. 그런데 당신은 현실주의의 영향을 받았다고 얘기하지 않았나?

로건 미국에는 모든 국제안보 문제의 근원이 반자유주의에 있다고 생각하는 지적 병리현상이 존재한다. 어떤 미국인들은 사담 후세인이라는 사악한 인물을 제거하면 이라크인들이 미국인들처럼 될 것이라고 상상했다. 이들은 반자유주의적 체제 탓에 이라크가 문제를 일으킨다고 생각했다. 나는 그 말을 믿지 않는다. 여기서 자유주의란 국제정치학의 이론적 맥락에서의 자유주의다.

어떤 의미에서 앞으로 중국의 민주화는 현실주의에 대한 한가지 좋은 시험대가 될 것이다. 예를 들어 중국이 더욱 민주화되어 손을 들고 전세계를 향해 "모두 친구가 됩시다. 우리는 거대한 군사력을 유지하지 않을 것입니다. 공세적이고도 위협적인 어떤 행동도 하지 않을 것입니다"라고 외친다면, 이것은 현실주의에 큰 타격을 입힐 것이다. 그러나 그럴 것 같지는 않다.

물론 중국이 한층 더 자유주의적인 정부를 꾸리게 된다면 중국에는 좋은 일이다. 하지만 민주화와 자유주의가 근본적으로 중국의 안보와 관련한 열망을 바꿀 수 있다는 생각에는 매우 회의적이다.

미국의 개입축소와 아시아 군비경쟁

대담자 당신의 주장대로 미국이 아시아에서 물러설 때 중국과 관련해 일본이 짊어지게 될 역할이 있을 것이다. 그것은 어떤 측면에서는 일본이 정상국가 혹은 군사대국이 되는 것을 의미한다. 한국, 필리핀 등 일본의 식민지 경험이 있는 국가들 입장에서는 우려스러운 대목이기도 하다.

로건 맞다. 그것이 내 견해와 관련해 널리 퍼져 있는 우려사항이다. 나는 논문[6]에서 이러한 우려가 왜 설득력이 없는지 설명하려고 했다.

첫째, 역사는 역사다. 일본의 군국주의를 겪은 한국인들의 경험을 전적으로 존중한다. 같은 이유로 중국이 일본의 군국주의로 겪었던 경험도 존중한다. 그렇지만 우리는 지금의 구체적인 현실(material reality)을 바라보아야 한다. 우리가 어느정도 현실주의적인 세계에 살고 있다면 일본이 아무리 강력한 해군력을 보유하고 있다 해도 한국에 위협을 가하리라고 생각하는 것은 경우에 맞지 않는다.

그 이유는 한국에 위협을 가하려면 일본인들이 타임머신을 타고 30~40년 전으로 거슬러 올라가 훨씬 많은 수의 아이들을 출산해야 한다. 왜냐하면 현재 일본 젊은이들은 군사정복이나 경제성장 두가지 중 한가지에만 몰두해야 하는 제로섬 균형(zero sum trade-off) 상황에 놓여 있기 때문이다.[7] 일본의 인구통계적 특성을 보면 일본에 종말을 가져올 정도로 좋지 않다. 일본도 이런 사실을 알고 있지만 해결책은 없는 상태다. 아이들은 태어나지 않고, 외국인을 들이지도 않는다. 수명은 엄청 늘어났다. 이것은 큰 문제다.

그러므로 우리는 구체적 현실을 살펴봐야 한다. 일본은 1930년대 같은 상황을 재연할 만한 능력이 물리적으로 제한되어 있다. 이러한 면에서 제국주의 시기의 일본과 지금의 일본은 완전히 다른 국가다.

이러한 우려 이외에도 고려해야 할 사항들이 산적해 있다. 군비경쟁이 일어나면 어떻게 할 것인가? 일본이 핵무기를 탐내면 어떻게 할 것인가? 이런 경우 상황이 어떻게 전개될지에 관해서는 생산적인 토의를 할 수 있다. 그러나 중국과 한국의 반응은 언제나 일본의 제국주의 시대로 거슬러 올라가는 것이다.

마지막으로 한가지를 더 추가하고 싶다. 중국에서 눈을 떼도 문제가 없도록 만든 미국의 능력이 없었다면, 한일 간 독도/타께시마를 둘러싼 광적인 영토분쟁은 일어나지 않았을 것이다. 일본이 센까꾸/

댜오위다오를 둘러싼 영토분쟁에서는 정반대의 입장에 있으면서도 한국과 유사한 분쟁을 벌이는 것은 말도 안 되는 짓이다.[8] 한국과 일본의 영토분쟁에 대해 나 같은 사람은 일본에 이렇게 말할 것이다. '왜 이런 분쟁을 하죠? 친구가 되어야 할 국가와 싸우는 것은 멍청한 짓입니다. 저쪽에서 느릿느릿 걸어오는 중국이라는 육중한 골리앗을 보십시오. 왜 한국과의 관계를 망치고 있나요?'라고 말이다. 일본이 이러한 행보를 보이는 이유는 미국이 계속해서 일본에게 '우리가 당신을 지지하고 있어! 한국과 싸움을 벌이고 싶으면 해봐'라는 식으로 말하기 때문일 것이다. 결국 미국의 동맹국끼리 서로 싸움을 벌이는 형국이 되었다.

나는 독도문제에 대한 한국의 입장을 전적으로 이해한다. 그러나 왜 그런 싸움이 발생했는가? 중국문제보다 중요하지 않은 일로 한일이 심각하게 싸우는 이유는 '미국이 중국문제를 처리해주고 있어. 중국문제는 우리 일이 아니야'라는 식으로 생각하기 때문이다. 그런 것이 나를 짜증나게 한다.

대담자 미국의 존재로 인해 동아시아 내에서 역사분쟁들이 더 악화되거나 해결되지 않는다는 주장도 있다. 당신 말대로 일본 젊은 세대들의 인구가 감소하고 있지만, 군사 분야에서는 병력 수만큼이나 첨단기술이 매우 중요하다. 일본의 기술은 매우 발달되어 있으며 이것은 언제든지 군사기술로 전환될 수 있다. 또한 일본이 역사적으로 한반도를 이용해 대륙세력에 대항했다는 사실을 지적하고 싶다. 한국은 일본의 장기적 의도를 확신할 수 없다.

로건 일본의 첨단기술에 대한 지적은 참 적절한 것 같다. 흥미로운 것은 내가 일본인들과 이 문제와 관련해 이야기해보면 그들은 항상 한국이 발달된 기술로 일본을 파멸시키고 있다고 불평한다는 점이다. 또 기술적으로 자신들이 뒤처져 있어 한국의 기술진보를 부러워하며 쳐다보고 있다고 말한다.[9]

내가 일본의 인구가 감소한다는 말을 하면서 군사기술적 측면을 간과한 것은 분명하다. 육상 전쟁은 매우 노동집약적인 반면, 해상 전쟁은 그보다는 덜 노동집약적이다. 맞는 얘기다.

그러나 일본은 무기를 수출하지도 않는다. 독특한 자급자족형 모델로 현재는 아주 약간의 국방물자를 생산하고 있을 뿐이다. 군국주의와 제국주의가 펼쳐진 20세기의 일본과 오늘날의 일본을 비교해보았을 때 어떠한 유사점이 있을까? 이에 대한 내 대답은 '없다'이다.

20세기 일본의 한반도 주둔과 이용이라는 점에 당신의 의견에 동의한다. 그러나 나는 매우 도발적이고 이단적일지 모르는 이야기를 하고 싶다. 나는 일본과 한국이 지금보다 더 우호적인 관계를 맺어야 한다고 생각한다. 군사관계도 마찬가지다. 양국은 서로에게 정말로 우호적이어야 한다.

왜냐하면 한국과 일본이 상당히 비슷한 시각으로 세상을 바라보아야 하는 물리적 이유가 있기 때문이다. 즉 두 국가는 강대국의 부상에 직면해 있으며, 그 강대국의 향후 의도는 예측하기 힘들다. 한국과 일본은 약소국가가 아니며 단지 중국보다 좀 약할 뿐이다. 따라서 한일은 서로의 자원을 끌어모아 중국이 가할지도 모르는 잠재적 위협에 대해 어떻게 성공적으로 대처해야 할지 고민해야 할 이유들이 많다.

대담자   당신은 아시아에 대한 미국의 개입을 축소해야 한다고 주장하기 위해 일본의 정상국가화와 동북아에서 핵확산의 용인 등을 주장한다. 특히 일본이나 한국, 심지어 북한이 핵개발을 해도 그것이 미국의 안보와 직결되는 것은 아니라는 주장을 폈는데, 상당히 급진적이고 도발적으로 들린다.

로건   미국은 우방국들이 자위수단을 갖는 것의 의미를 지나치게 과장하는 경향이 있다. 심지어 우방국이 아닌 북한이 핵무기를 가졌고, 마오 쩌둥의 중국이 핵을 개발했으며 파키스탄이 핵을 개발했지만 미국은 별문제없이 살고 있지 않나.

역사를 돌아보면, 핵확산 물결이나 핵확산의 전환점, 핵확산 사태 등의 표현은 지나치게 과장된 전망에 기초한 것이었다. 정보기관, 싱크탱크, 학계 등에서는 '어떤 국가가 핵무기를 갖게 되면 NPT 체제가 파괴된다. 핵무기와 관련해 아무런 규칙도 없는 서부개척 시대처럼 될 것이다'라고 주장했다. 그러나 그런 일은 일어나지 않았다.

물론 핵무기를 갖지 않았으면 하는 나라들을 열거할 수 있다. 북한이 아마 꽤 높은 순위에 있을 것이다. 한국이나 일본도 그 명단에 들어갈 것이다. 이 나라들이 핵을 갖지 않으면 당연히 좋을 것이다.

그러나 한국이나 일본이 핵무기를 가질 가능성이 밤잠을 설치게 할 만한 우려사항은 아니다. 우선 한국은 핵무기를 통제할 수 없을 만큼 혼란스러운 나라가 아니다. 또한 핵무기는 공격을 목적으로 하기에는 유용하지 않다. 한국이 핵무기로 북한을 날려버리려고 하지는 않을 것이기 때문이다. 한국이나 일본이 그 정도로 막무가내일 것 같지는 않다. 이란 역시 그 정도로 얼빠진 생각을 하지는 않을 것이다. 핵무기는 외국에 대고 흔들면서 강압적인 요구를 할 때 유용하다.

따라서 아시아에 핵무기 보유국이 늘어날 가능성이 있다는 주장만으로, 미국이 아시아 동맹국 및 우방국과 거리를 두어야 한다는 내 견해를 반박하기는 어렵다. 솔직히 말해서 만약 미국과 한국, 미국과 일본, 미국과 필리핀, 미국과 호주 사이에 거리가 생긴다면 이 동맹국들 중 한 국가 또는 그 이상의 국가들이 핵무기 보유를 심각하게 고민할 가능성이 다소 커질 것이다. 이것이 내 주장의 부정적 측면임을 인정한다.

그러나 내 주장이 미국의 국가 안보이익에 재앙을 초래할 것 같지는 않다. 핵을 보유한 한국이 미국의 국가 안보이익에 재앙을 초래할 것이라는 주장은 믿기 어렵다. 동맹국들이 핵을 갖는 것이 적국들이 갖는 것보다 낫다. 심지어 나는 적국들이 핵무기를 가지는 것도 크게 걱정하지 않는다. 핵을 보유한 북한이 미국의 안보이익에 치명적이라고 보지 않기 때문이다. 이것이 핵확산에 관한 나의 대답이다.

제한적 외교정책에 대한 전망

대담자 미국의 국익에 대한 관점 이외에도 워싱턴 외교안보 전문가들이 특정 입장을 취하도록 만드는 요소가 있는가? 이를테면 출세주의라고 할까? 그런 분위기가 있다면 당신의 역할은 무엇이라고 보는가? 당신은 스스로를 '돈 끼호떼'라고 칭해서 하는 말이다.

로건 현실주의는 정부가 정복이나 생존에 대해 고민할 때 다소 특정한 방식으로 행동하는 경향이 있다는 이론이다. 그런데 모두가 쉬쉬하는 비밀 중 하나는 현대사에서 미국이 가장 안전한 강대국이라는 것이다. 현실주의 관점에서 보면 각국은 군사적 위협에 대처하기 위해 군대를 창설하는데, 이는 미국과는 거의 관련이 없는 이야기다. 그런 맥락에서 보면 미국에 대한 어떠한 군사적 위협도 존재하지 않기 때문이다.

그렇기에 내 생각에 현실주의는 미국이 국제체제에서 어떻게 행동해야 하는지에 대해 많은 것을 이야기해주지 못한다. 미국은 악몽 같은 절박함 속에서 국가를 운영하는 것이 아니기 때문이다. 따라서 국내 정치나 지대추구 집단이 활동할 수 있는 엄청난 공간이 생겨났다. 그것이 전통적인 군산복합체이든, 미국의 이익과는 상충될 수도 있는 방향으로 미국의 정책에 영향을 미치려는 국가들이든 말이다.

미국이 너무 안전하다 보니, 워싱턴에서는 그랜드 전략(최상위 외교 안보 전략)에 대해 신랄한 논쟁이 없다. 외교정책 전문가들이 특정한 이슈에 대한 워싱턴의 합의가 나오면 이를 근본적으로 비판하려 하지도 않는다. 예를 들어 냉전시기에 맞게 재단되어 만들어진 미국의 외교정책, 미국이 만든 여러 기구, 그때 만들어진 동맹과 미군 등이 근본적으로 상황이 달라진 지금까지도 여전히 아주 적절한 역할을 하고 있다는 게 기이한 일 아닌가? 직관적으로 뭔가 이상하지 않나?

이러한 기본적인 면들이 면밀히 검토되지 않는 경향이 있다. 그래서 여건이 된다면, 워싱턴의 암묵적 합의들을 깨고 논쟁의 장을 개방(glasnost)[10]시키면 좋겠다는 생각이다. 워싱턴은 옳든 그르든 많은 논쟁이 존재하는 학계와는 대조적이다.

대담자 당신은 미국의 외교정책에서 좀더 제한적인 전략이 지지를 받을 것이라고 낙관하는가? 이라크와 아프가니스탄 전쟁의 여파로 적어도 현재 시점에선 미국 내 여론이 국제 문제에 대한 적극적 개입에 유보적인 것으로 보이기 때문에 묻는 질문이다.

로건 확실히는 모르겠다고 해야겠다. 가까운 미래 안에 이라크 전쟁과 유사한 사건이 반복되지는 않을 것 같다. 이란을 폭격할 수도 있고 그렇지 않을 수도 있다. 군사점령, 반란진압 등의 상황들은 가까운 미래일지라도 예측하기가 굉장히 어렵다.

미국은 매우 안전한 나라이므로, 외교정책은 미국인들에게 중요하지 않다. 우리가 외교 결정을 망쳐버린다고 해서 멕시코가 애리조나 주나 뉴멕시코 주, 텍사스 주의 일부를 집어삼켜 미국이 영토를 잃는 일은 일어나지 않는다.

거칠고 얼빠진 외교정책을 펴더라도 그에 따른 비용이 미국인들을 심하게 물어뜯을 정도는 아니기 때문에, 미국인들이 외교정책에 관심을 갖기란 쉽지 않다. 그러나 이라크전쟁은 미국인들을 강타했다. 이 전쟁 탓에 2006년 중간선거와 2008년 대통령선거 시기에 공화당에게는 분명 정치적 비용이 발생했다. 따라서 가까운 미래에 이라크전쟁 같은 일을 반복하면 정치적 패배자가 될 것이라는 인식이 일반적이다. 이것이 나의 낙관적인 견해다.

그러나 좀더 일반적인 관점에서 미국이 유럽으로부터 한꺼번에 빠져나오고, 미국이 끼어들었던 제3자들 간의 모든 분쟁이나 중동과 거리를 두는 것 따위의 축소 전략 가능성에 대해 말하자면 내 전망은 매우 비관적이다.

대담자 앞으로 당신은 계속 비평가로 남아 있는 것을 목표로 하는지, 아니면 정부에서 일할 기회가 있으면 기꺼이 정책 결정에 참여할 의향이 있는지 궁금하다.

로건 미래를 예측하는 건 매우 어렵다. 두가지 상황이 있을 수 있다. 정부가 나를 채용하려는 상황과 내가 정부에서 일하고 싶어하는 상황이다. 후자는 일어날 것 같지 않다.

그러나 누가 알겠는가? 2013년 2월 오늘 이 자리에 내가 앉아 있을지 누가 알았겠는가. 그런 의미에서 2015년에 내가 공직에서 일하고 있을 거야, 하고 상상하는 것은 불가능한 이야기라고 생각하지 않는다. 그러나 가능성은 매우 낮다.

제2부

미중관계의 현황과 해법

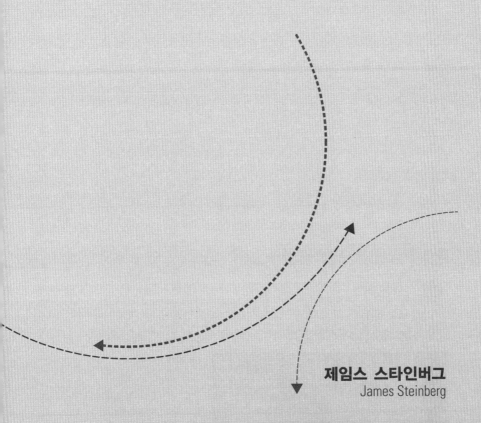

제임스 스타인버그
James Steinberg

불신 해결의 열쇠,
'전략적 보증'

제임스 스타인버그 James Steinberg(1953~)

전 미 국무부 부장관
현 씨러큐스대학 맥스웰스쿨 학장

제임스 스타인버그는 오바마 1기 행정부에서 2009년 1월부터 2011년 7월까지 2년여간 국무부 제1부장관을 지냈고, 그해 7월부터 씨러큐스대학 맥스웰스쿨 학장으로 재직하고 있다.

그는 클린턴 행정부 시절인 1996년부터 2000년까지 백악관에서 국가안보 부보좌관으로 근무했다. 그뒤 부시가 집권하자 2001년 브루킹스 연구소 부소장으로 자리를 옮겨 외교정책 연구를 총괄했다. 2005년부터 2008년까지는 텍사스대학(오스틴 캠퍼스) 린든 B. 존슨 공공정책대학원의 학장으로 재직하면서 학계에서 정상급 인물로 자리매김했다.

클린턴 행정부에서 근무했음에도 2008년 민주당 대선후보 경선 과정에서 오바마와 힐러리 클린턴이 맞대결을 펼칠 때는 오바마 진영에 섰다. 그는 오바마 캠프에 공개적으로 모습을 드러내지는 않았지만 그의 비공식 보좌관으로 활동했다. 특히 오바마 선거유세 기간 동안 대외정책 연설문의 상당부분을 그가 쓴 것으로 알려져 있다.

오바마가 대통령으로 당선된 뒤에는 쑤전 라이스(Susan E. Rice) 현 백악관 국가안보 보좌관과 함께 외교안보 분야의 인수위 공동책임자로 일했다. 이 때문에 스타인버그는 당시 국가안보 보좌관 후보로 자주 거론되곤 했다. 오바마가 한때 자신의 '정적'이었던 힐러리 클린턴에게 국무장관 직을 제의했을 때, 클린턴은 국무부 인사에 대한 전권을 요구했다. 오바마 대통령은 국무부 부장관 직에 자신의 외교안보 핵심 참모였던 스타인버그를 앉히는 조건으로 그 제안을 수용했다고 한다. 이런 임명 배경으로 스타인버그는 오바마의 측근으로 활동하며 클린턴 장관이 '장악한' 국무부와 백악관 간 외교정책을 조율하는 역할을 했다. 국무부 부장관이란 미 국무부 내에서는 2인자이지만, 스타인버그가 그 이상의 평가를 받은 것도 이 때문이었다.

미국 국무부 제1부장관은 대외정책의 큰 방향을 정하고 이론적 근거를 제공하며 조타수 역할을 하는 자리다. 부시 행정부 시절 국무부 부장관이었던 로버트 졸릭이 '책임있는 이해상관자'라는 용어를 내놓았듯이, 스타인버그도 2009년 9월 커트 캠벨 전 동아태 차관보가 설립한 싱크탱크인 신미국안보센터(CNAS)에서의 연설에서 오바마 행정부의 대중국 전략의 기본 방향이라고 할 수 있는 '전략적 보증'(strategic reassurance)이라는 개념을 내놓았다. 그뒤로 전략적 보증은 스타인버그의 대명사처럼 굳어졌다.

CNAS 연설에서 그는 중국의 부상이 결국 기존 강국인 미국과의 충돌을 불러올 것이라는 역사가와 국제정치 전문가 들의 우울한 전망을 들며, 이러한 양국 간의 충돌을 피해야 한다는 전제하에서 미국의 국익을 보호하면서도 중국의 부상에 적응하는 '불가능한 일'을 어떻게 실행할 것인가라는 질문을 던졌다. 그는 이것이 우리 시대의 핵심적인 전략적 도전의 하나이며, 이 도전을 푸는 열쇠를 '전략적 보증'으로 부르고 싶다고 밝혔다.

또한 "전략적 보증은 암묵적인 핵심 거래에 달려 있다"며 "미국과 그 동맹국들은 중국을 부강하고 성공한 국가로 보고, 중국의 '등장'을 환영할 준비가 되어 있으며, 마찬가지로 중국도 다른 국가들의 안보와 행복을 희생하는 방식을 통해 경제발전과 국제사회에서의 역할 증대를 꾀하지는 않을 것이라는 점을 보증해야 한다"고 말한다.

그는 "이러한 거래를 강화하는 것을 미중관계의 최우선 순위에 놓아야 한다"며 "전략적 보증을 통해 정치·군사·경제에서 불신의 근원을 해결하며, 공동의 이해관계 영역을 강조하고 강화하기 위한 방식들을 찾아야 한다"라고 설명한다. 또한 지속적인 대화를 통해 이러한 전략적 보증을 창출해야 한다고 강조했다.

그의 '전략적 보증'이라는 개념은 불확실성을 국제정치의 상수로 보는 현실주의와 큰 차이를 보인다. 현실주의자들은 국력이나 의도에 불확실성이 존재하므로 관계가 좋을 때에도 최악의 사태에 대비해 스스로의 군사력을 키워야 한다고 주장한다. 동맹의 중요성을 강조하기도 한다. 그러나 자유주의적 제도주의자들은 다자 및 양자 기구를 창출하고 운영하는 과정에서 이러한 불확실성을 줄일 수 있다고 본다. 즉 운영 과정에서 갈등의 가능성을 줄이고 협력을 증대할 수 있다는 것이다. 이러한 면에서 스타인버그는 아시아주의자 가운데 상대적으로 드문 자유주의적 제도주의자라 할 수 있다.

전략적 보증은 중국의 부상을 공개적으로 인정한다. 이런 점에서 미중의 협력적 성격을 인정하면서도 동시에 미국이 중국으로 하여금 더 큰 책임을 지도록 하겠다는 로버트 졸릭의 '책임있는 이해상관자' 개념보다 더 적극적으로 중국의 존재감을 대등한 위치로 끌어올렸다는 평가를 받는다. 그러나 동시에 이런 이유 때문에 미국 내 대중 강경파로부터 비판받기도 했다. 실제 일부에서는 스타인버그가 씨러큐스대학 맥스웰스쿨 학장으로 자리를 옮긴 뒤 미국정부 내의 대중국 기조가 강경해졌으며, 이런 맥락에서 2011년 11월 '아시아 회귀' 선언이 나왔다고 분석하는 전문가도 있다.

스타인버그가 국무부 부장관으로 한국을 방문해 만났을 때는 그의 차가운 인상 탓인지 좋은 이미지로만 기억되지는 않았다. 종종 주머니에 손을 넣고 연설하는 모습이 한국인 눈에 거슬리기도 했다. 『워싱턴포스트』도 그가 부장관으로 임명될 당시 "클린턴 행정부 시절 백악관에 근무할 때 지칠 줄 모르는 열정과 깊은 지식으로 유명하다"면서 "그러나 때때로 욱하는 기질로 동료들이 벌벌 떨었으며, 이 때문에 내부에서 비판을 받았다"라는 인물평을 내놓기도 했다.

이런저런 선입관 탓인지 그와 인터뷰를 시작하기 전부터 긴장감이 슬금슬금 찾아왔다. 게다가 인터뷰하러 가는 여정도 상대적으로 쉽지 않았다. 워싱턴 레이건공항에서 1시간 30분 동안 비행기를 타고 씨러큐스 인근 공항에 내린 뒤 다시 택시를 타고 30여분을 달려 대학에 도착했는데, 새벽에 출발해서인지 살짝 지치는 느낌도 있었다. 그러나 스타인버그는 방금 역사 수업을 마치고 나왔다며, 시골 할아버지 같은 밝은 미소로 우리를 맞아주었다. 인터뷰 중에도 성심성의껏 대답하려 애썼고, 사진을 찍으려 하자 잠깐 기다리라며 넥타이를 매기도 했다.

인터뷰를 마치고 둘러본 씨러큐스의 교정은 신록을 뽐내며 봄이 피어나고 있었다. 공항에서 워싱턴행 비행기를 기다리는 동안 보스턴 마라톤 대회의 테러소식을 들었다. 2013년 4월 15일 월요일이었다.

중국의 외교 노선: 굴욕의 세기와 신형 대국관계

'굴욕의 세기'는 현재의 중국을 이해하는 핵심 열쇳말이다. 무엇이 굴욕적이었나. 1840년 아편전쟁 이후 100여년간 서구 열강의 침략과 탐욕으로 중국이 몰락을 경험했다는 것이 굴욕적이라는 설명이다. 중화주의라는 문명적 자부심에 상처를 입었다는 것이다. 2차대전 후 장 제스와마오 쩌둥이 각각 굴욕의 세기는 끝났다고 선언했지만 그것은 제도적·형식적 측면에서의 종결만을 의미했고, 중국인들의 내면에 똬리를 튼트라우마가 치유된 것은 아니었다.

중국은 개혁·개방노선을 통해 경제적 성장을 이룩하고 국제무대에서주요 2국(G2)으로 대접받으면서 진정으로 '굴욕의 세기'를 청산할 능력을 갖추게 되었다. 이는 중화민족이 부활해야 한다는 논리로 자연스레이어졌다. 시 진핑이 2013년 3월 전국인민대표대회(전인대) 폐막식에서국가주석 취임 후 첫 연설을 통해 '중국의 꿈(中國夢)'을 강조한 것도 이런 중국 내 정서를 반영한 것이다. 중국의 꿈은 '국가부강, 민족진흥, 인민행복'을 실현하여 '중화민족의 위대한 부흥'을 이루자는 것이다.

이 때문에 서구에서는 중국이 '굴욕의 세기'를 강조하는 것을 두고 중국 내부적으로는 민족주의를 강화하고, 국제무대에서 미국과의 패권주의 경쟁을 정당화하기 위한 담론으로 보는 시각도 존재한다. 역사학을전공한 제임스 스타인버그는 글을 쓰거나 연설을 할 때 역사적 사실을자주 언급하기에 '굴욕의 세기'에 대한 질문으로 인터뷰를 시작했다.

대담자　몇가지 역사적 테마에 대해 이야기하는 것으로 인터뷰를시작해도 좋을 것 같다. 중국의 지배적 담론이라고 할 수 있는 '굴욕

의 세기'가 현재 중국의 외교정책과 전략적 사고에 영향을 미친다고
생각하는가? 그렇다면 어떻게 영향을 미친다고 보는가?

스타인버그　상당한 영향을 주고 있다. 국가안보 이익이나 주권이
위태로웠던 시기를 경험한 나라들은 거기에 반응하게 되고 "역사에
대해 이야기하고 싶다"라는 식으로 말한다. 프랑스와 독일의 관계 등
에서도 비슷한 사례들을 찾아볼 수 있다. 희생양이 되었다는 정서,
국익을 보호하는 데 취약하고 무력했다는 중국 내 정서들이 앞으로
도 주요한 주제가 될 것이다.
　다른 한편으로 '굴욕의 세기'를 중국이 위대했던 시기, 즉 명나라
나 그 이전의 제국시기와 대비시키는 것은 중국의 문명과 성과에 대
한 자부심 형성에, 또한 끔찍했던 중화제국의 추락이 반복되어서는
안 된다는 정서 형성에 상당히 중요하다. 그러므로 중국의 입장에서
는 굴욕의 역사가 왜 발생했는지 이해하고, 그런 일이 재발하지 않도
록 확실히 하는 것이 향후 국가 전략의 아주 강력하고 핵심적인 부분
이 된다.

　기존 패권국인 미국과 부상하는 중국의 관계를 어떻게 설정할 것인가
라는 문제는 중국과 미국 내부에서도 최대의 관심사다. 양국의 관계 설
정에 대한 '역사적 모델'로 중국 내부에서는 19세기 비스마르크의 외교
방식에 대한 연구가 한창이다. 빌헬름 1세의 전폭적인 지원을 등에 업
은 비스마르크는 1860년대 중반까지 40여개의 크고 작은 국가들로 나뉘
어 있던 독일을 통일해, 1871년 독일 역사상 최초의 민족국가인 독일제
국을 건설했다. 통일 독일제국을 건설하기 전 이른바 '철혈정책'을 통

해 군비를 확장하고 이를 바탕으로 덴마크, 오스트리아, 프랑스 등 주변 국과 전쟁을 치렀다. 하지만 통일 이후에는 1888년 즉위한 빌헬름 2세와 충돌해 총리에서 물러나기 전까지 주변국과 협상하고 동맹을 체결하며 세력균형을 통한 현상유지 전략을 추구했다.

특히 그는 당시 패권국이었던 대영제국을 자극하지 않기 위해 적잖은 노력을 기울였다. '세력균형 정책을 통해 특정 지역에서 미국을 위협할 만한 강대국 출현을 저지한다'라는 미국의 오랜 대외정책 기조와 마찬 가지로, 당시 영국도 유럽대륙에서 나폴레옹제국 같은 강대국의 등장을 막는 것을 대외정책의 기본축으로 삼았다. 이 때문에 비스마르크는 영 국이 예민해할 수 있는 해군력을 증강하지 않는 동시에 영국의 식민지 정책을 침해하지 않도록 주의를 기울였다.

이에 비해 비스마르크를 물러나게 한 빌헬름 2세는 비스마르크의 색 깔을 지우고 자신만의 공격적 대외정책을 펴기 시작했다. 특히 영국과 군함건조 경쟁을 벌이는 등 대양해군 노선을 견지하고, 이를 바탕으로 해외시장 개척과 식민지 확장 정책을 펴면서 영국과 곳곳에서 충돌했 다. 영국은 독일의 공격적 대외정책과 급속한 산업화를 지켜보면서 독 일을 자신들의 가장 큰 경쟁국 중 하나로 여겨 견제하기 시작했다. 1차 대전이 발발한 배경에는 근본적으로 이런 세력관계가 깔려 있다는 것이 일반적인 인식이다. 1800년대 후반 유럽에 대한 연구를 보면서 당시 부 상 국가였던 독일에 지금의 중국을, 현상유지 국가였던 영국에는 지금 의 미국을 집어넣어 유추해보게 된다.

대담자 지금의 미중관계와 19세기 후반 비스마르크 시대의 독일 및 영국을 서로 비교하는 것이 적절한지 묻고 싶다.

스타인버그 사실 중국뿐만 아니라 미국 학자들도 '비스마르크 시기와의 유비(類比)'를 연구하고 있다. 적잖은 이들이 그에 대한 글을 썼고, 비스마르크 시기의 경험과 현재의 미중관계를 연관 지을 수 있는지 고민하고 있다. 단지 비스마르크뿐만 아니라 비스마르크와 빌헬름 2세의 전략을 대조하는 연구도 활발하다. 그것이 이른바 '비스마르크식 중국' 혹은 '빌헬름식 중국'이다. 비스마르크 전략은 부상하는 독일과 기존 강대국인 영국 등 간의 타협점을 찾기 위해 노력하는 전략이고, 반면에 빌헬름 2세의 전략은 신흥 강국이 기존 강대국들에 도전하는 것이었다.

모든 현상에는 구조적으로 보편적인 특징들이 있고, 또한 동시에 독특한 맥락을 가진 특징들이 존재한다. 따라서 1차대전처럼 갈등을 심화시킨 요소들과 그 요소들 간 특징의 차이는 무엇인지 검토해보는 것이 중요하다. 중국이 강대국의 부상이라는 이슈를 진지하게 받아들여, 강대국 간 갈등이나 세력전이(power transition)[1] 시기 때 갈등의 근원이 무엇인지 이해하려는 노력은 정말로 유익하다.

대담자 일부에서는 중국의 그러한 타협적 외교노선을 '칼날의 빛을 칼집 속에 감추고 어둠 속에서 남몰래 힘을 기르기' 위한 것으로 해석하기도 한다. 즉 중국의 부상에 대한 상대방의 경계심을 풀기 위한 전략일 뿐이라는 것이다. 아울러 시 진핑 주석이 '신형 대국관계'를 언급했는데, 1차대전으로 치달았던 당시 유럽 국가들의 '구형 관계'들을 넘어서는 방향으로 미중관계가 형성될 수 있다고 보는지 궁금하다.

스타인버그 물론 중국의 노력은 어느정도, 아니 어쩌면 상당부분 중국에 대한 다른 국가들의 불안을 희석시키기 위한 수사적인 목적도 있으리라 본다. 실제로 중국은 자신들이 노력하는 모습을 일부러 보여주려고 하지 않나. 그러나 그런 노력에는 과거의 비극을 되풀이하지 않으려는, 그래서 존 미어샤이머[2]의 주장이 틀렸다는 것을 입증하고 싶어하는 중국 쪽 학자들과 정책결정자들의 진지한 실험이라는 측면도 있다.

미중 모두 분명 '신형 대국관계' 아이디어를 적극적으로 지지하고 있다. 힐러리 클린턴 전 국무장관이 2012년 3월 닉슨 대통령의 중국 방문 40주년을 기념해 미국평화연구소(United States Institute of Peace)에서 연설했는데, 거기서 클린턴은 미중관계를 국가 간 역사에서 전례 없는 관계라고 특징지었다.[3]

정말 맞는 이야기다. 따라서 양쪽 모두 강대국 간 비극은 피할 수 있고, 또 피해야 한다고 믿고 있는 것으로 본다. 진심으로 내가 그렇게 생각하느냐? 진심이다. 중국의 지도자들도 '투키디데스적 충돌'[4]을 반복하는 것이 그들의 이해관계와 부합하지 않음을 알고 있을 것이다. 그러나 미중이 과연 신형 대국관계 형성에 성공할 수 있을지는 또다른 문제다.

미국의 대중정책과 미중관계: 전략적 보증

대담자 2009년 9월 CNAS에서 연설을 하면서 '전략적 보증'이라는 표현을 사용했다. 그뒤로 전략적 보증은 당신의 아이콘이 되었다.

거칠게 정리하면 전략적 보증은 미국은 중국의 부상을 방해하지 않을 테니 중국도 다른 국가의 안보와 행복을 희생시켜서는 안 된다는, 미중 간 갈등을 피하기 위한 일종의 거래라 할 수 있다. 미중이 그 거래에서 각각 해야 할 역할들을 충분히 수행했다고 보는가?

스타인버그 요즘 그 전략적 보증에 관한 책을 쓰고 있다.[5] 미중이 조금씩은 자기 몫을 수행했지만, 기본적으로 충분하지는 않다. 양쪽 모두 보다 많은 일을 해야 할 필요가 있다. 친구이자 예전 직장의 동료인 브루킹스연구소의 마이클 오핸런(Michael E. O'Hanlon)과 함께 책을 쓰고 있는 이유가 여기에 있다. 집필 중인 책은 주로 안보 분야에 초점을 맞추고 있지만, 경제적 측면의 요소들도 포함되어 있다. 어찌됐든 이제까지 각각의 분야에서 '보증'을 통해 전략적 상호신뢰를 발전시키려는 노력은 제한적으로만 이루어졌다. 그것으로는 충분하지 않다.

양쪽 모두 전략적 보증의 중요성을 이해하고 있다. 국무부의 내 후임자들과 대화할 기회가 있었는데, 그들 역시 전략·경제대화 등을 통해 전략적 보증을 추구하고 있다는 생각이 들었다. 어찌됐든 미중 관계 안정화에 필요한 구체적인 일을 해나가기 위해서는 양쪽 간에 일치된, 그리고 아주 집중적인 노력이 필요하다.

대담자 클린턴 행정부에서 근무하다 2001년 행정부를 떠났고 2009년에 다시 행정부로 돌아왔다. 당신이 행정부를 떠나 있던 8년이라는 기간이 미국의 대외정책에서는 중요한 시기였다. 또한 미국의 관점에서 보면 동아시아에 무게를 두지 않은 시기였다. 당신이 복귀했을 때 미국과 중국 각각의 내부 문제 또는 미중관계에서 8년 전과 어떤 차이점이 있었나?

스타인버그 전반적으로 '변화'보다는 '연속성'으로 특징지을 수 있을 것 같다. 부시 행정부와 오바마 행정부 사이에 수많은 차이점이 있지만, 중국문제에 대해서는 차이가 없다. 물론 부시 행정부가 초기 몇달 동안에는, 그러니까 2001년 6월경까지는 이전과는 완전히 다른 접근법들을 동원하며 중국에 경솔하게 대처했다.

대담자 2001년 4월 미국 정찰기가 중국 전투기와 충돌하면서 하이난(海南) 섬에 불시착했던 사건[6]이 전환점이 되었나?

스타인버그 맞다. 그후 사태가 안정되고 미중 사이에 협력적인 관계가 구축되었다. 기본적인 것은 오바마 행정부와 부시 행정부가 아주 비슷하다. 물론 몇가지 변화들이 있는데 그중 하나는 중국 지도부의 세대교체 방식이 분명히 진화하고 있다는 점이다. 지도부가 좀더 국제화되었고, 국제사회와 좀더 융합되었다. 4세대인 후 진타오 주석과 원 자바오(溫家寶) 총리 시절에도 확연히 그러했으며, 지금의 시진핑 주석과 리 커창 총리는 더 진화했다. 그들은 이전 세대보다 서양을 더 많이 경험했으며, 특히 미국 및 서양의 회담 상대방들과도 더 많이 교류했다. 양국 지도부 간 대화는 이전보다 더 개방적이고 더 솔직해졌다. 또한 경제적 성공과 그것을 거대한 군사력으로 전환하는 능력이라는 관점에서 봐도 중국이 8년 전에 비해 극적으로 발전한 것은 분명하다.

그러나 미중관계의 성격과 양쪽의 목표라는 관점에서 보면, 우리 관계는 여전히 정체되어 있다. 클린턴 행정부 마지막 해에 중국과 '항구적 정상무역관계'(Permanent Normal Trade Relation, PNTR)[7] 협상을 끝내고 이듬해 중국이 세계무역기구(WTO)에 가입했을 때의 상황에서 더 나아가지 않았다.

할 일이 많다. 나는 미중이 보다 강하고 긍정적이며 협력적인 관계를 구축하는 데 전념한다고 생각하면서 클린턴 행정부를 떠났다. 지난 8년 동안 부시 행정부가 추구해온 것도 그런 목표였으며, 앞으로도 그래야 한다는 생각으로 오바마 행정부로 돌아왔다.

아시아 지역에서 다른 변화도 있었다. 특히 아세안(ASEAN, 동남아시아국가연합)과 협력할 수 있는 미국의 역할과 기회는 상당히 바뀌었다. 클린턴 행정부를 떠날 때, 아시아는 금융위기에서 막 빠져나오고 있었고 경제적으로 대단히 취약했다. 8년여의 회복과정을 거친 뒤 찾아온 2008년 세계 금융위기 때는 1998~99년보다 상대적으로 타격을 적게 받았다.

대담자 한국이 특히 그렇다. 한국은 국제통화기금(IMF) 경제위기를 극복하기 위해 국가적·국민적 차원에서 상당한 노력을 기울였다.

스타인버그 그렇다. 당시 금융위기가 아시아에 얼마나 깊고 큰 변화를 야기했는지 종종 잊는 것 같다. 한국은 이전보다 다소 나아졌지만, 태국과 인도네시아 같은 나라의 상황이 지금 어떠한지 보면 알 수 있다.

미중 예외주의의 공존 가능성

대담자 좀더 근본적인 질문을 해보자. 미국의 세계관에는 자유나 인권, 민주주의처럼 모든 인간이 누려야 할 공통적인 가치들이 있다는 '보편주의적 계보'가 존재한다. 그러나 이런 보편주의는 외교정책 면에서는 미국만이 특별하게 자유주의나 민주주의 가치를 증진시킬 수 있다는 '예외주의'와 결부된 듯 보인다. 그것이 때로는 일방주의 외교로 나타나 우려를 낳기도 한다.

스타인버그 방금 끝난 역사 수업을 되풀이하고 싶지는 않으니 각주는 생략한다. 다만 미국 내에서 보편주의적 계보가 있어왔지만 그것이 유일한 계보는 아니라는 점을 유념해야 한다. 그 점에 대해서는 존 애덤스(John Adams, 미국의 2대 대통령)와 존 퀸시 애덤스(John Quincy Adams, 존 애덤스의 아들이자 미국의 6대 대통령) 두 사람 모두 분명히 하고 있다. 특히 존 퀸시 애덤스가 명쾌하게 정리한 인상적인 경구가 있다. 즉 미국은 모든 이의 민주주의를 바라지만 동시에 미국 자신의 이익 대변자일 뿐이라는 것이다.[8]

그러니까 미국의 전략에서 보편주의가 항상 주도적이었던 것은 아니다. 보편주의는 전진과 후퇴를 반복했다. 우드로 윌슨(Woodrow Wilson) 대통령이 대표적으로 보편주의적 전통에 서 있지만, 또다른 전통들도 있다. 미국이 특별한 역할을 맡아야 한다는 의미의 예외주의는 보편주의와는 별개의 문제다. 나는 미국 예외주의가 옳다고 확신한다.

대담자 중국인이나 그들의 지도자들도 자신들을 예외적인 문명으로 본다. 그것이 이른바 '중화주의'의 뿌리라고 볼 수도 있겠다. 그렇다면 미국과 중국의 두 예외주의는 공존 가능한 것인가?

스타인버그 중국에도 미국과 똑같은 정서가 있다. 즉 중국은 예외적인 문명국가라는 정서가 강하다. 단 중국이 구축한 예외주의 담론은 두 국가가 공존할 수 있다는 함의를 바탕에 깔고 있다. 왜냐하면 중국의 예외주의는 명나라 때 정화(鄭和)가 이끌었던 해외원정[9]이나 호의적인 조공체제 등 선의의 헤게모니에 기초한 것이기 때문이다.

따라서 전지구적 공공재와 평화적 환경의 제공을 국제사회의 리더십이라고 본다면, 미국과 중국의 예외주의가 공존하는 방법을 찾을 수도 있겠다. 미중이 각각 자신들의 문명과 지도사상을 특별하다고 보는 까닭, 그리고 자신들이 특별한 역할을 맡아야 한다고 생각하는 이유를 이해하는 것이 내가 그동안 주력해온 부분이다.

미국과 중국이 자신들을 예외적인 문명으로 보는 상황에서 양국관계를 성공적으로 관리하려면 각국이 상대방의 자의식을 존중하는 방법을 찾아야 한다. 동시에 상대방의 권리를 간섭하지 않는 방식으로 이를 추구한다는 점을 분명히 해야 한다.

미국은 1970년대 이후로 중국의 역할이 커지는 데에 긍정적인 입장을 취해왔다. 하지만 앞으로 다른 국가들의 이해관계나 권리를 침해하는 상황을 유발해서는 안 된다는 점을 중국에 좀더 분명히 말할 필요가 있다.

센까꾸/댜오위다오 분쟁과 다자기구의 필요성

대담자 6자회담이 교착된 이후로 동북아를 포함해 동아시아에는 이렇다 할 만한 안보 관련 대화기구가 없다. 북핵뿐 아니라 센까꾸/댜오위다오 분쟁 등과 같은 문제를 논의하기 위해 관련 당사자들이 참여하는 새로운 기구의 창설이나 현존하는 기구의 재정비가 필요하다고 보는가?

스타인버그 양자문제의 성격을 띤 영토분쟁을 해결하기 위해 다자 형태의 조직을 만들기는 어렵다고 본다. 즉 영토분쟁의 본질이 양자적 관계라는 것이다. ASEAN을 통해 진행되고 있는 '남중국해 당사국 행동선언'(DOC) 같은 것을 시도해볼 수도 있다. 그러나 내가보기에, 아무도 영토분쟁을 중재하려고 하지는 않을 것이다.

영토문제와 별개로 대·소규모 지역의 대화기구는 정말로 중요하다. 개인적인 생각인데, 북한이 참가하지 않더라도 나머지 5자만 만나는 것도 유용할 것이다. 물론 왜 그동안 5자만 만나는 일이 없었는지도 이해한다. 그럴 경우 북한이 더 심한 피해망상을 느낄 것이라고 우려해서다. 북한이 준비만 되어 있다면 복귀할 수 있는 길은 열어놓아야 한다. 동북아시아의 지역 대화기구는 필요하다. 그리고 최선의 상황은 북한이 대화기구의 일원이 되어 좀더 건설적인 역할을 하는 것이다.

대담자 2012년 10월, 센까꾸/댜오위다오 위기가 최고조에 이르렀을 때 당신은 베이징을 방문했다. 당시 중국과 어떤 논의를 했고, 어떤 역할을 했는가?

스타인버그　토오꾜오도 방문했다.

대담자　맞다. 토오꾜오도 방문했다. 그때 동행한 사람들이 리처드 아미티지 전 국무부 부장관, 조지프 나이 하버드대학 교수, 스티븐 해들리(Stephen J. Hadley) 전 백악관 국가안보 보좌관 등이었다. 방문 목적은 무엇이었으며, 그 목적을 이루었다고 보는가?

스타인버그　방문의 목적은 두가지가 중첩되어 있다. 첫번째는 중국과 일본 양국의 지도자들이 이 문제를 어떻게 바라보고 있는지를 좀더 잘 이해하고, 그들이 생각하는 상황 호전 방법——해결 방법이 아니라——이 있다면 무엇인지 알고 싶었기 때문이다.

두번째로, 순방 당시 우리 일행은 미 행정부를 떠나 있었다. 하지만 오랫동안 이 지역의 정책을 책임지고 있었던 만큼 우리 일행의 관점을 분명하게 전달하고자 했다. 즉 미국은 영토분쟁 자체에 대해서는 제3자적 입장이나 이 지역의 평화와 안정을 유지하는 것은 미국의 큰 이해가 걸린 문제임을 강조했다. 또한 우리는 중국과 일본이 좀더 큰 게임에 초점을 맞추면 좋겠다고, 즉 위기가 고조되게 내버려둔 채 그 위험성을 망각하게 만드는 '이기고-지는' 식의 센까꾸/댜오위다오 주권논쟁에 초점을 맞추지 말라고 했다. 그러고 나서 위기를 진정시킬 수 있는 효과적인 전략을 고민하도록 동기를 부여하고자 했다.

한반도에 대한 미중의 이해관계

대담자 2013년 2월 북한의 3차 핵실험 직후 유엔 안전보장이사회의 강력한 대북제재 결의안에 대해 중국 쪽이 동의한 것을 놓고 중국의 유화적인 대북정책이 서서히 변하고 있는 것 아니냐는 관측도 나오고 있다. 당신의 견해는 무엇인가? 실제로 한반도에 대한 중국의 최우선적인 이해관계에 변화가 있다고 보는가?

스타인버그 중국의 이해관계가 무엇인지는 분명하다. 그것은 안정이다. 문제는 안정에 가장 기여하는 것이 무엇인지에 대해 미중 간 의견이 다르다는 점이다. 지난 수년간 중국과 벌인 대화의 상당부분은 안정을 유지하는 최선의 방법이 무엇인지에 대한 것들이었다. 중국은 대북압력을 강화하면 불안정이 완화되기보다는 오히려 심화될 것이라는 일종의 본능적인 두려움을 갖고 있다. 이에 비해 미국이나 한국, 일본은 북한을 억지하는 적당한 압력이 없으면 북한이 자신의 목적을 달성하기 위해 아무런 제재없이 도발이라는 수단을 사용할 것이라고 생각한다.

나는 항상 미중 양쪽의 목표 간에 중대한 불일치는 없다고 주장해왔다. 중국도 전적으로 북한의 비핵화를 원한다. 북핵은 중국에게 아무 이득이 되지 않는다. 핵을 가진 북한은 중국에게 많은 위험을 준다. 따라서 미중은 목표를 공유하고 있다.

한반도의 통일과 관련해서는 미국과 한국이 중국보다 더 열성적인 것 같다. 그러나 중국이 장기적으로도 한반도 분단을 고집할 것이라는 일부의 주장에 대해서는 동의하지 않는다. 따라서 이 점 역시 미중의 목표가 크게 다르지 않다. 다만 수단의 차이가 있는 것이다. 즉 중국은 설득과 포용과 보증을 통해 북한의 행동을 개선시킬 수 있다고 본다. 반면에 우리는 그런 수단들이 북한의 도발을 부추길 뿐이라고 우려한다. 그것이 유일하면서도 중요한 차이다. 그리고 중국인들도 이런 상황을 우리와 다소 비슷한 시각에서 바라보기 시작했다는 사실이 분명하게 감지되고 있다.

2010년 3월 발생한 천안함사건과 같은 해 11월 발생한 북한의 연평도 포격사건은 한반도문제가 어떻게 미중관계의 중력 속으로 빨려들어가는지를 극명하게 보여준 사례였다. 특히 연평도 포격사건은 한반도의 긴장 지수를 극적으로 상승시켰다. 천안함 침몰을 북한의 소행으로 단정한 한국정부 안에는 북한에 '본때를 보여주겠다'는 분위기가 팽배했고, 이런 분위기 속에서 또다시 연평도 포격사건이 터졌다. 하지만 한국정부는 미국정부의 강력한 압박으로 북한에 대한 일체의 '무력 타격행위'를 벌일 수 없었다.

한국군이 대북 '무력시위' 차원에서 12월 17일과 21일 사이에 연평도 일원 사격훈련을 예고하고 북한이 이에 대해 '보복타격'을 선포한 가운데, 제임스 스타인버그 미 국무부 부장관 일행은 15~17일 중국 고위관리들을 만나 한반도문제를 논의했다.

대담자 중국이 한반도를 바라보는 관점과 관련해 2010년 3월 천안함사건이나 같은 해 11월 북한의 연평도 포격사건 등이 자주 거론된다. 특히 북한의 연평도 포격 이후 남북 간에 전쟁 분위기가 고조되고 한반도 위기가 정점으로 치닫던 12월 중순 당신은 국무부 부장관으로 베이징을 방문했다. 당시 베이징의 반응은 어떠했는가?

스타인버그　미국의 관점에서 보면, 북한의 2009년 4월 미사일 발사와 뒤이은 5월의 두번째 핵실험 직후 중국은 분명히 북한에 대해 아주 강경한 입장을 취했다. 그것은 미국으로서는 아주 고무적인 일이었고, 나는 미중 간 협조가 잘되고 있다고 생각했다. 그런데 이듬해인 2010년 천안함사건과 연평도 포격사건에 대해 중국이 불분명한 반응을 보이자 미국은 우려하기 시작했다. 중국의 그런 반응은 북한에 잘못된 신호를 보내는 것이라고, 즉 북한의 도발행위에 면죄부를 주는 것이 될 수 있다고 생각했기 때문이다.

미국은 천안함 침몰 원인의 증거가 분명하다고 확신했다. 따라서 중국이 주저하는 이유를 이해할 수가 없었다. 연평도 포격사건 이후 방중했을 때 우리의 메시지는 이런 것들이었다. "우리는 북한문제에 잘 협력해왔다. 그 점은 중요하다. 중국이 북한의 불안정에 대해 우려하는 것도 이해한다. 그러나 북한이 도발적으로 행동한 사실을 분명히 해야 상황이 호전된다." 2013년 북한의 도발행위에 대해 중국이 보인 반응은 미국 입장에서 보면 아주 괜찮은 편이다.

미국의 아시아 회귀 정책과 중국의 반발

대담자　시 진핑 주석이 2013년 3월 말에 취임하고 첫 해외 방문지로 러시아를 택했다. 시 진핑은 러시아 방문에서 비간섭을 강조했고, 중러 간 안보협조에 대해서도 이야기했다. 시 진핑의 행보를 둘러싸고 미국 내에서도 논란이 있었던 것으로 안다. 장기적인 관점에서 중국과 러시아가 협력해 미국에 대항할 가능성이 있다고 보는 견해도 있는데, 당신의 생각은 어떠한가?

스타인버그 나는 그것이 이른바 '제로섬 게임'이라고 생각하지 않는다. 냉전시대의 미·소·중 삼각관계도 아니고, 그때처럼 미소 양쪽이 서로에게 압력을 가하고 있는 것도 아니다. 미국은 지금 러시아와 우호적 관계를 원한다. 미국은 중국과도 우호적 관계를 추구한다. 따라서 미국이 중러 간의 우호적 관계에 대해 우려할 이유가 없다. 세상에는 걱정거리를 찾아다니는 사람들이 있다. 세상에 속 태울 일이 얼마나 많은가. 이것은 정말로 걱정할 거리가 아니다.

대담자 하지만 최근 들어 중국과 러시아와의 관계가 밀접해지는 것은 미국의 아시아 회귀 전략에 대항하기 위함이라는 분석도 있다. 양국은 한국의 동해와 서해 쪽에서도 심심찮게 대규모 연합 해상훈련을 벌이고 있다.

스타인버그 그것은 옛날 사고방식이다. 나는 걱정하지 않는다. 그런 방향으로 활용하고 싶어하는 사람들이 분명 있다. 그러나 중러관계는 전혀 문제없다. 중국과 러시아는 우호적 관계를 맺어야 한다. 나는 두 나라의 우호적 관계를 환영한다. 큰 지역 현안이 발생하면 한국이나 일본뿐 아니라, 중국이나 러시아와도 협조할 필요가 있다.
우호적인 중러관계에 대해 노심초사하는 것은 지나치게 비생산적인 일이다. 중러가 싸우기를 바라야 하나. 그것은 '그레이트 게임'[10] 류의 케케묵은 사고방식이다. 나는 그것이 오늘날 동북아시아의 현실이 아니라고 믿는다. 중러가 미국에 대항해 군사동맹을 형성할까. 중러 모두 미국과 우호적 관계를 맺는 것에 큰 관심을 갖고 있다. 사람들은 뭔가 걱정거리를 찾고 있는데, 나는 그런 걱정거리까지 공유하고 싶지 않다.

대담자　연관된 질문일 수도 있겠다. 냉전기간 동안 미국과 인도는 소원한 관계였다. 오히려 인도는 소련 블록에 가까웠다고 할 수 있다. 인도-파키스탄 전쟁 때 미국이 파키스탄을 지지한 점도 양국 관계에 중요하게 작용했을 것이다. 그러나 냉전이 종식되고 클린턴 행정부와 부시 행정부를 거치면서 양국관계는 '전략적 동반자 관계'로까지 격상되었다. 미국의 아시아 전략과 관련해 인도가 어떤 역할을 하고 있는지 또는 할 수 있다고 생각하는지 궁금하다.

스타인버그　우리가 동아시아정상회의(EAS)[11]에 열정을 갖게 된 여러 이유 중의 하나도 바로 인도가 회원국으로 있기 때문이다. 인도는 이 지역에 이해관계를 갖고 있으며, 정치적·경제적으로 건설적인 역할을 수행하고 있어 EAS에 적합한 구성원이다. 나는 그렇게 생각하고, 오바마 행정부도 같은 생각일 것이다. 인도가 계속 번영을 구가하고 경제적·군사적 능력이 커지면서, 우리가 이 지역에 대한 장기 전략을 계획할 때 인도를 테이블로 끌어들이는 것은 중요하면서도 가치있는 일이 되었다.

대담자　전통적으로 미국은 아시아 국가들과 부챗살 같은 일대일 양자관계, 이른바 '허브앤스포크'(Hub and Spoke)[12] 관계를 맺어왔다. 그런데 미국의 동맹 전략이 삼각관계로 이동하는 듯한 모습을 보이고 있다. 예를 들면 미국-일본-호주, 미국-일본-한국, 미국-일본-인도 같은 형태들로 중국을 압박하는 모양새다. 실제로 그런 움직임이 있다고 보는지, 그렇다면 그런 움직임의 전략적 함의는 무엇인지 묻고 싶다.

스타인버그 삼각관계에 큰 무게를 두고 싶지는 않다. 그러나 미국이 다자관계에 더 많은 관심을 가져야 한다고 굳게 믿고 있다. 다자관계는 양자관계를 희생하라는 이야기가 아니다. 많은 사람이 함께 참여할 수 있는 광범위한 협의틀을 더 많이 만들 수 있다면 바람직한 일이다.

중요한 것은 다자관계의 토대를 넓히려고 할 때 특정 국가를 적대시하는 것처럼 비쳐서는 안 된다는 점이다. 그것이 나의 우려사항인데, 그렇게 되면 틀림없이 중국도 우려를 나타낼 것이다. 냉전기간 우리가 맺었던 그런 종류의 동맹을 구축하는 것이 미국의 목표가 아니라는 점은 분명한 사실이다.

내가 개인적으로 미·일·중 간 3자협의체 창설을 지지해온 것도 이런 이유와 연관이 있다. 다자 간 협의체들이 반(反)중국 네트워크의 일부분이라는 정서를 누그러뜨리는 데 도움이 될 것으로 보기 때문이다. 마찬가지로 미국이 참여하지 않는 한-중-일 간의 삼각관계도 전적으로 지지한다. 이처럼 모든 관계의 다자화는 안정을 구축하는 데 실제로 도움이 된다고 본다. 그런 시각에서 미국의 삼각관계 움직임을 지켜보고 있다.

대담자 한국을 포함해 미국의 동맹들은 중국과 맞서는 상황을 우려한다. 예컨대 미국은 한국과 일본 사이의 군사관계를 개선시키기 위해 노력하고 있지만, 한국은 그것이 중국에 대항하기 위한 움직임으로 보고 거기에 끌려들어가고 싶어하지 않는 분위기가 있다.

스타인버그 그것은 사실이 아니라는 점을 분명히 말할 필요가 있을 것 같다. 미국은 3자교류 자체를, 또한 한국과 일본의 관계 개선을 정말 가치있다고 평가한다. 그러나 그것이 중국에 대항하기 위한 움직임은 아니다.

대담자 당신이 오바마 1기 행정부에서 국무부 부장관으로 재직하는 동안 동아시아와 관련해 제기한, 특별히 자부심을 가지는 구상이나 업적이 있다면 어떤 것이 있는가?

스타인버그 개별적인 것을 콕 집어 말하기는 어렵다. 정말 중요한 것은 다음과 같은 결정이라고 생각한다. 즉 우리의 노력을 동아시아 지역에 다시 집중시키겠다는 결정, 그리고 우리가 하려는 일을 분명히 보여줄 수 있는 몇가지 상징적인 조처들을 조기에 실행하자는 결정 등이다. 실제 오바마 행정부 초기에 두가지 상징적인 조처들이 있었다. 첫번째는 힐러리 클린턴 국무장관이 첫 순방지로 동아시아를 선택한 결정이고, 두번째는 미국이 EAS의 정식 회원이 되기 위한 단계로 ASEAN과 우호협력조약에 서명한 결정이었다.

나는 그 두가지가 최고로 중요한 결정이었다고 말하고 싶다. 내가 깊숙이 관여한 다른 이슈들도 있지만, 그것을 나 혼자의 공이라고 하기는 어렵다. FTA를 최종적으로 비준한 것도 매우 중요하다. 나도 물론 적극적으로 그 팀에 참여해 오바마 행정부가 한미 FTA에 동의하는 입장을 갖도록 노력을 기울였다.[13]

중국과 전략·안보대화(Strategic Security Dialogue, SSD)를 창설한 것도 아주 중요하다. 이전에 여러 개인적 연유로 해당 이슈에 대해 이야기할 기회가 많았기 때문에 나도 거기에 깊숙이 관여했다.

그밖에 미얀마와의 관계정상화를 포함해 여러 차원에서 미국의 위치를 재정비한 일들이 많다. 또한 오바마 행정부 1기의 4년 동안 아시아 지역에서 미국의 역할을 재설정하는 과정에서 중요한 일들이 많았다. 나는 지금도 아시아를 미국의 전략적 목표로 설정한 것을 정말로 뿌듯하게 생각한다. 이것 역시 옛날을 행복하게 되돌아보면서 후세에 물려줄 거리가 많았다고 자신있게 말할 수 있는 사례 가운데 하나다.

2009년 12월 덴마크 코펜하겐에서 열렸던 기후변화회의는 2010년 미중관계 갈등의 서막처럼 기록된다. 오바마 대통령과 후 진타오 주석의 2009년 11월 미중 베이징 정상회담에서, 미국은 한달 뒤로 예정된 코펜하겐 기후변화회의와 관련해 상당한 '협조'를 중국으로부터 약속받았다고 주장한다. 제프리 베이더(Jeffrey A. Bader) 당시 백악관 국가안보회의(NSC) 아시아 담당 선임보좌관은 2012년 펴낸 책 『오바마와 중국의 부상』(*Obama and China's Rise: An Insider's Account of America's Asia Strategy*)에서 오바마 대통령은 전임 부시 대통령이 소홀히 했던 기후변화 문제에 상당한 중요성을 부여하고 있었으며, 2009년 11월 방중에서 코펜하겐 기후변화회의에서의 성공적인 성과와 청정에너지 문제에 대한 양국 간 협력의 기틀을 놓았다고 평가했다. 이후에도 오바마 대통령은 후 주석에게 친서를 보내는 등 중국의 협조를 이끌어내기 위해 상당한 노력을 기울였다고 베이더는 썼다. 그러나 한달 뒤 열린 기후변화의 결과는 구속력 없는 선언적 수준의 협정문으로 끝났다.

미국 쪽의 핵심 요구였던 개발도상국의 '의무감축과 검증'과 협약의 '구속력 부여'에 대해 중국 쪽은 완강하게 버텼다. 이에 따라 중국을 포함한 개발도상국들은 탄소배출량 자발적 감축목표치를 제시해야 하지만, 선진국처럼 의무감축 약속과 이에 따른 검증을 받을 필요없이 2년마다 한번씩 자체 보고서를 유엔에 제출하기만 하면 된다. 중국의 벽에 막혀 코펜하겐 회의가 애초 기대에 크게 못 미치자 '재앙' '홀로코스트'라는 비판이 안팎에서 쏟아졌다.

대담자 마지막으로, 2009년 코펜하겐 기후변화회의를 두고 미국 안팎에서 선언적 합의에 그쳤다며 '재앙'이었다는 평가가 적지 않았다. 그러나 당신은 그런 비판이 사실과 다르다고 주장했다. 그런 평가에 동의하지 않는 이유는 무엇인가? 게다가 당시 미국과 중국이 치열한 신경전을 벌인 것이 2010년 미중관계 악화의 시발점이 되었다는 분석도 많다.

스타인버그 흔히 소시지보다는 소시지 만드는 과정에 과도하게 집중하기가 쉽다. 순탄치 않은 경험이었던 것은 틀림없는 사실이다. 그 이유 중의 하나는 협상에 참여한 사람들 간에 개인적인 신뢰구축 과정이 없었던 측면이 있다.

사람들이 바란 만족스러운 수준은 아니었지만 그날 막판에 협상이

제 궤도에 들어섰다. 우리는 당시 합의문을 도출했고, 이후 2010년 멕시코 칸쿤과 2011년 남아공 더반 회의를 통해 발전시켜왔다. 그리고 이제 최소한 선진국과 개발도상국이 기후문제에 좀더 광범위하게 관여할 수 있는 토대를 제공하는 수준까지 왔다. 그러므로 2009년의 성과는 결코 사소한 것이 아니다.

물론 합의 과정에서 많은 마찰이 있었지만, 결과적으로 합의 방향으로 나아가기 위해서는 공동의 책임이 필요하다는 사실을 모두가 깨닫는 계기가 되었다. 특히 중국도 이런저런 핑계로 상황을 모면할 수 없음을 인식했다. 그런 의미에서 당시에도 소수 의견이었고 지금도 여전히 그렇지만, 나는 내 견해(코펜하겐 기후변화회의가 미국에게 재앙이 아니었다는 뜻)를 계속 고수할 것이다.

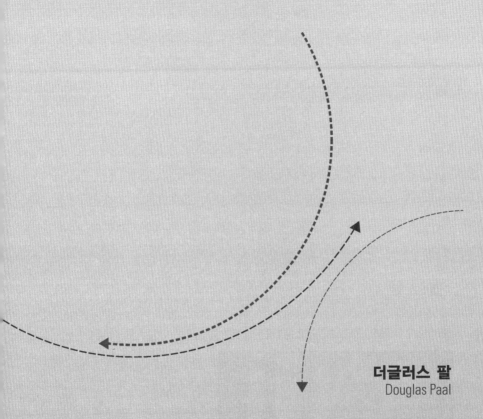

더글러스 팔
Douglas Paal

미중관계의 네가지 쟁점들

●
●
●

더글러스 팔 Douglas Paal(1947~)

전 백악관 국가안보회의(NSC) 아시아 선임국장
현 카네기 국제평화재단 연구 담당 부회장

카네기 국제평화재단(The Carnegie Endowment for International Peace)은 미국 워싱턴 시내 브루킹스연구소의 바로 옆에 붙어 있고, 브루킹스연구소는 필자가 방문연구원으로 적을 두고 있던 존스홉킨스대학 국제관계대학원(SAIS)의 한미연구소(USKI) 건물과 이웃해 있다. 길 건너편에는 피터슨 국제경제연구소(Peterson Institute for International Economics)가 있다. 더글러스 팔과의 인터뷰는 봄기운 물씬 풍기는 2003년 4월 1일 카네기 국제평화재단에 있는 그의 사무실에서 이루어졌다.

더글러스 팔은 브라운대학에서 중국 연구 및 아시아 역사로 문학학사 및 석사학위를 받았으며, 하버드대학에서 역사 및 동아시아 언어로 박사학위를 받았다. 1976년부터 1982년까지 중앙정보국(CIA) 등 정보기관에서 정보분석관으로 근무했으며, 주 싱가포르 미국대사관 영사와 미국무부 정책기획실을 거쳤다. 특히 그의 행정부 경력의 전성기는 레이건 대통령 시절인 1986년부터 아버지 부시 대통령이 퇴임한 1993년 초까지 백악관 국가안전보장회의(NSC)에서 아시아 국장, 아시아 선임 국장 겸 대통령 특별보좌관 등을 지낸 시기를 꼽을 수 있을 것이다. 이후 2002년부터 2006년까지 실질적으로 대만의 미국대사관 역할을 하는 대만 미국연구소(American Institute in Taiwan) 소장으로 재직했다. 카네기 국제평화재단으로 오기 전 2008년까지는 금융그룹인 제이피모건 체이스 인터내셔널의 부회장을 맡기도 했다.

그의 백악관 경력이 눈에 띄는 것은 소련의 붕괴에 따른 냉전의 해체, 1989년 중국의 톈안먼사건, 1991년 달라이 라마(Dalai Lama)의 첫 미국 방문 등 현대사의 굵직굵직한 사건들이 이 시기에 밀집해 있기 때문이다. 그는 인터뷰에서 소련의 붕괴가 미중관계에 끼친 영향과 관련해 양국이 공통의 목적을 잃으면서 협력이 줄어들기 시작했다고 했다. 특히 톈안먼사건 이후 중국과의 모든 관계를 단절해야 한다는 미국 내 정치적 압력이 상당했지만, 아버지 부시 행정부는 미중관계가 근본적으로 훼손되지 않도록 고군분투했다는 이야기도 인상적이다. 또한 그가 대만 미국연구소 소장으로 있던 시절에는 민진당 출신 천 수이볜(陳水扁) 총통의 '독립 노선'으로 미국-대만의 관계가 상당히 악화되어 있었는데, "미국은 천 총통이 중국보다 더 많은 말썽을 일으킨다고 생각했다"라는 전언 형식으로 천 수이볜 총통에 대한 다소의 '거부감'을 에둘러 드러냈다.

팔과의 인터뷰에서 몇가지 인상적인 부분을 기록해두고 싶다. 첫째로 팔은 공화당 행정부에서 근무했지만 중국과 갈등을 고조시키거나 전쟁을 벌이는 것은 모두를 파괴하는 것이며, 대화 이외에는 다른 방법이 없다는 확고한 신념을 일관되게 강조한다. 또한 대체로 미중 간의 경제적 관여를 통한 상호의존성을 중시한다는 점에서 실용주의적 성격을 강하게 드러낸다. 다른 범주로 보면, 일본을 중시하는 해양주의보다는 공화당의 큰 주류인 대륙주의에 가깝다고 할 수도 있겠다.

둘째로 그는 공화당 강경파들과는 정반대의 시각에서 오바마 행정부의 '아시아 회귀' 전략을 신랄하게 비판하고 있다. 오바마 대통령이 2012년 대선을 앞두고 공화당 후보들이 자신을 중국에 나약하다고 공격할까봐 발표한 선제적 방어작전이 아시아 회귀 전략이라는 것이다. 중국과 맞선다는 메시지를 주는 회귀 전략은 선거용으로 추진되었으며, 따라서 저절로 무너질 것이라고 팔은 강하게 비판했다. 팔은 이처럼 미국의 외교정책을 설명하면서 미국 국내 정치적 요인을 상당히 강조한다. '미국'의 국가이익이라기보다는 '공화당'과 '민주당'의 정치적 판단이 외교안보정책에 어떻게 영향을 주느냐에 대해 비교적 솔직하게 발언하는 편이다. 중국의 국내 정치적 요인을 강조하는 데이비드 램프턴과 함께 읽으며 음미해볼 만한 부분이다. 물론 팔의 발언에는 공화당 주류의 당파적 입장이 강하게 묻어나고 있지만 말이다.

셋째는 중국 인권에 대한 그의 견해다. 그는 "미국이 인권문제에 관해 설교하거나 인권유린국에 손가락질하고 제재를 가하는 것은 별로 성공적이지 못했다"고 말한다. 그가 "조용한 일처리가 보다 더 나은 성과를 내는 경향을 보이고 있다"며 사례로 제시한 '두이화(對話)재단'의 활동 방식은 북한인권과 관련해서도 시사하는 바가 있다. 물론 더글러스 팔이 북한인권에 대해서도 이런 접근방식을 선호할지는 알 수 없지만 말이다.

더글러스 팔의 중국에 관한 시각과 관련해 그가 기고 등을 통해 분석한 남중국해 분쟁의 원인을 살펴보는 것도 흥미로울 것 같다. 대부분의 미국 내 중국 전문가들이 2008년 세계 금융위기 이후 자신감을 회복한 중국의 공세적인 행보를 남중국해 분쟁의 1차적인 원인으로 꼽고 있는 데 비해, 더글러스 팔은 에너지문제와 베트남의 행보를 1차적인 원인으로 들고 있다는 점에서 차별성이 있다. 팔은 베트남정부가 2006년 남중 국해 분쟁지역에서 시추 활동을 승인하면서 분쟁의 방아쇠를 당겼다고 지적한다. 최초의 현상변경은 베트남에서 시도되었다는 주장이다. 또한 베트남의 이런 행보는 원유 및 천연가스 수요 급증에 따른 가격 상승, 특히 아시아 지역에서의 에너지 가격 상승으로 필리핀과 베트남의 탐사 활동이 증가하기 시작한 것과 맞물려 있다고 분석한다.

아울러 중국의 경제성장과 더불어 중국인구가 소비하는 수산물 단백질 소비량이 급증했고, 이에 따라 중국 중앙 및 지방 정부들은 늘어나는 단백질 수요를 충족시키기 위해 원양조업에 대해 인센티브를 주기 시작했다. 이런 원양조업 장려는 국민 영양을 위한 불가피한 방법이기는 하지만, 원거리 분쟁지역에서 조업하도록 중국 어부들을 압박하는 측면도 있다고 그는 지적한다. 동시에 베트남이나 필리핀도 어업 및 수산물 수출에 대한 의존도가 최근 몇년 사이에 급격하게 증가했는데, 이런 어업문제가 분쟁의 원인으로 등장하고 있다며 균형 잡힌 시각을 보여주었다.

그는 인터뷰 내내 웃음을 잃지 않으며 상대방을 편안하게 하는 세련된 매너를 보여주었다. 그는 1959년 달라이 라마의 망명을 보고 중국문제에 관심을 갖기 시작했다고 말했다. 또한 조너선 폴락처럼 베트남전을 보면서 베트남문제는 '중국문제'라는 생각을 갖게 되어 중국을 연구하게 되었다고 밝혔다. 솔직한 답이 주였지만, 1992년 초 처음이자 마지막으로 한미 연합군사훈련을 중지하게 된 배경을 묻자 자세히 언급하는 것을 꺼리는 듯했다. 그가 제네바합의가 결국 붕괴하게 된 이유를 미국 국내 정치에서 찾는 부분은 주목할 만하다.

냉전 해체가 미중관계 및 한반도 정책에 미친 영향

냉전이 해체되자 한반도에도 평화의 기운이 싹트기 시작했다. 1991년 3월 아버지 부시 행정부는 해외에 배치된 전술핵무기를 철수하기로 결정했고, 이의 연장선에서 같은 해 10월 한미는 한국에 배치되어 있던 전술핵무기 철수에 합의했다. 그해 12월 남북은 기본합의서와 비핵화 공동선언을 채택했다. 곧이어 다음해 1월 7일, 한미는 연합군사훈련인 팀스피리트(Team Spirit) 훈련 중단을 발표했고, 실제 그해에 팀스피리트 훈련은 실시되지 않았다.[1]

그러나 호전되는 듯하던 한반도 정세는 1년이 채 가지 못했다. 1992년 10월, 미국 워싱턴에서 열린 한미 연례안보협의회(SCM)에서 양국은 "남북 상호 핵사찰 등 의미있는 진전이 없을 경우 팀스피리트 훈련을 1993년 재개하기 위해 준비할 것"이라고 발표했다. 팀스피리트 훈련 재개 방침이 전해지자 북한은 남북 고위급회담을 비롯해 남한 당국과의 모든 대화와 접촉을 중단하겠다며 반발했다. 북한의 반발에도 팀스피리트 훈련은 1993년 재개되었다.

당시 국토통일원 차관으로 재직했던, 김대중 정부 시절의 임동원 외교안보 특보는 회고록 『피스메이커』에서 당시 훈련 재개를 강력히 주장하고 이러한 내용을 담은 공동선언문 초안을 제시한 쪽은 한국 국방부였다고 전한다. 1993년 3월 북한의 핵확산금지조약(NPT) 탈퇴 선언을 시작으로 1차 북핵위기가 불거지고 1994년 클린턴 행정부의 북한폭격계획 등으로 한반도 긴장 지수는 수직으로 치솟았다. 그러나 더글러스 팔은 당시의 상황을 자세히 언급하는 것에 조심스러워했다.

대담자 당신은 냉전 해체 전후 시기인 레이건 및 아버지 부시 행정부에서 미국의 동아시아 정책 수립에 깊숙이 관여한 바 있다. 냉전 종식을 계기로 북미관계 및 남북관계에 화해협력 분위기가 조성된 적이 있다. 특히 1992년 초 한미 연합훈련 중지를 결정했던 당시 미국 쪽 상황을 듣고 싶다.

팔 한미가 왜 1992년에 연합군사훈련을 중단했을까? 당시 백악관 국가안보회의(NSC)에서 내 밑에서 일하던 부국장이 나와 사전에 상의하지 않은 채 훈련 중지에 동의했다고 알려왔다. 내가 결정했다면 연합훈련을 중지하지 않았을 것이다. 군사훈련은 한번 중지하면 재개하기가 어렵다. 재개하려면 중대한 구실이 필요하며, 또한 재개하게 되면 상대방을 격앙시키게 된다.

그가 왜 동의했는지는 모르겠지만, 당시 내가 들은 바로는 4성 장군들 및 관계부처 장관들 모두가 공개적으로 동의했다고 한다. 무언가를 하기 위해 훈련을 중지하려고 했다는 것이다. 미국 주도로 이루어졌는지 한국 주도로 이루어졌는지는 모르겠다. 노태우 대통령 및 청와대가 밀어붙였을 것이라 짐작한다.

대담자 당시 남북 간 중요한 합의들이 있었고, 한국정부가 그런 연장선에서 강하게 추진했다고 생각하는 것인가?

팔 그렇다.

대담자 그러나 이후로 화해 협력 분위기는 지속되지 않았다.

팔 그렇다. 지속되지 않았다. 나는 뉴욕에서 열린 첫 북미 고위급 회담에 참석했다.[2] 당시 아버지 부시 대통령은 재선되면 여러차례 북한과 회담을 열려고 생각했는데, 재선 실패로 그런 일은 일어나지 않았다. 그뒤로 한반도의 긴장이 고조되자 카터 전 대통령이 개입했으며, 그런 과정을 거쳐 북미는 1994년 10월 제네바합의에 이르렀다.

나는 당시 기술적인 이유로 제네바합의에 반대하는 입장이었다. 결국에는 그런 기술적 이유 때문에 제네바합의가 제 기능을 하지 못했음이 드러났다. 즉 미 의회의 법률제정 없이 어떻게 중유를 공급할 것인지에 대한 조항이 없었던 것이다. 나는 당시 협상에 관여했던 워런 크리스토퍼(Warren Christopher) 국무장관, 앤서니 레이크(Anthony Lake) 국가안보 보좌관, 로버트 갈루치(Robert Gallucci) 동아태 차관보 등에게 이 점을 지적했다. 이들은 제네바합의의 요건을 충족하기 위해 어떻게 중유를 확보해야 하는지에 대해 극심한 혼란에 빠져 있는 것처럼 보였다. 결국 옥의 티가 전체를 망친 것이다.[3]

대담자 질문의 범위를 좀더 넓혀, 소련의 붕괴가 동아시아의 안보환경에 어떤 영향을 미쳤다고 보는가?

팔 소련에 대항하여 결성된 미중 간의 협력이라는 공통의 목적을 잃고 나서 양국 간의 총체적이고 온전한 협력이 줄어들기 시작했다. 중국과의 공조에 대한 정당성 역시 모든 방면에서 허물어졌다.

1989년 톈안먼 '학살'(massacre)이 터진 뒤, 그때까지 양국의 여러 기구들이 인내심을 가지고 구축해왔던 80여개의 양자관계망이 미 의

회의 예산법안으로 하나둘씩 허물어졌다. 의회는 '미국은 중국과의 협력을 지지하지 않을 것이다'라는 메시지를 계속 보냈다. 더불어 중국과의 군사협력도 다소 대결 국면으로 돌아섰다. 톈안먼사건 이후 군사적 협력을 어느정도 유지하려 했으나 대결적 성격이 더 짙었다.

그리고 나서 대만에 민주화가 찾아왔고, 중국은 대만에 대한 대응능력을 높였다. 바로 여기에 미국과 중국 간 대립의 초점이 맞추어졌다. 미국은 양안 간 긴장이 감당할 수 없는 상황으로 치닫는 것을 막기 위해 더욱 자주 개입했고, 중국은 이를 근거로 자국의 대만 대응능력의 강화를 정당화했다.

예를 들어, 중국이 대만 유권자를 위협하기 위해 미사일 발사 시험을 강행하자 미국은 1996년 대만에 항모 전단(戰團)을 파견했다. 당시 이 양안위기의 여파로 미중관계가 협력관계라기보다는 경쟁구도에 훨씬 가까웠음을 알게 되었다.

대담자 미중관계를 논의할 때 'T'로 시작하는 세가지 문제가 항상 쟁점이 된다. 톈안먼(Tiananmen), 대만(Taiwan), 티베트(Tibet) 문제인데, 벌써 당신은 톈안먼과 대만을 한꺼번에 이야기했다.

팔 굳이 그렇게 T자로 시작하는 단어들을 나열해야 한다면 실은 네가지가 있다.

대담자 나머지 하나는 무엇인가?

팔 무역(Trade)이다.

대담자　'무역'을 추가해야 할 듯하다. 아무튼 톈안먼사건 당시 백악관에서 어떠한 반응을 보였고 어떠한 토론과 논쟁이 진행되었는지 듣고 싶다.

팔　아버지 부시 대통령과 브렌트 스코우크로프트(Brent Scowcroft) 당시 국가안보 보좌관이 쓴 회고록(『세계의 변화』*A World Transformed*)에도 나와 있듯이, 중국과의 모든 관계를 단절해야 한다는 국내 정치적 압력이 상당했다. 그럼에도 두 사람은 미중관계를 온전히 유지하기 위해 무척이나 노력했다. 그래서 1989년 7월과 12월에 비밀 사절단을 파견해 양국이 협력할 수 있는 사안이 있는지 파악해보려 했다.[4] 사절단은 양국의 국민들에게 이런 메시지를 보여줄 만한 것이 있는지 알아보려고 했다. '이제 그 정도면 됐습니다. 양국관계를 원점이나 부정적인 상황으로 몰고가지 말고, 양국관계의 긍정적 요소를 일부라도 유지하도록 합시다'라고 말이다.

그러나 전반적으로 양국관계의 긍정적 요소를 유지하려는 노력은 성공하지 못했다. 1992년 대선에서 '베이징의 학살자'들을 처벌해야 한다고 나선 빌 클린턴 후보가 무역과 인권을 연계한 전략을 들고 나와 아버지 부시 대통령을 이겼기 때문이다.[5]

대담자　톈안먼사건이 지금도 미중관계에 부정적 영향을 끼치고 있다고 생각하는가?

팔　더이상 그렇게 큰 영향을 끼치지는 못한다. 물론 상당수의 중국인들은 미국이 공산당 통치에 근본적인 훼손을 가하려고 한다고 생각하는데, 톈안먼사건(당시의 막후협상)까지 거슬러 올라가지 않아도 그런 믿음이 사실과 다름을 입증해줄 증거들은 현재 상황에서도 많이 끌어낼 수 있다.

또한 미중은 양국관계를 협조적인 기반 위에 올려놓기 위해 다양한 일들을 해왔다. 예를 들어 오바마 행정부 첫해에는 금융위기관리가 공통의 이해관계임을 확인하려 노력했고 이는 어느정도 성공을 거두기도 했다. 코펜하겐 기후변화회의에서의 협력은 전혀 성공적이지 못했지만 말이다.

대담자 1991년 당신이 백악관에서 근무할 때 달라이 라마가 처음으로 미국을 방문했다. 그 일에도 관여했는가?

팔 맞다. 내가 달라이 라마의 방미를 성사시켰다. 정말 흥미로운 순간이었다. 톈안먼사건의 여파로 미국의 정치적 분위기가 바뀌었다. 따라서 중국의 심기를 건드리지 않기 위해 달라이 라마의 방문을 마냥 거부할 수 없는 상황이었다.

같은 이유로 대만에 F-16 전투기를 계속 판매했다. 톈안먼사건 이후 전투기를 판매하면 중국과의 관계라는 매우 소중한 가치를 잃게 된다고 주장하기가 어려워졌기 때문이다. 이후로도 이러한 주장은 더는 제기되지 않았다.

그러한 미국 내 분위기 때문에 달라이 라마의 방문과 대만 무기 판매는 아주 수월하게 성사되었다. 물론 그럼에도 달라이 라마의 미국 방문은 이전과 같이 중국을 지나치게 자극하지 않는 방식으로 진행되도록 관리했다.

대담자 좀더 큰 틀에서 보면, 미중관계에 중국의 인권문제가 계속 부각되는데 당신은 그 문제에 어떻게 접근해야 한다고 보는가?

팔 미국 정치체제의 '견제와 균형'의 산물이든 법적 절차 측면에서의 개인의 인권보호에 해당하는 것이든 미국은 인권을 무척이나 중요시한다. 하지만 미국이 인권문제에 관해 설교하거나 인권유린국에 손가락질하고 제재를 가하는 행위는 성공하지 못했다고 본다. 상대 국가의 국민들도 미국의 한계를 알아채고 이러한 약점을 핑계 삼아 인권 유린을 계속하기 때문이다.

미중관계에서 수많은 일이 벌어지고 있지만, 분명히 알아야 할 사실은 미국 내 대학교와 대학원에 18만명이 넘는 중국학생들이 재학한다는 점이다. 이 자체로 중국의 인권환경을 개선하는 데 큰 공헌을 할 수 있다고 생각한다. 왜냐하면 이것이 중국학생들에게 중국과 미국 문화, 혹은 다른 국가와의 문화적 차이점을 살펴볼 기회를 제공하기 때문이다. 이것은 미국이 지닌 최고의 인권교육 수단이다.

미국 내에는 중국 내 정치범을 비롯한 양심수들의 편에서 미국이 더 많은 활동을 펼치거나 혹은 개입해야 한다고 말하는 사람들이 있다. 실제로 미국은 그렇게 해왔다. 그러나 조용한 일처리가 보다 나은 성과를 내는 경향을 보인다. 쌘프란시스코에 위치한 '두이화(對話)재단'6의 활동방식이 이를 잘 입증해준다. 이 비정부기구(NGO) 직원들은 중국에 들어가 관료들에게 '당신들이 누구누구를 이런 방식으로 대하고 있다. 하지만 당신들이 이들을 다루는 방식은 중국법

에서 명시한 방식과 어긋난다'라는 메시지를 전하거나 처벌 기간이
나 강도를 줄이기 위해 중국 법률을 새롭게 해석하는 방법을 찾아내
곤 한다. 또한 예를 들어 어느 죄수가 결핵을 앓고 있다면, 그는 중국
법에 따라 치료받을 권리가 있으며 그를 감옥에 계속 두기보다 병원
으로 이송하는 편이 나음을 중국 쪽에 주지시킨다. 두이화재단은 이
러한 전략을 추구해 상당히 긍정적인 실적을 올렸다.

대담자 당신은 백악관에서 근무하면서 아버지 부시를 외교와 안
보 분야에서 보좌해왔다. 아버지 부시는 아들과는 달리 대통령이 되
기 전에 베이징 연락사무소장, 유엔 주재 미국대사 등 다양한 외교적
경력을 쌓았는데, 이런 경력들이 아버지 부시가 대통령이 되는 데 또
는 대통령이 된 뒤에도 영향을 주었다고 보는가?

팔 매우 큰 영향을 주었다. 아버지 부시는 중국에 상당한 관심이
있었다는 점을 제외하면 사실 준비없이 베이징 연락사무소의 소장
으로 부임했다. 부임 이후 그는 사람들을 사귀고 지도자들과 관계를
구축하기 위해 줄기차게 노력했다. 미국으로 돌아온 뒤에도 중국의
지도자가 워싱턴을 방문하면 테니스 시합이나 저녁식사에 초청하는
등 미중관계를 위해 정말로 온몸으로 노력했다.
   그가 외국 인사들과 개인적 친분을 쌓으려는 성향이 강화된 것은
유엔 주재 미국대사로 재직하던 시기였던 것 같다. 예를 들면 그는
당시 유엔 주재 태국대사와 친분이 두터웠는데 이 태국대사는 나중
에 태국총리가 되었다.[7]
   카터 행정부 시절인 1977년, 아버지 부시는 유명한 티베트 탐험가

인 로웰 토머스(Lowell Thomas), 제임스 베이커(James A. Baker Ⅲ)[8]
와 함께 양쯔강에서 티베트까지 중국을 관통하는 긴 여행을 떠난다.
당시에 안내를 맡은 사람이 현재 중국 외교정책의 최고 수장인 양 제
츠(楊潔篪) 외교담당 국무위원이다. 이를 통해 실제로 상호 지원하는
형식의 인적관계가 형성되었다고 할 수 있다. 양 제츠 국무위원은 젊
은 시절에 부시 대통령을 알게 된 인연으로 주요 인물로 성장할 수
있었고, 부시 대통령은 양 국무위원을 알게 된 인연으로 중국에 지대
한 관심을 갖게 되었다. 이들은 대부분의 여름철마다 함께 휴가를 보
내는 등 그후로도 막역한 관계를 유지해왔다. 정말로, 아버지 부시
대통령은 미국의 대중정책에 많은 기여를 했다.

천 수이벤의 대만과 마 잉주의 대만

대담자 'T'로 시작되는 또 하나의 문제, 대만에 대해 이야기해보
자. 당신은 미국―대만 관계가 특히 험난했던 시기에 대만 미국연구
소 소장으로 근무했다. 원론적으로 미국이 대만문제에 개입할 수 있
는 근거는 무엇인가?

팔 대만이 경제적으로 성공하고 민주적이고 투명한 사회, 문화사
회를 건설하는 과정에서 이룩한 성과들을 유지하는 것에 미국의 이
익이 달려 있다. 미국의 관점에서 볼 때, 대만이 어떠한 연유로 공격
적인 모습을 보이게 되면 양안 충돌 과정에서 그들이 이룩한 성과를
잃게 될 것이다. 또한 미국이 일본이나 한국, 다른 국가와 맺은 안보
협정에도 부정적인 영향을 미칠 것이다.

또한 공식적인 조약 형태의 협정을 맺은 것은 아니지만, 미국과 대만 사이의 유대관계가 매우 깊기 때문에 미국은 신뢰 차원에서 대만을 지킬 수밖에 없다. 사실 나는 신뢰와 관련한 논쟁을 싫어하는 편이지만, 대만문제에 미국의 신뢰가 걸려 있는 것은 사실이다.

대담자　당신이 대만 미국연구소 소장으로 재직할 당시는 중국-대만 양안관계가 상당히 악화된 시기였다. 당신이 양안관계를 바라보면서 느꼈던 가장 큰 어려움은 무엇이었나?

팔　당시의 어려움은 중국 쪽이 아니라 대만의 국내 정치에서 비롯된 것이었다. 천 수이볜은 소수당이던 민진당 출신의 총통이었다. 국민당 지지 세력의 표가 갈렸던 2000년 총통선거에서 그는 39.7퍼센트의 득표율로 당선되었다. 하지만 그는 총통직을 수행하기 위한 준비가 제대로 되어 있지 않았다. 천 총통은 취임 첫해에는 중국과의 관계를 긴장시키지 말라는 미국의 충고를 어느정도 들었지만 중국은 그를 급진주의자로 대했다.

천 총통은 일년 동안 온건한 행보를 보인 후에 '급진주의자처럼 행동하는 게 낫다'라고 결심한다. 어차피 중국이 그의 온건한 행보에 반응을 보이지 않을 것이라고 생각했기 때문이다. 천 총통은 자신의 이러한 결정이 2000년 당선 당시 얻었던 39.7퍼센트의 득표율을 50퍼센트까지 끌어올리는 데 도움이 될 것으로 생각했다. 중국과 대만 간 긴장상태를 한껏 야기하면 대만의 유권자들을 자신 쪽으로 끌어올 수 있다고 본 것이다.

물론 이는 미국과 공유한 견해가 아니었다. 미국은 천 총통이 중국보다 더 많은 말썽을 일으킨다고 생각했다. 그 시기에 중국은 장 쩌민에서 후 진타오로 지도자가 교체되었는데, 후 진타오는 대만정책을 대결과 직접적인 압박에서 일종의 '통일전선' 전략으로 선회한다. 즉 비폭력적 수단으로 대만을 설득하겠다는 것이었다. 물론 후 주석도 중국 관점에서의 통일이라는 목표를 갖고 있었다. 하지만 매우 다른 방법론으로 접근했고, 직접적인 군사적 위협에 반대하는 목소리를 냈다.

따라서 미국의 시각에서 보면 대만의 한 정치인이 정치적 목적을 위해 대만을 전쟁의 위험 속으로 몰고가는 식으로 운영하는 셈이었다. 부시 대통령은 천 총통에게 "미국은 당신의 국내 정치 목적을 위해 미국인의 생명을 희생시키지는 않을 것이다"라고 매우 강하게 말했다.

미국은 극단적인 사태의 발생을 막기 위해 후속 조처들을 차례대로 실행했고, 이것이 바로 내가 매일매일 일상적으로 해야 하는 일이었다. 매주 토요일 아침마다 천 총통은 새로운 것을 들고 나왔고 미국은 그것들에 대응해야 했다. 덕분에 나의 주말은 다소 엉망이 되었다. 그러나 민심은 변했고 결국 그에게서 등을 돌렸다. 2005년과 2006년 지방선거, 2008년 대선 결과에서 드러났듯이 말이다. 지금도 천 수이볜이 잘 지내는 것 같지는 않다.[9]

대담자 국민당의 마 잉주(馬英九) 총통이 다시 정권을 잡으면서 대만의 양안관계 접근방식이 이른바 '화해협력 무드'로 바뀌었다. 문제는 중국과의 경제적 협력을 넘어 민감한 정치적인 문제까지 논의의 대상이 확대될 수 있느냐 하는 점이다. 당신은 이에 대해 어떻게 전망하는가?

팔 마 총통은 대만의 자율성을 유지하면서도 중국과의 관계 개선을 통해 이익을 극대화하는 전술을 채택하고 있다. 아마 마 총통은 마음속으로는 대만에 장기적인 안정을 제공할 정치적 해결을 이끌어내고 싶어할 것이라고 확신한다. 그러나 이에 대한 대만주민들의 동의는 아직은 이루어지지 않았다. 수백년간 대만에 거주해온 대만인들과 2차대전 이후에 건너온 소수의 대륙인들 사이에 놓인, 대만인들이 '인종적 차이'라고 부르는 깊은 골 때문이다. 엄밀한 의미에서 따져보면 인종적 차이는 아니지만 말이다. 이 두 집단 사이에는 큰 간극이 있다.

중간층도 확대되고 있는데, 이들은 보다 복잡한 태도를 견지하고 있다. 수십년간 진행된 여론조사에 따르면 대만을 기본적으로 독립국가로 보는 경향이 커지고 있으며, 동시에 대만이 중국과의 관여를 통해 이익을 얻고 있다는 인식도 늘고 있다. 이들은 사실상의 독립과 중국과의 관여가 양립 불가능한 것은 아니라고 본다.

유럽 식의 안보협정이나 다자안보기구가 없는 상황에서 현재의 양안관계는 독일과 오스트리아 간의 관계와 다소 비슷하다. 공통의 언어·문화·경제를 유지하고 있지만 주권은 분리되어 있는 식으로 말이다.

앞으로 중국과 대만이 유럽연합처럼 서로 약간씩 주권을 포기할지는 알 수 없다. 양안관계는 현재 완전한 적대관계와 재통일 사이의 중간지대에 놓여 있다. 대만의 목적에 비춰보면 이런 상태는 장기적으로 유리하다. 그러나 중국의 입장에서 보면 만족스럽지 않은 상황이다. 따라서 중국이 목표를 수정하거나 기존의 목표(통일)를 실행하는 두가지 가운데 하나를 선택해야 하는 시기가 올 것이다.

아시아 회귀 전략의 정치적 배경

대담자 오바마 행정부의 회귀 전략 혹은 재조정 전략이라는 용어에 대해 커트 캠벨 전 동아태 차관보는 두 용어가 별다를 것 없다고 설명하지만 당신은 두 용어가 유사하지 않다고 여기는 듯하다.

팔 재조정 전략이라는 용어가 '원조'다. 회귀 전략은 나중에 나온 용어다. '회귀'라는 용어는 미국이 중동을 떠나 아시아로 가겠다는 인상을 주었다. 실제로 그런 일은 일어나지 않을 것이다. 어찌됐든 그래서 오해의 소지가 있다. 커트 캠벨 전 차관보가 회귀 전략이라는 용어를 제시했다. 이에 대해 비판을 받고 싶지 않으니까 회귀 전략이 재조정 전략과 같다고 말하는 것이다.

오바마 행정부가 새롭게 이 전략을 내놓은 것은 아니다. 이미 부시 행정부에서 환태평양경제동반자협정(TPP)과 괌 기지의 군사력 강화 등을 시작한 바 있다. 하지만 오바마 대통령이 정치적 목적과 예산문제 때문에 '재조정 전략' 패키지를 들고 나온 듯하다. 내가 보기에 이것은 오바마 대통령이 2008년 힐러리 클린턴 전 국무장관과 민주당 대선후보 경선을 벌일 때 들고 나온 전략의 확장판이다. 클린턴 전 장관이 이라크 병력 증파에 찬성하자 오바마 대통령은 반대했다. 그러나 민주당 대선후보가 된 뒤 자기와 맞붙게 될 공화당 경쟁자들에게 약하게 보일 수는 없었다. 그는 강한 면모를 보여줘야 했고, 따라서 아프가니스탄에서 '진짜' 전쟁을 치러야 할 필요가 있다는 주장을 고안해낸 것이다. 미국이 테러리스트가 없었던 이라크가 아니라 아프가니스탄의 진짜 테러리스트와 싸워야 한다는 주장은 논리적으로 맞는 듯 보이지만, 그외에 다른 심도있는 정책적 고려가 있었던 것 같지는 않다.

결국 오바마 대통령은 그 덕을 보았다. 아프가니스탄에 대한 병력 증강을 거론해 유약하다는 공격을 피해나갈 수 있었다. 그러나 아프가니스탄에 병력 증강이 이루어졌을 때 그가 실제로는 병력 증강을 의도하지는 않았음이 분명해졌다. 오바마 대통령의 언행은 '미국은 아프가니스탄에 들어가고 싶다. 미국은 아프가니스탄에서 빠져나오고 싶다' 등으로 혼란스러웠다. 아프가니스탄에 있는 모든 사람들은 '미국이 곧 철수할 것이다'라고 말했다.[10]

2012년을 보자. 오바마 대통령은 재선하려면 아프가니스탄에서 미군을 철수시켜야 한다는 사실을 알고 있었다. 그는 이미 이라크에서 미군을 철수시킨 바 있다. 그렇다면 어떻게 해야 아프가니스탄 철수를 부채가 아니라 자산처럼 보이게 할 수 있을까? 그래서 '좋았어. 중국에 맞서기 위해 아시아로 자산을 이동하는 것이야'라는 결론을 내린 것이다. 자신이 중국에 유화적이라는 식으로 공화당이 공격할 것임을 알고 있었기 때문이다.

오바마 행정부는 미트 롬니 전 주지사가 공화당 대선후보가 될 것으로 예상했고, 롬니는 다른 후보자들보다 중국에 좀더 대결적 입장을 취하고 있었다. 따라서 이러한 재조정 전략의 발표는 정치적으로 선제적 방어작전이었으며, 국방예산을 줄여 다른 분야에 사용할 수 있도록 하는 장점이 있었다. 따라서 재조정 전략은 기본적으로 외교정책으로 장식된 국내 정치 게임이었던 것이다.

내가 우려하는 것은 선거용으로 추진된 두가지 큰 외교정책, 즉 아프가니스탄 정책 및 재조정/회귀 전략이 대선 이후에는 어떻게 될 것인가 하는 점이다. 국방부는 두 정책을 지속적으로 추진할 것이라고 말하지만 나는 믿지 않는다.

대담자　재조정 전략에 대한 당신의 입장은 아주 독특하고 비판적인 것 같다.

팔　재조정 전략에 대해 나와 같은 생각을 하는 이는 없다고 보면 된다. 물론 이 전략은 대체적으로 꽤 강한 초당적 지지를 받고 있기에 당분간은 사라지지 않을 것이다. 그러나 오바마 행정부가 애초부터 그 전략을 작정하고 시작한 게 아니어서 저절로 무너질 것이다.

대담자　미국이 중국과의 경쟁을 피하려면 구체적으로 어떤 실용적 조처들을 취해야 한다고 보는가.

팔　미국이 주도권을 쥐어야 한다. 원하는 방향으로 상황이 흘러갈 때까지 기다려서는 안 된다. 한반도, 동중국해, 남중국해 상에서 중국과 경쟁을 벌이게 될 가능성을 낮추기 위해 주도권을 쥐고 선제적으로 전략을 고안해내야 한다. 모든 현안을 해결하려 하기보다는 현안들이 전략적 경쟁으로 여겨지지 않도록 하고, 가능한 한 긍정적인 의제를 수립해나가야 한다.

미국은 긍정적인 전망을 담은 경제적 의제를 수립해야 한다. 경제적 토대가 뒷받침되지 않으면 아시아 지역에서의 미국의 군사·안보 문제 같은 상부구조나 능력을 유지할 수 없기 때문이다. 토대가 없으면 상부구조는 금방 붕괴될 것이다. 그렇게 되면 아시아는 미국의 관여가 없는 상황에서 자신들의 문제를 관리해야 하고, 미국인들은 정부에 대고 '미국으로 돌아와라'라고 말할 것이다.

그래서 미국은 적극적인 무역 전략이 필요하다. TPP는 이를 위한 노력이다. 그러나 현재 오바마 행정부가 이를 맡고 있어 민주당 지지 기반으로부터 자유로울 수 없고,[11] 따라서 실질적으로 한발짝도 나아가지 못하고 있다.

대담자 회귀 전략과 관련해 중국과 동아시아에 대한 미국인들의 인식에 대해 논의해보자. 미국인들이 중국을 바라보는 시각과 관련해 가장 흔히 저지르는 실수나 잘못은 무엇이라고 보는가?

팔 지난 수년간 자명한 이치로 여겨져온 말이 있다. '중국을 적으로 대한다면 실제로 곧 적이 될 것이다'라는 말이다. 미국은 중국을 대하는 자신들의 방식이 중국인들에게는 적을 대우하는 듯 비칠 수 있음을 간파해내지 못하고 있다. 미 의회가 부리는 허세에서 나타나듯이 말이다.

이러한 현상이 새로운 것은 아니다. 1980년대 말부터 90년대 초까지 일본과의 관계에서도 똑같은 상황이 펼쳐졌다. 당시 미국은 일본을 첫번째 위협국가로 인식했지만 이는 명백히 바보 같은 행동이었다. 마찬가지로 오늘날 중국 역시 미국의 첫번째 위협국이 아니다. 하지만 일부 의원은 중국 위협론을 부각시키고 있다. 버지니아 주 출신의 랜디 포브스(Randy Forbes) 공화당 하원의원은 2005년 6월부터 의원 친선 모임인 '차이나 코커스'(China Caucus)를 만들어 이끌고 있다. 현재 그의 지역구에서 135억달러짜리 항모가 건조되고 있는데, 135억달러라는 큰 액수 때문에 후속 주문은 들어오지 않고 있다. 그러자 포브스 의원은 더 많은 주문을 받으려고 중국의 공격성을 알리는 편지를 매일 발송하고 있다. 이토록 근시안적인 목적 때문에 미국이 전쟁의 길로 들어설 수도 있다.

초기에 언급했던 지점으로 다시 되돌아가야겠다. 대통령은 국내 정치를 넘어 중국이 미국의 의도와 이익을 잘 이해하게끔 리더십을 발휘해야 한다. 미국이 이러한 정책구상이나 몸짓을 취한 뒤에도 중국이 미국과 충돌하는 쪽을 선택한다면, 그때는 양국의 충돌이 운명이라고 생각한다.

남중국해·동중국해 분쟁과 미국의 역할

2010년 7월 23일 베트남 하노이에서 열린 아세안지역포럼(ARF)에서 힐러리 클린턴 국무장관은 아세안(ASEAN) 회원국들 앞에서 "남중국해는 미국의 이해와 직결된 사안"이라며, 남중국해에서 항행의 자유와 해상안보 문제를 이슈화시켰다. 그러나 정작 1982년 12월 채택된 유엔해양법협약(UN Convention on the Law of the Sea, 이하 UNCLOS) 가입문제에 대해 미국 의회는 30년이 넘도록 비준하지 않고 있다. 그동안 세계에서 '유일하게' 항행의 자유를 누렸던 미국은 협약상에 명시된 영해 및 배타적 경제수역 기준이나 통항 허가제도 등이 미 상선이나 군함의 운항, 잠수함의 정찰활동 등에 지장을 초래할 수 있다는 이유로 비준을 꺼려왔다. 이 때문에 미국이 '기득권'을 내려놓지 않은 채로 남중국해 분쟁에 끼어드는 것은 명분이 약한 것 아니냐는 비판이 제기되어왔다. 힐러리 클린턴 국무장관은 2012년 5월 미 상원 외교위원회 청문회에서 "남중국해에서 중국의 주장이 해양법 수위를 넘고 있는데 미국은 우방국을 지지하는 데 입지가 약하다"라며 상원에 UNCLOS 비준을 호소하기도 했다.

대담자 미 의회는 30년 넘게 UNCLOS를 비준하지 않고 있다. 이 때문에 미국이 기득권을 내려놓지 않은 채로 해양 분쟁에 관여하는 것에 곱지 않은 시선이 있는 것도 사실이다.

팔 UNCLOS 비준은 분명 미국의 이익에 부합하지만, 비준이 안된 것은 의회가 국제협약에 반사적으로 반대했던 사례라고 해두자.

대담자 의회가 실수했다고 보는가?

팔 그렇다. 의회의 실수다. 의회의 비준은 분명히 미국의 이익에 부합한다. 지금 미국은 남중국해에서 중국이 미국함정을 대하는 방식을 놓고 분쟁을 겪고 있다. 미국이 UNCLOS 가입당사국이었으면 국제중재재판소에 이 문제로 중국을 제소할 수 있었다. 물론 그렇게 되면 치고받고 싸울 수밖에 없어 이런 방식은 현명하지 못하다.

대담자 남중국해 및 동중국해 분쟁은 동아시아의 화약고가 되었다. 긴장완화를 위해 미국이 수행할 수 있는 일이 있다고 보는가?

팔 매우 어려운 질문이다. 한편으로는 단호해야 하지만, 다른 한편으로는 단호한 입장을 취할 수 있는 현안들이 아니기 때문이다.

남중국해 분쟁을 예로 들자면 미국은 값어치 없는 작은 섬들을 위해 목숨을 희생하려 하지는 않을 것이다. 마찬가지로 미국은 센까꾸/댜오위다오를 위해 자국민을 전쟁터에 보내려 하지 않을 것이다. 미국은 이미 센까꾸/댜오위다오를 둘러싼 분쟁이 존재함을 인정했다. 1940년대 이 섬을 미국으로 이양하고, 70년대에 이 섬들을 다시 일본에게 돌려주는 과정에서 미국의 관여가 있었기 때문에 미국은 분쟁을 인정할 수 있다.[12] 그러나 일본은 분쟁 사실을 인정할 수 없을 것이다.

'뮌헨의 순간'(Munich moment)[13]을 떠올려보자. 당시 유럽의 열강들은 독일의 체코슬로바키아 수데텐란트 지역 합병을 승인해준 뒤에, 독일이 폴란드와 프랑스에도 눈독을 들일 것을 전혀 예상하지 못했다. 이런 역사적 사례에 비춰보면 미국은 단호한 입장을 취해야 한다. 미국이 행동을 취할 필요가 있다고 생각될 만한 상황까지 가지 않기를 바라지만 메시지에 단호함을 담아야 한다.

커트 캠벨이 동아태 차관보 재직 시절, 미국은 베트남과 필리핀에 다소 서투르게 대응했다. 미국은 중국에게도 그러했듯이 이들 국가에게도 단호한 태도를 보일 필요가 있다. 베트남과 필리핀은 미국을 남중국해 싸움으로 끌어들이려는 듯한 행보를 계속 보이고 있는데, 미국은 이 싸움에 개입할 필요가 없다.

중국의 경우에도 중앙집권화된 자원 배분 방식이라는 자신들의 경제체제 조건을 유리하게 이용하고 있다. 덕분에 중국은 분쟁해역에 머무를 수 있는 어업관리선이나 해양감시선 같은 대량의 민간 해양력을 구축할 수가 있다. 분쟁수역에서 민간 해양력의 주둔 및 이들의 공세적인 자세가 가능해진 것이다. 미국이나 미국의 동맹국, 우방국 들이라면 이러한 조처에 예산을 쓰지 않을 것이다.

중국의 민간 해양력을 몰아내려면 미국은 군대를 이용해야만 한다. 그러나 그렇게 하면 긴장을 고조시키는 셈이 되고, 원하지 않는 수준으로 상황을 몰고가게 된다. 다시 말해 중국은 국가주도형 경제를 활용해서 자원을 배분하지만, 다른 사회에서는 이러한 목적을 위해 결코 자원을 배분할 수 없다. 중국 경제체제가 그런 식의 자원 배분을 허용할 수 없게 될 때까지 미국은 이 문제를 어떻게 다룰 것인지를 알아내야만 한다.

올해(2013년 1월) 일본 키시다 후미오(岸田文雄) 외무상이 워싱턴 D.C.를 방문해 힐러리 클린턴 당시 국무장관과 회담을 가졌다. 그때 클린턴 장관은 센까꾸/댜오위다오에 대한 어떠한 현상변경 시도도 반대할 것이라고 강하게 발언했다. 그것은 상당히 강한 메시지였다. 한달 뒤 아베 총리가 방문했을 때, 미국은 같은 발언을 반복하지 않았다. 그렇게 하면 불필요한 선동이 될 수 있고, 그 성명을 뒷받침하기 위해 굳이 무엇인가를 보여줄 의사도 없었기 때문이다. 소기의 목적을 달성한 뒤에 심판이 내리는 판정도 항상 그러하다. 클린턴 전 장관의 성명이 너무 많이 나간 것인지, 아니면 반대로 더 강한 어조를 내놓았어야 했는지는 역사가 말해줄 것이다. 아직은 알 수 없다.

대담자 마지막으로 개인적인 질문을 하겠다. 아시아에 대해 관심을 갖게 된 계기는 무엇인가?

팔 우리 가족 소유의 농장이 펜실베이니아 주에 있어서 여름마다 놀러 가곤 했다. 농장은 메리놀 외방전교회(Maryknoll Missioners) 선교사 훈련센터 바로 옆에 있었다. 중국식 기와지붕을 얹은 훈련센터에서는 신부들이 선교활동을 하기 위해 일본어, 한국어, 중국어를 공부하고 있었다. 훈련센터에는 수영장도 있었는데 내가 아직 어렸기 때문에 선교사들을 훈련시키던 신부들과 함께 수영을 했다. 그곳 신부들에게서 아시아에 가야 한다고 배웠다.

좀더 현실적인 이야기를 하자면 1959년 달라이 라마의 티베트 탈출에 매료되었다. 지난 역사를 회고해보면 미국의 잡지왕 헨리 루스도 달라이 라마에 푹 매료되어 있었다. 그의 아버지가 중국에 파견된 선교사였기 때문이었을 것이다. 달라이 라마가 인도로 탈출했을 때 루스가 창간한 『타임』과 『라이프』에 이 소식이 상당한 비중으로 보도되었다. 나는 어렸지만 달라이 라마에 관한 모든 기사들을 흥미진진하게 읽었다. 그러고 나서 난생처음으로 달라이 라마의 탈출과 티베트의 민중봉기에 관한 짧은 보고서를 썼다. 그후로도 나는 티베트 문제에 지속적으로 관심을 가졌다. 최근 짓고 있는 제법 큰 규모의 티베트 도서관도 내 소유다.

그리고 마지막으로, 미국이 베트남전쟁에 관여하고 있을 때 나는 대학생이었는데 몸이 아파 중간에 휴학을 해야 했다. 그것은 내가 징집대상에 포함된다는 것을 의미했다. 틀림없이 베트남에 파병될 것만 같아 '왜 미국시민이 베트남에 가야 하는가? 미국이 왜 베트남에서 싸우는가'라는 의문을 품게 되었다. 베트남전에 관심을 가질수록 그 전쟁이 중국과 관련이 있음을 깨닫게 되었다. 그것이 나의 지적 관심을 중국으로 향하게 했다.

대담자　당신은 정치적으로는 공화당 성향이면서도 중국에 대해 관여적 입장을 취한다는 점에서 헨리 키신저 전 국가안보 보좌관과 닮은 점이 많다는 느낌이 든다.

팔　내가 키신저 전 국가안보 보좌관에 비견될 만한 인물이라고는 생각하지 않는다. 닉슨 행정부 때부터 오바마 행정부까지 8개의 행정부 모두 중국과 관여하는 것 이외에는 달리 대안이 없었다. 신중히 생각해보면 중국과의 전쟁이 너무나 값비싼 선택임을 알 수 있다. 그것은 21세기 전부를 파괴할 수도 있다. 누구도 전쟁에 동참하고 싶어 하지 않는다.

레이건 대통령은 대만정부를 재승인하고 베이징정부를 인정하지 않으려 했다. 클린턴 대통령은 중국이 '인권천국'이 되지 않으면 중국과의 교역을 단절하려고 했다. 아들 부시 대통령은 중국이 미국의 '전략적 경쟁자'라고 말하며 취임했으나 1년 뒤에는 '전략적 동반자'라며 완전히 입장을 바꾸었다. 최근 사례를 살펴보면 임기 초반에 대중(對中) 강경노선을 취했던 대통령들 모두가 중국과의 관계를 원만하게 다뤄야 한다는 현실로 되돌아왔다.

전략적으로 보면 미국은 갈등을 피하면서도 미국에 이익이 되는 경로를 중국과 함께 찾아낼 필요성이 있고, 그 길을 따라갈 것이다. 미국은 다른 국가를 대할 때는 전혀 그렇지 않은데 중국을 대할 때는 문제를 지나치게 단순화하는 경향이 있다. 미국인들이 중국의 언어와 문화 그리고 중국인들의 생활 및 사고방식을 이해하기가 매우 어렵기 때문이다. 이 때문에 중국에 대한 오해에 빠지기 쉽다.

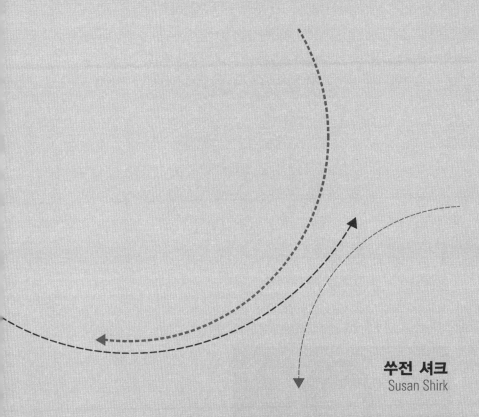

쑤전 셔크
Susan Shirk

다자안보기구를 향한 노력

•
•
•

쑤전 셔크 Susan Shirk(1945~)

전 미 국무부 중국 담당 부차관보
현 캘리포니아주립대학 글로벌 갈등·협력 연구소장

2010년 10월 서울 외교안보연구원에서 열린 제21차 동북아시아협력대화(Northeast Asia Cooperation Dialogue, 이하 NEACD) 직후의 기자회견에서 쑤전 셔크를 처음 보았다. 당시 '천안함 냉기'가 가시지 않은 터라 남한에서 열리는 회의에 북한대표단은 참석하지 않았다. 미중의 갈등은 최고조로 치닫고 있었고, 남북은 천안함 돌파구를 찾지 못한 채 터지기 직전의 팝콘처럼 연평도 포격이라는 분쟁의 소용돌이로 한걸음씩 빠져들던 시기였다.

북한을 뺀 5자(한·미·중·러·일)가 만난 회의에서 결과물이 나올 리 만무했다. 중국과 한미는 6자회담 재개문제를 놓고 이견을 보였다. 중국은 북한이 6자회담 복귀의지를 밝혔다는 점을 강조한 반면, 한미는 북한의 구체적인 행동을 회담 재개의 우선 조건으로 내걸었던 시기였다. 기자회견을 하는 쑤전 셔크의 표정도 어두웠다. 예민한 문제에 대해서는 입을 굳게 닫았다. 기자회견은 기자들 표현을 빌면 "별로 건질 것 없이" 싱겁게 끝나버렸다.

1993년 쑤전 셔크가 창립한 NEACD는 '6자회담'만큼은 아니어도 비교적 유명세를 탄 편이다. 6자회담 등을 제외하고는 공식적인 자리에 좀처럼 나타나지 않는 북한대표단이 2002년 이후로 비교적 자주 참석했기 때문이다. 게다가 NEACD는 이른바 외교·국방 분야의 정부관료와 학계 인사들이 개인 자격으로 참석하는 1.5트랙(반관반민)으로 북한 입장에서도 비교적 부담이 적다. 1.5트랙 형태의 회의체들이 대개 그러하듯이 NEACD 참석자들이 자국 정부에 보고할 의무는 있지만, 발언에 대해 책임질 의무가 없고 비공개를 원칙으로 하기 때문이다. 즉 형식적으로는 개인 자격으로 참여하지만 실질적으로는 정부관료들이 참여해 각 정부의 의도와 속내를 비교적 자세하게 파악하는 자리로 활용되어왔다.

쑤전 셔크가 이번 인터뷰에서도 밝혔듯이 이런 장치들은 북한과의 사례에서처럼 소통이 전혀 혹은 거의 이루어지지 않는 나라와 채널을 유지할 때 유용하다. 북미, 남북 간에 비공식 채널로 활용되는 측면도 있다. 또한 북한이 아니어도 중국 등 다른 국가들의 정책을 살필 때 상대국의 복잡한 국내적 맥락을 파악하는 데에도 유용하다.

NEACD는 동북아시아에서 다자안보기구의 가능성을 모색하는 중요한 실험이다. 실제 '북핵 6자회담'의 모티브가 되기도 했다. 반면, 출범한 지 20년이 되었지만 공식기구로 정착하지 못했고 6자회담이 5년 가까이 공전하고 있다는 사실은 동북아시아에서 다자 간 안보협력이 얼마나 어려운지, 북핵문제 해결이 얼마나 먼 길인지를 방증한다. 그러나 강대국에 둘러싸인 한국 입장에서는 다자안보기구 구상은 포기할 수 없는 외교안보 목표 가운데 하나다. 다자안보기구를 통해 특정 강국의 일방적 영향력을 상쇄시킬 수 있고, 강대국 간 '보증'을 통해 평화체제에 대한 안정성을 확보할 수 있다. 특히나 중국의 부상으로 앞으로 동북아시아에서 더욱 치열해질 미중 간 세력 싸움, 일본의 집단적 자위권 강화와 우경화 경향 등을 고려하면 NEACD는 요긴한 실험이다.

쑤전 셔크는 북핵·북한 문제나 NEACD와 관련해 한국언론의 주목을 받고 있지만, 사실은 40여년간 중국정치를 연구해온 미국의 대표적 중국통으로 꼽힌다. 정부 형태나 정당 같은 정치제도가 국가의 경제정책에 중요한 영향을 미친다고 본다는 점에서 그는 넓은 의미의 제도주의자라고 할 수 있다. 중국공산당을 중심으로 한 중국의 정치제도가 중국의 경제개혁과 개방을 러시아와는 다른 방식으로 나타나게 했다고 본다. 또한 중국은 국가가 주도적으로 경제개발을 추진한 한국이나 일본 등의 '개발국가'와도 다르다고 주장한다. 정치제도가 다르기 때문에 경제개발 정책결정이나 방향이 다르다는 것이다. 중국의 국내 정치에 천착한 그지만, 제도의 중요성을 강조하는 제도주의자가 동북아시아에서 NEACD라는 국제적 제도를 만들었다는 것은 낯설지 않다.

사실 NEACD라는 아이디어는 그를 강력한 국무부 차관보 후보로 부상시키기도 했다. 민간인 신분으로 NEACD를 열심히 발전시킨 그는 1997년 국무부에 입성하여 2000년까지 중국 및 대만 문제 등을 다루는 국무부 부차관보를 역임했다. 1999년 미군 전투기의 유고 주재 중국대사관 폭격사건, 같은 해 중국의 WTO 가입 협상 타결 등 미중관계의 중요한 계기들에 관여했다. 이 때문에 쑤전 셔크는 2013년 초 한때, 물러나는 커트 캠벨 동아태 차관보의 후임으로 거론되기도 했다.

그는 이런 행정부 경험과 연구성과를 묶어 2007년 『중국: 취약한 초강대국』(*China: Fragile Superpower*)이라는 책을 펴냈다(한국에서는 '판도라의 상자 중국'이라는 제목으로 번역 출간되었다. 이하 번역명으로 표기). 그는 이 책에서 중국이 경제적 초강대국으로 부상했지만 내부적 위협에는 여전히 취약함을 지적했다. 특히 톈안먼사건에 대한 중국 지도부의 트라우마를 집중적으로 분석함으로써 현재의 중국 지도부가 자신들의 정통성에 대해 지닌 불안감을 설명한다. 민족주의에 기댔던 장 쩌민 전 주석의 행보도 이런 연장선에 있다는 것이다. 그는 민족주의가 미중 간 충돌의 도화선이 될 수 있는 위험성을 지적하면서 독단적 민족주의에 대한 공식적 지지를 멈추고 긍정적 민족주의를 배양하며, 군에 대한 문민통제를 강화하고 언론에 대한 통제를 풀 것 등을 중국 지도부에 제안했다. 또한 미국에는 중국의 국내 정치적 취약성을 인식하고 중국 지도부가 편협한 민족주의에 기대지 않도록 중국의 경제적 부상에 과잉 반응하지 말며 중국을 존중해줄 것을, 또한 일본이 군사강국이 되도록 내버려두지 말며 미국은 강력한 군사력을 유지하되 중국에 과시하지는 말게 할 것 등을 제안했다.

셔크는 마운트홀요크대학에서 정치학을 전공했으며, 캘리포니아대학 버클리 캠퍼스에서 아시아 연구로 석사, MIT대학에서 정치학으로 박사학위를 받았다. 고등학교를 졸업하고 교환학생으로 일본을 방문해 일본인 가정에서 생활하며 아시아에 관심을 갖게 되었다고 한다. 쑤전 셔크와의 인터뷰는 그가 캘리포니아 주 쌘디에이고에서 뉴욕으로 와 잠시 머물던 2013년 5월 24일 아침, 그의 집에서 이루어졌다. 그의 아파트는 맨해튼 내에서도 패션의 중심지로 알려진 소호거리에 있었고, 커다란 창문을 통해 거리가 내려다보였다. 애초 인터뷰 약속은 전날인 23일 금요일 저녁으로 잡혀 있었으나 쑤전의 피치 못할 사정 탓에 다음날인 주말 아침으로 미뤄진 터였다. 그는 여러차례 미안함을 표시하며 친절하게 인터뷰에 응해주었다. 무엇보다 수십년 동안 미중관계와 동북아시아 문제에 천착해온 그의 전문가다운 식견이 돋보이는 인터뷰였다.

동북아시아협력대화 창설 계기

동북아시아협력대화(NEACD)는 외교안보 분야에 관심이 있는 독자들에게는 조금은 친숙한 이름이다. 북한대표단이 이 포럼에 참석할 때마다 국내외 언론의 '추격전'과 보도경쟁이 펼쳐지기 때문이다. 역설적으로 북한대표단이 참석하지 않을 때는 NEACD는 '흥행'에 성공하지 못했다.

NEACD는 캘리포니아주립대학 쌘디에이고 캠퍼스 산하 글로벌 갈등·협력 연구소의 소장인 쑤전 셔크 교수가 1993년 동북아시아 다자간 안보대화 포럼으로 출범시킨 뒤 매년 한두차례 개최되어왔다. 남북한과 미국·중국·러시아·일본 등 6자회담 참가국들의 외교·국방 관료들과 학계 인사들이 개인 자격으로 참여해 각자의 입장을 허심탄회하게 털어놓는 1.5트랙 형태의 대화체다. 북한은 1993년 7월 준비회의 참가 이후 제1~12차 회의에 계속 불참했으나, 2002년 제13차부터는 대체로 회의에 참가하는 편이다. 다만 한반도 정세가 악화되는 시기에는 참석하지 않았다. 실제로 북한이 2002년부터 비교적 자주 NEACD에 참석하게 된 것은 2000년 남북정상회담과 2002년 북일 수교 협상의 계기가 되었다는 분석이 많다.

NEACD는 6자회담이 교착됐을 때 이를 대신해 비공식 논의의 장으로 활용되기도 했으며, 이 때문에 '미니 6자회담' '비공식 6자회담'이라는 닉네임을 얻기도 했다. 2006년 4월 일본 토오꾜오에서 열린 제17차 대화에는 교착상태에 빠진 6자회담을 대신하여 6자회담 대표 전원이 참석하기도 했다.

NEACD는 회의 목적을 '동북아시아 국가 간에 대화를 통한 상호 이해·신뢰·협력 증진'에 두고 있다. 구체적으로는 다자 간 안보대화 포럼인 만큼 역내의 안보문제와 관련된 사항을 주로 다룬다. 안보문제 이외에도 주요 현안들이 의제로 올라온다. 예를 들어 국가 간 관계에 관한 규제원칙, 무역·투자 문제 등도 광범위하게 논의된다. 그러나 핵심의제는 북핵·북한 문제라 할 수 있다.

대담자 당신이 1993년 NEACD를 만들 때만 해도 동북아시아(이하 동북아)에서 다자기구 문제는 아주 생소했던 것으로 안다. NEACD를 만들게 된 계기를 자세히 설명해줄 수 있겠는가?

셔크 물론이다. 그것에 대해서 이야기하자면 상당한 시간이 걸릴 것이다. 냉전이 끝난 1990년대 초, 아시아의 미래상에 대한 많은 질문이 나왔다. 당시에는 아무도 중국에 특별한 관심을 갖지 않았다. 또한 일본이 미국과 경쟁했던 직후였다. 중국은 시장개혁에 착수했지만, 실질적인 군사 발전을 시작하지는 못한 상황이었다. 그럼에도 중국의 미래에 대해서는 여전히 궁금증이 남아 있었다.

1992년으로 돌아가면, 미국 서부에 있는 나와 다른 학자들은 유럽과 유럽의 다자기구들의 개선 방안을 살펴보면서 아시아의 불확실성, 특히 중일관계의 역사적 불확실성과 당시 아시아에서 미국이 계속 주둔할 필요성이 있는지에 대한 문제제기 등을 검토하기 시작했다.[1]

냉전이 끝나자 미국 고립주의가 다시 고개를 들기 시작했고, 많은 미국인들이 '10만 명의 아시아 미군 주둔 비용을 왜 우리가 지불해야 하는가? 그들을 본국으로 귀환시키자'라고 말하던 때였다. 그런 관점이 아주 강했다는 의미에서 지금과 비슷한 시기였다.

그때 나는 캘리포니아주립대학에 소속된 글로벌 갈등·협력 연구소의 소장이었는데, 미국외교협회(CFR)에 근무하던 리처드 홀브룩 (Richard Holbrooke)과 앨런 롬버그(Alan Romberg)[2]에게 이런 상황을 설명했다. 우리는 이들과 함께 CFR과의 소모임에서 나온 아이디어와 서부 학술계의 새로운 사고를 접목했다. 새 클린턴 행정부의 아시아 정책을 위한 것이었다.

홀브룩, 롬버그와 함께 만든 모임에서 나를 포함한 서부 학자들은 아시아에서의 다자주의에 대한 미국의 소극적이고 회의적인 관점을 좀더 적극적이고 진취적인 방향으로 변화시켜야 한다고 주장했다. 다자주의를 통해 아시아에서 미국의 영향력 유지를 위한 좀더 안정적이고 지속 가능한 발판을 마련할 수 있을 것이라는 생각 때문이었다.

대담자 아시아에서의 다자주의는 애초 소련이 제안했던 것으로 안다. 냉전이 끝난 직후여서 미국 내에서도 '아시아 다자주의' 구상에 대해 호응이 많았을 것 같지는 않다.

셔크 당시 아버지 부시 행정부는 '우리는 문제가 없고, 따라서 해결책도 필요하지 않다'는 태도를 보였다. 내 친구이자 당시 국무부 동아태 차관보였던 리처드 쏠로몬(Richard H. Solomon)은 왜 미국한테 다자기구가 필요없는지에 대해 연설하기도 했다.

물론 미국은 아시아에서의 다자주의 문제가 회자되기 시작한 때부터 이에 매우 회의적이었다. 기원으로 따지면 다자주의가 옛 소련의 아이디어였기 때문이다. 그러다보니 충분히 짐작할 수 있듯이 미국은 다자주의를 미국의 '허브앤스포크' 방식의 안보동맹과 경쟁관계로, 혹은 이를 약화시키기 위한 방식으로 간주했다. 즉 아시아 지역에서 안보협의체를 조직하는 두 접근법 사이에 일종의 경쟁이 존재했던 셈이다. 옛 소련은 다자주의 형태의 지역 조직을 제안했지만, 미국은 거부했다. '일본, 한국 등과 동맹을 맺은 지금의 구도에 만족해' 하면서 말이다.

그래서 우리 모임에서 혹은 내가 개인적으로 주장했던 것은 아시아 지역 특히 동북아에서 다자구도를 구축·보안하는 데에 미국의 리더십이 필요하다는 것이었다. 지역질서를 안정적으로 유지하기 위해서는 아시아에서 강대국 간 협조체제가 반드시 필요하다고 늘 생각해왔기 때문이다. 물론 유럽에서도 강대국 간 협조체제는 아주 짧게 존재했을 뿐이다. 그럼에도 다자주의 아이디어의 취지를 설명하면 다음과 같다. 국제적 경쟁과 세력균형이 여전히 존재하며, 그것이 파괴적인 군사갈등으로 이어지는 걸 막으려면 어느정도 경쟁에 제한을 둘 필요가 있다. 또한 모든 강대국은 현상유지를 고수해야 하며, 갑작스레 강대국 간 기존 협의를 변화시키려 해서는 안 된다.

대담자 특별히 아시아에서, 그것도 동북아에서의 다자주의에 주목하게 된 이유는 무엇인가?

셔크 1990년대 중반 동북아에는 다자주의 구축을 위한 조건이 마련되어 있었다. 대만과의 통일문제를 예외로 치면, 모두가 중국을 현상유지 국가라 생각했다. 실제로 중국은 당시 상황에 만족하는 것처럼 보였다.

어찌됐든 나는 아시아태평양 지역에서 강대국 간 협조체제를 창출하는 방안에 대한 짧은 논문[3]을 썼다. 내가 보기에, 동북아에서 다자기구를 만들더라도 이는 사실상 강대국 간 협조체제와 다를 바 없었다. 여기에는 러시아·중국·일본·미국이라는 4대 강국과 '투 코리아'(Two Koreas)가 있기 때문이다. 나는 그 논문에서 동북아 다자기구가 강대국 간 협조체제를 창출하는 하나의 방법이 될 것이라고 제안했다. 물론 그것을 강대국 협조체제라고 부르지 않아도 된다.

또한 동북아 다자기구는 지역적으로 좀더 넓은 범위, 즉 아시아의 다자기구에서 훌륭한 리더십을 발휘하는 데 도움이 될 것이라고 생각했다. 물론 아세안(ASEAN)이 앞서 주도하고 있지만 솔직히 말하면 그것이 지역 다자구조를 주도했는지 의심스럽다. 그것이 NEACD를 설립하게 된 기원이다.

NEACD 창설에 대한 각국의 반응

대담자 동북아에서 6자가 참여하는 기구를 만드는 것에 대해 미국을 제외한 다른 국가들의 반응은 어떠했나. 특히 남북한의 반응을 소개해주면 좋을 것 같다.

셔크 아버지 부시 행정부 시절, 소련이 동북아 다자기구를 제안했을 때 미국은 몹시 회의적이었다. 한국은 늘 그렇듯이 동북아 지역 기구를 구축하는 것에 가장 열성적이었다. 한국은 1990년대 초부터 동북아지역안보대화(NEASED)를 만들자고 제안했었다.[4]

따라서 우리가 NEACD를 창설했을 때, 가장 열광적인 지지 국가는 한국이었다. 한국은 강대국 이웃 속에 둘러싸인 현실을 잘 이해하고 있었으므로 NEACD는 일종의 다자구도를 통해 주변국과의 관계를 안정화하려고 노력하는 한국의 이해관계와 상당히 부합했다. 사실 초기에는 북한이 NEACD의 출현에 중국보다도 훨씬 더 열광적이었다. 그런 재미있는 에피소드들이 초기에 많았다.

대담자 NEACD가 설립된 1993년이면 소련이 해체되고 러시아가 들어서서 중러관계도 해빙되는 시기였다. 하지만 과거에 중러관계가 불편했던 점을 고려할 때 다자기구에 중러가 함께 참여하는 것에 대해 여전히 꺼려하는 분위기도 있었을 것 같다.

셔크 사실 러시아의 민주화 세력들은 중국에 아주 적대적이었다. 또한 중국은 6자가 참여하는 다자기구에 큰 의미를 부여하지 않았다. 그래서 나는 각국을 돌아다니기 시작했다.

그러다 우리가 제안한 구상에 대해 각국의 지지를 얻게 되는 계기가 생겼다. 내가 국무부 동아태 차관보가 될지도 모른다는 관측을 담은 칼럼을 『워싱턴포스트』가 게재한 것이다. 결과적으로 윈스턴 로드(Winston Lord)[5]가 차관보가 되었지만, 그는 내게 아주 호의적이었고 내 의견을 듣기 위해 노력했다. 다른 정부관료들도 마찬가지였다. 그들은 내가 상당히 영향력이 있다고 생각했던 것 같은데, 꼭 그런 것만은 아니었다. 어찌됐든 알 카먼(Al Kamen)[6] 같은 대단한 실력자가 나를 언급해서 그런 것 같다.

대담자 당신의 논문이 동북아 다자기구 구성, 다른 말로 강대국 간 협조체제 이슈에 상당한 영향을 미친 것이라고 할 수 있겠다.

셔크 그런 것 같지는 않다. 아마도 대부분의 사람들은 그 논문을 읽지 않았을 것이다. 다만 어떤 행정부든 새로 들어서면 이전 행정부와 차별화된 일을 하고 싶어한다. 그리고 윈스턴 로드는 미국이 동북아 지역에서 다자 간 협력에 대해 좀더 적극적으로 접근하는 것에 이미 관심이 있었다. 따라서 실험적 차원에서 여섯나라의 특이한 조합으로 동북아협력대화라는 아이디어를 '트랙2' 형태로 실행에 옮기기 시작했을 때, 윈스턴은 기꺼이 참석하겠다고 했다. 윈스턴은 내가 한국과 일본을 방문했을 때 양국 외교장관한테 설명할 수 있도록 길을 터주었다. 베이징과 평양에 가서도 이 아이디어를 설명했다. 하지만 러시아에는 가지 않았다.

대담자 다자기구 구축을 위해서는 강대국 간의 현상유지가 중요하다고 강조했는데, 그런 면에서 20년 전 현상유지를 원했던 중국이 지금도 그런 기조를 유지하고 있다고 보는지가 중요할 것 같다.

셔크 중국이 경제적으로나 군사적으로 점점 더 강해지면서 다자기구에 참여해 다른 국가들의 목소리에 귀를 기울이기 시작했다. 그건 비스마르크 방식과 상당히 유사한데, 다른 나라들을 설득하는 아주 효과적인 방법이다. 다시 말해 다자기구는 중국은 깡패가 아니고 설사 보다 강해지더라도 선한 의도로, 즉 중국이 다른 국가를 위협하지는 않을 것임을 설득하는 데 효과적이다.

1990년대 초·중반부터 2008~09년까지 중국의 외교정책, 특히 아시아 정책은 매우 정교했다. 중국도 자신들의 부상이 불가피하게 다른 국가들이나 미국에게 위협인식(threat perceptions)을 야기할 것임을 알고 있었기 때문이다. 따라서 중국은 상대방의 위협인식을 줄이기 위해 굉장히 노력했다. 다자기구에 참여한 것도 그런 노력의 일환, 즉 선한 의도를 표시하기 위해서였다. 중국은 자신들이 협상파트너로 인정받고 싶으며, 어느정도 존중받기를 원하지만 그렇다고 자국 중심적이거나 위계적인 지역질서를 다시 만들 의도는 전혀 없다는 많은 신호들을 적극적으로 보냈다.

그런 중국의 외교정책이 지금 변했는지 여부는 논쟁거리다. 나는 근본적으로는 바뀌지 않았다고 생각한다. 그러나 중국은 점점 더 복잡해지는 국내 상황을 효율적으로 관리하지 못하고 있다. 그러다보니 그런 국내 사정이 그들의 아시아 외교정책에도 영향을 줘서, 중국이 보다 도발적으로 상대방을 겁박하게 되었다. 따라서 지난 수년간 아시아 역내외교라는 측면에서 보면 중국은 완전히 실패했다. 하지만 중국이 앞으로 정책을 재조정해서 제 궤도로 돌아올 것이라고 믿고 있고, 지금 그런 과정에 있다고 생각한다.

'트랙2 대화'의 장점과 약점

대담자 비정부 간 민간 전문가들의 회의체를 의미하는 '트랙2'가 독자들에게는 낯설 수도 있을 것 같다. 외교적으로 트랙2 대화기구는 왜 고안되었는지, 트랙2 대화기구로 할 수 있는 일과 할 수 없는 일은 어떤 것들이 있는지 설명이 필요할 것 같다. 우선 트랙2의 장점을 설명해달라.

셔크 트랙2는 북한과의 사례에서처럼 소통이 전혀 혹은 거의 없는 나라와 채널을 유지할 때 아주 좋은 방법이다. 또한 다른 국가들의 정책을 이해하기 위해 필요한, 그들 국가 국내 문제의 복잡한 맥락을 파악하는 데도 정말로 유용하다. 트랙2를 적절히 구성하고, 여기에 관료들을 포함시키면 서로 다른 관점을 이해하는 장이 마련된다.

NEACD는 트랙2지만, 실질적으로는 1.5트랙이다. 각국의 학자들 뿐 아니라 군인과 정책을 결정할 수 있는 수준의 외교부나 국방부 관료들도 참여하기 때문이다. 오히려 민간 연구자들보다 관료들이 더 많은 경우가 잦다. 그러나 관료들은 정부대표가 아니라 개인 자격으로 참석해 개인의 능력 범위 안에서 자신의 입장을 표명한다. 이는 곤란한 상황을 피하기 위한 일종의 '무화과 나뭇잎' 같은 것으로 좀 더 솔직한 토론을 이끌어낼 수 있다.

그것이 바로 NEACD의 유용한 점이라 할 수 있다. 토론에서 사람들은 의회·정당·여론·미디어의 역할 등을 기탄없이 토론한다. 그런 정보들을 통해 외교정책의 맥락, 구조, 기조를 이해하게 된다. 따라서 그것은 신뢰를 구축하고 상호이해를 증진하는 데 도움이 된다.

대담자 트랙2에서 논의된 것들은 어떤 식으로 각국의 정책에 반영되나? 트랙2에 참석한 관료들이 정책결정권을 가진 경우도 있지만, 공식적인 정부 간 대화가 아니므로 간접적으로만 정책에 영향을 미치는 것 같다.

셔크 트랙2나 1.5트랙 형태의 다자외교가 실질적으로 문제를 해결하거나 커다란 정책적 돌파구로 이어지는 것은 결코 아니다. 따라서 트랙2나 1.5트랙 형태에 대해 현실적인 기대치를 가져야 한다.

실질적으로 우리가 할 수 있는 것은 없다. 우리는 동북아를 위한 일종의 행동수칙과 일련의 행동강령을 개발했다. 또한 해양이나 군사 문제 등에 대한 새로운 구상들을 실현시킬 수 있는 방식을 토론했다. 국방 분야의 투명성을 논의하는 소모임도 있다. 이런 식으로 우리는 많은 아이디어를 생산해냈다. 그러나 그것들을 채택하느냐 아니냐는 전적으로 각국 정부에 달려 있다.

NEACD처럼 고위관료가 참석한다면, 트랙2나 1.5트랙 회의 동안 별도의 대화가 많아질 것이다. 가령 미리 예정되어 있지 않더라도 중개를 통해 북미가 서로 만나 대화를 나눌 수 있다. 물론 부시 행정부 시절에는 북한과의 접촉에 엄격한 제한을 두었고, 그것이 트랙2에도 영향을 미쳤다.

대담자 동아시아에는 아세안+3, 아세안지역포럼(ARF), 동아시아정상회의(EAS) 등 다양한 지역 회의체와 조직이 존재한다. 이런 다자기구들이 유럽연합 수준은 아닐지라도, 지역통합을 위한 역할을 수행할 만한 잠재력을 보유하고 있다고 보는가?

셔크 아직은 아니다. 우선 신뢰라는 측면에서 보면 동아시아 정치씨스템의 다양성이 상황을 더욱 어렵게 몰아간다.

아시아에서 가장 큰 위험은 중국과 일본의 관계다. 유럽을 살펴보면, 2차대전 뒤 독일과 프랑스가 다자 간 경제 및 안보 제도들에 참여한 것이 양국관계를 회복하는 데 도움을 주었다. 그것이 중국과 일본 관계의 모델이 된다.

그러나 ARF나 EAS 같은, 지역적으로 너무 넓은 틀에서는 그런 일이 가능하지 않다고 본다. 오히려 3자기구 같은 것이 그런 일에 더 적합하다. 앞으로 항구적인 동북아 다자기구가 만들어진다면, 강대국 간 협조체제에 준하는 그 협의체에서도 역시 중일관계를 관리할 수 있는 가능성을 찾을 수 있을 것이다. 물론 아직은 그 단계까지 와 있지 않다.

과거에는 6자회담이 동북아의 항구적인 안보협의체로 진화할 것이라는 약간의 희망이 있었다. 당연히 트랙2인 NEACD의 목표도 마찬가지로, 6자회담이 항구적인 다자기구로 진화할 수 있기를 희망하며 실험하는 것이었다. 그러나 6자회담은 지금 완전히 교착상태에 있다. 중국이 북한 없는 6자회담에 참여하려 하지 않기 때문이다. 북한문제가 해결되지 않으면 항구적인 메커니즘을 만드는 작업은 진전을 이룰 수 없다.

중일관계 악화와 중국 민족주의의 발흥

대담자 1970~80년대만 해도 중일관계는 상대적으로 양호했던 것 같다. 당시 중국은 일본을 상당히 경계하면서도 일본의 경제발전에 대한 동경 같은 것이 있었다. 최근 들어 중일관계가 악화된 직접적인 계기가 있다고 보는지, 있다면 무엇인지 듣고 싶다.

셔크 마오 쩌둥 시대 이후, 특히 중국이 경제개혁을 시작했던 덩샤오핑 시대를 돌아보면, 덩 전 주석은 분명히 일본과 우호적 관계를 조성했다. 물론 2차대전 동안 일본의 야만적인 중국점령기 탓에, 일본에 대해 민족주의적 반감을 갖고 있던 다른 공산당 지도자들은 중일관계 조성을 독려하지는 않았다.

중국의 반일·민족주의 감정에는 두세가지 원인이 있다고 본다. 우선, 중국의 국력이 신장하면서 자연발생적으로 수반되는 반일·민족주의다. 해외에 거주하는 중국인들 사이에서의 반일 감정을 살펴보면, 그것이 꽤 강함을 알 수 있다. 따라서 중국인의 반일 감정을 전적으로 중국공산당의 선전 탓으로만 돌릴 수는 없다.

대담자 당신이 펴낸 책『판도라의 상자 중국』에서는 중국에서 민족주의가 강해진 원인의 상당부분이 장 쩌민 전 주석에게 있다고 보는 것 같은데……

셔크 그 책을 보고 중국인 블로거들이 때때로 나를 공격한다. 그들은 1990년대 장 쩌민의 애국주의적 교육 캠페인 때문에 반일 감정이 생겼다는 식으로 내 책을 이해한 것 같다. 그러나 나는 반일 감정이 전적으로 장 쩌민의 캠페인 때문이라고 말하지 않았다. 내 책은 민족주의가 외교정책에 반영되는 방식, 여론 및 미디어와 외교정책 간의 관계 등을 주로 다루며, 거기에 더해 민족주의 발흥의 상당부분은 장 쩌민 전 주석한테 원인이 있다고 보았다.

우선, 톈안먼사건 직후 주석이 된 장 쩌민은 공산당 지배체제에 대한 대중적 지지를 모을 방법을 찾고 있었고, 이런 목표를 달성하기 위해 민족주의에 의존했다. 예를 들면 학교에서는 1930년대와 40년대 일본의 침공 기억을 심어주는 교육을 전에 없이 장려했다. 심지어 그 이전까지 거슬러 올라가서, 일본이 대만을 어떻게 강탈했는지 등

등을 가르치도록 했다. 베네딕트 앤더슨(Benedict Anderson)이 『상상의 공동체』(*Imagined Communities*)에서 말한 것처럼, 그것은 '축조된 민족주의'였다. 다시 말해, 명백히 중국공산당 선전기구와 장 쩌민 자신이 축조하고 조장한 민족주의였다.

그다음에 미디어가 있었다. 즉 민족주의 발흥의 원인에는 부상하는 국가의 자연발생적인 민족주의적 경향과 장 쩌민의 애국주의적 교육 캠페인, 그다음에 새롭게 상업화된 미디어가 있다. 상업화된 미디어들은 신문을 많이 팔기를 원하고, 따라서 자극적인 뉴스를 쓰려고 한다. 특히 외부 세계에 상당한 호기심을 가진 중국독자들에게 국제뉴스는 모두 새로운 뉴스거리다. 따라서 일본이나 대만, 미국과 연관된 뉴스들 또는 중국에 대해 적대감이나 모욕을 표시한 뉴스들이 항상 잘 팔린다.

1998년 10월, 한일관계 개선을 위한 김대중 대통령의 방일 행보와 한 달 보름여 뒤인 11월, 일본과 갈등으로 치달은 장 쩌민 주석의 방일 행보는 한일 및 중일 관계에서 자주 회자가 되는 이야기다.

김대중 대통령과 오부찌 케이조오(小淵惠三) 총리는 1998년 10월 8일 토오꾜오에서 정상회담을 가진 뒤 '한일 공동선언―21세기를 향한 새로운 한일 파트너십'을 발표했다. 여기서 오부찌 총리는 과거사문제에 대해 "일본이 과거 한때 식민지 지배로 한국국민에게 커다란 손해와 고통을 안겨주었다는 역사적 사실을 겸허히 받아들이면서, 이에 대하여 통절한 반성과 마음으로부터 사죄했다"라고 발표했다. 이에 김대중 대통령은 "이러한 오부찌 총리의 역사인식 표명을 진지하게 받아들이고, 이를 평가하는 동시에 양국이 과거의 불행한 역사를 극복하고 화해와 선린 우호협력에 기초한 미래지향적인 관계를 발전시키기 위해 서로 노력하는 것이 시대의 요청임을 표명했다"라고 명시했다.

이는 무라야마 도미이찌(村山富市)가 총리로 있던 1995년 "식민지 지배와 침략으로 아시아 제국의 여러분에게 많은 손해와 고통을 줬다. 의심할 여지없는 역사적 사실을 겸허하게 받아들여 통절한 반성의 뜻을 표하며 진심으로 사죄한다"라고 발표한, 이른바 '무라야마 담화'에 비해 과거사 피해국가로 한국을 구체적으로 적시했으며 외교문서로 남겼다는 점에서 한발 더 나아간 것으로 평가받았다.

11월 26일 장 쩌민 주석과 오부찌 총리와의 중일 정상회담을 앞두고 중국 쪽은 김대중 대통령의 방일 시 일본이 표명했던 수준의 사과와 이의 문서화를 요구했으나 일본 쪽은 "한국은 식민지였으나 중국은 교전국이었다"는 논리를 들어 이를 거부했다. 이에 따라 중일 정상회담이 끝난 뒤 발표된 공동선언에 장 주석이 서명을 거부하는 초유의 사태가 벌어졌다. 이후 일본언론들은 장 주석에게 매우 냉담한 태도를 보였다. 쑤전 셔크는 그의 책『판도라의 상자 중국』에서 장 쩌민이 일본 방문을 기획하는 단계에서는 중국 외교부가 일본에 서면 사과를 요구할 계획이 포함되어 있지 않았지만, 김대중 대통령이 서면 사과를 받은 것을 본 뒤 자신도 사과문을 얻어 국민들에게 가져가야겠다는 결심을 하게 되었다고 밝히고 있다.

대담자 장 쩌민의 대일 행보가 논란이 된 적이 있다. 1998년 11월 일본을 방문한 장 쩌민은 한국의 김대중 정부에 했던 것과 동등한 수준의 강력한 사과를 일본에 요구했다. 그리고 그것 때문에 일본인들이 상당히 감정이 상했다는 이야기도 있었다. 당시 장 쩌민의 일본에서의 행보도 당신이 말한 민족주의 조성의 맥락에서 바라봐야 하는가?

셔크 그것 역시 중국 내부정치의 연장선에 있다. 장 쩌민은 자신이 얼마나 위대한 애국주의적 지도자인지를 인민들에게 보여주고 싶어했다. 장 쩌민이 중국 지도자로는 처음으로 국제적 정치인이었다는 점을 기억하자. 즉 해외순방 등 대외정책에서의 역할이 중국 내 그의 리더십의 상당부분을 차지했다. 이전에 덩 샤오핑과 마오 쩌둥은 그런 적이 없다. 정말이냐고 물을 수 있는데, 정말이다. 중국은 그 전까지만 해도 철저하게 내부지향적이었다. 쩌우 언라이(周恩來)도 정치인이었지만, 중국이 외부 세계와 단절되어 있었기 때문에 그의 외교활동조차도 아주 제한적이었다.

덩 샤오핑도 미국에 온 적이 있고 해외순방을 했다. 그것이 그의 개혁·개방 정책에 상당한 영향을 미쳤지만, 그의 순방은 개혁·개방 노선을 직접 확인하기 위한 것이었다.[7] 내가 북한사람들을 북한의 바깥세계로 나오게 하는 것이 중요하다고 생각하는 것도 그런 이유 때문이다.

아무튼 장 쩌민은 정말로 순방을 좋아했다. 그는 중국 대표 자격으로 전세계를 돌아다닌 첫번째 지도자였다. 그는 자신과 공산당에 대한 더 많은 국내 지지기반 구축을 유산으로 남기려 했고, 그것을 위해 여러 일들을 하고자 했다. 그것이 바로 장 쩌민이 일본에 요구했던 사과가 의미하는 바다.

대담자 당신은 중국 민족주의 발흥의 한 요인으로 새롭게 상업화된 미디어를 꼽았는데, 사실 외부의 시선에서 보면 중국의 관영언론과 정부 사이의 관계가 불투명해 연관성을 파악하기가 쉽지 않다. 예를 들어 중국의 『환구시보』[8] 등에 나오는 외교 관련 기사들은 때로는 너무나 자극적이고 도발적이어서 이것이 중국정부의 공식 입장인가 의심스러울 때가 종종 있다. 그런 기사들을 정부의 지시에 의한 것이라고 보는지, 아니면 신문사의 자율적 판단에 따른 것이라고 보는지 묻고 싶다.

셔크 우선, 『인민일보』조차도 지금은 상업적 동기를 고려하고 있다. 『신화통신』이나 CCTV 등도 마찬가지다. 이들은 모두 '진정한' 언론매체가 되려 한다는 평판을 강화해, 신문이나 기사를 더 많이 팔고자 한다. 그들 같은 관영언론으로서는 상당히 어려운 일이지만 말이다.

아무튼 『환구시보』는 이들보다 앞서 상업화를 시도했다. 중국 바깥 세계에 대한 기사로 도시 거주자들의 강한 호기심을 채워주며 상업적 출판매체로 크게 성공했다.

하지만 『환구시보』는 『인민일보』 미디어그룹에 속해 있다. 또한 편집장들은 절대 해고되는 법이 없다. 그들은 자신들이 말할 수 있는 한계치를 잘 알고 있기 때문이다. 따라서 『환구시보』 편집장들이 나에게 이야기했듯이, 그리고 다른 사람들도 말해왔듯이, 여기서 쓰는 기사들은 중국 외교정책의 일정한 기류를 보여준다고 할 수 있다. 즉 그 기사들이 중국의 공식적인 외교정책은 아니지만 정책수립 과정의 어디에선가 자리하고 있을 특정한 생각을 대변해준다.

물론 그렇다고 해서 모든 기사가 고위급에서 승인을 받는다는 것은 아니다. 아마도 공식적인 사설이 아니라면, 기사를 승인하는 최고위급 기관은 선전부일 것이다. 선전부의 누군가가 기사를 승인했을 텐데, 그 정도 수준이 중국의 공식적인 정책을 의미하는 것은 아니다. 즉 이런 것들이 여론을 타진하고 간접적으로 의견을 표시하는 방식을 풍부하게 만들지만, 그렇다고 모든 것이 미리 완벽하게 조율되었다는 것을 의미하지는 않는다는 이야기다. 중국 관영언론의 기사 관행은 매우 다원적이면서도 또한 복잡다단한 과정을 거친다.

따라서 관영언론 기사를 주의깊게 살펴봐야 한다. 외국의 관찰자들은 종종 "『인민일보』가 보도했다"라는 식으로 이야기를 많이 하는데, 누가 그 기사를 썼는지, 글의 성격이 어떤 것인지 잘 살펴봐야 한다. 전문가들의 논평을 예로 들어보자. 논평은 그것을 집필한 사람이 누구인지를 보여줄 뿐이다. 실제로 선전부가 『환구시보』를 통해 특정한 기조로 무언가를 알리고 싶을 때 교수들에게 가끔 부탁한다고 들었다. 그것은 사실이다. 심지어 선전부가 교수들한테 초안을 만들어주는 경우도 종종 있다고 한다. 그 교수들도 그런 일을 하고 싶지 않지만 가끔은 선택의 여지가 없다고 느낀다고 한다.

대담자 선전을 위한 기사로만 볼 수도 없고, 그렇다고 언론의 자유가 보장되는 것도 아닌 중간 상태라고 봐야 할 것 같다.

셔크 맞다.

유고 주재 중국대사관 폭격사건과 미중관계

유고연방의 주축 세력이었던 세르비아계의 슬로보단 밀로셰비치

(Slobodan Milošević) 대통령은 1998년 3월 코소보 자치주의·분리주의 무장세력들이 세르비아 경찰을 공격하자 이를 빌미로 코소보 무장세력과 주민들을 대량학살하는 이른바 '인종청소'를 시작했다. 세르비아의 인종청소에 대한 국제적인 비난 여론이 고조되고 북대서양조약기구(NATO)와 유고 간 평화협상이 결렬되자, 미국이 주도하는 NATO는 1999년 3월 24일부터 대유고 공습을 시작했다.

공습이 한창이던 1999년 5월 7일 밤, 미군 폭격기가 유고 주재 중국대사관을 폭격했다. 이 폭격으로 외교관과 『신화통신』 기자 등 중국인 3명이 목숨을 잃었다. 미국은 오폭사고에 대해 "중앙정보국(CIA)이 제공한 잘못된 군사 목표물 지형 때문에 발생했다"며 빌 클린턴 대통령을 비롯해 국방장관 및 국무장관까지 나서서 중국에 공식 사과했다. 그러나 중국정부는 '야만적 전쟁범죄'라며 미국을 강력하게 비난했다. 중국 내에서는 연일 반미시위가 벌어졌다. 『환구시보』는 미국의 중국대사관 폭격을 미국의 의도적 도발로 규정하며 민족주의를 부추겼다. 쑤전 셔크에게는 이때의 『환구시보』에 대한 기억이 강하게 남아 있을 수도 있다.

어찌됐든 미국으로서는 난감한 일이었다. 연일 계속되는 폭격에도 밀로셰비치 유고 대통령이 항복할 기미를 보이지 않아, 미국은 유엔평화유지군을 코소보에 보내는 해법을 모색하고 있었다. 그러나 이 해법은 유엔안보리의 승인을 얻어야 하는 것이었고, 상임이사국인 중국의 동의가 없으면 성사될 수 없었다.

게다가 미국의 중국대사관 폭격에 앞서, 1999년 4월 주 룽지(朱鎔基) 중국 총리의 미국 방문으로 양국관계는 비교적 순탄한 편이었다. 미중관계가 복병을 만난 셈이었다. 삐걱거리던 양국관계는 1999년 11월 미중 간 WTO 가입협상이 타결됨으로써 복원되기 시작했다.

지금도 중국 내에서는 여전히 중국정부가 세르비아 정보요원들을 대사관에 숨겨준 사실을 미국이 알고 '오폭'을 가장해 의도적으로 폭격한 것이라는 '음모론'이 남아 있다고 한다. 반면 미국 쪽에서는 중국정부가 '미국의 오폭'을 빌미로 민족주의를 자극해 톈안먼사건 10주년 등 내부 불안요소를 '외부의 적'인 미국에 돌리려고 한 것 아니냐는 분석이 강하게 남아 있다.

대담자　당신이 클린턴 행정부에서 중국 담당 부차관보로 근무하던 1999년 5월 미국 전투기가 유고슬라비아 베오그라드 주재 중국대사관을 폭격한 사건이 있었다. 당시 사건에 대해 미국은 우발적이었다고 이야기했지만, 중국 일부에서는 여전히 그 사건을 미국이 고의적으로 저질렀다고 믿는 것 같다. 당시 상황을 좀더 자세히 듣고 싶다.

셰크　그 사건이 어떻게 발생했는지 전모를 알고 싶은가? 당시에 나는 다른 부처들과 협조하면서 사고 수습과 조사, 중국 쪽에 설명하는 일 등을 담당했다. 그건 정말 미국이 저지른 터무니없는 실수였다. 그런 일은 일어나지 말았어야 한다. 나는 지금도 그것이 실수였다고 전적으로 확신한다. 그 사건에 대해 우리는 구체적으로, 또 아주 정확하게 중국에 설명했다고 생각한다.

그러나 나를 좌절하게 만드는 것은 지금까지도 미국정부 웹사이트에서 그 사건에 대한 중국어로 된 설명을 찾기가 어렵다는 점이다. 나는 왜 아직도 중문으로 된 설명이 게재되지 않느냐며 주중 미국대사관에 꾸준히 문제제기를 하기도 했다. 미국의 공식적인 설명도 그 사건에 대한 기록물의 일부가 되어야 한다. 누군가 그 사건을 인터넷으로 찾아보려고 할 때, 처음 하는 일은 미국정부의 설명을 찾는 일일 것이다. 지금 인터넷에서 가장 쉽게 찾을 수 있는 정보는 당시의 폭격이 단순한 사고가 아닐지도 모른다는, 미디어를 통해 유포된 유럽 쪽의 음모론적 생각이다. 정말 불쾌한 일이다. 아마도 내 개인 웹사이트에 미국 쪽 중문 설명을 게시해야 할 것 같다. 그것이 내가 해야 할 일인 것 같다.

어찌됐든 중국대사관 폭격은 악몽이었다. 중국대사관을 파괴하고, 그 안에 있던 사람들을 죽거나 다치게 한 것은 전적으로 미국의 책임이다. 그러지 않아도 미중 간에 신뢰를 쌓는 일은 어려운데, 이런 어처구니없는 끔찍한 일이 일어났으니 더 말할 나위가 없었다.

나를 비롯해 케네스 리버설 등 우리 동료들은 사건이 발생하자마자 우리가 과감하게 사죄할 필요가 있다고 생각했다. 특히 중일관계를 보면서 국제정치학에서 사과문제가 얼마나 강력한 요소인지 인식하게 되었다. 따라서 미국이 분명히 끔찍한 잘못을 했고, 따라서 대통령부터 그 아래 관료들까지 사과해야 한다고 보았다.

하지만 중국은 클린턴 대통령의 전화를 받지 않으려 했고, 우리는 좌절했다. 매들린 올브라이트 국무장관이 직접 미국 주재 중국대사관으로 달려가기도 했다. 우리는 베이징 주재 미국대사관에 조기를 내거는 등 상징적으로 사과를 표시할 수 있는 모든 행동을 했다.

대담자 미국의 적극적인 해명과 사과에도 불구하고 당시 중국정부는 상당히 강경한 태도를 취했던 것으로 기억한다. 당시 중국정부가 그렇게 행동할 수밖에 없었던 특별한 이유가 있었다고 보는가?

셔크 중국 쪽 행보가 몹시 인상적이었다. 중국정부는 자국 여론이 자신들을 비난하지 않을까 우려했다. 중국이 너무 약하다보니 미국이 중국의 대응이 어떠할지 개의치 않고 대사관을 폭격할 수 있었다는 그런 비난 말이다.

중국정부는 정치적 자기방어 논리에 따라 행동했다. 예를 들면 학생들에게 버스를 대절해주고는 톈안먼이나 중난하이(베이징 내 호수로, 중국의 최고위층의 집단 거주지역이자 집무공간)가 아니라 미국대사관으로 가서 시위를 하도록 했다. 그것이 중국정부의 분명한 주안점이었다. 다른 도시에서도 마찬가지로 미국영사관 앞에서 시위가 이루어졌다. 중국정부는 방관했고, 결국 학생들이 미국대표단에 화염병이나 벽돌 등을 던지는 상황에 이르렀다. 다른 말로 하면, 위기 때는 대내적으로 자신들을 방어하는 것이 중국 지도부의 최우선적인 관심사라는 것이다. 내가 『판도라의 상자 중국』이라는 책을 쓰게 된 주요한 이유 중의 하나도 이런 것이 중국 외교정책의 맥락을 파악하는 데 중요한 점임을 알려주기 위해서였다.

그 사건 이후 미국이 공식적 수준에서 중국과 신뢰를 재구축하고 외교적으로 다시 관여하는 데까지는 상당한 시간이 걸렸다. 중국은 6개월 이상 거의 모든 외교적 만남이나 회의를 취소했다. 이로 인해 1999년 11월까지 중국의 WTO 가입 협상이 지체되었다.

흥미로운 점은 중국이 거의 모든 접촉을 끊었음에도 미국과 계속 이야기하고 싶어하는 것이 한가지가 있었는데, 그게 바로 북한문제였다는 것이다. 그건 정말 흥미로운 일이다.

취약한 초강대국

대담자 당신의 책 『판도라의 상자 중국』을 읽고 놀라는 사람들이 있을 것 같다. 미국 쪽에선 중국을 '취약하다'고 평가한 것에 놀랄 것 같고, 중국 쪽에선 자신들을 '초강대국'이라고 평가한 것에 놀랄 것 같다. 중국이 취약하다면 어떤 점에서 취약하다고 보는가?

셔크 미국에서도, 일반인들은 아니지만 적어도 정책집단 사이에서는 중국 내부의 취약성에 대해 이제 잘 이해하는 것 같다.

예를 들어, 2012년 중국에서 최고위층 내부의 갈등, 즉 보 시라이(薄熙來) 사건[9]이 터졌을 때 이런 이야기를 들었다. "사람들이 이제 당신이 몇년 전에 쓴 책과 비슷한 관점으로 중국을 보고 있어"라고 말이다. 나는 그 책에서 톈안먼사건이라는 쓰라린 경험의 결과로, 즉 공산당이 거의 붕괴 직전까지 간 경험으로 인해 중국공산당 지도부가 가장 우려하는 세가지가 생겼다고 주장했다. 첫째, 지도부 분열의 공개화를 막는 것, 둘째, 대규모 시위나 소요를 막는 것, 셋째, 군의 충성을 유지하는 것이다. 그런데 보 시라이 사건은 톈안먼사건 이후 실질적으로 지도부 분열이 공개된 첫번째 사례였다.

중국 쪽 입장에서 보면, 중국이 자신의 금융씨스템 덕분에 2008년 세계 금융위기의 영향을 다른 나라보다 덜 받았고, 또한 금융위기를 빨리 극복해냈다는 점은 분명한 사실이다. 다른 나라들이 경기후퇴를 겪거나 전혀 성장하지 못하고 있을 때, 중국은 대규모 경기부양을 통해 빠르게 성장했다.

금융위기와 그후의 극복과정은 중국 내부에 자신들의 '위대한' 체제에 대한 어느정도의 승리감을 심어주었다. 민주주의 국가들도 할 수 없는 일을 자신들은 해낼 수 있다는 그런 감정 말이다. 상대적으로, 금융위기의 책임이 미국의 금융규제 씨스템에 있었기 때문에 미국 모델의 위신은 추락했다. 미국 조사기관인 퓨센터(Pew Research Center)의 여론조사 결과를 보면 흥미로운 부분이 있다. 2009년과 2010년에 한시적으로 중국은 이미 자신들이 세계에서 가장 강력한 경제력을 갖고 있다고 생각했다. 그러나 몇년 뒤, 그렇게 응답한 비율은 다시 금융위기 이전의 수준으로 떨어졌다.

이제 중국 내부에서도 국내적으로 직면한 난제들에 대한 경각심이 늘고 있다. 부패문제나 국영기업들의 주도권 증대 또는 중국의 혁신을 방해하는 문제들, 즉 하향식 명령체계라든지, 제대로 운용되지 않는 산업정책 등 말이다.

마지막으로 한가지 더 말하고 싶은데, 2010년 즈음 중국 안에서 등장했던 승리감은 꽤 줄었다. 이제 중국인들도 미국 씨스템의 강점과 중국 씨스템의 약점에 대해 아주 현실적으로 이해한다.

대담자 마지막으로 당신이 동아시아에 관심을 갖게 된 계기는 무엇인지 이야기해달라.

셔크 고등학교를 졸업하자마자 교환학생으로 일본을 방문해 일본인 가정에서 생활한 적이 있다. 그때까지만 해도 아시아에 대해 공식적으로 교육을 받아본 적이 없었다. 일본인 가정에서의 경험은 짜릿했다. 그 집 가족들의 삶에 강렬한 인상을 받았다. 아니 매혹되었다. 작은 정원에서부터 꽃 장식에 이르기까지 심미적으로 매혹되었고, 그들의 아주 소박한 삶에서 우러나오는 아름다움에도 끌렸다. 그건 정말로 이국적이고 색다른 경험이었다. 내가 배웠던 서구문명보다 결코 뒤떨어지지 않았다.

제임스 클라벨(James Clavell)의 소설 『쇼군』(Shogun)을 보면 선장이 야만적 문화를 찾기 위해 일본에 갔다가 자신들보다 뛰어난 문화를 발견했다는 이야기가 나오는데, 내 경험이 꼭 그러했다. 그래서 나는 아시아의 역사와 정치에 대한 수업을 듣기 시작했고, 그러다가 중국에 몰두하게 되었다.

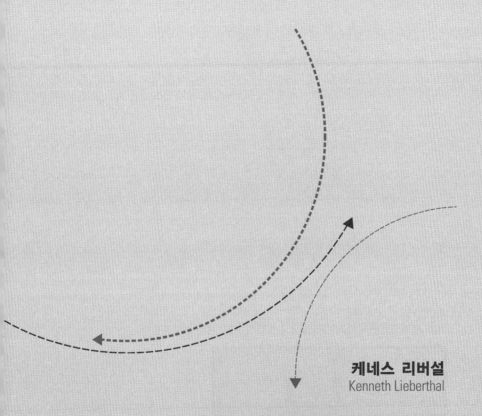

케네스 리버설
Kenneth Lieberthal

미중은 '신형 대국관계'를
만들어낼 수 있을까

케네스 리버설 Kenneth Lieberthal(1943~)

전 백악관 국가안보회의(NSC) 아시아 담당 선임국장
현 브루킹스연구소 외교정책 및 글로벌 경제·개발 담당 선임연구원

인터뷰 진행이 중반을 막 넘어설 무렵인 2013년 4월 17일, 브루킹스 연구소에 위치한 케네스 리버설의 사무실에서 그를 만났다. 그는 백발에 인상이 다소 차갑고 날카로웠는데 "반갑다" "인터뷰에 응해줘서 고맙다" 따위의 의례적인 인사에 이어 내게 하는 일과 직책을 물었다. 한국인이 미중관계에 관심을 갖는 것 자체가 그에게 호기심을 불러일으킨 것 같았다.

리버설은 지금까지 중국문제에 관한 24권의 저서를 펴낸, 미국 내 '최고의 중국 전문가' 가운데 하나로 꼽힌다. 평판에 걸맞게 그는 미중관계, 인민해방군의 위상과 역할, 중국의 속내, 환태평양경제동반자협정(TPP), 기후변화 등 미중 간 거의 모든 사안에 대해 준비된 듯 명쾌하면서도, 긴 답변을 내놓았다.

리버설은 클린턴 행정부 때인 1998~2000년 백악관 국가안보회의(NSC) 아시아 담당 대통령 특보 및 선임국장을 지낸 경력을 제외하고는 1983년부터 2009년까지 미국 중부의 미시간대학에서 중국문제를 가르쳤다. 뒤늦게 그는 다시 교수생활을 접고 브루킹스연구소로 자리를 옮긴다. "정책에 대해 좀더 영향력을 미칠 수 있"기 때문이라고 하는데, 싱크탱크가 워싱턴에서 차지하는 위상을 잘 보여주는 대목이라 할 수 있다. 워싱턴의 대중국 정책에 대한 '불만'도 이직을 결심하게 된 요인으로 보인다. 그는 인터뷰 중간에 미 행정부 내 차관보 급 관료들의 중국 체제 이해 수준이 피상적이라고 지적했다. "중국의 정책결정 과정을 실제보다 더 과도하게 전략적이고, 중앙집권적이며, 원칙적이고 통합적으로 바라보려는 경향"이 있다는 것이다. 그의 이런 비판은 날카롭다.

중국 및 미중관계 문제에 천착해온 리버설은 최근 미중 간 '전략적 불신'을 해소하는 방법 연구에 관심을 두고 있다. 2009년 말부터 2010년 사이 1년여간 미중 간 갈등이 전례없이 최고조로 치달으면서 '전략적 불신'은 양국의 최대 화두가 되었다. 이에 리버설은 2012년 3월 왕 지쓰(王緝思) 당시 베이징대학 국제관계학원 원장과 함께 「미중 간 전략적 불신 해결하기」(Addressing U.S.-China Strategical Distrust)라는 유명한 보고서를 낸다. 2012년 중국 지도부의 세대 교체, 그리고 미국의 대선을 겨냥한 일종의 정책보고서였다.

리버설과 왕 지쓰는 '전략적 불신'을 "양국의 장기적 의도에 대한 상호 불신"으로 규정한다. 중국이 보기에 미국의 궁극적 목표는 글로벌 헤게모니를 유지하는 것이라서, 미국이 중국의 부상을 억제하거나 심지어는 무너뜨리려 든다고 의심할 수밖에 없다. 반면 미국은 중국이 미국과의 관계를 장기적으로 제로섬 게임, 즉 대립과 경쟁관계로 보고 있다고 생각한다. 특히나 미국은 아시아를 가장 중요한 미래 이해관계 지역으로 여기고 있어 아시아에 대해 패권적 접근을 하는 중국의 행동에 민감하다.

리버설과 왕 지쓰는 미중 양쪽이 주요 현안에 대해 상대방의 입장을 비교적 잘 알고 있고, 최고위급 지도자들도 자주 만나며, 매년 60차례 이상 정부 간 대화를 해오고 있음에도 '장기적 의도'와 관련해서는 왜 신뢰를 쌓지 못하는지에 대해 분석했다.

전략적 불신이 싹트는 근본적인 세가지 원인으로, 첫째는 정치적 전통과 가치체계 및 문화의 상이함, 둘째는 정책결정 과정 등 상대에 대한 불충분한 이해, 셋째는 미중 간 힘의 차이가 좁혀지고 있다는 인식을 들었다. 저자들은 첫번째 요소는 구조적이고도 뿌리가 깊어 큰 변화를 끌어내기가 쉽지 않을 것이라 보았다. 그렇기에 두번째와 세번째 원인을 해소하는 편이 현실적이며, 각국의 국내 상황에 대한 이해를 높이고 국제적인 사업에서 양자 간 그리고 다른 국가들과의 협력을 증진시킴으로써 전략적 불신을 해소해야 한다고 주장한다. 이를 위해 저자들은 "전략적 불신을 의미있게 해결하는 것은 아주 어렵지만 그렇다고 불가능하지는 않다"는 믿음으로 경제 및 무역, 군사전략, 사이버안보, 다자대화 등의 영역에서 미중이 함께할 수 있는 다양한 정책 구상들을 내놓았다.

저자들이 이 보고서의 군사전략 분야에서 한반도문제를 언급한 점은 눈여겨봐야 할 대목이다. 장기적인 한반도 미래의 가능성에 대한 상호토론을 통해 한반도의 미래에 대한 미중 각각의 목표를 설명하고, 상호 합의된 결과를 달성하기 위한 새로운 구상들을 만들 수 있다고 썼다. 저자들이 남북한 정부에 '지시할 수 있는' 미중의 합의안을 만들자는 제안은 아니라면서 조심스러워하고 있지만, 장기적인 한반도 미래의 가능성이란 실질적으로 북한 급변사태나 통일을 지칭한다. 저자들은 이 보고서에서 제시된 구상들에 대해 모두 합의한 것은 아니라고 밝혀, 한반도문제에 대한 언급이 저자들 간 합의된 것인지, 아니면 어느 한쪽의 제안인지는 확인할 수 없다. 하지만 북한문제를 미중 간 전략적 불신을 야기하는 주요 요인으로 보는 워싱턴의 기류를 반영한 것은 틀림없어 보인다.

사실 리버설은 한반도문제 전문가는 아니다. 인터뷰 요청서를 보내자 그는 "한반도문제에 대해서는 질문하지 말아달라"는 조건을 달았다. 그렇다고 해서 그가 한반도문제에 전혀 관여하지 않았던 것은 아니다. 한국언론에 상대적으로 덜 알려졌을 뿐이다. 백악관 NSC에 근무하던 1999년 5월 윌리엄 페리(William Perry) 대북정책 조정관이 이끄는 방북팀의 일원으로 북한을 방문하기도 했다. 미국정부의 대북정책 전반에 대한 정책보고서인 이른바 '페리 보고서'를 작성하기 위한 방북이었다. 그러나 그는 이후에 북한 관련 언급은 거의 하지 않았고, 아주 간혹 언론에서 언급된 북한에 대한 코멘트는 부정적인 평가를 바탕으로 한 '붕괴론' 등의 시각을 보여주었다.

미중 간 전략적 불신과 해소 방안

대담자 당신은 2012년 왕 지쓰 전 베이징대학 국제관계학원 원장과 함께 미중 간에 전략적 불신이 싹트는 이유와 해소 방안에 대한 유명한 보고서를 낸바 있다. 일단 보고서의 내용을 간단히 소개하는 것으로 인터뷰를 시작하는 것이 좋을 듯하다. 양국 간에 전략적 불신이 싹트는 이유와 관련해 중국 쪽 요인과 미국 쪽 요인을 짚어보자.

리버설 중국 쪽 요인을 살펴보면, 정책결정의 배경에 어떤 근거들이 있고 누가 그런 결정을 내렸으며 그런 결정을 입안하는 데 관여한 행위자들이 누구인지 미국으로서는 정확히 알 수가 없다. 그렇기 때문에 정책결정에 반영된 상대방의 의도와 전략적 계산을 이해했다는 확신이 없다. 물론 어떤 정부도 100퍼센트 투명하지는 않지만, 상대적으로 중국은 분명 더 그렇다.

두번째로 미국 쪽 문제가 있다. 미국의 이른바 '정책 수준 관료들'을 살펴보면, 중국의 정치체제를 공부한 사람이 아무도 없다. '정책 수준 관료'란 위아래로 보좌 역할을 하는 차관보 급이라고 정의할 수 있을 텐데, 중국에 대한 그들의 이해 수준이 피상적이다. 그러다보니 중국의 정책결정 과정을 실제보다 더 과도하게 전략적이고 중앙집권적이며, 원칙적이고 통합적으로 바라보려는 경향이 생긴다.

따라서 문제는 두가지다. 우선 중국체제 자체가 투명하지 않다. 그리고 국제무대에서 중국을 상대해온 미국의 고위급 정책결정자들이 아주 똑똑한 사람들임에도 중국체제를 이해하는 데 몰두해본 적이 없다는 점이다.

대담자 중국 입장에서 보면, 미국의 정책결정 행위자들이 워낙 많고 의사결정 과정이 복잡해 이해하기 힘들 것 같다.

리버설 언뜻 대통령, 국무장관, 국방장관, 국가안보 보좌관, 차관보 등의 발언이 의회나 기업, 유권자 등 미국의 주요 행위자들과는 무관해 보일 수 있다. 그렇게 보는 중국인이라면 미국의 정책결정이 아주 매끄럽게 이루어진다고 생각할 것이고, 주요 행위자들의 영향을 진지하게 고려할 때와는 완전히 다르게 해석할 수 있을 것이다.

백악관에서 일해본 경험에 비추어 보면, 대통령은 절대 협소하게 정의된 외교정책에만 기초해 정책결정을 내리지 않는다. 이 점을 도외시한다면 그것이야말로 큰 문제다.

미국의 정책 수준 관료들이 중국체제를 모르듯, 중국의 정책 수준 관료들도 미국체제에 대해 무지하다. 마찬가지로 중국에도 하위 관료 중에는 미국 전문가들이 있다. 그들은 미국체제가 어떻게 작동하는지 아주 잘 이해하고 있다. 그러나 자신들의 윗선인 정책 수준 관료들에게 접근하기가 실질적으로 어렵다. 그것이 문제다.

대담자 아시아 회귀 또는 재조정 정책이 중국에 전략적 불신을 심어줄 것이라는 우려가 있다. 아시아 회귀의 실제 내용이 중국에 대한 불신을 담고 있는 것인지, 중국의 오해인지 논란이 많다.

리버설 아시아 회귀에 대한 백악관의 견해와 중국의 이해 간에 차이가 있다. 그 차이를 두개의 핵심단어, 즉 '아시아'와 '회귀'로 요약해보겠다.

백악관은 아시아정책을 '회귀' 대신 '재조정'이라고 부른다. 회귀는 국무부에서 사용한 용어다. 백악관은 그 용어의 사용을 격렬하게 반대했지만, '회귀'는 '재조정'이라는 말보다도 더 그럴싸하게 들린다. 아무튼 백악관은 이 전략이 아시아권에 대한 것이라는 견해를 갖고 있다. 그리고 이 전략의 중심에는 중국이 있다. 중국이 아시아의 중심이기 때문에, 당연히 이 전략의 중심에 중국이 존재한다.

중국에 대한 전략이 핵심적인 요소가 되지 않는다면 진정한 대아시아 전략이라 볼 수 없다. 회귀 또는 재조정 전략의 목표는 현재 진행 중인 아시아의 경제통합 과정이나 활성화를 안보 이슈들이 방해하지 않도록 하는 것이다. 장기적으로 그런 상황을 조성하고, 미국이 그 과정에서 핵심 역할을 하는 것이다. 다시 말해 전통적 안보 이슈들이 아시아에서 진행되고 있는 바람직한 상황들을 방해하지 않도록 안보환경을 조성하고, 미국이 이 과정에서 아주 적극적인 행위자가 되는 것이다. 그렇게 되면 미국은 분명 아시아 경제 성장에 따른 최대 수혜국 중 하나가 될 것이다.

중국은 이 구상의 한가운데에 있다. 아시아의 모든 국가들이 다른 어떤 나라보다도 중국과의 교역을 원한다. 한국의 경우도 중국과의 교역량이 미국, 일본과의 교역량을 합친 것보다 많다. 이렇게 본다면 백악관의 전략은 정말 수긍이 가는 접근법이라고 할 수 있다.

그러나 중국은 이 전략에 대해 자신들이 중심에 있다고 이해하기보다는 과녁이 되고 있다고 생각한다. 즉 재조정 전략을 중심으로 한 미국의 상당수 정책이 중국의 부상을 억제하거나 지연시키고, 잠재적으로는 방해하는 것이라고 이해한다. 미국과는 완전히 다르게 이해하고 있는 셈이다.

미국이 실제로 달성하려고 하는 목표가 무엇인지에 대한 이토록 상이한 중국의 이해로부터 어떤 교훈을 얻을 수 있겠는가? 우선 백악관이 행정부 전체의 메시지 관리에 보다 규율을 잡을 필요가 있다고 본다. 케리 국무장관이 이끄는 지금의 국무부가 이 경우에 해당할 것이다.

또한 중국인들은 경각심을 주는 말에 귀를 기울이는 경향이 있다. 그러고는 '그것이 실제 미국에서 진행되는 일이야'라고 받아들인다.

대담자 미국 역시 중국의 의도와 전략에 대해 완전히 다르게 이해하는 경향이 있지 않나?

리버설 비슷한 경향을 보이는 미국인이 제법 있다. 미국에서 크게 주목받은 기사를 중국인에게 들려주면, 그들은 이렇게 되묻는다. "그 기사는 어디서 읽은 겁니까? 중국정부의 무게가 실린 의사결정과는 전혀 동떨어진 이야기인데요." 해당 기사는 어느 인민해방군 장군의 말을 인용했는데, 그는 자극적인 논평을 한 후 그것이 언론에 인용되도록 하는 데 관심이 많은 인물이다. 중국 언론매체가 그것에 대해 댓가를 지불하고 말이다. 그에겐 일종의 부업인 셈이다. 즉 두 체제 모두 문제가 있다. 문제의 일부 원인은 메시지 통제와 관련되어 있지만, 그것을 넘어서는 문제이기도 하다.

대담자 그렇다면 전략적 불신을 넘어설 방법은 있는가? 당신의 구상은 무엇인가?

리버설 중요한 이슈라면 우리 쪽에서 일련의 구상들을 준비해 중국 지도부에게 제시할 필요가 있다. 또한 그 구상들은 의회의 조처 없이도 대통령이 단독으로 수행할 수 있어야 한다. 사안이 의회로 넘어가면 어떤 형태로 바뀔지 아무도 모르기 때문이다. 당연히 그 구상들은 미국의 이해에 부합되어야 한다.

시 진핑 주석도 자신이 독자적으로 운신할 수 있는 목록을 제시하면 된다. 미국은 그것이 미국의 이해관계와 부합된다면 그 일을 하면 된다.

이는 협상을 통해 공동성명을 만들자는 것이 아니다. 약간의 협상을 거쳐 각자가 실행할 수 있는 일련의 분명한 이해 목록을 만들자는 것이다. 그 목록을 이행하는 과정에서 양쪽이 어느정도 신뢰와 믿음을 구축하게 될 것이다. 나는 미중이 그런 노력을 해야 한다고 생각한다.

다만 이런 아이디어가 실현될 경우 중국이 아니라 미국이 주도권을 쥐어야 한다. 중국은 포괄적이고 혁신적인 제안들을 내놓을 만한 능력이 없다. 제안에 반응하는 능력은 뛰어나지만, 제안을 주도하는 데 따른 인센티브를 제공하지는 않기 때문이다. 따라서 미국이 제안을 주도하고 중국에는 거기에 대응할 여지를 주는 식이 되어야 한다. 그렇게 되면, 중국이 의제 설정을 맡지 않는다는 점에서 미국에 유리하다.

그다음에는 중국이 책임감 있게 행동하는지 지켜보면 된다. 중국이 도중에 못하겠다고 해도, 미국이 잃을 것은 없다. 미국은 선의를 보였고, 손해를 볼 만한 행동은 하지 않았다. 다만 중국이 미국이 제안한 의제들을 실행한다면 보다 좋을 뿐이다. 중국의 새 지도부와 초기부터 건설적인 방향으로 일을 진행해나갈 수 있어 관계를 전진시키는 데 제법 적당한 경로이기 때문이다.

따라서 우리는 이런 종류의 작업을 해야만 한다. 그리고 앞으로 이러한 작업을 하는 것이 이상적이다. 이런 작업을 통해 중국의 새 지도부에게 그들이 미국의 의도를 오해해왔으며, 이해 방식도 그릇되었다는 점을 알려줄 수 있다.

그럼에도 중국이 미국의 의도에 대해 잘못된 독해를 한다면 어떻게 해야 할까? 다시 말해 중국 측에서 미국이 중국의 정당한 야망 실현을 막고 있으니 중국이 자신의 야망을 실현하는 유일한 길은 미국을 약화시키는 것뿐이라고 한다면 어떻게 해야 할까?

그렇다면 중국이 미국을 약화시키지 못하도록 확실하게 준비하면 된다. 그렇지 않나? 그러나 그런 야망은 양쪽에 엄청난 직접적 비용을 치르게 할 것이다. 따라서 그런 위험을 감수할 만큼 어리석은 사람은 없다.

동시에 좀더 만족스러운 결과를 창출하기 위해 궤도를 수정할 방법은 찾지 않고, 나쁜 결과물을 앞서 가정하는 것도 어리석은 짓이다. 너무나 상식적인 이야기지만, 정책을 하다보면 상식이 중심에 놓이지 않는 경우도 있다.

중국 내부 문제와 중진국 함정

최근 중국이 '중진국 함정'(middle income trap)에 빠지는 것 아니냐는 우려가 중국 안팎에서 나오고 있다. 경제 개혁·개방 이후 연평균 10

퍼센트에 가까운 초고속 성장을 구가해온 중국의 국내총생산(GDP)이 최근 들어 7퍼센트대로 하락했기 때문이다.

중진국 함정이란 2006년에 국제통화기금(IMF)이 제시한 개념으로, 개발도상국이 경제발전 초기에 순조로운 경제성장세를 보이다가 중간 소득국가 단계에서 성장력을 상실해 고소득국가에 이르지 못하고 중진국에 머무르거나 다시 저소득국가로 후퇴하는 현상을 말한다. 일반적으로 중진국 함정은 개발도상국의 급속한 경제성장 과정에서 물가상승 가속화, 인건비 및 토지 비용 상승, 빈부 격차의 심화 등으로 조금씩 내재된 문제들이 외부적으로 드러나면서 발생하게 된다고 알려져 있다.

중국이 중진국 함정에 빠질 가능성에 대한 논란 역시 초고속 성장 과정에서 빚어진 도시와 농촌 간의 소득 격차 확대, 인건비와 지대 등 생산비용의 상승, 다각화되지 못한 산업, 과도한 설비투자, 급속한 고령화와 소득 불평등 문제 등이 주요 쟁점이 되고 있다. 이런 사회적·구조적 문제점이 해결되지 못하면 효율성이 떨어지고, 경제 발전이 느려질 수밖에 없다. 1960~70년대 중남미의 브라질, 아르헨티나, 베네수엘라 등이 전형적인 중진국 함정에 빠진 것으로 평가되었고, 한국도 최근 저성장을 맞아 중진국 함정에 빠진 것 아니냐는 우려가 있다.

대담자 중국정부에게 경제성장은 일종의 정통성의 원천이다. 그러나 최근 들어 경제 성장률이 이전보다 떨어지고 각종 사회문제가 발생하면서 중국이 이른바 '중진국 함정'에 빠지는 것 아니냐는 우려가 나오고 있다.

리버설 중국도 중진국 함정에 빠질까? 사실 아무도 모른다. 그러면 중진국 함정에 빠질 수 있다는 것은 설득력 있는 이야기인가? 설득력이 있다. 다만 중국이 올바른 조처들을 취한다면 그렇게 되지는 않을 것이다. 그러나 올바른 조처라는 것이 여간 힘든 것이 아니다. 중국은 공식적인 일련의 경제적 목표와 전략을 채택했는데, 그것을 잘 수행하면 중진국 함정을 피할 수 있는 실질적인 가능성이 있다. 그러나 문제는 그것을 실행할 능력이다. 지금까지는 중국이 능력을 충분히 보여주지 못했다고 생각한다. 새 지도부가 전임자보다 이 문제를 더 잘 해결할지는 향후 1~2년 안에 알게 될 것이다.

올바른 조처를 실행하지 않으면, 중국은 심각한 어려움을 겪게 될 수 있다. 언제든지 어떤 형태로든 위기가 발생할 수 있다는 이야기다. 미국도 2008년 금융위기로 그런 교훈을 배웠지 않나. 예를 들어, 중국에는 엄청난 규모의 정부보증채권이 있다. 사실 액수가 얼마나 되는지 아무도 모른다. 1조달러가 넘는 것은 확실하고, 3조달러가 넘을 수도 있다. 실로 엄청난 돈이다. 심지어 지방정부채권만 따져봐도 이 정도 규모다. 게다가 정부보증채권의 종류도 다양하다.

물론 가까운 장래에 위기가 있을 것 같지는 않고, 위기가 있더라도 중국이 관리할 수 있을 것이다. 중국의 실질적 위기는 그 세부사항은 다를지라도, 개념적으로는 미국이 직면한 현실적 위기와 아주 유사하다. 미국이 지난 몇년간 배운 교훈은 우리가 수년 동안 해온 조처들이 지속 가능하지 않다는 점이다. 물론 지금도 진행 중인 조처들을 보면 3~4년 정도는 유효한 듯하다. 몇년 동안 미국정부가 부채를 통해 경기부양을 했기 때문에 당분간 수렁에 빠지지는 않을 것이다. 그러나 그것도 10년이면 바닥을 드러낼 것이다. 또한 정부 재정수입과 지출 곡선을 조정하지 못한다면, 부채 수준이 너무 높아져 우리의 미래에 심각하고도 지속적으로 부정적인 영향을 미칠 것이다.

우리는 정부 재정수입과 지출 곡선이라는 두 곡선을 조정할 필요가 있다. 또한 어떻게 해야 하는지도 안다. 단지 지속적으로 그런 조처를 취해야 한다는 합의를 이끌어낼 정치적 의지가 없을 뿐이다. 이를 잘 해낸다면 전망은 밝다. 그러지 못할 경우 전망은 비참하다. 아마도 우리는 그 사이 어딘가쯤에 위치하게 될 텐데 양극단 사이의 어디에 위치하느냐가 중요하다.

중국도 마찬가지다. 중국 역시 도달해야 할 종착지, 즉 경제구조의 변화 필요성 등을 알고 있다. 그것도 아주 명확하게 알고 있다. 설령 종착지에 도달하기 위한 전체적인 경로는 모를지라도, 일부는 알고 있다. 솔직히 말하면 중국이 해야 하는 일들은 미국이 해야 하는 일들보다 훨씬 더, 아니, 엄청나게 어려운 것들이다.

어찌됐든 그것은 미국이 직면한 문제와 비슷하다. 내일 당장 중국 체제가 멈추지는 않을 것이다. 그러나 앞으로 10년 동안 중국이 대로로 가지 않는다면, 깊고 깊은 수렁 속으로 빠지게 될 것이다. 그들이 빨리 움직일수록, 또한 보다 혹독하게 조처를 취할수록, 사정은 더 나아질 것이다. 그러나 중국의 행보에는 위험이 도사리고 있을 것이다. 따라서 중국이 중진국 함정에 빠질 것이라고 단언할 수는 없지만 가능성은 있다.

대담자 만약 중국이 중진국 함정에 빠진다면, 이후로도 현 체제가 유지될까?

리버설 그럴 것이다. 솔직히 말하면 중국의 정치체제는 복원력이 강하다. 중국이 현재의 급속한 경제성장을 멈춘다면, 부패는 개선되고 투명성 및 여론의 요구에 대한 반응 등은 더 좋아질 것이다. 내 말은 경제적 성과는 적어도 장기간 강력한 정치적 리더십을 유지하는 국가가 많다는 뜻이다.

물론 그런 일이 자동적으로 또는 미세하게 조정되는 방식으로 일어나지는 않는다. 그것은 전적으로 상황에 달려 있다. 그러나 중국이 경제적으로 정체기에 들어선다면, 즉 임금은 높으나 생산성은 높지 않은 상황에 발목을 잡힌다면, 세계시장에서 중국의 역량은 상당히 달라질 것이다. 중국은 국제 노동 분업에서 잘못된 위치에 서게 되고, 많은 다른 국가들이 걸어간 잘못된 전철을 따르게 될 것이다. 즉 급격한 궤도이탈과 갑작스러운 정체 같은 것 말이다. 거대한 위기는 아닐지라도 정체라고 할 수 있다.

환태평양경제동반자협정(TPP)과 아시아 회귀

대담자 지금 동아시아에는 몇개의 무역기구들이 모색되고 있다. 한-중-일 자유무역협정(FTA)도 그중 하나다. 그러나 가장 큰 현안은 TPP일 것이다. 중국은 이를 자신들을 배제하기 위한 경제블록으로 여기고 있다.

리버설 미국 쪽의 진지한 행위자들이 생각했던 가장 이상적인 TPP 개념은 2013년까지 중국을 포함해 아시아의 모든 주요 행위자들이 회원국으로 참여하는 무역 및 투자 플랫폼을 만드는 것이었다. 그렇게 되면 투자를 촉진하고 무역비용을 절감할 수 있어 양자 간투자협정(BIT)이나 FTA를 여러개 맺는 것과 같은 결과를 산출할 수 있다고 보았다.

TPP는 그런 방향으로 가기 위한 초기 작업이다. 그러나 베트남을 포함시킴으로써 그간 추상적으로 논의해왔던 높은 수준의 협정이 되지 못할 것이라고 생각한다. 아니면 높은 수준은 유지하되 베트남만을 위한 예외 조항을 두거나, 일정한 유예기간을 두고 베트남이 그 수준에 적응하도록 해야 할 것이다. 아무리 봐도 베트남은 우리가 논의해왔던 플랫폼의 가입조건을 충족시킬 수 없기 때문이다. 물론 최종 협상 결과를 기다려봐야 한다.

그러나 어찌됐든 폐쇄적인 집단을 만들려고 한 것은 아니다. 사실 우리는 점차 다른 국가들도 이 협정에 매력을 느껴 가입에 필요한 변화를 이루어내기를 바란다. 중국이 WTO에 가입했던 것과 아주 유사한 방식으로 말이다. 중국의 WTO 가입 협상 당시 나도 교섭을 도왔는데,[1] 협상은 무척이나 어려웠지만 중국은 그 작업을 아주 잘 해냈다.

TPP도 똑같은 아이디어다. 우리의 희망은 궁극적으로 아시아태평양 지역에 있는 모든 주요 행위자들을 포함시키는, 진정으로 거대한 무언가를 만드는 것이다. TPP가 "이 협정에는 가입하고 저 협정에는 가입하지 마라"라는 식의, 다른 협정들과 경쟁하기 위한 것이 아니라는 뜻이다. 즉 각 국가가 내부 변화를 통해 현재 타결 과정에 있거나 타결된 협정에 참여하고, 계속해서 보다 포괄적인 협정으로 옮겨가도록 유도하려는 것이다. 보다 포괄적이고 높은 수준의 협정을 통해 우리가 성과를 낼 수 있다는 점에서 이 협정은 충분히 경쟁력이 있다고 본다.

대담자 장기적으로 한미 FTA 같은 수준을 염두에 둔 것인가?

리버설 그렇다. 한미 FTA가 적절한 사례다. 한미 FTA를 아시아 태평양 전역에 적용할 수 있다면, 아주 행복하고 만족스러운 상태를 누릴 수 있다. 이 지점에서 한국이 아직까지 TPP에 가입하지 않는 것은 정말 유감이다.[2] 한국은 이 협정에 쉽게 가입할 수 있고, 우리는 그러기를 바란다. 물론 당장은 국내 정치 때문에 가입이 어렵다는 것을 안다. 한미 FTA 때도 국내 정치적으로 매우 어려웠기 때문에 지금은 TPP를 논의할 여력이 없는 것 같다.

핵심적인 부분이 또 있다. 사람들마다 각기 다른 견해를 갖고 있지만, 나는 일본을 끌어들이는 것이 아주 중요하다고 생각한다. 일본은 이른바 '게임체인저'(game-changer, 특정 국면 전개에서 주요 역할을 하는 행위자)다. 일본이 높은 수준의 협정은 물론 TPP를 실질적으로 무력화할 수 있는 예외 조항을 두지 않는 쪽으로 서명할 경우, 이는 한국을 비롯해 거의 모든 아시아 국가들에게 훨씬 더 매력적인 협약이 될 것이다. 그렇게 되면 이 협정을 기반해 역내에서 상당한 무역과 투자가 발생할 것이고, 협정 참여국에 커다란 이익을 가져다줄 것이다. 그것이 바로 우리가 원하는 바다.

오바마 행정부의 대중국 정책과 미중관계

대담자 당신은 2012년 펴낸 책[3]에서 오바마 행정부의 초기 3년 동안의 대중국 정책에 대해 썼다. 책 내용을 간단히 소개해주겠는가?

리버설　우선 오바마 대통령은 백악관에 들어오기 전부터 이미 아시아 관련 전략을 재조정하겠다고 결심한 상태였다. 그가 미국은 중동에 지나치게, 그리고 어리석게 관여하고 있다는 관점을 토대로 선거유세를 했었다는 점을 떠올려보라. 9·11과는 상관없는 이라크전쟁에 관여해 엄청난 비용을 초래했고, 그에 따라 아프가니스탄전쟁과 현실 문제로부터 사람들의 관심을 멀어지게 했다며 '두개의 전쟁'에 깊숙이 관여한 것은 어리석었다고 이야기했다.

그는 그때 이미 아시아에 좀더 초점을 맞춰 균형을 잡고, 이라크전쟁을 종식시키는 것을 고려하고 있었다. 아프가니스탄전쟁에 대해서는 이라크전쟁과는 달리 '잘못된 전쟁'이 아니라 '올바른 전쟁'이라고 계속 강조했다. 그리고 아프가니스탄에서는 제대로 싸우지 않고 있으니 좀더 큰 노력을 기울일 필요가 있다고 했다. 그러나 실제로는 당시에도 '아프가니스탄 수렁'에 빠지지 않고 테러리즘에만 초점을 맞춰 필요한 일은 하되, 그뒤에는 빠져나오겠다는 생각을 갖고 있었다.

오바마는 중국에 대해서는 닉슨 대통령 이후 거의 모든 전임자들이 범했던 실수를 하지 않기로 결심했다. 그는 '전임자들이 중국에 너무 유화적이었으며, 오바마가 마을에 새로이 취임한 보안관이 될 것이다'라는 식의 선거유세는 하지 않기로 했다.[4]

오히려 중국과 우호적으로 임기 첫해를 보내고 싶어했다. 그는 정말로 그렇게 하기를 희망했다. 그리고 그 당시는 세계 금융위기로 중국과 우호적인 관계가 무척이나 중요했다. 주요 경기부양 프로그램에 대해 주요 20개국(G20) 멤버인 중국의 동의가 필요했기 때문이다.

그는 중국과 우호관계를 형성하기 위해 양국 간 긴장을 유발할 수 있는 몇몇 움직임들을 2010년까지 2년 정도 연기할 계획이었다. 특히 후 진타오 주석과 정상회담을 통해 우호적인 토대 위에서 미중관계의 추동력을 만들고 싶어했다. 코펜하겐 기후변화회의가 2009년 말에 있었는데, 오바마는 그 회의에 기대를 걸었다.

대담자 하지만 2010년 초부터 미국의 대만에 대한 무기 판매 발표와 달라이 라마의 백악관 방문 등으로 미중관계가 삐걱대기 시작하지 않았나. 좀더 거슬러 올라가 2009년 말 코펜하겐 기후변화회의 때부터 말이다.

리버설 오바마는 미중관계에 있어 대만에 대한 무기 판매나 달라이 라마의 백악관 방문 등을 기껏해야 '딸꾹질' 수준의, 약간 거북한 문제들을 처리했다고 생각한 것 같다. 그러나 그뒤로 그는 그런 문제들이 실제로는 딸꾹질 정도가 아님을 느꼈을 것이다. 중국이 최소한 미국 내 일부 전문가들이 예측했던 것보다 훨씬 강경하게 대응했기 때문이다.

여기에는 두가지 다른 요인이 작용했다. 첫번째는 2009년에 중국은 미국, 특히 자국 내 혼란을 관리하는 미국의 능력에 대해 신뢰를 잃었다. 2008년 이전만 해도, 중국은 좋든 싫든 미국이 세계에서 가장 유능한 국가라고 생각했다. 미국 씨스템의 강점 가운데 하나는 금융이다. 그런데 2008년에 그 시스템이 폭발했고, 세계적으로 최소한 북반구 쪽에 아주 심각한 위기를 야기했다. 2009년이 되어도 금융위기와 관련해 우리들조차 대체 무슨 일이 일어나고 있는 것인지 제대로 알 수 없었다.

중국인들은 이렇게 생각했다. "거품경제에 신경쓰지 않는다면, 거품이 터지기 전까지는 누구나 성공한 것처럼 위대해 보이는 거구나." 전에는 숨겨져 있던, 쉽게 번 돈으로 은폐되어 있던 미국 씨스템의 근원적 모순이 폭발했고, 씨스템이 깊은 수렁에 빠져 미국이 가파르게 하강세를 타고 있다고 중국은 생각했다. 그리고 이러한 미국과 달리 중국은 세계에서 가장 큰 규모의 경기부양 프로그램을 실시하며 위기를 관리했다.

미국의 미래에 대한 존경과 기대가 바뀌면서, 중국인들은 보다 거만한 자세, 혹은 최소한 미국에 대한 존경심이 줄어든 태도를 보이기 시작했다. 그리고 갑자기 모든 사람이 자신들을 쳐다보고 있다는 사실을 발견했다. 이것은 아시아에서뿐 아니라, 세계적으로도 보통 일이 아니다. 중국이 과거에 기대했던 그런 지위에 오른 것이다. 그러나 그들은 이런 갑작스러운 상황에 어떻게 대처해야 하는지를 몰랐다. 그리고 솔직히 말하면 잘 대처하지 못했다.

오바마 대통령은 중국의 이런 태도 변화를 보고 '음, 좋은 소식이 아니네'라고 생각했을 것이다. 중국의 태도가 이토록 달라질 줄은 그도 미처 예상하지 못했을 것이다.

대담자 오바마 대통령은 중국의 어떤 태도에 특히 불만을 표시했나? 그리고 그것이 중국에 대해 강하게 대응해야겠다는 오바마 행정부의 결심에 영향을 미쳤다고 보는가?

리버설 그 부분이 두번째 요인이라 할 수 있다. 오바마 대통령이 중국의 행동에 대해 화를 낸 분야는, 전략문제도 아니고, 영토문제도 아니다. 모든 나라들은 자기의 이해관계에 따라 전략이나 영토 문제를 지닌다. 그것이 국가가 하는 일이다. 실제로 오바마를 화나게 한 것은 중국이 세계에서 두번째로 큰 경제규모를 갖고 있으면서 중상주의체제로 운영되고 있다는 점이다.

이 점을 이해하려면 오바마 대통령이 취임 첫날부터 안고 있던 가장 큰 문제가 무엇인지를 염두에 두자. 그것은 경제를 다시 돌아가게 하고 일자리를 창출하는 것이었다. 그는 중국의 경제 및 무역관행이 미국의 일자리 창출을 어렵게 만든다고 생각했다. 중국이 미국의 경제성장과 경기회복 능력을 감소시키고, 결국 일자리를 빼앗고 있다고 보았다. 오바마는 그 문제로 몹시 화가 나 있었다. 그리고 그가 경제문제에 더 많이 관여하면 할수록 화도 더 많이 냈다. 보좌진들은 그가 사석에서 말할 법한 것들을 공개적으로 말하려는 통에 말려야 했다.

대담자 2010년 초 중국 쪽의 반응을 보면, 중국 외교부 성명이든 언론보도든 오바마 대통령을 직접 거론하며 비난한 것이 눈에 띈다.[5] 일련의 사건들에 오바마 대통령의 '의도', 즉 중국을 견제하고 억제하려는 의도가 개입되어 있다고 본 듯하다.

리버설 중국은 오바마 대통령이 이런 식으로 생각한다고 보고 있다. "미국은 넘버원이야. 중국은 넘버투야. 미국은 넘버투가 넘버원이 되려는 것을 막아야 해. 즉 세계의 모든 씨스템을 중국의 부상을 억제하는 쪽으로 운영해야 해. 미얀마문제도 꼬이게 만들고……"

그러나 이는 사실과 다르다. 오바마 대통령은 그런 관점에서 생각하지 않는다. 그건 사람을 완전히 잘못 본 것이다. 그는 미국의 성공이 일정 부분 중국이 일구어 내는 혁혁한 성과에 달려 있다고 개인적으로, 실제로, 정말로, 믿고 있다. 중국이 깊은 수렁으로 빠지면, 온갖 부정적 연쇄 효과가 생겨날 것이다. 중국이 뛰어난 성과를 거둔다면, 미국도 함께 보다 더 부유해질 수 있다. 또한 그는 게임의 규칙이 공정하다면 미국은 꽤 경쟁력이 있다고 생각한다. 실제 미국은 역동적이고 치열한 글로벌 환경에서 전반적으로 꽤 좋은 성적을 내왔다.

오바마 대통령이 백악관에 앉아서 중국을 어떻게 끌어내릴까 주판알을 튕기고 있지는 않다. 그는 정말 그러지 않는다! 하지만 중국의 경제 및 무역관행에 대해서는 적잖이 고민을 했다. 물론 미중관계의 퍼즐에서 경제 및 무역에 대해서는 사전에 전혀 인식하지 못했고, 마찬가지로 선거유세 기간 동안에도 이 점을 진지하게 생각하지 않았다. 그 부분은 선거운동과 거의 관련이 없었기 때문이다.

지난 몇년 동안 중국인들도 몇가지를 깨달았을 것이다. 첫째, 2010년 중국을 어리석은 생각으로 빠져들게 했던, 그런 평탄한 길은 당분간 없을 것이다. 둘째, 중국이 냉정을 되찾은 뒤 생각했듯이 중국이 2009년 상상했던 것보다 미국은 국제사회에서 훨씬 더 많은 발언권과 역동성을 갖고 있다는 점이다.

이제 이 문제를 바라보는 중국 내부의 생각이 비교적 균형이 잡히기 시작했으며, 수사도 변했다. 이러한 변화로 중국 내부 관점은 이제 제 궤도로 좀더 쉽게 돌아오게 되었다. 오바마가 대략 예상했던 지점으로 말이다.

대담자　중국체제에서 특히 불투명한 부분은, 아마도 인민해방군이 외교정책 결정에서 맡고 있는 역할과 관련된 것일 텐데, 인민해방군의 역할은 불확실하고, 중국 외교부의 역할은 상대적으로 다른 국가에 비해 약하다.

리버설　'외교정책 결정'이라는 말을 어떻게 정의하느냐가 중요하다. 중국의 외교전략을 결정하는 것을 의미한다면, 인민해방군은 거의 아무런 역할도 못한다고 생각한다. 중국에는 문민 리더십이 존재한다. 그것은 정말로 중요한 의미가 있다. 25명의 공산당 중앙정치국 위원 가운데 군인은 단 둘뿐이다. 게다가 그들은 의사결정의 핵심 기구라고 할 수 있는 7명으로 구성된 정치국 상무위원도 아니다.

중국 주석은 오바마 대통령처럼 군 통수권을 갖고 있다. 게다가 1960년대 후반, 즉 문화혁명의 중반 이후부터 인민해방군이 특별히 문민 리더십에 불복종하거나 아니면 문민 지도부의 뜻에 역행하면서 주도권을 쥔 사례가 있던가? 그런 사례가 없다. 따라서 인민해방군이 중국의 외교정책에 미치는 영향력은 우려할 바가 아니다.

오히려 강력한 문민 리더십이 있음에도 군에 대한 문민 감독기능이 아주 약하다는 점이 우려된다. 문민 리더십에 대한 인민해방군의 협조는 겨우 평균 수준이다. 그것이 가장 큰 문제다. 이에 따라 여러 문제가 야기될 수 있다. 다시 말해, 그에 따른 문제는 '깡패 같은' 인민해방군 때문이 아니다. 오히려 다양한 차원의 국제활동을 충분히 통합·관리할 수 있는 씨스템이 중국에 없기 때문이다.

예를 들어, 정책결정의 최고 단위를 놓고 미국 씨스템과 비교해보자. 오바마 대통령은 외교정책과 관련된 군사자원 문제를 다룰 때,

NSC를 통해 군사 부문을 통합적으로 처리한다. NSC 안에는 군사문제만을 전담하는 국장이 있고, 비확산문제를 다루는 국장이 있다. 또한 그들은 각각 지역 담당 국장이나 기능 담당 국장들과 충분히 통합적으로 연결되어 있다.[6] 즉 대통령 보좌진 수준에서 엄격하게 정책의 문민-군부 간 상호작용을 조율하는 매개기구가 있다.

워싱턴에서 포토맥강을 건너 버지니아 주 쪽으로 가다보면 국방부 장관실이 있다. 장관실 직원은 모두 민간인 전문가들로, 인원도 많다. 그들이 국방부를 운영한다. 즉 미국은 문민 리더십이 군인들을 통합적으로 관리할 수 있는 다층구조의 씨스템을 갖고 있다.

중국의 경우 후 진타오 전 주석은 군사 보좌관 1명을 데리고 있었다. 또한 그는 군인들을 직접 상대하면서 일을 처리했다. 후 전 주석은 다양한 경력을 쌓으며 젊은 시절을 바쁘게 보냈지만, 군 경력은 없었다. 시 진핑 현 주석도 후 진타오와 비슷하다. 인민해방군과의 유대관계, 친근감, 경력은 조금 더 나을지는 몰라도 그가 인민해방군에서 근무한 것은 1970년대 초까지로, 그러니까 그가 '어린애'였던 20대 초반의 일이다. 따라서 후 진타오와 똑같은 문제를 안고 있다.

오바마 대통령이 국방부를 운영하면서 군인들을 직접 상대해야 하고, 회의 스케줄이나 문서 출납 사실을 알려줄 군사 보좌관이 단 1명뿐이라면, 문제가 있지 않을까? 지금 중국의 씨스템이 작동하는 방식이 그렇다.

또한 중국 씨스템에서는 당이 정부와 군의 위에 있다. 그렇다면 당의 하위기구인 군은 누구에게, 몇명에게 복속되어 있고, 무슨 역량을 갖고 있는가?

정치국 상무위원회에는 정부 대표가 있다.[7] 그러나 군을 대표하는 상무위원은 오랫동안 없었다. 따라서 행정부와 군은 다르다. 그 점에서 군이 중국의 외교정책을 입안한다고 볼 수 없다.

그렇다면 군부가 무력 사용과 같은 문제에 대해 상의를 하는가? 물론이다. 하지만 내 생각에 군부는 '예산 싸움'에서 또한 광범위하게 당이 위임한 권한 속에서 자신들이 어떤 일을 해야 하는지 알아내는 데 보다 큰 역할을 수행한다. 예를 들어, 당 중앙군사위 위원장이자 총서기 겸 주석이 개인적으로 군사전략을 바꾼 경우를 생각해보자. '각 단위별 여건 아래서 집중화되고 정보화된 전쟁을 할 준비를 하라' '2008년까지 대만을 무력으로 정복할 수 있는 능력이 필요하다' 등 말이다. 군은 그 말이 군사작전상 무엇을 뜻하는지 잘 정리해서 자신들이 목표한 예산을 배정받는다. 그러고 나서 국방계약을 집행한다.

그러나 그것은 군이 정치국 상무위원회에 참석해 외교정책에 필요한 것이 무엇인지 이야기하는 것과는 전혀 다른 문제다.

대담자 어떤 전문가들은 동아시아에서 미국의 리더십이 계속 유지되어야 한다고 주장한다. 또 혹자는 미국이 미래에는 중국과 권력을 공유할 수밖에 없을 것이라고 말한다. 당신의 생각은 어떤가?

리버설 미국이 동아시아 지역에서 중국의 경제성장을 따라잡을 방법은 없다. 이러한 상황은 많은 부분에 영향을 끼칠 것이다. 지금과는 다른 정치를 해야 하고, 지금과는 다른 방식으로 이해관계를 조정해야 함을 의미한다. 그럼에도 미국이 아시아 지역에서 상당한 주도권을 쥐면서 결과물 도출에 큰 역할을 할 수 있다고 생각하느냐고 묻는다면, 내 대답은 '전적으로 그렇다'이다. 그것이 바로 정확하게 재조정이 의미하는 바이며, 현재의 미국과 미래의 미국을 연결시켜 주는 고리다. 그러나 그것은 미국이 동아시아에서, 중국식 용어로 하면, 헤게모니 권력을 쥐고 규칙을 제정한 뒤 동의하지 않으면 제재를 가하겠다고 말하는 것과는 완전히 다른 의미다. 그렇지는 않다.

그것은 주요 2개국(G2) 개념과도 아주 다른 것이다. G2가 될 만큼 미국이나 중국이 서로를 충분히 신뢰하지 않는다. 또한 G2라는 개념이 설득력 있을 정도로 양쪽의 이해관계가 그렇게 단일하지 않다. 게다가 G2끼리만 이야기할 경우, 가까운 동맹이나 우호국까지 포함해 모든 국가들이 미중 사이에 결정한 모든 것들을 약화시키기 위해 무슨 일이든 할 것이다. 다른 국가들은 G2라는 개념 자체를 싫어한다. 미국과 중국은 그런 사실을 충분히 잘 안다.

대담자 특히 일본이 G2 체제라는 말 또는 그렇게 굳어지는 현실을 싫어하는 것 같다.

리버설 모든 국가가 싫어한다. 한국도 싫어하지 않나? 따라서 '미국의 리더십이 유지될 것인가? 아니면 G2 체제가 될 것인가'라는 생각은 미국의 이상적인 대외정책이 무엇인지를 착각한 것이다. 미국의 이상적인 대외정책이란 역량을 갖춘 미국이 외교, 경제, 전통적 안보 분야에 적극적으로 관여함으로써 실질적으로 결과물을 산출할 수 있는 가능성을 높이는 것이다. 재조정 전략의 목적도 마찬가지다. 다시 말해 전통적인 안보 갈등이나 긴장이 아시아의 경제적 역동성을 손상시키지 않게 하는 것이 목적이다.

미국의 관점에서 보면 주도권을 쥐고 자원을 집중시키는 일로, 즉 동아시아에서 존재감을 보이면서 행동에 나서는 것이다. 지금까지 미국이 재조정을 통해 취해온 전략이 그렇다.

기후변화 문제에 대응하기 위한 정치 발전

대담자 당신은 코펜하겐 기후변화협약 당사국총회를 포함해 환경과 기후변화 문제에 대해 많은 글을 써왔다. 앞으로 이 문제에 대해 장·단기적으로 국제적 협력이 가능한지 묻고 싶다. 미중 협력이 중요할 것이고, 인도, 서유럽, 브라질 등도 협력 대상에 포함될 텐데……

리버설 기후변화문제는 내가 신경을 많이 쓰고 있는 이슈이자, 복잡한 이슈다. 코펜하겐식 접근법, 즉 전지구적 조약을 체결할 가능성은 극히 낮다. 하지만 그런 프로세스를 계속 유지할 필요는 있다. 그런 프로세스를 통해 기후변화문제의 돌파구가 될 구상들이 정당성을 인정받게 된다. 더불어 유엔 산하의 당사자총회에 모인 모두가 노력해 합의를 끌어낼 것 같지 않다.

물론 합의를 이룬 경우도 있다. 쿄오또의정서[8]가 그런 경우이나 쿄오또의정서에서는 중국과 인도는 국제사회에 대한 공식적인 책무가 없다. 그러나 이제는 그들도 자신들이 미국이나 서양국가와 같은 그룹에 속한다고 생각할 것이다. 전세계가 우리, 즉 3대 최상위 배출국인 미국, 중국, 인도를 지켜보고 있으며, '너희들이 상당한 책임을 져야 해'라고 말한다. 이제 선택의 여지가 없다.

내가 이렇게 생각하는 합리적인 근거가 있다. 중국, 인도의 기후문제 담당자들과 이에 대한 논의를 해보면, 한배에 올라타 운명을 함께하고 있으니 최소한 3개국이라도 행동으로 우리의 진지함을 보여줄 필요가 있다는 데 모두가 동의한다. 우리 모두 거대한 실존적 위협에 직면하고 있으니 말이다. 또한 기후문제에 대한 과학적 판단이 옳으며, 과학이 진정 우리를 깨우치고 있고, 시간이 너무나 빠르게 흘러가고 있다는 점에 공감하고 있다.

존 케리(John Kerry) 국무장관이 지난(2013년) 4월 베이징을 방문해 공동성명을 여럿 발표했는데, 그중의 하나가 기후변화와 관련된 것이었다. 미국언론들은 이를 완전히 무시했다. 언론은 한번에 한가지 일밖에 할 수 없는데, 그 한가지 일이 북한문제였다. 그 공동성명을 다시 읽어보라. '기후변화 협력 성명'[9]으로, 2년 전에는 결코 협상할 수 없었던 내용들이 담겨 있다.

해당 성명은 기후변화 문제를 미중 간 전략·경제대화(S&ED)의 한 의제로 고정시켰다. 기후변화가 실존적 위협이며, 과학적 근거가 타당하고, 따라서 이 문제에 대해 협력할 필요가 있다는 점을 공동 확인했다. 아울러 주요한 방식으로 협력을 증진시킬 필요가 있으며, 전략경제대화를 위한 실무그룹도 만들기로 합의했다. S&ED에서는 앞으로 기후변화 문제를 장관급 수준에서 다룰 것이며, 이를 위한 후속 조처가 이어질 것이다. 몇년 전과는 세상이 완전히 달라졌다.

이는 세계적인 정서를 일부 반영한 것이며, 과학적 성과 역시 반영한 것이다. 내가 늘 주장해왔듯이, 기후변화가 재앙적으로 진행되고 있어 정치도 바뀔 수밖에 없다. 결국에는 기후변화 문제가 최우선 의제가 될 수밖에 없는 현 정세가 반영된 결과이기도 하다. 미국에도 중국에도 큰 가뭄과 폭풍이 오고 있다. 빙하가 녹고 해수면이 오르고 있다. 엄청난 공포감이 엄습하는데 실제로 지옥과 같은 상황이 올 것이다.

이런 기후문제들이 점차 정치도 바꿀 것이다. 제일 높은 장애물은 이미 넘었고, 이제는 기후변화를 위해 미국과 중국이 정치를 발전시켜야 할 때다. 우려스러운 것은 기후변화에 대한 대처를 너무 늦게 시작했다는 점이다. 양국이 재빠르게 대처하지는 않을 것이다. 그러나 지금부터는 정치가 움직일 것이고, 지금부터라도 변화하려는 태도는 나쁘지 않다.

대담자 마지막 질문이다. 오랫동안 교수생활을 해온 미시건대학을 떠나 브루킹스연구소로 오게 된 특별한 이유가 있나?

리버설 영향력 때문이다. 워싱턴 싱크탱크에 있어야 정책에 좀더 영향력을 미칠 수 있다.

제3부

미국과 중국 그리고 주변국들과의 관계

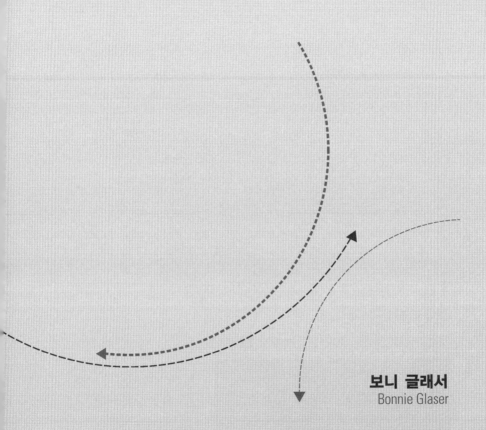

보니 글래서
Bonnie Glaser

한반도에 대한
미국과 중국의 이해관계

●
●
●

보니 글래서 Bonnie Glaser(1958~)

현 전략국제문제연구소(CSIS) 아시아 담당 선임연구원

보니 글래서는 전략국제문제연구소(CSIS)에서 중국 연구 프로그램인 '프리맨 체어'(The Freeman Chair)의 아시아 담당 선임연구원으로 재직 중이다. 그는 미중 군사관계를 비롯해 중국의 외교정책과 남중국해, 동중국해 영토분쟁 등 중국과 관련된 거의 모든 안보문제에 폭넓은 관심을 갖고 있으며, 이와 관련해 상당한 논문과 보고서를 발표했다. 행정부 근무 경력은 없지만 미국 내에서 중국 전문가로 손꼽힌다.

글래서가 2012년 11월 연구소 동료인 브리터니 빌링슬리(Brittany Billingsley)와 함께 「한반도에 대한 중국의 우선순위 바꾸기」(Reordering Chinese Priorities on the Korean Peninsula)라는 보고서를 펴낸 바가 있어 북중관계에 대한 질문으로 인터뷰를 시작했다. 글래서의 보고서는 미국 내에서는 북중관계에 관한 꽤 심도 깊은 보고서로 알려져 있으며, 지금까지의 미국의 입장과 동일한 선상에서 논의를 시작한다. 우선 중국과 미국의 한반도에 대한 이해관계 분석을 들 수 있다. 양국이 북한의 비핵화에는 동의하지만 한반도에 대한 중국의 이해관계 우선순위는 전쟁 방지, 혼란 방지, 비핵화 순이다. 하지만 미국은 한반도의 검증 가능한 비핵화를 최우선 순위로 두고 있어 정책의 우선순위가 중국과는 현저하게 다르다. 다른 국가나 비국가 행위자(non-state actor)에게 북한의 핵과 미사일 기술이 확산되는 것을 막는 일이 미국의 입장에서는 무엇보다 중요하기 때문이다.

또다른 논의의 출발점은 중국이 정치와 경제 면에서 핵심적인 대북 레버리지(leverage, 영향력)를 가지고 있으므로 북한이 핵프로그램을 포기하도록 하려면 미국정부는 중국이 해당 레버리지를 사용하도록 설득해야 한다는 것이다. 그러나 중국은 비핵화보다는 안정을 더 중요시 여기므로 북한에 대한 실질적인 압력 행사를 꺼리고 있다. 압력을 가했을 때 발생할 수 있는 북한사회의 혼란이 중국에 직접적인 영향을 미칠 것이라고 보기 때문이다. 글래서는 보고서를 통해 중국이 미국과 마찬가지로 비핵화를 이해관계나 정책의 최우선 순위로 삼게끔 할 방법을 제시했는데, 몇가지만 추려보면 다음과 같다.

첫째, 중국의 지지를 얻으려면 모든 이슈들을 비핵화의 인질로 삼는 현재의 정책을 포기해야 한다. 또한 북한에 적극적으로 관여정책을 펴야 하며, 북미관계 정상화와 평화협정 체결을 위한 분명한 경로를 설정하고 이를 추진하기 위한 조처들을 취해야 한다. 이에 대한 중국의 신뢰가 높아지도록 6자회담에서의 공개선언 등 진정성을 보여줄 태도를 취할 필요가 있다.

둘째, 긍정적인 미중관계를 바탕으로 북한의 핵무기 제거를 미중 간 의제의 최우선 순위에 놓아야 한다. 이럴 경우에만 중국은 미중관계를 유지하기 위해 미국에 협조하고 북한을 압박할 것이다. 큰 틀에서는 미국이 중국의 안정을 해치거나 부상을 봉쇄하려는 것이 아니라는 확신을 심어줘야 한다.

셋째, 중국의 정치적·경제적 압력으로 북한체제가 붕괴한다고 해도, 중국이 그에 따른 부담을 혼자 짊어질 필요가 없음을 전해야 한다. 북한이 무너질 경우에 발생할 수 있는 인도주의적·안보적 도전에 미국과 일본, 한국이 공동으로 대처할 것임을 알려야 한다. 또한 북한의 붕괴로 한국 주도의 통일이 이루어져도 미국은 한반도 북쪽 지역에 미군을 배치하지 않을 것이며, 통일된 한국은 중국에 우호적일 것이고, 핵무기 역시 제거될 것이라는 확신을 중국에 심어주어야 한다.

넷째, 중국이 이 같은 제안들을 거부한다면 미국은 이에 상응하는 막대한 비용을 지불하도록 해야 한다. 예를 들어 일본 및 한국과 함께 미사일방어(MD)체제, 대잠수함작전(antisubmarine warfare) 훈련과 같은 군사활동을 강화해 중국의 안보환경을 불안하게 만들어 비용-편익 계산을 다시 하게끔 압박하고, 국제사회의 비난여론을 높여야 한다.

글래서의 보고서는 북한의 핵포기를 이끌어내기 위한 북미관계 정상화나 평화협정의 필요성을 인정했다는 점에서 균형적 시각이 엿보인다. 중국의 시각을 상당부분 수용하려는 노력의 결과일 것이다. 하지만, 중국의 입장을 수용한 정책을 채택했는데도 원하는 결과가 나오지 않는다면 결국 강경책을 구사할 수밖에 없다는 결론에는 주의를 기울여야 한다.

더불어 글래서의 주장에는 현실적으로 몇가지 약점이 있다. 그도 인정하듯이 북한이 핵탄두를 탑재한 장거리탄도미사일로 미국의 안보를 직접적으로 위협할 능력을 확보하지 않는 한, 미국이 수많은 국제문제 가운데 북핵문제를 미중 간 최우선 의제로 올릴 가능성은 없어 보인다. 또한 중국이 미국의 제안을 받아들여 북한에 압력을 가했음에도 북한이 무너지지도 않고 핵을 포기하지도 않을 경우 중국이 떠안게 될 위험이 너무 크다. 이에 따른 북중관계의 악화는 중국뿐 아니라, 미국 입장에서도 북한을 움직일 수 있는 마지막 레버리지를 완전히 상실함을 의미한다.

그럼에도 글래서의 제안은 북핵문제와 그 해법에 대한 미국의 대표적인 중국 전문가들이 지닌 관점에 중요한 시사점을 던져준다. 미중관계를 기본 축으로 놓고 나머지 관계들은 그 하위 관계로 위치 지우며 북핵문제 해결을 시도하고 있는 점, 다른 전문가들과 마찬가지로 북한 붕괴가 한국의 정치·경제·사회에 미칠 후폭풍에 대해서는 별다른 언급이 없는 점 등이 한국의 정책 목표나 이해관계와 일치하는지 꼼꼼하게 따져봐야 할 것이다.

글래서는 북한의 급변사태에 대비해 미중이 공동의 씨나리오를 만들어야 한다고 주장하는 대표적 연구자 가운데 하나다. 북한의 급변사태와 관련해 미국과 중국이 정부 간 대화를 연다면 "극도로 비밀스럽고 비공개적인 대화가 될 것이며 또 그래야만 한다. 절대 아무도 모르게 말이다"라고 강조한 부분은 한국의 입장에서 되새김질이 필요하다.

글래서는 보스턴대학에서 정치학을 공부했으며, 존스홉킨스대학 국제관계대학원(SAIS)에서 석사학위를 받았다. '한국에서는 전문가 대접을 받으려면 박사학위가 있어야 하는데'라는 생각이 잠시 들었는데, 글래서가 자신은 박사학위가 없다는 말을 해 다소 뜨끔했다. 그와의 인터뷰는 2013년 5월 1일 CSIS에 있는 사무실에서 이루어졌다. 그는 직설적인 표현을 자주 사용했고, 자신의 견해를 솔직하고 열정적으로 피력해 인터뷰를 풍부한 내용으로 채울 수 있었다.

북한은 과연 중국의 입술인가

미중 정상회담을 앞둔 2011년 1월 미국을 방문한 양 제츠 당시 중국 외교부장은 미국외교협회(CFR)의 초청 연설에서 "한반도에 대한 우리의 정책 목표는 평화, 안정, 비핵화 이 세 단어로 요약될 수 있다"라고 밝혔다. 양 제츠는 대화를 통해 이 목적을 달성해야 한다고 강조했다. 평화, 안정, 비핵화가 정책 목표라면, '대화'는 일종의 정책 수단 또는 원칙이라 할 수 있다.

중요한 것은 평화, 안정, 비핵화의 '순서'다. 핵확산을 우려하는 미국은 북한의 핵포기를 한반도 정책의 최우선 순위로 내세우며 중국에게 대북제재를 강화하라고 압박해왔다. 하지만 중국은 한반도 비핵화를 정책 우선순위의 가장 마지막에 놓았다.

중국 입장에서는 지속적인 경제발전을 위해 주변국의 평화와 안정 확보가 비핵화보다 중요하다. 특히나 북한과 인접한 동북3성이 중국 내에서도 상대적으로 낙후되어 있어 후 진타오 주석 시절부터 이 지역을 개발하기 위해 상당한 투자와 노력을 기울여왔다. 그러한 까닭에 한국전쟁처럼 중국이 개입을 고민할 수밖에 없는 한반도 내 무력충돌이나 북한의 급변사태와 이로 인한 동북3성으로의 난민 유입 등은 중국으로서는 피하고 싶은 씨나리오다. 미국이 요구한 강력한 대북압박은 북한의 반발과 도발, 북한사회의 불안정을 초래할 수 있어 중국으로서는 선택하기가 쉽지 않다. 게다가 중국은 비핵화를 장기적으로 접근해야 하는 목표로 보고 있다.

그러나 2013년 2월, 북한의 3차 핵실험 이후로 중국은 비핵화를 상당히 중시하는 태도를 보이고 있다. 박근혜 정부가 중국의 정책 변화를 과장하기 위해 비핵화에 대한 중국의 강한 의지를 의도적으로 강조하는 경우가 아니더라도, 실제 중국의 공식 발언에서 '비핵화'가 평화와 안정보다 앞서는 경우가 종종 있다. 문제는 중국의 이런 변화가 전략적인 변화인지, 아니면 표면적인 전술적 변화인지를 면밀하게 파악하기가 아직은 어렵다는 점이다. 한국 내 중국 전문가들 사이에서도 이 부분에 대해 의견이 분분하다. 보니 글래서는 중국 내부에서도 대한반도 전략을 놓고 치열한 논쟁이 벌어지고 있다고 했다.

진실이 무엇인지, 또 중국 내부의 논의가 어떻게 귀결될지는 아직 알수 없다. 다만 중국이 실제로 한반도 정책의 우선순위를 조정한 것이라면 그 파급효과는 만만치 않을 것이다. 순망치한(脣亡齒寒)으로 일컬어졌던 전통적인 양국관계가 희석되면서, 중국이 북한의 전략적 가치를 이전보다 낮게 매기고 있다는 뜻이기 때문이다. 그러나 미국의 대북압박 요구에 대한 중국의 반발이 공식적·비공식적으로 증가하고 있다는 대목도 눈여겨봐야 한다.

대담자 중국의 대한반도 정책의 우선순위는 평화, 안정, 비핵화순으로 거의 공식화되어 있다. 중국이 내세우는 평화와 안정에 대해 당신이 이해하는 바를 듣고 싶다.

글래서 나는 먼저 중국의 대한반도 정책의 우선순위를 전쟁 방지(no war), 혼란 방지(no chaos), 비핵화(no nukes) 순으로 나열할 수 있다고 생각한다. 당신이 말한 것과는 뉘앙스에서 다소 차이가 있다.

중국이 정말로, 정말로, 정말로 두려워하는 것은 한반도 내에서 전쟁이 벌어지는 것이다. 중국 국경지대에서 벌어지는 또 한번의 전쟁 말이다. 더불어 중국은 확실히 북한의 혼란을 두려워한다. 혼란이 국경지대를 넘어 중국 안으로 확산될 수 있기 때문이다. 그렇게 되면 외국 세력이 개입하게 될 수도 있고, 이는 곧 중국의 이익을 침해하는 새로운 상황이 발생할 가능성으로 이어지게 된다. 중국은 '불안정'으로 초래될 이러한 결과를 두려워하고 있다.

대담자 큰 틀에서는 중국의 대한반도 기본 전략을 현상유지로 해석해도 될 것 같다.

글래서 글쎄…… 중국은 현 상황의 몇몇 요소에 대해 불만이 있다. 북한의 도발행위나 점점 예측 불가능해지는 김정은체제 등이 그렇다. 중국의 입장에서 보면 이는 매우 우려할 만한 상황이다. 따라서 어떠한 비용을 치르더라도 현상유지를 하겠다는 것이 중국의 전략적 목표는 아닐 것이다.

그러나 중국의 고민은 현상변경을 시도할 경우 오히려 예측 불가능한 상황을 초래할 수 있다는 데 있다. 중국은 상황을 바꾸더라도 연착륙을 하고 싶어한다. 남북한이 우호적 관계를 유지하고 궁극적으로는 아마도 통합이나 통일에 관한 일종의 협약들을 맺기를 원한다.

다시 말해 중국은 혼란을 초래하지 않는 평화적인 현상변경 과정을 원하면서도, 동시에 그렇게 해서 도달할 새로운 현상유지 상태에서도 중국의 이익이 보호되기를 바란다. 중국의 고민은 바로 여기에 있다. 현재의 현상유지 상태보다 새롭게 도달할 현상유지 상태가 중국의 안보에 보다 부정적인 영향을 끼칠 수도 있기 때문이다. 예를 들어 한반도 통일 후에 미군이 휴전선 이북으로 배치될지 북한의 핵무기를 남한이 계속 보유하게 될지 등에 대해 중국은 예측하기 어렵다. 중국은 이 점들을 우려한다.

대담자 마오 쩌둥이 언급한 '순망치한', 다시 말해 '북한은 중국의 입술'이라는 표현은 중국 내부에서도, 외부 시각에서도 북중관계를 함축적으로 보여주는 듯 들리는데, 당신의 말은 중국 내부에서 전통적인 북중관계에 대한 논란이 일고 있다는 뜻인가?

글래서 특히 2013년 2월 북한의 3차 핵실험 이후로 중국은 현 상태에 부쩍 불만을 느끼게 되었다. 이후로 중국 내에서는 대한반도 정책의 핵심요소들이 무엇인지, 그리고 이러한 핵심요소들을 향후에도 정책의 지침(guiding principle)으로 유지해야 하는지에 대해 격렬한 논의가 진행 중이다.

사실 중국 내에서는 북한이 전략적 자산인지 아니면 전략적 부담인지에 대해 오랜 논쟁이 있어왔다. 대부분의 중국인들은 둘 다라고 생각하는 듯하다. 하지만 문제는 어느 쪽에 무게가 실리고, 또 어느 방향으로 흘러갈 것인지다. 또한 북한을 전략적 자산으로 본다고 해도 그 가치 측정 역시 문제다. 북한 없이는 중국이 안보를 유지할 수 없을 정도로 핵심적인 전략적 자산인가 하는 점 말이다.

내 생각에는 중국이 스스로의 능력에 자신감을 갖게 되면서 국경에 완충국가를 둘 필요성도 줄어든 듯 보인다. 이 역시 논쟁이 되고 있는 사안 중의 하나로, 최근에는 북한을 완충국가로 보는 인식이 정책의 지침이 되어서는 안 된다는 주장이 관료나 전문가 들 사이에서 점차 늘고 있다. 즉 이들은 중국이 북한문제를 다룰 때, '북한은 완충

국가로 기여하고 있으니 중국의 안보에 핵심적이다'라는 가정에서 벗어나야 한다고 주장한다.

중국에서 진행되는 또다른 논쟁도 아주 흥미롭다. 오랫동안 중국인들은 "북한은 우리의 사회주의 형제국이니 중국은 북한을 지켜야만 한다. 이는 곧 사회주의 수호의 한 부분이다"라고 말해왔다. 하지만 북한은 중국과 같은 사회주의 정권이 아니라는 견해가 확산되고 있다. 북한은 김씨 일가가 통치하는 봉건국가라는 인식이다. 중국인들이 북한을 묘사할 때 다른 용어들을 쓰기도 하지만, 어쨌든 북한이 중국과 똑같은 유형의 국가는 아니라고 보는 추세다. 따라서 이데올로기적 유대감은 더는 중국 대북정책의 지침이 되지 못할 것이다.

이처럼 대북 접근법과 관련해 상당한 실질적인 변화를 가져올 수 있는 아주 중요한 몇몇 논쟁들이 중국 안에서 벌어지고 있다. 물론 이런 움직임을 미국이나 한국 같은 국가들과 더욱 긴밀하게 협력하겠다는 뜻으로 해석할 수는 없다. 협력 여부는 전반적인 다른 문제들과 함께 고려해야 하기 때문이다. 어찌됐든 중국은 대북전략에 대해 근본적으로 고민할 것이며, 현재 이에 대한 재검토가 진행 중이다.

대담자　2009년 5월 북한의 2차 핵실험 때에도 중국에서 대북정책에 대한 논란이 있었지만 북한은 여전히 중국의 전략적 자산이라는 결론을 내리지 않았나?

글래서　2009년 당시의 결정은 북핵문제를 북중관계의 다른 현안들과 분리하자는 것이었다. 즉 중국 당국이 실제 내린 결정은 이러했다. 중국은 북한과 경제 및 무역 관계를 계속해서 발전시킬 것이다.

북한과의 당 차원의 관계 및 군사 관계도 유지할 것이다. 북한의 변화를 이끌어내기 위한 노력도 계속할 것이다. 그러나 북핵문제는 기본적으로 그런 것들과 분리해 다룰 것이다.

대담자　조너선 폴락[1] 같은 일부 전문가들은 중국이 보다 강경한 대북정책을 펴는 것처럼 보이지만 실제 중국의 정책은 '짖기만 하되 물지는 않는 것'이라고 규정한다. 이런 견해에 동의하는가?

글래서　동의하지 않는다. 당신의 질문이 암시하는 바는 '중국이 북한을 비판하는 수사적인 성명만 발표할 뿐, 압박을 가하지는 않는다'일 텐데, 사실을 확인해보면 그렇지 않다. 중국은 다양한 방식으로 북한에 불만을 전달하고 있다. 나는 2012년에 발표한 보고서에서 한 섹션을 할당해 이 문제를 다룬 적이 있다.[2]

2003년 중국은 북한에 석유 공급을 중단했다.[3] 때로는 대북지원을 연기하기도 했다. 매년 이루어지는 정기적인 지원 이외에 북한이 추가지원을 요청할 때가 있는데, 중국은 이를 거절하기도 했다. 최근에 중국인 방문연구원과 대화를 나눈 적이 있는데, 북한이 농작물을 심는 매년 3월 추가지원을 요청하는데 중국이 올해(2013년)는 이를 거절했다고 한다.

이처럼 중국은 다양한 방식으로 북한에 물질적 압박을 가하지만 이를 공개하지는 않는다. 일차적으로 북한의 행동에 영향을 주려는 것이 목적이지, 전세계에 이를 알리는 게 압박의 목적은 아니기 때문이다. 일차적 목표가 미국과의 관계 개선이었다면 대북압박 사실을 공개적으로 알렸을 것이다. 그렇기에 '짖기만 하고 물지는 않는다'라는 표현은 상황을 다소 단순화한 듯 보인다.

내가 보기에 중국은 2006년 이후로 대북 접근법을 대폭 수정했다. 2006년 당시 중국은 북한이 긍정적인 행동을 하도록 유인하는 정책을 추진하고 있었다. 그러나 북한이 1차 핵실험을 강행하자 압박과 긍정적 유인책 간에 균형을 맞추는 정책을 펴는 것이 중요하며, 두 정책의 구성 비율을 북한의 행동에 따라 조정할 필요가 있다는 결론을 내리게 된 듯하다.

실제로 북한의 핵실험 이후로 중국은 대북제재를 지지해왔다. 이제 중국은 다른 대북정책들과 마찬가지로 대북제재도 일정한 기능을 한다고 믿고 있다. 따라서 중국의 대북정책에 북한을 "물어뜯는" 요소가 어느정도 포함되어 있는데도 외부에서는 이를 알아채지 못했을 수 있다.

천안함·연평도 사건에 대한 중국의 대응

대담자   2010년 봄에 발생한 천안함 침몰과 가을에 일어난 연평도 포격사건을 보면 중국은 북한을 비난하는 데 동참하는 대신, 관련 당사국들의 냉정과 침착을 강조하는 데 많은 외교적 노력을 기울였다. 사실관계를 논외로 치면, 중국의 이러한 대응방식이 현상유지 또는 평화와 안정이라는 대한반도 정책의 우선순위와 맞물려 있는 것 같다.

글래서   천안함사건은 매우 복잡한 문제다. 천안함 침몰의 책임이 북한에 있음을 입증해줄 증거가 충분하다는 주장을 중국은 근본적으로 믿지 않았고, 지금도 마찬가지다. 중국 내 고위 인사들에게서 전해 들은 바에 따르면, 중국의 일부 고위 관료들은 미국이 천안함 침몰에 일정한 역할을 수행했다고 믿으며, 이러한 믿음을 실제로 미국 관료들에게 전하기도 했다고 한다.

대담자 실제 중국 고위 관료들이 천안함 침몰 과정에 미국이 일정한 역할을 했다고 믿고 있다고 보는가? 아니면 사실 여부와 상관없이 미국의 외교적 공세를 저지하기 위해 그렇게 주장하고 있다고 보는가?

글래서 중국은 실제로 그렇게 믿고 있다. 일부에선 미국의 의도를 상당히 수상쩍게 여긴다. 심지어 지금도 일부 관료들은 미국이 한반도 주둔과 '아시아 재조정 전략'을 위해 한반도문제를 이용할 뿐이라고 생각한다. 중국 내에는 미국에 대한 불신이 상당히 남아 있다. 또한 일부 중국인은 거의 반사적으로 북한 편을 들기도 한다. 북한을 믿느냐 미국을 믿느냐 하는 문제가 나오면, 그들은 당연히 북한을 택할 것이다.

대담자 다시 애초의 질문으로 돌아가 천안함사건과 연평도 포격사건에 대한 중국의 대응방식에서 공통점과 차이점은 무엇이라고 보는가?

글래서 유사점으로는 '작용-반작용' 싸이클이 발생할까봐 우려했다는 점을 들 수 있다. 어떤 사건이 발생하면 북한이 보복을 하고,

한국이나 미국이 이에 대응하는 조처를 취하고, 북한이 다시 대응을 하는 사이클 말이다. 이렇게 되면 잠재적 긴장이 고조되어 충돌 가능성도 높아지게 된다. 그것이 바로 중국이 골치 아파하는 부분이다. 긴장이 고조되어 직접 통제할 수 없을 만큼의 위험이 느껴지면 북한에 반대하는 조처를 취하기가 어려운 듯하다. 그럴 경우 중국은 일단 뒤로 물러서서, 어느 한쪽도 긴장을 고조시킬 만한 행동을 하지 못하도록 막는다.

이럴 때 중국은 "모든 당사자들은 침착함을 유지해야 한다. 어떤 개별 당사자도 긴장 고조 행위를 해서는 안 된다"라고 말한다. 이 같은 중국의 대응방식이 천안함사건에서 드러났다고 본다. 중국인들은 이렇듯 긴장이 고조되는 소용돌이를 우려하는 것 같다.

연평도 포격사건에서도 중국은 동일한 대응방식을 보여주었다. 당시에 한국이 북한의 포격에 강력히 대응하겠다고 주장했기 때문이다.[4] 따라서 한국과 미국 모두가 중국 쪽에 이런 메시지를 전달했다. "북한의 도발행위에 대한 한국의 생각이 근본적으로 바뀌었다. 따라서 한국이 대응조처를 취할 예정임을 중국은 북한에 전달해야 한다. 그리고 북한이 추가 대응을 하지 못하게 막아야 한다. 그러지 않으면 긴장이 다시 고조될 것이다."[5]

중국은 북한에 더는 긴장 고조 행위를 하지 말고 잠잠하게 있으라는 메시지를 전하는 등 꽤나 강경한 입장을 취했던 것 같다. 이러한 점이 천안함 및 연평도 사건에 대한 중국의 대응방식, 혹은 최소한 우리가 이해하고 있는 두 사건에 대한 중국의 상황 관리방식의 유사점일 것이다.

물론 주된 차이점도 있다. 연평도 포격의 경우 북한의 도발행위라는 점은 반박할 수 없는 명백한 사실이었다. 중국은 이를 부정하지도 않았지만, 부정할 수도 없었다. 반면 천안함의 경우에는 여전히 북한이 한 일이 아니라고 믿고 있다. 적어도 일부 중국 고위 지도부에서는 그러하다. 또한 의견이 일치되지 않은 상황에서 북한을 압박하는 실질적이고 결단력 있는 결정을 내리기란 어렵다. 아마도 북한에 대한 대응방식을 놓고서 중국 최고위층 내에서는 의견 불일치가 여러 번 있었을 것이다.

대담자 「한반도에 대한 중국의 우선순위 바꾸기」라는 보고서에서 당신이 내세운 핵심 주장 중의 하나가 '핵 관련 현안은 중국의 최우선 순위가 아니기 때문에 순위를 높이려면 미국이 중국의 신뢰를 끌어낼 필요가 있다'라는 것이다. 하지만 선거로 선출되는 대통령제의 특성상 이러한 미국의 신뢰보증이 과연 설득력이 있을지 궁금하다.

글래서 중국인들은 미국에서 대통령이 새로 선출될 때마다 정책에 분명한 변화가 생기고, 이러한 변화에 자신들이 적응해야 함을 잘 알고 있다. 따라서 중국인들은 각 대통령의 재임기간 중 받아내는 약속 정도가 미국으로부터 얻어낼 수 있는 최고치라고 생각한다.

중국 입장에서는 미국뿐만 아니라 한국도 마찬가지다. 중국은 '햇볕정책'에 호응을 보냈지만 그뒤에 이명박 정부가 들어섰다. 따라서 중국은 한국이나 미국의 정권교체를 자신들은 제어할 수 없고, 적응해야 한다는 사실을 알고 있다. 그러나 중국은 선거에 따른 예측 불가능성보다는 중국에 대한 미국의 불신을 보다 근본적으로 염려하고 있다. 왜냐하면 미 대통령 모두 중국의 입장에서는 우려할 만한 대중(對中)정책들을 펼쳐왔다고 생각하기 때문이다.

특히 중국은 한반도문제와 관련해 미국이 자국에 더 강한 영향력을 행사하거나 자국을 위협할 능력을 확대하는 것을 원하지 않는다. 미국이 간접적으로라도 자국의 이익을 위협하는 것 역시 원하지 않는다. 하지만 중국의 이러한 입장은 궁극적으로 중국이 통일에 장애물이 되지 않기를 진심으로 바라는 한국에는 상당한 걱정거리다. 한국은 여러 씨나리오 가운데 중국이 한반도 통일을 막는 상황을 상당히 우려하는 듯하다. 어찌됐든 중국의 입장은 미국보다는 한국에 훨씬 더 중요한 문제다.

대담자   그렇다면 필요에 의해서든, 아니면 필요성이 있다고 느껴서든 중국이 통일을 저지하거나 지연시키는 방식으로 한반도에 개입할 것이라는 우려에 근거가 있다고 보는가?

글래서   중국이 정말로 원하지 않는 일은 한반도에서의 전쟁에 또다시 휘말리는 것이라는 데서 질문에 대한 답변을 시작하겠다.

내가 몇몇 중국 지인들에게 들은 이야기인데, 중국은 1961년 북중 간 맺은 '조중 우호협력 상호원조조약' 가운데 특정 상황하에서 북한 방어를 위해 중국의 개입을 요구하는 조항의 삭제를 시도해왔다고 한다.[6] 반면에 북한은 이 조항의 삭제를 꺼려왔다고 한다.

중국이 삭제를 시도해왔지만 아마도 몇몇 상황하에서는 중국이 한반도에 군대를 파병할 것이다. 중국의 파병 가능성을 배제할 수 없다. 중국은 모호성 전략을 통해 미국과 한국의 '개입'을 저지하려고 한다. 그것이 자신들의 이익에 부합하기 때문이다.

일단 북한 내 불안정성이 높아진 상황을 그려보자. 중국은 북한 스스로 해결할 수 있다고 생각할지 모르지만, 미국이나 한국은 본질적으로 정권붕괴의 시발점에 해당하는 수준의 불안정이라고 판단하는 상황 말이다. 아마도 미국은 대량파괴무기(WMD)가 위태로워지는 상황을 두려워할 것이고, 한국은 이 불안정을 한반도 통일의 기회로 볼 것이다. 이에 따라 미국과 한국이 개입하게 되고, 그럼에도 북한이 내부분열과 분쟁, 내전에 맞서 충분한 통제력을 갖추고 있다면, 북한 정권은 중국에 지원을 요청할 것이다. 이럴 경우 중국인들이 응당 지원을 해야 한다고 생각할 것으로 우리는 상상하게 된다.

문제는 어떠한 형식의 지원이 이루어질 것인가다. 다시 강조하지만, 중국인들은 개입을 꺼리고 있다. 현재 중국의 군사훈련들을 살펴보면 북한과 관련하여 중국 인민해방군이 무엇보다 심혈을 기울이는 임무가 바로 국경을 넘어 중국으로 흘러드는 난민을 막기 위한 국경폐쇄 임무다. 일부 외국인들은 중국이 북한 쪽 국경으로 건너가 난민캠프를 차리고 북한주민에게 인도적 지원을 제공할지도 모른다는 관측을 내놓고 있다. 그렇게 하면 북한주민이 중국으로 건너오는 것을 막을 수 있기 때문이다. 이것이 사실인지는 모르겠으나 타당성 있는 발상이다. 그리고 이는 실질적인 개입과는 상당히 다른 이야기다. 굳이 따지자면 중국 국경 건너편에서 매우 제한적인 목표를 가지고 이루어지는 아주 약한 정도의 개입일 것이다.

다음으로 북한체제가 흔들리는 정도가 중국마저 이를 북한 정권 붕괴의 시초로 판단할 만한 상황을 그려보자. 이럴 경우 중국은 그 과정을 외부에서 지켜보기만 할 것이다. 직접적으로 개입하지 않는 편이 중국의 이익을 보전하는 길이기 때문이다. 중국은 궁극적으로 북한이 남한에 통합된다면, 통일된 한국정부와 우호적 관계를 맺기를 바랄 것이다. 선택을 잘못해서 북한에 개입할 경우 오랫동안 한국과 적대적 관계를 유지하게 될 것이고, 이는 중국의 이익에 부합하지 않는다. 실제로 몇년 전 인민해방군 내의 전문가에게서 이런 말을 들은 적이 있다. "시한부 선고를 받은 환자가 죽어가고 있다면 그대로 죽게 내버려둬야 한다"라고 말이다.

북한의 급변사태와 미중 간 논의

2008년 8월 김정일 당시 국방위원장이 뇌졸중으로 쓰러지자 한국과 미국 등에서는 이른바 북한의 '급변사태'에 대한 관심이 급증했다. 김정일 위원장의 사망이 북한의 붕괴로 이어질 것이라는 '가설' '신념' '희망사항' 등이 난무했다. 특히 이명박 정부는 '김정일 사망＝북한 붕괴'임을 기정사실화했으며, 이는 곧 흡수통일론으로 이어졌다. 이런 이명박 정부의 관점은 이듬해인 2009년 1월 출범한 오바마 행정부의 대북 인식 및 정책에도 적지 않은 영향을 끼쳤다. 2010년 말 공개된 위키리크스(Wikileaks)를 보면 2009년 이명박 정부의 외교안보 당국자들과 오바마 행정부의 외교안보 당국자들이 만나 논의한 주요 대북 관련 주제가 '김정일이 언제 사망할 것인가'와 그럴 경우 발생할 '급변사태에 어떻게 대비할 것인가'였음이 적나라하게 드러나 있다. 결과적으로 김정일 사후에도 북한은 붕괴하지 않았지만 말이다.

어찌됐든 한국과 미국 정부는 자신들의 판단에 입각해 북한의 붕괴에 대비한 논의를 하자는 신호를 2009년 중국에 여러차례 보냈으나, 중국은 이를 거절했다. 정부 간 대화 제의가 막히자, 미국 쪽은 민간 전문가끼리의 논의, 즉 '트랙2'를 시도했다. 이에 따라 2009년 10월 미국과 중국의 한반도 민간 전문가들이 처음으로 한자리에 모여 북한의 급변사태를 논의 주제로 올렸다. 미국에서는 CSIS의 보니 글래서와 스콧 스나이더(Scott Snyder)가 참석했다. 중국에서는 현대국제관계연구소(CICIR) 연구원들이 참석한 것으로 알려져 있다. 글래서의 설명을 들어보면 이 자리는 민간 전문가들 간의 논의였음에도 거의 미국의 일방적 설명에 가까웠던 것으로 보인다. 당시 논의 내용이 자세하게 공개된 것은 이번 인터뷰가 처음이다.

대담자 북한의 급변사태 가능성과 이에 대비하는 문제로 당신은 2009년부터 중국과 민간차원의 트랙2 대화에 관여해왔다. 이에 대한 중국의 반응과 트랙2 대화의 효용성에 대한 의견이 궁금하다.

글래서 트랙2를 보는 관점이 나와 중국은 서로 많이 다른 듯하다. 나는 민감한 현안을 논의할 때, 민간차원의 '트랙2' 대화나 반관반민의 '1.5트랙' 대화가 상당한 역할을 한다고 본다. 예를 들어 미국은 2004년 핵무기와 핵정책에 대해 중국과 트랙2, 혹은 1.5트랙 대화를 시작했다. 중국은 몇차례 대화를 거듭하고 나서 점차 편안함을 느끼는 것 같았고, 해당 쟁점에 대한 미국의 관점을 이해하는 정도도 높아졌다. 회담장에서는 미국 쪽 고위급 인사가 미국의 「핵태세검토보고서」(Nuclear Posture Review)[7] 및 이에 담긴 의미를 설명했다. 이러한 상호작용을 통해 중국은 점차 긴장을 풀고, 정부 간의 '트랙1' 대화를 통해 핵 관련 쟁점에 대해 논의하기를 원하게 되었다고 생각한다. 그런 점에서 트랙2나 1.5트랙 대화는 상당한 가치가 있다.

북한의 불안정에 대해 중국인들과 논의할 때에도 나는 공공연하게 이런 목적을 이야기한다. 즉 미국과 이에 관한 대화를 하지 않을 경우에 수반되는 위험이, 대화를 할 때 생길 수 있는 위험보다 더욱 크다는 점을 알려주고 싶다고 말이다.

중국인들은 미국정부 관료들과 북한 급변사태에 대해 대화를 하게 되면 그 내용이 외부에 알려져 북한을 몹시 화나게 하고, 따라서 북중 관계가 훼손될 것이라고 믿어왔다. 일부 중국 전문가들은 "중국이 북한 내에 불안정한 상황이 발생할 것이라고 평가하게 되면, 중국도 미국과 정부 간 대화를 가질 것이라고 본다"라고 말한다. 하지만 중국 입장에서 북한의 불안정 조짐은 보이지 않으며, 따라서 지금 중국이 미국과 정부 간 대화를 통해 얻을 수 있는 이익도 없다고 생각한다.

그래서 나는 중국인들의 비용-편익 계산을 바꾸려고 정말 많은 노력을 기울였다. 하지만 그들도 나름 타당한 주장을 하고 있어서 쉽지는 않다.

대담자 트랙2에서 논의된 내용이 궁금하다. 지금 급변사태를 논의하는 게 현실적으로 어떤 의미가 있나?

글래서 중국인들과 지금까지 수차례의 대화를 진행했는데, 2009년 첫 대화에는 인도주의적 위기 발생시 원조를 제공하는 업무에 경험이 많은 미국 쪽 인사가 포함되어 있었다. 그는 식량이 부족할 경우 어떻게 미리 준비해서 북한으로 들여와야 하는지에 관한 이야기를 했다. 트럭을 이용할 것인지 아니면 항구를 통할 것인지 등의 방법에 대해서 말이다.

또 어떻게 해야 북한주민들에게 식량의 위치를 알릴 수 있는지에 대해서도 이야기했다. 위기 상황에서 주민들이 고향을 떠나 이주하기 시작하면 사망 위험이 기하급수적으로 증가하기 때문이다. 따라서 식량을 둘 위치와 이를 어떠한 통신수단으로 알려줄지를 미리 정해야 한다. 라디오나 단파를 이용할 수도 있겠고 주민들이 휴대폰을 사용하면 문자를 보낼 수도 있다. 이처럼 미국과 중국이 북한주민을 대상으로 하는 의료나 식량 지원 등을 공조하려면 미리 논의해야 할 것들이 있다. 인도주의적 준비라는 관점에서 보면 북한이 붕괴하는 시점에 원조를 시작한다면 실효성을 기대하기가 힘들다. 미리 논의해야만 한다.

또한 북한이 보유한 WMD를 안전하게 확보하지 못할 가능성이나 핵확산의 위협 등 심각한 문제도 있다. 북한의 핵시설 일부는 중국 국경을 따라 위치하고 있다. 따라서 미국이 중국 국경까지 군대를 보내는 것보다는 중국이 이러한 핵시설을 안전하게 확보하는 데 앞장서는 것이 미국 입장에서는 훨씬 더 바람직할 것이다. 다시 말하지만, 이러한 사안들은 중요하기 때문에 미리 논의해둘 필요가 있다.

중국도 이런 점들을 인식하고 있다고 본다. 다만 논의의 타이밍이 적절하지 않고, 이러한 논의를 하는 데 수반되는 위험이 너무 크다고 생각하고 있다.

이러한 대화 시도가 초기에는 미국이 일방적으로 주도하는 것으로 비춰질 수도 있다. 그러니 미국은 북한의 안정성에 대한 생각을 중국과 공유해야 한다. 한국도 마찬가지로 북한의 안정성을 어떻게 평가하는지, 한반도의 미래에 대한 비전은 무엇인지 중국에 상세하게 전하고, 중국의 이익이 보호될 수 있다는 점을 충분히 이해시켜야 한다. 중국은 현상변경이 이익을 침해할 경우, 현 상황을 유지하려 할 것이기 때문이다.

아울러 미국과 중국이 정부 간 대화를 시작하면 극도로 비밀스럽고 비공개적인 대화가 될 것이며 또 그래야만 한다. 절대 아무도 모르게 말이다!

미중관계와 아시아 회귀 전략

대담자 미중관계에서 가장 취약한 연결고리로 군사관계를 든 까닭은 무엇인가? 미중 간 군사 분야에서의 협력은 불가능한 것인가?

글래서 미국과 중국 군부 사이의 근본적 문제는 무엇보다 중국의 이익 범위가 확대됨에 따라 중국이 더는 연안 방위 전략의 관점에서만 안보를 바라보지 않고 '근해' 또는 그 이상의 영역까지 안보의 범위를 확장하고 있다는 점이다. 이에 따라 미국도 중국을 자신의 이익에 위협을 가하는 존재로 인식하고 있다. 미국은 중국이 '반접근/지역거부'(Anti-Access/Area-Denial, A2/AD)[8] 능력을 개발하고 있어 위기가 발생하면 다양한 씨나리오에 따라 미국의 개입을 막아낼 수 있다고 여긴다.

이것이 바로 중국 근해 및 그 너머 지역에서 군 주둔과 이해관계를 둘러싸고 양국이 보이는 근본적인 차이다. 따라서 양국은 '제1도련선'뿐만 아니라 '제2도련선'[9]에 대해서도 논의를 확대하고 있다. 이 이슈를 해결하지 않고서는 양국 군부 간 신뢰관계 구축은 아주 어렵다.

이처럼 아태 지역에서 향후 미군 주둔을 어떻게 할지, 또한 미국의 이익을 보호하면서도 중국의 이익을 어떤 식으로 보장할 것인지의 문제가 걸려 있다. 미국은 동맹국들에 지켜야 할 약속이 있다. 예를 들어 동맹국의 안보가 위협을 받으면 미국은 이에 대응하기 위해 해당 지역에 진입해야 하는데 중국이 미국의 접근을 차단할 수 있다. 그렇게 되면 일본 같은 나라에서는 미국의 확장억지력을 신뢰하기 어렵다는 불안감이 조성될 것이다. 일본은 결국 핵무장을 하게 될 가능성이 있다. 이처럼 미중 간의 역학관계는 그 파급력이 상당하다.

아태 지역에서 중국과 상호작용하면서 서로의 이익을 지켜주는 방법을 만들어내지 못한다면, 군사영역에서 양자가 협력할 수 있는 범위는 제한적일 것이다. 즉 미중 간 전략적 경쟁을 어떻게 관리할 것인가 하는 커다란 주제를 논의하기보다 양국이 열심히 노력해서 협력할 수 있는 영역을 찾아야 한다. 양국이 노력한다면 어느정도의 성공을 거둘 수 있을 것이다.

대담자 '아시아 회귀 전략' 역시 중국 측이 미국의 의도를 불신하게 되는 이유인 듯하다. 일단 이 전략에 대한 미국 국내적 관점에서의 평가 및 구성 요소에 대한 평가를 간단히 부탁한다.

글래서 미국의 국민들에게 '회귀 전략'을 제대로 알리지 않았다는 점에는 외교정책을 다루는 이들이 대체로 동의하는 것 같다. 처음에 오바마 대통령이 호주 캔버라에서 공표를 할 때는 해병대 순환 배치, 즉 회귀 전략의 군사적 요소에 무게중심이 실려 있었다.[10] 나는 '회귀 전략'의 군사적 측면에 동의한다.

하지만 '회귀 전략'은 그전에 시작되었다. 2009년부터 2010년까지

대중에게 공표된 것 가운데 '회귀 전략'의 요소들이 많이 있다. 물론 당시에는 '재조정 전략'이라고 불리지 않았지만 말이다.

'회귀/재조정 전략'이 포괄하는 범위는 처음과 달리 그 범위가 점점 확대되었다. 이에 따라 다자주의적 요소도 함께 발전했다. 부시 행정부 때 미국은 지역 다자기구를 새롭게 만드는 구성원이 아니었다. 오바마 행정부에 이르러 지역 그룹의 주도적인 구성원이 되기로, 즉 단순히 관망하지 않고 지역기구 형성에 힘을 기울이기로 결정했다. 이에 따라 「위조품의 거래 방지에 관한 협정」(ACTA)[11]에 서명했고 동아시아정상회의(EAS)에도 참여하기로 했다. 이런 결정이 '아시아 회귀 전략'의 가장 중요한 부분이라고 본다. 즉 회귀 전략은 부시 행정부 때의 정책과 구별되는 근본적으로 새로운 정책이다.

다른 한편 무역이 회귀 전략의 주요 부분으로 자리 잡기까지는 오랜 시간이 걸렸다. 첫 2년 동안 오바마 행정부는 무역정책을 수립하지 않고 있었다. 한미 자유무역협정(FTA)을 지지하기로 최종적으로 결정을 내린 시점에 무역 부분이 회귀 전략에 포함되었다. 실질적으로는 그때부터 환태평양경제동반자협정(TPP)을 활성화하기 위한 논의를 시작하고, 촉진시키기 위해 노력을 기울였다.

회귀 전략은 이처럼 장기간에 걸쳐 발전해왔다. 그리고 현재는 굉장히 많은 분야를 포괄하고 있다. 하지만 처음부터 그랬던 것은 아니다. 초기에는 명확하거나 일관된 전략이 아니었다. 이것이 가장 큰 문제였지만 지금은 매우 설득력 있어 보인다. 경제적·외교적·군사적 요소를 모두 갖추고 있기 때문이다.

대담자 그럼에도 회귀 전략은 군사적 요소 위주로 부각되고 있고, 실제 미국 관료들도 이 부분을 강조하는 듯 언론에 비춰지고 있다.

글래서 다른 영역보다 군사적 영역에서 보다 성과를 보여야 하기 때문일 것이다. 군은 예산과 인력 등 보유한 자원이 많고, 외교관들은 자원이 별로 없다. 하지만 적은 자원에도 이들이 이루려고 하는 것들이 있다. 예를 들어 '미메콩 하류지역 협력 이니셔티브'(U.S.- Lower Mekong Initiative)[12]는 미국이 이 지역의 경제발전을 지원하기 위해 노력하는 한가지 사례가 될 것이다. 미국이 아세안지역포럼(ARF)이나 EAS에 참여할 때 국무부가 발행하는 보고서를 찾아보면 또다른 구상들도 보일 것이다. 군사 영역 외에도 시행 중인 일들이 많다.

그럼에도 군사 영역이 가장 크게 주목을 받는다. 로버트 게이츠(Robert Gates) 전 국방장관이 태평양과 대서양의 해군배치 비율을 5:5에서 6:4로 변경하겠다고 발표했을 때[13] 나 역시 연례 아시아안보회의(일명 샹그릴라 대화)에 참석하고 있었다. 실제로는 이미 상당 정도의 이동이 이루어졌거나 일찌감치 계획되어 있었다. 머리기사를 장식하고 주목을 끌기 위해 그런 식으로 그럴싸하게 발표한 것 같다. 군사적 부분이 회귀 전략에서 반드시 가장 중요한 요소일 필요는 없다. 하지만 군사적 요소는 대부분의 머리기사를 장식해왔고, 아시아 지역에 어느정도 긴장감을 가져왔으며 중국이 회귀 전략을 비판할 빌미를 제공했다.

대담자 중국이 회귀 전략에 반발하는 것은 나름의 근거가 있다고 보는가?

글래서 중국인들은 회귀 전략 그 자체보다는 정책 이면에 깔린 미국의 의도, 다시 말해 중국을 적으로 간주할 가능성에 더욱 우려하는 것 같다. 미국이 잠재적으로 중국에 대항하는 국가들의 연합조직을 만들려 하고 있다고 말이다. 만약 이것이 미국의 의도라면 당연히 중국은 우려할 수밖에 없다.

오바마 대통령이 2012년 대선토론에서 실제로 중국을 '대항자'(adversary)로 지칭했다는 점도 기억해야 한다. 중국은 이 발언에 주목했다. 오바마 대통령이 이전에 한 말과는 달랐기 때문이다. 중국이 걱정하는 것은 실제적인 정책 결정보다는 이런 정책의 의도다. 250명 내지는 500명의 미 해병대원이 호주의 다윈으로, 또한 2척의 연안 전투함이 싱가포르로 재배치되었다고 해서 중국인들이 이전보다 더 큰 위협을 느꼈을 것 같지 않다.

또한 중국은 미국의 의도와 대중 전략을 큰소리로 불평하면, 미중 간에 심각한 마찰을 원하지 않는 중국의 이웃국가들이 미국에 이렇게 말한다는 것을 알게 되었다. "제발 여유를 갖고 중국과 잘 지내야 합니다. 우리는 양국이 공조하기를 원합니다"라고 말이다. 따라서 중국은 이웃국가들을 통해 미국의 정책에 영향을 끼칠 수 있다. 그러나 불행히도 그렇게 될수록 중국의 이웃국가들은 미국과 중국의 가운데에 끼이게 된다.

미국은 아시아 지역에서 중국과 제로섬 경쟁이나 제로섬 관계를 맺고 싶어하지 않는다. 중국에게도 이로울 것이 없기는 마찬가지다. 하지만 중국 이웃국가들의 마음을 사로잡기 위한 미중 간 경쟁이 존재하기는 한다. 실제로 미국의 아시아 재조정 전략이 중국의 이익을 저해한다고 볼 수는 없다. 중국은 아시아에서 미국의 존재에 안심해도 된다. 오히려 미국이 부재할 경우 보다 심각한 불안정이 나타날 수도 있다.

대담자 마지막으로 개인사에 관한 질문을 하고 싶다. 어떠한 계기로 동아시아 안보, 특히 북중 간의 현안에 관심을 갖게 되었나?

글래서 대학 때 동아시아에 관심을 갖게 되었다. 그때 일본, 중국, 인도 등 몇몇 동아시아 국가들의 역사 수업을 들었다. 수업을 듣고 나서 중국을 공부해야겠다는 결정을 내렸다. 그래서 학부 전공과정을 중국 위주로 짰다. 중국의 지리, 역사, 외교정책, 중국어와 중국문학 등을 공부했다.

한국은 한참 뒤에야 관심을 갖게 되었다. 대만에서 중국어를 공부하고 있을 때 한국을 처음으로 방문했다. 1979년 가을이었는데 친구 몇명과 함께 한국과 일본을 여행할 계획이었다. 한국에 도착했을 때 정국이 다소 긴장되어 있었다. 이전에 한국을 방문한 적이 없었기에 사실 내가 무엇을 기대하고 있는지도 잘 몰랐다. 대만에도 당시 계엄령이 선포되어 있었으므로 계엄령이 무엇인지는 이해하고 있었다. 하지만 탱크 같은 것들이 도로 위에 있었고 나는 엄청나게 불안했다. 한국에는 겨우 이틀만 머물렀다. 일본으로 가는 비행기 안에서 신문 기사를 읽고 나서야 박정희 전 대통령이 저격을 당해 사망한 날에 우리가 한국에 있었다는 사실을 알게 되었다. 이것이 나와 한국의 첫 만남이었다.

1987년에 학술회의 참석 차 다시 한국을 방문했는데 솔직히 말해서 한국에 부정적인 인상을 갖게 되었다. 당시 나는 30대 초반의 젊은 여성이었고, 학술회의장에서 내 말을 듣는 이는 아무도 없었다. 내 경험으로는 대만이나 중국 사람들은 한국사람들과 달랐다. 두번째 한국 방문의 경험으로 한국에 대해 깊이 공부할 마음이 없어졌다.

지금은 그때에 비해 덜한 편이지만, 아직도 여성의 견해는 남성의 견해보다 덜 존중받아도 된다고 생각하는 한국사람을 가끔 만나게 된다. 게다가 나는 박사학위가 없어 전문가 대접을 받으려면 박사학위가 있어야 한다고 기대하는 한국사회에서는 상당히 불리하게 작용한다. 이는 미국과는 다소 다른 시각이다.

어쨌든 그렇긴 해도 중국의 모든 안보 현안을 공부하던 때라 북중관계에 관심을 갖지 않을 수가 없었다. 또 1990년대에 들어 발전하기 시작한 한중관계에도 관심을 두게 되었다.

하지만 2000년대 초반이 되어서야 중국인들과 한중 및 북중 관계에 대해 더 많은 대화를 시작할 수 있었다. 내가 기억하기로는 2006년이었는데, 북한 근처의 중국 국경에 4~5명으로 구성된 소규모 대표단을 데리고 가서 그곳 전문가들과 인터뷰를 한 적이 있다. 이후로도 거의 동일한 구성원들이 서너번쯤 인터뷰를 더 진행했다. 이를 계기로 중국의 한반도문제 전문가들과 정기적인 인터뷰를 하게 되었고, 한반도문제에 점점 더 많은 관심을 갖게 되었다. 물론 중국인들과 북한 내 불안정에 관한 현안을 논하는 것에도 흥미가 생겨 이에 관한 연구도 계속 진행하고 있다.

남중국해 분쟁 같은 해양문제 역시 다룬다. 중일관계도 주요 안보 현안이므로 초점을 맞추고 있다. 이러한 안보문제가 나의 주요한 학문적 관심사다.

한반도문제와 관련해서는 아마도 한중관계보다는 북중관계를 더욱 면밀하게 살펴보며 지속적으로 연구할 것이다. 향후에 한중관계가 북중관계보다 더욱 중요해질지라도 말이다.

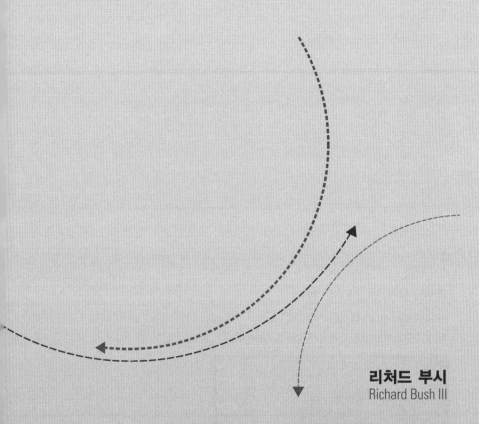

리처드 부시
Richard Bush III

미국이 바라보는
북미 간 '외교게임'

리처드 부시 Richard Bush III(1947~)

전 대만 미국연구소 소장
현 브루킹스연구소 동북아시아 정책연구센터장

민주당 성향의 브루킹스연구소 동북아시아 정책연구센터의 센터장을 맡고 있는 리처드 부시는 미국 내 대표적인 '아시아통'으로 알려져 있다. 2008년 대선 당시 오바마 캠프에서 외교안보 분야의 브레인 역할을 했던 쑤전 라이스 현 백악관 국가안보 보좌관 등 오바마 행정부 인사들과 친분이 두터운 것으로 알려져 있다. 2009년 오바마 1기 행정부 때는 물론, 2013년 초 2기 행정부가 출범할 때에도 커트 캠벨 국무부 동아태 차관보의 후임으로 자주 거론되었지만 입각하지는 못했다.

리처드 부시는 로런스대학을 졸업한 뒤 컬럼비아대학에서 정치학 석·박사학위를 받았으며, 1977년 비영리재단인 아시아소사이어티(Asia Society)의 중국위원회에서 활동하며 아시아문제에 첫발을 내디뎠다. 1983년 7월부터는 하원 외교위원회 산하 아시아태평양 소위원회에서 자문역으로 일했으며, 1993년 1월에는 하원 외교위원회로 이동해 아시아문제에 대해 연구하면서 민주당 전문위원으로 활동했다. 이어 1995년 7월부터는 당시 중앙정보국(CIA) 산하에 있던 미 국가정보위원회(NIC)에서 아시아 담당 정보분석관으로 근무했다. 1997년 9월부터 2002년 브루킹스연구소로 부임하기 전까지는 대만에서 실질적으로 미국대사관 역할을 하고 있는 대만 미국연구소에서 5년 동안 근무했다.

대만 미국연구소에서 오래 근무한 까닭에 미국 내에서는 대만 전문가로 손꼽힌다. 2006년 8월 양안관계를 진정시키기 위해 해결해야 할 어려움들을 점검한 『매듭 풀기: 대만해협에서의 평화구축』(*Untying the Knot: Making Peace in the Taiwan Strait*)이라는 책을 펴냈으며, 2013년 1월에는 미국 일각에서 제기되는 '대만 포기론'을 반박하는 등의 내용을 담은 『미지의 해협: 중국─대만 관계의 미래』(*Uncharted Strait: The Future of China-Taiwan Relations*)라는 책도 내놓았다.

그의 관심 영역은 비단 양안관계뿐 아니라, 미중관계, 중국 국내 문제, 일본과 한반도 문제 전반에 걸쳐 있다. 이 때문에 브루킹스연구소에서 미중관계나 동북아시아 관련 세미나가 열릴 때면 그가 사회를 보는 경우를 종종 볼 수 있다. 그가 2010년 10월 출간한, 가까이에 있는 국가가 정치적·경제적·군사적으로 가장 위험한 경쟁자라며 중일 간의 갈등 요인 분석과 전망, 제도적 해결방안 등을 담은 『근접성의 위험』(*Perils of Proximity*)이라는 책(국내에는 '위험한 이웃, 중국과 일본'이라는 제목으로 번역 출간되었다)은 그의 관심분야가 얼마나 넓은지를 잘 보여준다. 그는 이 책과 이번 인터뷰에서 센까꾸/댜오위다오 분쟁으로 인한 중일 간 충돌의 가능성이 상존하고 있다고 우려를 표했다. 해당 분쟁은 중일 양국 지도부가 내부 정치적 압력을 많이 받는 사안이고, 게다가 양쪽의 위기관리 기술도 뛰어나지 않기 때문이다.

미중관계와 관련해서 리처드 부시는 기본적으로 미국이 위험에 대비한 양면 투자 전략인 헤징(hedging) 전략을 유지해야 한다고 주장한다.

기존 강국인 미국은 신흥강국인 중국이 국제 씨스템에 순응할 거라는 희망을 갖고 관여정책을 추구해야 하지만, 동시에 최악의 경우를 대비해서 신흥강국의 도전을 저지하기 위한 '힘'을 구축해야 한다는 것이다.

리처드 부시가 보기에 미국과 일본은 중국의 장기적 목표가 투명하지 않고 불확실하기 때문에 중국의 부상에 대해 헤징 전략을 취하고 있다. 미 국방부가 새로운 군사 플랫폼을 개발하고 미일동맹을 강화하는 것과 일본이 공중과 해상에서의 전투력을 확대하려는 것 등이 이런 헤징 전략의 일환이다. 그는 중국 역시 미국이나 일본의 의도를 우려하고 있기 때문에 헤징 전략을 구사하고 있다고 말한다. 중국이 국방비를 늘리고 인민해방군의 현대화를 추구하는 등 군사력을 강화하는 것 역시 헤징 전략의 일부인 셈이다. 그는 이러한 분석에 더해 헤징 전략의 나머지 절반, 즉 중국과의 협조 여부가 미래 '강대국 중국'의 모습을 결정하는 데 중요한 역할을 할 것이라고 강조한다. 이런 면에서 부시의 미중관계 접근법은 '절충적'이라고 할 수 있다.

논리와 경력에서 드러나듯 그는 아시아주의자이면서 일본과는 별 인연이 없고 중국에 관심이 많은 대륙주의자다. 20세기 초 중국에서 활동하던 선교사들의 자녀들이 중국 전문가가 되어 미중관계의 윤활유 역할을 하고 있는데, 부시도 그러한 전문가 집단의 일원이다. 하지만 그는 대만의 중요성을 강조한다는 점에서 대개의 대륙주의자들과는 다른 독특한 존재다. 미국 민주당계에서 대만의 민주주의와 시장경제의 가치를 높게 평가한다는 점에서 '민주당적 대륙주의자'라고 부를 수도 있겠다. 또한 미국이 아시아에 깊이 개입해야 한다고 강조하면서도 군사력이나 동맹에 방점을 찍는 해양주의자들이나 현실주의자들과는 미묘하지만 중요한 차이가 있다.

리처드 부시는 한반도문제와 관련해서도 활발하게 발언하는 미국 내 몇 안 되는 전문가 가운데 하나다. 그러나 미국 내 대부분의 북한 전문가들이 그러하듯이 스스로 '강경파'라고 부를 만큼 북한에 대한 불신이 깊다. 그는 이번 인터뷰에서도 '다양한 경제제재를 통해 자원 유입이 제한된다면, 북한은 자신들의 정책에 대해 재평가를 하게 될 것'이라며 대북제재를 강조했다. 또한 대북제재의 효과를 증대시키기 위해 중국의 적극적 제재 참여가 중요하다고 역설했다. 미국이 먼저 유화책을 내놓지 않고 '참고 기다리면서' 대북제재를 통해 북한의 선택을 요구하는 오바마 행정부의 대북정책인 이른바 '전략적 인내'와 동일한 맥락의 주장인 셈이다.

리처드 부시의 대북 관점은 미국 내 한반도 전문가들의 주류적 시각일 뿐만 아니라, 이명박 정부의 시각과도 거의 일치한다. 북한의 장거리 로켓 발사와 핵실험 등이 미국의 대북정책에 깊은 불신의 고랑을 만든 측면을 부인할 수 없지만, 접근법과 해법이라는 관점에서 보면 미국의 한반도 전문가들이 이명박 정부의 강경한 대북 접근 논리를 상당부분 수용했음을 엿볼 수 있는 대목이기도 하다.

리처드 부시와의 인터뷰는 2013년 3월 27일 워싱턴 듀퐁서클 근처의 브루킹스연구소에서 진행했다. 인터뷰 시작 전에 그는 '온더레코드'(on the record, 공식 인터뷰)가 인터뷰 조건인지를 다시 한번 확인하는 꼼꼼한 모습을 보였다. 인터뷰 중에도 정제된 답변을 하려는 듯 신중한 태도를 유지했다. 인터뷰를 했던 15명의 인터뷰이들 가운데 가장 진중했던 것으로 기억한다. 이 때문에 북한문제에 대해 주로 질문했던 인터뷰 초반에는 심도 깊은 대답이 나오지 않아 애를 태웠다. 그러나 오바마 행정부의 대북정책에 대해 비판적인 질문을 하자, 이를 방어하려는 듯 적극적인 해명을 시도하면서 인터뷰가 활기를 띠기 시작했다. 이후 중국문제, 미중관계에 대해서는 상대적으로 자유롭게 발언했다.

리처드 부시는 오바마 행정부 대외정책의 속사정을 가장 잘 아는 전문가 가운데 하나로 꼽힌다. 그의 글이나 언론 활동을 보면, 오바마 행정부의 정책을 적극적으로 지지하는 경향이 뚜렷하다. 이 때문에 리처드 부시와의 이번 인터뷰가 오바마 행정부 대외정책의 비공식적 설명을 대표한다고 봐도 크게 틀리지는 않을 것이다.

북한의 핵실험과 한미의 대북정책

북한은 2012년 12월 12일 장거리 로켓을 발사하고 이듬해 2월 12일 함경북도 길주군 풍계리에서 핵실험을 단행했다. 2006년 10월, 2009년 5월에 이은 세번째 핵실험으로 핵실험의 위력은 1, 2차에 비해 강도가 높아진 것으로 평가된다. 유엔 안전보장이사회는 2013년 3월 8일, 5개 상임이사국을 포함해 15개 이사국이 참석한 가운데 전체회의를 열어 '핵·탄도미사일 개발과 관련된 것으로 의심되는 북한의 금융거래를 금지'하는 내용을 골자로 한 유엔 제재 결의 2094호를 채택했다.

북한이 핵무기 운반 수단으로도 사용될 수 있는 장거리 로켓 발사에 성공하고, 핵실험을 거듭하며 핵무기의 소형화·경량화에 상당한 진전을 본 것으로 알려지면서 국제정치적 파장도 커졌다. 미국 내에서는 현실적으로 북한의 비핵화가 불가능해졌다고 보고, 북한의 핵무기가 중동 등 다른 국가로 확산되는 것을 막는 '비확산'에 실질적 정책 목표를 두어야 하는 것 아니냐는 분위기가 더 강해졌다. 물론 공식적·공개적으로는 여전히 한국과 일본 등을 의식해 '비핵화'를 내걸고 있지만 말이다. 국내에서도 독자적 핵무장론이 나오는가 하면, 1991년 철수했던 미군 전술핵무기의 재도입을 주장하는 목소리도 터져 나왔다. 북핵은 언제든 한반도 정세를 위기로 몰아넣을 수 있는 잠재적 위협이라는 점에서, 리처드 부시와의 인터뷰를 북핵문제에 대한 논의로 시작했다.

대담자 미국의 외교정책 전문가들 가운데 당신은 비교적 북한문제에 대해 언급을 많이 해온 편이다. 일단 북한문제로 이야기를 시작하고, 그다음 미중관계로 주제를 옮겨가자. 2013년 2월 북한이 실시한 3차 핵실험은 2차 실험 때보다 성능이 더 강력해진 것으로 평가된다. 이번 핵실험이 동북아시아 안보환경에 미친 영향은 무엇인가?

부시 북한의 3차 핵실험은 단기적 영향보다는 장기적 영향이 훨씬 더 클 것 같다. 북한이 핵무기로 미국 본토를 타격할 능력을 보유하기 위해 핵폭탄 실험과 그에 앞서 탄도미사일 시험을 한 게 아니냐는 일반적인 결론을 확인해주는 것이기도 하다. 북한은 1950년대 프랑스와 중국의 심리 상태를 보이며, 두 국가와 같은 경로를 추구하고 있다.

장기적으로 보면 그것은 동북아 내부의 관계뿐 아니라, 한미 및 미일 관계를 불안정하게 만들 것이다. 한국과 일본이 미국의 확장억지 약속의 신뢰성을 의심하게 될 것이다.

대담자 그 문제에 대한 설문조사를 보면, 한국에서도 자체 핵프로그램 보유를 지지하는 여론이 적지 않다. 한국이 핵을 보유하려 할 경우 미국정부는 이를 어떻게 바라볼 것이라고 예상하는가?

부시 물론 몇몇 여론조사들에서 그런 결과가 나왔다. 그러나 언론의 주목을 받는 여론조사 결과들이 실제로는 부정확하다는 연구 결과도 있다. 여론조사 응답자들은 질문이 이루어지는 맥락에서 답을 하는 경향이 있다. 한국의 유명 정치인이 핵무기 또는 핵프로그램의 필요성을 열렬히 옹호하면[1], 그런 분위기에서 응답자들의 답은 뻔하다. 앞으로 상황이 가라앉으면 여론조사 응답자들은 다른 대답을 할 것이다. 조사 결과에서 드러나는 또다른 모순은 한국이 핵무기를 보유한 국가가 되어야 한다면서도, 다수의 응답자가 미국의 핵우산을 신뢰한다고 말하는 것이다. 자체 핵무기를 원한다면 가장 주요한 이유는 미국의 핵우산을 신뢰할 수 없기 때문일 텐데 말이다. 이런 것들이 좀 애매하다. 한국과 미국의 지도자들이 여론을 형성하고 이끌어야 할 기회와 책무를 지닌 영역도 바로 이 지점이다.

대담자   마찬가지로 일본이 장기적으로 핵무기를 개발할 것으로 보는가? 그게 실현 가능한 씨나리오라고 보는가?

부시   그렇게 보지 않는다. 일본에는 아직도 평화주의를 향한 추동력과 핵알레르기가 충분하다. 핵무기로 폐허가 된 유일한 나라라는 슬픈 역사적 사실이 있기 때문이다. 일본이 핵무기 개발 능력을 보유하고 있을 수도 있다. 또한 동북아에서 주요한 전략적 상황의 변화가 있을 때마다 일본정부 내부에서 핵옵션에 대한 논의가 있었던 것도 사실이다. 그러나 그때마다 그들이 도달한 결론은 독자적인 핵억지 능력을 갖추는 것보다 미일동맹이 안보를 지키는 편이 보다 유용한 방법이라는 것이었다.

대담자   사실 북한의 핵실험은 모순된 측면이 있다. 핵실험을 통해 북한의 자위적 국방력이 강화될지는 모르겠지만, 북한이 우려하는 한미동맹도 강화될 것이다. 이토록 모순된 결과에도 북한이 핵실험을 강행하는 이유는 무엇이라고 보는가?

부시   나도 잘 모르겠다. 김정은과 북한 지도부가 무슨 생각을 하고 있는지 알 수 없다. 현재 상황은 기본적으로 국제정치적 쟁투이자, 외교적 쟁투다. 그런 맥락에서 북한은 미국이 가진 선택의 여지를 좁히는 전략을 사용하고 있다. '미국은 계속해서 우리를 방해할 수 있고 봉쇄하고 제재할 수 있으며 반대할 수 있다. 그러나 그렇게 하면 미국은 평화를 누릴 수 없다'는 식이다. 북한의 메시지는 '진정으로 평화를 원한다면 우리의 핵무기와 국가 운영방식을 수용해야 한다'는 것이다.

다른 한편으로 미국도 똑같이 북한의 선택 폭을 좁히고 있다. '핵무기를 가질 수 있지만 그러면 고립된 국가로 남게 될 것이다. 반대로 핵무기를 포기하면 국제사회와 정상적인 관계를 맺을 수 있다. 두 가지를 모두 가질 수는 없다'라는 것이다.

동시에 미국과 북한은 각각 중국이 가진 선택권 역시 좁히려 하고 있다. 지금까지 중국은 북한을 보호하면서도 동시에 미국 및 한국과도 우호적 관계를 유지하려 했다. 그러나 이제는 북한의 핵프로그램으로 야기된 어려움을 관리해야 하는 상황에 처해 있다.

북한이 사용하는 쟁투의 수단 중에는 대량파괴무기(WMD) 실험, 상당히 거친 수사를 활용한 언어공세 등도 있다. 때때로 한국에 대한 제한적인 재래식 무기 공격 등이 포함될 수 있다. 이런 것들을 통해 북한은 우리의 선택 폭에 제한을 가하려고 한다.

대담자 지난 몇년 동안 미국과 북한이 서로의 선택 폭을 좁혀보려 했지만 결국 북한이 핵실험으로 미국과 한국의 선택을 압박한 강도가 더 크다는 분석도 있다.

부시 각자가 상대방의 운신의 폭을 좁히려 애를 쓰는 상황이다.

상대방의 의지를 시험하는 것이다. 각자가 이런 방법이 좋다고 믿는 근거들을 갖고 있다. 또한 상대방의 관점을 배려한 협상이 오히려 자신들의 이해관계를 거스르는 것이라고 생각한다. 객관적으로 북한이 좀더 불리한 입장에 있다. 북한은 여러 면에서 취약하기 때문이다.

대담자 안드레이 란코프(Andrei Lankov)같은 전문가는 미국이 본질적으로 북한이 핵보유국임을 인정하고, 비핵화보다는 비확산 쪽으로 정책을 이동해야 한다고 주장한다. 다시 말해 군비통제 협정을 통해 북한의 핵보유 사실을 암묵적으로 인정하되, 핵무기 규모를 제한하고 핵무기가 확산되지 않도록 명확하고 구체적인 통제장치를 만들어놓자는 주장이다.[2] 이런 견해에 대해 어떻게 생각하는가?

부시 당연히 비확산도 우리 정책 목표의 일부다. 그러나 란코프의 제안에는 미국이 수용할 수 있는 수준까지 북한이 기꺼이 군비통제 체제에 응할 것이라는 가정이 깔려 있다. 그러나 북한이 미국을 타격할 수 있는 핵무기를 보유하고 싶어한다는 내 전제가 맞다면, 북한이 과연 군비통제에 관심을 가질지 확신하지 못하겠다. 지난 4~5년 간의 기록들에서도 알 수 있듯이, 북한은 무엇 하나 제대로 협상할 마음이 없는 것 같다. 북한의 행동들은 협상을 불가능하게 하려고 계획된 것이다.

또 하나의 문제가 있다. 군비통제 쪽으로 가다보면 북한이 한미 간의 관계 등과 관련된 또다른 무언가를 요구하지 않을까? 예를 들어 북한의 핵보유를 인정하고 나면, 그다음에는 미국이 한국에 제공하는 확장억지에 대한 문제(북한이 확장억지, 즉 핵우산 철회를 요구할 수도 있다는 뜻)가 발생할 것이다. 우리가 군비통제 쪽으로 방향을 틀지 않는 이유는 그것이 피해야 할 다른 문제를 파생시키기 때문이다.

물론 한국과 일본이 '그거 정말로 좋은 생각이야'라고 한다면 상황은 달라질 수도 있다. 그러나 그러지는 않을 것이 확실하지 않은가.

대담자 북한이 핵프로그램을 포기하는 데 동의하지도 않고, 비확산과 관련된 군비통제 협상에도 제대로 응하지 않을 거라고 가정한다면, 유일한 북핵 해결책은 북한의 붕괴를 기다리는 것인가? 그렇다면 오바마 행정부 1기의 이른바 '전략적 인내'가 미국으로서는 최선의 선택이 아닌가?

부시 내가 보기에 오바마 행정부의 범퍼스티커(차량 범퍼에 붙이는 슬로건 등)에 들어갈 말은 '북한의 선택 폭 좁히기'라고 할 수 있다. 물론 거기에 인내가 포함되어 있을 수 있다. 그러나 인내는 그런 큰 전략 속에서 하나의 전술일 뿐이다.

여기서 핵심은 북한체제에 대한 정책이다. 우리가 제공하는 선택들이 혼란스레 뒤섞여 있을 경우 북한은 정책 전환에 관심을 보이지 않을 것이다. 둘 중 하나를 선택할 수밖에 없다는 사실을 깨달을 때, 그리고 그런 경우에만 북한은 선택을 할 것이다. 즉 그런 경우에만 지금의 리더십 아래에서 북한이 새로운 정책으로 이동하는 것이 가능하리라 본다.

따라서 오바마 행정부의 유일한 대북 옵션은 붕괴를 기다리는 것이며, 그렇기 때문에 북한문제에 대처하지 않으려 한다는 전제는 받아들일 수 없다. 미국이 북한의 운신 폭을 좁히기 위해 할 수 있는 일은 많고, 그것들은 여전히 유효하다.

그것의 상당부분이 중국에 달려 있기도 하다. 북한문제의 핵심 변수는 외부에서 북한으로 유입되는 자원의 규모다. 북한 지도부가 그것들을 활용해 체제의 목표를 추구하기 때문이다. 유입되는 자원의 수준이 상대적으로 높다면 북한은 선택을 할 필요가 없다. 그러나 다양한 경제제재를 통해 자원 유입이 제한된다면, 북한은 자신들의 정책을 재평가하게 될 것이다.

대담자　6자회담은 2008년 12월 수석대표 회담을 마지막으로 5년 가까이 중단된 상태다. 6자회담이 장기간 공전하고 있는데다, 6자회담의 가장 큰 성과로 꼽히는 '9·19공동성명'의 취지가 손상되고 있는 상황이다. 6자회담의 유용성이 아직 있다고 보는가?

부시　상호 수용할 만한 협상 결과가 나올 가능성이 있을 때, 6자회담은 유용한 메커니즘이었다. 그러나 북한의 현 정책은 2005년 '9·19공동성명'에 반영된 6자회담의 목표와 배치된다. 북한이 6자회담과 양립할 수 있는 방향으로 정책을 변화시킬 준비가 되어 있다면, 6자회담의 목적은 영속성을 가질 수 있다. 또한 좀더 유용하게 활용할 수 있는 일련의 조건들이 형성된다면, 6자회담을 플랫폼으로 유지해야 한다고 생각한다.

대북제재와 중국의 한반도 정책

대담자　2006년과 2009년에도 유엔 안전보장이사회에서 중국이 동의하는 대북제재를 결의했지만, 실질적인 효과에 대해 의문을 제기하는 전문가도 적지 않았다. 북한의 2013년 3차 핵실험 뒤 역시 중국을 포함해 유엔 안전보장이사회에서는 이전보다 훨씬 높은 수준의 대북제재에 합의했다. 이번 제재의 효과는 어떠할 것이라 전망하는가?

부시 역시 가장 큰 문제는 이행 여부다. 이때 가장 큰 변수는 중국이다. 제재의 실질적인 효과를 계량화하고 싶지는 않다. 그러나 제재, 특히 금융이나 북한에서 법정화폐처럼 통용되는 사치품의 유통, 중국의 대북투자정책 등에 대한 제재가 잘 이행된다면 북한의 선택폭을 제한할 수 있을 것이다. 케이크를 먹으면서 동시에 가지고 있을 수는 없다는 사실, 즉 두 마리 토끼를 잡을 수 없다는 사실을 북한에 알려줄 수 있다.

대담자 중국의 한반도 정책에서 북한의 비핵화보다는 북한의 안정이 정책 우선순위에서 더 앞선다는 평가가 지배적이다. 한반도에 대한 중국의 주요한 장·단기 목표는 무엇이라고 보는가?

부시 미국과 마찬가지로 중국도 한반도의 평화와 안정을 원한다. 다만 중국은 통일된 한반도가 미국의 대중 압박의 거점이 되는 상황을 바라지 않기 때문에 기본적으로 북한의 현상유지를 지지한다. 그것이 중국의 최우선 순위다. 그러나 통일된 한국이 중국에 위협이 되지 않을 다양한 방법이 있다고 생각한다. 어찌됐든 지금 중국의 가장 큰 관심은 전쟁을 막는 일로 보인다.

대담자 미국의 한반도 정책결정자들은 중국이 이른바 한반도의 급변사태에 대해 미국과 논의하기를 꺼린다고 말한다. 그렇다고 보는 까닭이 있는가?

부시 미국은 한반도 급변사태와 관련한 대화가 아주 유용하다고 본다. 중국이 그런 대화를 왜 꺼리는지 짐작은 할 수 있다. 물론 전적으로 관측이지만 말이다.

첫째, 중국은 미국이 비밀을 지킬 수 있을지 신뢰할 수 없다고 생각한다. 나는 아주 중요한 문제에 대해선 미국도 비밀을 지킬 것이라고 생각하지만 말이다. 어찌됐든 미중이 한반도 급변사태에 대해 논의하고 있다는 사실이 새어나가면, 중국은 북한과 상당한 마찰을 겪게 될 것이다. 또한 미중의 군부 쪽이 한반도 급변사태를 논의해야 하는데, 이들은 서로 교류가 거의 없다.

어찌됐든 급변사태 논의는 앞으로도 계속 중요할 것이다. 북한이 계속 한반도를 위험하게 만들고 급변사태 가능성을 보다 높이는 식으로 행동한다면, 역설적으로 미중 간에 한반도 급변사태를 논의하도록 중국을 압박하는 미국의 최고 동맹은 북한이 되는 셈이다.

한국의 미사일방어망 구축이 중국에 던지는 메시지

미국은 자국의 미사일방어(MD) 씨스템에 한국을 계속 끌어들이려고 했다. MD의 잠재적 대상국인 중국과 북한의 군사적 움직임을 포착하는 데 지리적으로 인접한 한국이 최적의 MD 전초기지이기 때문이다. 특히 MD 체제의 핵심은 상대방의 미사일 발사를 얼마나 빠르고 정확하게 포착하느냐에 달려 있는데, 수천킬로미터 떨어진 곳의 작은 금속물체까지 식별이 가능하다는 X밴드 레이더를 한국에 설치하면 중국의 전투기와 미사일, 함정 등의 움직임을 세세하게 들여다볼 수 있다.

부시 행정부가 의욕적으로 MD를 추진하자 김대중 정부와 노무현 정부 때는 미국의 제의를 거부하거나 모호한 태도를 보여 종종 마찰을 빚곤 했다. 미국의 MD 씨스템에 편입되면 한국은 장비 구입을 위해 국방예산을 엄청나게 늘려야 하고, 중국을 자극할 게 뻔했다. 하지만 미국에 우호적인 이명박 정부가 들어서자 미국은 좀더 노골적이고 공개적으로 MD 편입을 압박했다. 이에 이명박 정부는 2010년 공동 MD 연구 약정서를 체결하고, 같은 해 7월 합동 미사일 요격 훈련을 실시하는 등 비교적 적극적으로 응했다. 박근혜 정부에서도 사정은 크게 달라지지 않았다. 2013년 10월 3일 한미 연례안보협의회(SCM) 공동성명은 '포괄적인 동맹의 미사일 대응 전략을 지속·발전시켜 나가기로 했다'라고 밝히고 있어 한미 간 'MD 일체화'가 가속화되는 것 아니냐는 관측을 낳고 있다.

대담자 한국이 미국의 MD 씨스템에 편입해야 하는가에 대한 논쟁이 뜨겁다. 특히 편입을 반대하는 주장에는 MD 씨스템이 궁극적으로 북한보다는 중국을 겨냥한 것이라는 우려가 담겨 있다. 이 지역의 이상적인 MD 씨스템은 무엇이라고 생각하는가?

부시 미사일방어를 위해 다자 간 구조를 구축할 필요는 없다고 본다. 대만도 MD 씨스템을 보유하고 있지만, 그것이 더 큰 어떤 MD 체제의 일부분은 아니다. 한국의 우려가 무엇이든 최선의 방법은 독자적으로 미사일을 방어하고 북한의 위협 등에 대응할 맞춤형 씨스템을 갖추는 일이다. 그리고 북한의 위협을 그 씨스템으로 방어할 수 있다는 신뢰를 국민들에게 보여주는 것이다.

대담자 관련된 질문일 수 있는데, 미국은 2012년 10월 한국의 미사일 사거리를 300킬로미터에서 800킬로미터로 연장하는 것을 인정했다. 이것이 유익한 발전이라고 보는가, 아니면 불필요한 도발적 행동으로 비춰질 수 있다고 보는가?

부시 이해할 수 있는 조처다. 2010년 8개월 사이에 발생한 전쟁 비슷한 두 행동(천안함사건과 연평도 포격사건을 가리킨다)을 고려하면 북한의 위협에 대한 적절한 대응이었다. 문제는 이 능력들을 사용하는 방식이다. 즉 한국은 어떤 상황에서 북한의 북쪽 국경 지역 내에 있는 목표물들에 미사일을 발사할 것인가? 또한 한국이 중국을 타깃으로 미사일을 사용할 가능성에 대해 중국이 우려하고 있다면, 양국이 함께 논의해볼 문제라고 생각한다.

대담자 문제는 신의주를 넘어 중국의 일부 영토가 직접적으로 한국 미사일의 사정거리 안에 들어오고, 미국은 그것을 인정한 셈이 된다는 점이다. 중국이 예민한 반응을 보이는 것도 그 때문인 것 같다.

부시 잘 안다. 미사일이 사용되는 상황에 따라 중국의 우려가 달라질 것이다. 그렇기 때문에 외교가 필요하다. 외교는 그런 쟁점들을 다루는 일이다. 사실 미국은 모두에게 위협을 가할 수 있다. 그러나 어떤 국가들은, 예를 들어 캐나다는 미국을 두려워하지 않는다. 미국의 의도에 신뢰를 갖고 있기 때문이다.

중국은 패권을 차지하려 하는가

대담자 미중관계에 대한 논의로 옮겨 가보자. 2010년 중국은 전반적으로 이웃국가들에게 공세적인 행동을 보였다. 이에 대해 일부 전문가들은 중국 고위층이 심사숙고한 동아시아 패권 전략의 일부라고 주장했는데, 당신은 그 같은 해석에 반대했다. 그 근거를 듣고 싶다.

부시 물론이다. 그것은 정말 상황에 따라 달라지는 문제다. 2010년의 사건들은 각각 다른 상황이었다. 중국은 북한의 행동(천안함사건)에 대해 유화적이고 관대했다. 그런 행동이 한국과 미국을 아주 화나게 했으며, 두 나라는 거기에 맞게 대응했다. 중국의 대북 접근방식은 분명 대북정책에 대한 고위층의 합의를 반영한 것이었다. 즉 정책의 무게중심을 북한 보호에 둔 것이었다. 이에 비해 남중국해 분쟁은 그 지역에서 활동하는 다양한 해양기구들에 대한 중국 지도부의 약한 통솔력 또는 약한 통제력을 반영하고 있다.

센까꾸/댜오위댜오에서 2010년 9월 벌어진 일본과의 갈등은 술 취한 중국 선장의 독자적인 행동으로 발생했다.[3] 이는 본질적으로 술 취한 선장이 중국 외교부의 고유 영역을 빼앗아버린 사건이었다. 중국 중앙정부는 이런 사건이 발생했을 때 다른 국가에서는 어떻게 대응하는지, 중국의 대외관계에 미칠 영향은 무엇인지를 재빨리 간파했어야 했다.

따라서 중국의 대외 전략은 시기와 상황에 달려 있다고 생각한다.

일부 사례에서는 중앙정부가 보다 강력히 통제하기도 한다.

대담자 중국이 가장 두려워하는 외적 요소는 무엇이라고 보는지, 그리고 그 두려움이 합당하다고 보는지 묻고 싶다. 아시아에서 미국과 그 동맹국·우호국에 의해 포위될 가능성, 성장하는 인도, 에너지 안보 이슈 등을 꼽을 수 있을 듯하다.

부시 중국 지도부의 가장 큰 외적 두려움은 그런 예들보다 훨씬 더 폭넓은 것이다. 즉 한 국가가 빠르게 부상하면서 현상유지 국가의 대응을 촉발하게 된 상황이라 중국은 미중이 과거 강대국들 간의 관계 패턴을 답습하게 될까봐 걱정한다.

중국은 과거 대국관계의 패턴을 연구해왔다. 과거의 패턴은 좋지 않았다. 그래서 그들은 '신형 대국관계'의 필요성을 주장한다.

미국의 고위 관료들도 신형 대국관계가 바람직하다며 지지해왔다. 중국의 강대국으로의 부활이 진정으로 평화·안정·공존·상호이익을 증진시킬 것이며, 중국의 부활 자체만으로 모든 이슈를 갈등으로 치닫게 하거나 심각한 충돌 위험을 제기하는 것은 아니라고 말이다.

신형 대국관계의 핵심은 실행에 있다. 미국과 중국 모두의 노력이 필요하다.

대담자 중국 내에는 절박한 문제들이 있다. 민족주의, 소수민족의 분리주의 운동, 빈부격차 심화 등 말이다. 이런 문제들이 중국의 외교정책에 어떤 영향을 미치고 있나?

부시   우선 경제적 차원을 들 수 있다. 중국은 국제경제 씨스템과 상호작용하며 경제 번영과 그에 따른 정치적 안정을 이루어가고 있다. 국제경제 씨스템을 수용한 1979년의 개혁·개방을 통해 큰 경제적 성공을 거둠으로써 상당수 중국인들이 더 잘살게 되었다. 많은 중국인들이 이전에는 경험하지 못한 더 좋은 직업을 갖고 있다.

그럼에도 여전히 의문은 존재한다. 중국이 과연 국제경제 씨스템과의 호환성을 보다 높이는 방식으로 경제모델을 전환하고 있는가? 그리고 그 영향은 무엇이냐는 것이다. 그에 따라 외교정책도 달라질 것이다.

미국의 목표는 민주주의 고취와 인권 증진을 통해 사회주의―레닌 체제를 약화시키는 것이라는 두려움이 사회주의권에서 오랫동안 존재해왔다. 중국 내에는 그런 미국의 영향력을 차단하기 위한 많은 조처들이 있어왔다. 객관적으로 이야기해서 미국은 물론 국제 공동체의 어떤 국가들도 중국체제의 약화를 꾀하지 않는다. 그러나 그렇게 보였을 수도 있다. 미국이 하는 일들이 중국사람들에게는 그렇게 보일 수도 있다는 점은 이해할 수 있다.

신장이나 티베트의 현안은 중국 내부의 문제일 뿐만 아니라 외부적 요인도 갖고 있다. 중국 지도부가 그런 문제들을 처리하는 데 계속 어려워하는 이유는 그들이 추구하는 정책 때문이다. 현 정책은 신장·티베트 주민들을 계속해서 고립만 시키고 있다.

미국의 아시아 정책과 아시아 회귀

대담자   미국의 아시아 정책과 관련해 아시아태평양 지역에서 미국의 최우선적인 이해관계는 무엇이라고 보는가? 미국이 동아시아에서 존재감을 유지하며 얻을 수 있는 이익은 무엇이라고 생각하는가?

　부시　여러 목표 가운데 하나는 아시아와 미국 간에, 그리고 동아시아 내부에 경제적 관계를 증진시키는 것이다. 미국은 다양한 경제 정책, 규칙 설정 등을 통해 이런 일을 수행해왔다. 알다시피 세계화는 어려운 과제였지만, 본질적으로 미국이 장기간 추구해온 것이다. 물론 모든 미국인이 세계화의 혜택을 받는 것은 아니며, 경제적 입장을 결정할 때에도 세계화보다는 빠른 기술 진보를 보다 중요한 기준으로 삼기도 한다. 그러나 빌 클린턴 전 대통령이 이야기한 '많은 월급을 주는 좋은 직장'을 원한다면, 우리는 그런 세계화 방향으로 가야 한다.

　2차대전이 발발한 이후, 즉 1941년 12월 7일(일본의 진주만 공격일) 이후로 미군을 아시아에 전진 배치시킴으로써 미국의 국가안보를 보호할 수 있다는 의식이 등장하기 시작했다. 미군 주둔이 미국에만 유리한 것은 아니다. 아시아 지역을 안정시키고, 동아시아 국가들이 안보에 신경쓰지 않고 적은 비용으로 경제발전을 추구하며, 더 나아가 환태평양 경제관계를 촉진시킬 수 있는 배경이 되었기 때문이다.

　따라서 상당부분 재조정 정책의 핵심은 군사적으로, 그리고 외교적으로 아시아에서 미국의 존재감을 유지하는 것이다. 그것은 또 군사 분야뿐 아니라, 환태평양경제동반자협정(TPP)을 통해 경제관계와 관련된 새로운 라운드의 규칙 설정을 추구하는 것이다.

　대담자　방금 재조정이라고 했는데, 재조정/회귀에 대해서 인터뷰 대상자 모두에게 의견을 묻고 있다. 당신의 의견은 어떠한가?

부시   우선 재조정 전략은 아주 오래된 정책을 새로운 환경에 맞춰 수정한 것에 불과하다. 중국인들이 어떻게 생각하든, 결코 중국을 봉쇄하기 위해 고안된 것이 아니다. 그것은 앞으로 아시아가 오랫동안 가장 중요한 지역이 될 것이고, 이 지역과 관계를 유지하거나 업데이트함으로써 우리의 국익을 가장 잘 보호할 수 있다는 미국 지도자들의 인식을 반영한 것이다. 미국은 아시아로부터 멀어질 수 없다.

대담자   하지만 미국은 말할 것도 없고 해외 언론들도 아시아 회귀의 군사적 측면에만 주목하고 있다. 공해전(Air-Sea Battle) 개념[4]을 예로 들 수 있을 텐데, 중국 역시 군사적 측면을 아시아 회귀의 핵심으로 간주하고 있는 듯하다.

부시   재조정 정책이 순전히 군사 정책만은 아니라는 점을 좀더 잘 설명했어야 했다. 안타깝게도 군사 분야는 수치화할 수 있어 그것에만 초점을 맞추기가 쉽다. 정책의 다른 측면들은 계량화하거나 구체화하기가 좀더 어렵기 때문이다.
공해전의 미래는 아주 불확실하다. 따라서 아시아 사람들은 이것이 미국의 군사적 전략이 될 것이라고 가정해서는 안 된다.

대담자   또 하나의 우려는 중국 쪽의 인식 문제다. 당신이 설명한 방식과 달리 중국은 아시아 회귀를 공격적인 것으로 여기고 있다. 최소한 그렇게 발언하고 있다. 이럴 경우 어떻게 미중 간 안보 딜레마를 피할 수 있는지의 문제가 남는다.

부시 우선 중국 지도부와 국민들 사이에 분명한 의견 차가 있다는 점을 들고 싶다. 중국 지도부는 재조정 정책을 위협적인 것이라 여기지 않는다. 따라서 대중의 민족주의적 성향을 잘 다스려 원만한 미중관계가 중국에도 이익이 된다는 점을 국민들에게 분명하게 전달해야 할 것이다.

안보 딜레마 문제는 항상 있다. 단순히 물질적인 능력이나 군사적 능력과 관련된 악순환 속에서만 나타나는 것은 아니다. 안보 딜레마의 당사국들은 매일 또는 일주일 단위로 아주 구체적인 일련의 이슈들을 가지고 상호작용한다. 그 과정에서 파악된 상대방의 의도 등이 안보 딜레마에 보다 더 중요할 수 있다.

예를 들어 중국과 미국은 북한문제에 대해 상호 접촉을 통해 각자의 결론을 내린다. 이때 상대방의 의도를 얼마나 잘 해석하느냐가 아주 중요하다. 내가 보기에 중국보다는 미국이 상대방의 의도를 훨씬 잘 해석한다. 중국사람들은 종종 미국의 의도를 잘못 해석한다. 그러나 미국이 그것에 대해 해줄 수 있는 일은 없다. 분석과 해석 능력을 향상시켜야 하는 것은 중국 쪽의 책임이다.

미국의 양안정책

대담자 당신은 수년 동안 대만 미국연구소[5] 소장으로 근무했었다. 대만 미국연구소에 대한 소개와 그때의 경험을 듣고 싶다.

부시 대만 미국연구소는 1979년 대만과 실질적인 관계를 계속 유지하려는 의회의 결정으로 창설되었다. 사실 미국연구소는 미 국무부의 조직이다. 워싱턴 근처에 작은 사무실이 있는데, 거기가 내가 소장으로 있던 곳이다. 사실상 대부분의 활동은 대만에서 한다. 대만에서 미국연구소는 대사관이 수행하는 업무의 대부분을 맡고 있다. 법적으로는 민간단체다. 미국이 대만과 계속 공식적 관계를 유지하는 것 아니냐는 중국의 우려를 누그러뜨리기 위해 이름도 연구소로 지었다. 이름이나 법적 성격에도 불구하고, 연구소를 통해 대만과 우호적인 관계를 유지하고 있다.

나는 국무부 정책팀의 일원으로 대만 정책을 맡고난 뒤 미국정부를 대신해 대만에 공개적으로든 비공개적으로든 꽤 자주 가서 논의를 했다.

그때가 1990년대 후반부터 2002년 사이였는데 아주 복잡한 시기였다. 당시 중국과 대만 사이에 안보 딜레마가 깊었다. 우리는 이른바 '이중 억지(dual deterrence)'[6]라고 불리는 접근법을 추구해야 했다. 중국과 대만 양쪽을 상대하면서 각각에 경고도 하고 안심도 시키는 것이었다. 해당 내용과 수준은 상황에 따라 달랐다.

이 과정과 겹치기도 하고 연결되어 있기도 한데, 3명의 후보가 겨룬 2000년 대만 총통 선거에서 처음으로 야당인 민진당 후보가 승리했다. 나도 미국의 이익을 보호하려는 노력에 일조했다. 우리는 민진당 후보로 당선된 천 수이볜 총통과 소통했고, 결과적으로 미국의 이익을 보호하는 방향으로 일할 수 있었다.

대담자 '데탕뜨'(détente, 긴장 완화)라는 표현이 적절한지는 모르겠지만, 2012년 재선된 마 잉주 대만 총통은 대중국 '데땅뜨' 정책7을 표방했다. 양안의 화해 무드가 앞으로도 지속될 것이라 보는가?

부시 마 총통의 정책을 '데땅뜨'로 부를 수도 있겠다. 나는 '양안 교역관계의 안정화'라고 말하고 싶다.

지금까지 마 총통의 정책은 잘 진행되어왔다. 1990년대부터 2008년 사이에 고조되었던 양안 간의 상호 두려움을 감소시켰고 협력 분야를 넓혀왔다. 주로 경제 분야에 해당하는데, 상호 이익이 되는 분야다. 상호 협력은 장기적 의도와 관련해 상대방에게 어느정도의 상호 보증을 제공해준다. 이것은 큰 변화로, 중국의 후 진타오 주석과 마 잉주 총통이 관계 개선에 수반되는 위험을 감수하지 않았다면 불가능했다.

양안관계 개선정책이 성공했다는 가장 큰 징표는 마 총통이 2012년 총통 선거 당시 상당히 비판받았음에도 또한 그의 첫번째 재임기간 동안 직면했던 많은 문제들이 있었음에도, 재선 과정에서 꽤 안정적으로 승리했다는 사실이다. 또한 선거 결과를 통해 알 수 있는 것은 대만이 정치적으로는 상당히 분열된 사회지만 최소한 경제 면에서는 중국 본토와의 관여정책을 지지하는 균형 감각이 있다는 것이다.

문제는 지금까지 관여정책을 지탱해온 추동력이 떨어질 것이라는 데 있다. 상호 이익이 분명하게 드러나는 경제적 이슈들이 바닥나고 있기 때문이다. 반면에 대만 대중들은 아직 정부가 정치나 안보 이슈를 다루는 것에 대해서는 받아들일 마음의 준비가 되어 있지 않다. 어느 경우든 해결하기 쉽지 않을 듯하다.

센까꾸/댜오위다오 갈등과 미국의 입장

대담자 센까꾸/댜오위다오를 둘러싼 중일 간의 갈등이 계속되고 있다. 초미의 관심사는 양쪽 간 군사적 충돌 가능성 여부다. 당신의 견해는 어떠한가?

부시 몇년 전보다는 가능성이 더 커졌다. 중국이 센까꾸/댜오위다오 주변 해역에 해양기구 선박들을 공격적으로 보내고 있고, 심지어 일본 영해에도 들어가고 있기 때문이다. 이곳에서 선박들이 제약없이 활동한다면 충돌의 위험은 높아질 것이다.

대담자 그래서 당신이 펴낸 책 제목이 'Perils of Proximity', 즉 '근접성의 위험'인지?

부시 그렇다. 센까꾸/댜오위다오 분쟁에는 국가적 명예, 자원개발 욕구, 영토 분쟁, 어선들의 활동방식 등 많은 요소들이 담겨 있다. 2010년 사건(일본의 중국 선원 체포 사건)을 포함해서 이전 사건들을 통해 몇가지를 알 수 있다. 첫째, 중일 정부 모두가 자국 내 민족주의 압력의 영향을 받기 쉽다는 점이다. 둘째, 양국 정부의 위기관리 기술이 뛰어나지 않다는 점이다.

따라서 실제 인명이 손실되는 등 심각한 사건이 발생할 경우, 양국 정부가 내부 반응을 통제하기가 매우 어려워질 것이다. 다만 이로 인해 아주 제한적인 수준에서라도 군사적 충돌이 발생할지 여부는 단정할 수 없다. 어찌됐든 군사적 충돌은 미국을 포함해 어떤 당사자에게도 유익한 결과를 가져다주지는 않을 것이다.

　대담자　센까꾸/댜오위다오를 둘러싼 중국과 일본의 갈등을 완화
시킬 수 있는 방법이 있다고 보는가?

　부시　갈등의 두 당사자가 원한다면 중재를 해볼 수 있다. 그러나
그것이 일반적인 경우는 아니다. 게다가 지금 센까꾸/댜오위다오 상
황에 이를 적용하기도 어렵다. 또한 중일 모두 미국의 관여를 원하
고, 중재 초기 미국에 대한 일정 수준의 신뢰가 있더라도 중재 과정
에서 한쪽이나 또는 양쪽 모두 미국에 대한 신뢰를 잃어버리기가 쉽
다. 그렇게 되면 미국이 끼어들지 않았을 때보다 상황이 더 악화될
것이다.

　중재보다는 못하지만 미국의 역할이 있다면 내가 지적 지원이라
부르는 것이 있다. 예를 들어 중국과 일본의 충돌 위험을 줄이려면
센까꾸/댜오위다오 주변에서의 활동을 상호 간에 어떻게 규제해야
하는지 미국이 실천적인 제안을 하는 것이다. 미국은 소련과의 냉전
기간 동안 그런 방법을 개발해야 했는데, 실제로 방법은 있다. 물론
그때와 같을 수는 없겠지만, 핵심은 적대적 관계에 있는 두 당사자가
공동결정을 통해 양쪽의 이해관계에 부합하도록 어느정도의 통제를
가할 수 있다는 발상이다.

　대담자　마지막으로 개인적인 질문을 하겠다. 어떻게 동아시아에
관심을 갖고, 동아시아에 초점을 맞추게 되었는지 듣고 싶다.

부시　부모님이 아시아에서 선교사 활동을 하셨다. 1950년대 전반기는 필리핀에서, 그리고 1960년대 전반기는 홍콩에서였다. 홍콩에서 나는 영국계 중학교에 다녔다. 학교에서는 중국에 대해 가르치지 않았지만, 5년 동안 느낀 중국사회의 생활력은 중국 관련 일을 하고 싶다고 결정할 만큼 강렬한 것이었다. 그래서 나는 중국 분야로 뛰어든 마지막 선교사 세대의 자녀 중 하나가 되었다.

전후 세대에 우리 같은 사람이 몇명 있다. 나는 운이 좋았다고 생각한다. 좋은 직업을 얻었고, 아직도 그 일을 하고 있기 때문이다. 값진 일이다. 행운이라고 할 수 있다.

대담자　당신이 고위 관료로 다시 정부에서 일을 한다면 최우선 순위로 무엇을 하고 싶은가?

부시　그런 지위에 오르게 된다면 어려운 일이지만 중국과의 관계를 잘 끌어가고 싶다. 미중관계에는 아직도 많은 위험이 도사리고 있기 때문이다. 그다음으로 오바마 1기 행정부와 이전 정부들이 착수했던 모든 구상들을 확실하게 이행하고 싶다. 잘 갈무리하지 않으면 긍정적인 반응들이 사라지게 될 것이다.

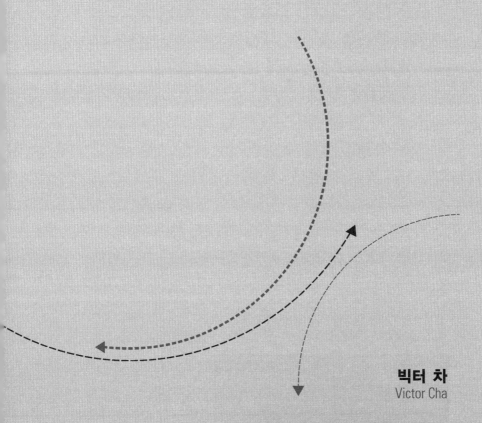

빅터 차
Victor Cha

북한문제의 해법은
'매파적 관여'다

⋮

빅터 차 Victor Cha(1961~)

전 백악관 국가안보회의(NSC) 아시아 담당 국장
현 조지타운대학 국제관계대학원 교수

빅터 차는 재미교포 2세다. 컬럼비아대학에서 유학한 아버지와 줄리 어드 음대에서 공부한 어머니 사이에서 1961년 뉴욕에서 태어났다. 컬럼비아대학에서 경제학을 전공했고, 정치학 박사학위를 받았다. 석사는 영국 옥스퍼드대학에서 받았다.

1995년 조지타운대학 조교수로 부임했으며, 부교수로 재직하던 2004년 12월 아시아 담당 국장으로 백악관 국가안보회의(NSC)에 합류했다. 부시 2기 행정부의 외교안보 진영을 새로 짤 때 들어온 셈이다. 마이클 그린 아시아 담당 선임국장 밑에서 남북한과 일본·호주·뉴질랜드 등과 관련된 정책을 담당하는 자리였다. 2년 남짓 백악관 생활을 마치고 2007년 5월 다시 학교로 돌아왔다.

그가 NSC 아시아 담당 국장으로 내정되었을 때 한국언론들은 "NSC에서 아시아 정책을 담당하는 한국계로는 차 교수가 처음이다"라고 평했다. 그러나 그가 한국계이긴 하지만, 국내외 언론 기고문이나 세미나 등에서 밝히는 입장을 보면 특별히 한국을 의식한 흔적이 없다. 오히려 그의 시각은 철저하게 미국적이다.

그는 대북정책에서 이른바 '매파적 관여론'을 주장한다. 거칠게 이야기하면, 북한이 핵을 포기하도록 하고 군사적 도발을 막기 위해서는 봉쇄와 관여를 동시에 할 필요가 있다는 것이다. 그의 주장은 부시 행정부 내에서 협상파들에게 논리적 근거를 제시하기 위한 측면이 있었다.

그는 매파적 관여론을 정당화하기 위해 북한의 도발 가능성을 강조한다. 북한이 힘의 열세를 의식하면 언제든 군사적 도발을 할 수 있다는 것이다. 즉 북한이 급격한 붕괴나 남한의 지배를 피하기 위해 선제적 또는 예방적 전쟁을 할 수 있다고 본다. 그는 1994년 12월 17일 북한군이 군사분계선을 넘어온 미군 정찰헬리콥터를 격추시킨 사건과 1999년 서해교전 등을 해당 사례로 든다. 이런 북한의 의도된 도발 행동을 막기 위해 억지를 강화하는 것 이외에도 관여가 필요하는 것이다. 빅터 차는 2002년에 발표한 논문들과 2003년 당시 다트머스대학의 데이비드 강(David C. Kang) 교수(현재는 서던캘리포니아대학 한국학연구소장)와 공저한 『북한의 핵: 개입전략에 대한 논쟁』(*Nuclear North Korea: A Debate on Engagement Strategies*)이라는 책에서 이런 매파적 관여를 주장했다.

그러나 리언 시걸(Leon V. Sigal) 미국 사회과학원 동북아안보협력국장은 서평을 통해 1994년 미군 정찰헬리콥터 격추사건은 북한이 의도적으로 만들어냈다기보다는 우발적 성격이 짙다고 지적했다. 1999년 서해교전 역시 남북 경비정들이 밀어내기를 하던 중에 북한이 먼저 사격을 한 것이지, 힘의 열세를 의식한 북한이 의도적으로 도발했다고 보기는 어려운 측면이 있다고 했다. 즉 매파적 관여론의 전제가 잘못되었다는 이야기다.

리언 시걸은 또 빅터 차가 북한에 경제적 '당근' 제공을 거부하고 있는데, 그렇다면 어떻게 관여의 목적을 달성할 수 있는지 불분명하다고 지적했다. 관여를 주장하면서도 관여의 수단은 제시하지 못하고 있다는 이야기다. 실제로 빅터 차는 최근까지 언론 인터뷰를 통해 "북한의 붕괴에 대비해야 한다"라거나 "북한에 대한 압박 이외에는 대안이 없다" "북한 급변사태에 대비해 한·미·일·중이 협의해야 한다"라는 등의 강경 발언을 내놓았다. 이 때문에 그는 미국의 한반도 전문가 가운데 상당히 매파적인 인물이라는 이미지가 굳어져 있다.

솔직히 고백건대 빅터 차와 인터뷰를 할 것인지에 대해 약간의 머뭇거림이 있었다. 필자는 빅터 차의 대북 입장에 다소 이견을 갖고 있기 때문이다. 북한의 의도 평가, 북한의 내구력에 대한 평가와 북한체제에 대한 전망 등은 필자의 견해와 많이 어긋났다. 또한 빅터 차를 포함해 미국의 전문가들은 북한의 급변사태를 공공연히 이야기하지만, 그 지점에 대해 한국의 이해관계는 다를 수밖에 없다고 생각한다. 한국의 준비 정도와 이후 한반도에서 예상되는 씨나리오 등을 고려할 때 급변사태는 한국의 공개적인 정책적·전략적 목표가 될 수 없고 되어서도 안 된다.

그러나 어찌됐든 빅터 차가 미국 내에서 대북정책에 상당한 영향력을 행사하고 있기 때문에 그의 생각을 직접 들어보자는 생각이 들었다. 필자도 언론계에 종사하고 있지만, 언론은 종종 코멘트 가운데 가장 자극적인 부분만 골라 실을 수밖에 없는 속성이 있기 때문이다. 더불어 그는 2011년 후반부터 오바마 행정부의 대북정책인 이른바 '전략적 인내'가 북한의 핵프로그램 개발을 방치하고 있다며 비판해왔는데, 이러한 그의 비판은 일정한 현실성과 타당성이 있었기 때문에 그에 대한 호기심이 생긴 것도 사실이었다.

'전략적 인내'는 2009년 12월 스티븐 보즈워스(Stephen Bosworth) 당시 미국 대북정책 특별대표가 북한을 방문한 뒤 "지금은 '전략적 인내'의 시기"라고 말하면서 등장한 용어다. 이후 2010년 5월 26일 방한한 힐러리 클린턴 미 국무장관이 이명박 대통령을 만난 자리에서 대북정책과 관련해 "'전략적 인내'가 필요하다"라고 언급하면서 널리 퍼지기 시작했다. 당시에는 여러 해석이 분분했지만 시간이 흐르면서 '미국이 먼저 유화책을 내놓지 않고 북한이 굽히고 들어오기를 기다리겠다'라는 뜻으로 굳어졌다. 여기에는 북한이 곧 붕괴할 것이기 때문에 시간은 북한 편이 아니다라는 인식이 깔려 있다. 기본적으로 오바마 행정부 2기에서도 이런 대북 기조는 이어지고 있다.

빅터 차와의 인터뷰는 2013년 4월 22일 백악관 근처 케이 스트리트에 위치한 전략국제문제연구소(CSIS) 내 그의 연구실에서 이루어졌다. 그의 연구실은 마이클 그린의 연구실 옆방이었다. 인터뷰 동안 빅터 차는 살짝 긴장한 듯 보였다. 짐작건대 워싱턴의 매파적 분위기에 비판적인 『한겨레』 기자라는 필자의 신분을 의식했던 것 같다. 필자도 좀더 공격적인 질문을 해야 한다는 약간의 심리적 중압감이 있었다.

빅터 차와의 인터뷰를 마치고 나오면서 그를 인터뷰 대상자로 선정하기를 잘했다는 생각이 들었다. 인터뷰를 통해 그의 생각을 좀더 자세히 들여다보게 되었는데, 한국의 입장에서는 미국 내 한반도 전문가들을 다양하게 그리고 폭넓게 접촉하는 것이 미국 대북정책의 방향을 예측하고 우리의 입장을 설득하기 위한 기초작업일 수밖에 없다.

상당한 시각차에도 많은 일을 해낸 두 대통령

한미동맹에는 늘 '굳건한'이라는 수식어가 따라다닌다. 지금 추세라면 수식어가 하나 더 붙을지도 모르겠다. '굳건하고 신성한' 한미동맹이라는 식으로 말이다. 이제 한미동맹은 굳건함을 넘어 '신성함'의 반열에 올랐다. 앞으로는 한미동맹의 신성함을 조금이라도 의심하면 '종북 세력'으로 몰릴지도 모른다.

노무현 정부 때 한미동맹은 종종 마찰을 빚었다. 북한문제가 주요 요인이었다. 네오콘적 성향의 부시 행정부 인사들은 북한을 옥죄고 제재해 붕괴의 길로 인도하는 것이 북한을 구원하는 길이고, 그것이 곧 미국의 국익으로 이어진다고 생각했다. 김대중·노무현 정부는 남북 간의 화해와 교류, 평화와 번영을 통해 한반도의 분단 구조를 조금이나마 완화하는 것이 국익이라고 생각했다. 당연히 한미의 목표와 국익은 충돌했고, 종종 파열음을 일으켰다. 한국의 보수여론은 그런 파열음을 한미동맹의 굳건함과 신성함에 대한 도전이라 여겼다. 그러나 보수적인 성향의 빅터 차조차도 이번 인터뷰에서 "모든 양자관계에서 각국은 자신의 국익을 추구한다"라고 잘라 말했다. 그의 말은 너무나 당연한 것이지만, 한국사회에서 이념으로 승격화된 한미동맹 담론과 비교하면 신선하게 들리기조차 한다.

대담자 한반도에서 미국의 이익과 한국의 이익은 알게 모르게 종종 충돌해왔는데, 노무현 정부와 부시 행정부 시절에는 특히 두드러지게 나타났다. 당신은 당시 부시 행정부에서 일하고 있었는데, 미국의 이익이라는 관점에서 가장 받아들이기 힘든 부분은 무엇이었나?

차   어디서부터 말을 시작해야 할지 모르겠다. 모든 양자관계에서 각국은 자신의 국익을 추구한다. 다행히도 한국과 미국의 경우에는 안보·경제·사회 등에서 이해관계가 중첩되는 부분이 많다.

노무현 정부 때도 마찬가지였다. 이후의 이명박–오바마 때와 비교해 당시의 한미동맹을 평가하기도 하지만, 실제적인 동맹 활동을 보면 별로 다르지 않았다. 노무현–부시 대통령 때도 한미관계는 꽤 잘 작동했고, 상당히 많은 일을 했다. 한국의 이라크·아프가니스탄 파병, 한미 FTA 추진, 대외무기판매(Foreign Military Sales, FMS) 프로그램에서 한국의 지위를 NATO+3국(일본·호주·뉴질랜드)으로 높이기 위한 노력들[1], 비자 면제 프로그램 도입[2], 한미 대학생 연수·취업 프로그램 추진[3] 등 이 모든 것들이 노무현 대통령 집권 기간에 이루어졌다.

되돌아보면 정말 많은 일을 했다. 노 대통령은 재임 5년 동안 동맹 문제와 관련해 한국의 그 어떤 대통령보다 많은 일을 했다고 생각한다. 실제 한미 양자관계를 위한 항구적이고 중요한 협정들이 있었다. 물론 한미 FTA는 노 대통령 집권 기간에 비준되지 않았지만, 그것은 무엇보다 미국 의회의 사정 때문이었다.

대담자   그렇다고 하더라도 당시 한미 두 정부가 북한문제에 대해 상당한 시각차를 드러낸 것은 사실 아닌가? 2005년 미국의 방코델타아시아은행(BDA) 제재를 통한 대북압박과 2006년 북한의 핵실험 이후 대북제재 수위 등을 놓고 적잖은 논란이 있지 않았나.

차 당시 양국이 시각차를 드러낸 것은 사실이지만, 결과를 한번 보자. 현 오바마 행정부가 대북정책의 출발점으로 삼는 유일한, 그리고 북한과 맺은 마지막 협정은 2005년 6자회담 9·19공동성명과 2007년 2·13합의 아닌가. 그것은 북한에 대해 견해가 서로 달랐던 노무현─부시 대통령이 공동의 노력으로 만든 것이다.

결과를 놓고보면 그 당시 분위기는 크게 중요하지 않다. 이명박─오바마 대통령은 견해는 일치했지만, 협정은 이루어내지 못했다. 5년 동안 말이다. 반대로 노무현 대통령과 부시 대통령은 북한에 대해 완전히 다른 견해를 갖고 있었지만, 결국 일종의 합의를 이끌어낼 수 있었다. 많은 차이에도 불구하고 북한문제뿐 아니라 동맹관계와 관련해서도 두 대통령은 공동의 노력을 통해 협정에 도달할 수 있었다. 이런 사실은 차이 속에서도 공동의 기반을 찾아내는 두 대통령의 능력에 대해 많은 것을 말해준다.

대담자 당신은 부시 행정부에서 백악관 국가안보회의(NSC) 보좌관을 지내면서 6자회담에 깊숙히 관여해왔다. 그러나 2008년 12월 이후 6자회담이 중단되면서 그 유용성에 대한 회의적인 전망이 적지 않다. 북한을 제외한 5자회담도 선택사항이 될 수 있다고 보는가?

차 애초 6자회담의 구상은 6자가 만날 수 없다면 5자라도 만나야 한다는 것이다. 지금이라도 5자가 만나야 한다. 우 다웨이(武大偉) 중국 한반도사무 특별대표나 한국·일본의 6자회담 수석대표들이 미국에서 종종 협의를 했었다. 이런 것들이 실질적인 5자회담일 수는 있다.

그럼에도 비핵화와 관련해 표준이 되는 합의문은 6자회담 공동성명뿐이다. 물론 지금 상태에서 공동성명으로 다시 되돌아가려면 한참을 가야 할 것이다. 그러나 우리가 처음부터 다시 시작해 새로운 협정문을 만들어내기를 원하는 것이 아니라면, 그것이 출발점으로 삼을 수 있는 유일한 협정문이다.

빅터 차의 대북 접근법: 매파적 관여

대담자 당신은 2002년 한 논문에서 '매파적 관여정책'이라는 용어로 당신의 대북정책을 설명한 적이 있다.[4] '매파'와 '관여'는 언뜻 상충되는 느낌을 주는데, 그것이 어떻게 어울릴 수 있다고 생각하는가? 그리고 10여년이 지난 지금도 매파적 관여정책이 최선의 정책이라고 보는가?

차 매파적 관여론의 핵심은 이런 것이다. 북한에 대해 회의적일지라도, 즉 매파일지라도 일정한 형태의 관여는 필요하다. 물론 그렇게 생각하지 않는 매파들도 상당히 많다. 관여는 필요없고 오직 봉쇄만이 옳은 길이라고 생각하는 매파들이 적지 않다.

매파적 관여론은 북한의 의도에 대해 회의적일지라도 관여에 따른 이득이 있다고 본다. 나는 그런 생각이 여전히 유효하다고 본다. 북한의 의도에 대해 여론은 과거보다 더 회의적이다. 대북정책과 관련해 부시 행정부 시절에는 미국이 문제라고 믿었던 사람들도 이제는 북한이 문제라고 생각한다. 북한의 의도에 대해 회의적일지라도 일정한 형태의 관여는 이런 식의(북한의 문제를 드러내는) 목적에 기여할 수 있다.

대담자 북한의 도발적 행동을 지연시키는 효과가 있기 때문에 매파적 관여가 필요하다고 주장하는 측면도 있는 것 같다.

차 북한정권이 붕괴하지 않는 한, 북한과의 협상 없이 핵프로그램의 동결이나 원상회복에 이를 수 없다. 협상 없이는 불가능한 일이다. 따라서 어떤 형태로든 협상이 필요하다. 우리가 '반확산'(counter-proliferation)[5]만을 원한다면, 북한과 협상할 필요가 없다. 대량살상무기의 확산방지구상(Proliferation Security Initiative, 이하 PSI)[6]이나 다른 조처로도 핵확산을 막을 수 있기 때문이다.

그러나 그것만으로는 북핵 동결이나 원상회복을 할 수 없다. 즉 북한의 도발을 막고, 핵프로그램을 동결하거나 원상회복시키기 위해서는 관여가 필요하다. 그것을 지연 전술이라고 할 수도 있겠고, 외교라 부를 수도 있겠다.

대담자 당신은 북한체제가 붕괴 직전에 있다고 주장해왔다. 김정은에게로 권력이 승계되었는데도 당신의 주장은 여전한데 그 근거가 무엇인가?

차 많은 사람들이 초기에는 북한의 새 지도자인 김정은이 스위스에서 교육받고 미국의 프로농구나 미키마우스를 좋아하는 점 등을 들어 개혁적 지도자가 될 것이라고 전망했다. 그러나 나는 그를 개혁가로 생각하지 않는다. 오히려 북한정치가 근본주의적 경향을 띠고,

보다 강경한 노선을 걸을 것이라고 보았다. 더불어 지금의 북한사회는 1994년 김일성이 사망했을 때와는 달라졌다. 시장의 출현, 휴대폰의 보급, 정보의 유입으로 전혀 다른 곳이 되었다.

보다 강경한 노선을 취하면서 낡고 근본주의적인 주체사상으로의 회귀를 시도하는 정치지도자들 그리고 1994년과는 판이하게 달라진 사회, 이 두가지는 존립 가능한 조합이 아니라고 본다. 이것이 바로 북한사회를 분열시킬 수 있는 일종의 요인이다.

언제 그런 일이 일어날지는 모르겠다. 그러나 어찌됐든 두 현상은 서로 맞지 않는 조합이다. 북한은 변해야 한다. 그러지 않으면 아주 나쁜 경로로 계속 향하게 될 것이다.

대담자 스탈린주의 국가, 세속적 신정체제, 유격대국가 등 북한체제의 특성을 규정하는 많은 단어들이 있다. 북한체제의 성격을 이해하는 데 있어 이데올로기 연구는 어떤 의미를 갖는가?

차 북한의 선전활동이나 그들이 내보내는 이미지, 구사하는 언어 등을 이해하기 위해서는 그들의 이데올로기를 이해할 필요성이 있다. 이데올로기가 지난 60년간 어떻게 경제 분야의 합리적 의사결정을 압도했는지를 알기 위해서라도 말이다.

그러나 다른 측면에서 보면 북한은 권력을 유지하려는 소수의 집단들로 구성된 독재국가라고 할 수 있다. 그 정도 분석 수준이라면, 이데올로기를 깊이 연구할 필요는 없을 것 같다. 사실 독재국가이면서도 합리적인 의사결정으로 경제성장을 이끌어낸 국가들이 적지 않다. 따라서 이데올로기와 관련해 내가 가장 흥미롭게 여기는 부분은, 북한에서는 어떻게 이데올로기가 국가 차원의 모든 경제적 의사결정을 압도했느냐 하는 것이다. 주된 이유는 지도자에 대한 개인숭배 때문일 것이다. 북한은 군사독재 국가가 될 수도 있었고, 그랬다면 보다 부유해졌을지도 모른다. 그러나 북한은 개인숭배에만 매달렸다. 그런 현상을 이해하기 위해서는 이데올로기를 연구해야 한다.

한반도 통일과 쟁점들

대담자 한반도의 통일과 관련해 민감한 이슈들이 많다. 특히 한국 주도의 통일이 이루어질 경우, 미군의 한반도 주둔 여부는 늘 쟁점이 된다. 중국도 그런 문제 때문에 한반도의 통일보다는 현상유지를 원한다는 분석이 지배적이다. 당신은 어떻게 생각하는가?

차 통일이 되더라도 두 민주국가 간의 관계라는 점에서 한미관계는 지금과 유사할 것 같다. 경제관계도 다르지 않을 것이다. 정치적 관계도 글로벌 의제를 공유하고 있는 동료 민주주의 국가라는 측면에서 유지될 것이다. 통일 한국은 앞으로도 국제사회에서 일정한 역할을 수행할 것이다.

안보관계는 달라질지도 모른다. 그렇다고 해서 그것이 통일된 한반도에 대규모의 미군이 계속 주둔하느냐의 문제는 아니라고 본다. 내가 보기에 한반도가 통일된다면 미 의회가 대규모 병력 주둔을 허용하지 않을 것이다. 통일 후에는 2만 8000명에 이르는 지상군이 필요 없을 것이다.

미군 병력이 지금의 규모로 주둔하고 있는 까닭은 북한 때문이지,

중국이나 다른 누구 때문도 아니다. 북한이 사라지면 지금처럼 대규모의 미군을 한반도에 둘 필요가 없어진다.

물론 한반도를 넘어 지역 내 역할에 따라 미 공군이나 해군이 주둔할 필요성이 있을 수는 있다. 그러나 대규모 지상병력은 필요 없다. 설령 미 행정부가 미군을 계속 주둔시키고 싶어해도, 의회나 여론은 '왜 미군이 필요한가?' '왜 더이상 존재하지 않는 38선을 방어하기 위해 19살의 미국아이들이 한국에 필요한가?' 하고 반문할 것이다.

대담자 그럼에도 부시 행정부 때 북한의 대량파괴무기(WMD) 제거와 치안 유지를 위해 최소한 일정기간 주한미군 주둔은 불가피하다고 생각했던 것 아닌가? 물론 북한의 급격한 붕괴를 염두에 둔 계획이었지만, 그 문제로 당시 노무현 정부와 상당한 의견 차이를 빚었던 것으로 안다.

차 많은 것은 앞으로 발생할 상황에 달려 있다. 북한이 재앙적으로 붕괴해 혼란이 일어난다면 상황이 달라질 수도 있다. 그러나 나는 통일 이후의 장기적 관점에서 이야기를 하고 싶다. 물론 단기적으로는 전적으로 비상상황에 대처해야 하는 군사적 과제가 무엇인지가 중요하다. 그러나 그렇다고 해서 미군이 압록강 근처 중국과의 경계선에 주둔할 리는 없다. 상식적이지 않으니까. 미군이 비무장지대(DMZ)를 방어하듯 압록강을 방어할 필요가 있겠는가?

대담자 한반도 통일문제와 관련해 또 하나의 쟁점은 중국의 개입 여부다. 혹자는 북한의 급변사태가 발생할 경우 중국이 통일을 막기 위해 또는 북중 접경지대의 안정을 위해 군사적으로 개입할 것이라고 보고 있다. 당신은 그럴 가능성이 있다고 보는가?

차　다시 한번 이야기하지만 그것은 전적으로 상황에 달려 있다. 다만 분명한 것은 한반도 주변국 가운데 통일에 관심이 가장 적은 국가는 중국이라는 점이다. 과거에는 모두가 미국과 일본이 한반도 통일에 반대한다고 믿었다. 그러나 지금은 누구도 그렇게 생각하지 않는다. 통일에 정말로 반대하는 국가는 중국이다.

그러나 내가 보기에 중국이 통일을 저지하기 위해 군사적으로까지 개입할 가능성은 없을 듯하다. 주변국들은 모두 통일된 한국이 자신들의 적이 아니라 우방이 되기를 희망할 것이다. 중국이 한반도 통일의 형태가 어떠한 것이든 이를 저지하려고 한다면, 통일 한국을 중국의 우방으로 삼지 않겠다는 것을 스스로 분명히 하는 꼴이 된다.

한일관계와 역사적 적대감

대담자　한일관계에서 역사적 적대감은 항상 갈등 요인으로 잠복해왔다. 특히 이명박 정부 후반기부터 한일관계가 좋지 않았는데, 아베 총리와 박근혜 정부의 등장으로 갈등이 심화되는 양상을 보이고 있다. 양국 간 역사적 적대감의 해소가 가능하다고 보는가?

차　한일관계가 어려운 까닭은 많지만 아마도 제일 주요한 요소는 양쪽이 역사적 쟁점들과 관련해 현상변경을 시도하고 있다는 점을 꼽을 수 있다. 그러나 역사적 쟁점들은 풀 수도 없고, 풀리지도 않을 것이다.

나는 한일관계에는 역사적 적대감이라는 기준선이 존재한다고 항상 주장해왔다. 이것은 절대 사라지지 않을 것이다. 문제는 역사적 적대감이라는 기준선이 오르내리기 때문에 역사적 적대감을 어떻게 관리할 것인가, 역사적 적대감에도 불구하고 한일관계를 어떻게 관리할 것인가 하는 문제에 정책결정자들의 고민이 있다.

양쪽이 현상변경을 시도하면 할수록 계속 소용돌이가 일어나 관리는 점점 더 어려워진다. 이명박 대통령이 2012년 8월 독도를 방문해 현상변경을 시도했다. 그건 명백한 현상변경 시도였다. 그가 선례를 남겼기 때문에 이제 후임 대통령들은 독도에 가야 할 의무감을 느낄 것이다. 그렇지 않으면 애국심이 부족한 대통령으로 평가받을 수 있기 때문이다.

그의 행동은 일본을 화나게 만들었다. 1993년의 고노담화[7]를 수정해야 한다는 여론이 커지는 등 일본도 현상변경을 시도하고 있다. 곧 거대한 소용돌이가 생겨날지도 모른다. 현상유지 이외에 이 문제에 대한 답은 없다. 그런 이유로 양쪽 모두가 현상변경을 시도하고 있는 지금은 상황이 아주 좋지 않다.

대담자 인터뷰에 응해줘서 고맙다.

차 만나서 기뻤다.(그는 마지막에는 한국어로 "고맙다"라고 인사했다.)

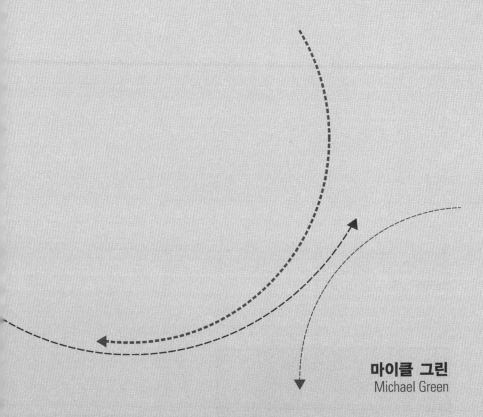

마이클 그린
Michael Green

한—미—일 삼각관계의 함수

마이클 그린 Michael Green(1961~)

전 백악관 국가안보회의(NSC) 아시아 담당 선임국장
현 전략국제문제연구소(CSIS) 선임부소장 겸 미국 조지타운대학 부교수

2012년 11월에 치러지는 미국 대선 고지를 향해 민주당 후보였던 오바마 대통령과 미트 롬니 공화당 후보가 사활을 건 선거운동을 벌이고 있을 때 전문가들은 양쪽의 섀도우 캐비닛(shadow cabinet, 예비내각)을 점쳐보곤 했다. 당시 전문가들 사이에서 별 이견이 없었던 전망 가운데 하나는 미트 롬니 후보가 대통령이 될 경우 미 국무부 동아태 차관보로 마이클 그린이 '0순위' 후보라는 것이었다.

필자가 외교통상부를 출입하던 시절, 외교부의 고위관계자는 마이클 그린의 글을 꼼꼼히 읽어보라고 조언하곤 했다. 이념적 스펙트럼을 따지자면 온건보수적인 성향이지만, 국방부와 백악관에서 근무했던 풍부한 행정부 경력과 아시아 각국의 두터운 인맥, 그리고 외교안보 분야의 해박한 지식을 바탕으로 미국 외교안보 정책의 흐름을 정확하게 짚어낸다는 것이 마이클 그린에 대한 평가였다.

마이클 그린과의 인터뷰는 2013년 4월 22일 백악관 근처 케이 스트리트의 전략국제문제연구소(CSIS)에 있는 그의 사무실에서 이루어졌다.

1시간 남짓한 길지 않은 인터뷰였다. 그는 자신감 넘치는 목소리로 인터 뷰에 응했고, 예민한 질문에 대해서도 막힘이 없었다. 일본 정치인들의 이름을 줄줄이 거론하면서 '30년 동안' 일본을 연구해온 전문가임을 강 조하기도 했다.

그린은 케니언칼리지 역사학과를 수석으로 졸업하나 전공을 바꿔 존스홉킨스대학 국제관계대학원(SAIS)에서 국제관계학 석·박사학위 를 받았다. 이후 그는 일본 토오꾜오대학과 MIT 공과대학 연구원 생활 을 했다. 싱크탱크 연구원을 거쳐 존스홉킨스대학 국제관계대학원 조 교수로 재직하던 그는 국방부 산하 미 국방연구원(Institute of Defense Analyses, IDA)으로 자리를 옮겼으며, 클린턴 행정부 2기인 1997년부터 2000년까지 국방부 장관실 아시아 담당 선임보좌관으로 근무했다. 부시 행정부가 들어서고 2001년 4월부터는 백악관 국가안보회의(NSC) 생활 을 시작한다. 처음 출발은 한국, 일본, 호주와 뉴질랜드를 담당하는 아시 아 국장이었으나 2004년 1월 동아시아와 남아시아 문제를 담당하는 아 시아 선임국장으로 승진했다.

NSC 근무 당시 마이클 그린은 한반도문제에 직간접적으로 깊숙이 관여했다. 상징적으로 그는 2002년 10월 북한과 사실상 첫 직접대화를 하기 위해 평양을 방문한 미 대표단 8인 중 한 사람이었다. 당시 제임스 켈리(James Kelly) 미 국무부 동아태 차관보를 비롯해 미 대표단은 북한 에 우라늄농축 문제를 제기했는데, 강석주(姜錫柱) 북한 외무성 제1부상 이 "그보다 더한 것도 가지게 되어 있다"라고 답하자 "북한이 우라늄농 축을 시인했다"는 쪽으로 몰아가 김대중 정부와 마찰을 빚기도 했다.

또한 그는 2003년 8월 베이징에서 열린 1차 6자회담의 미국 쪽 대표단 으로 참석하기도 했다. 부시 대통령이 북한을 '악의 축'이라 부르며 북한에 대해 '혐오감'을 표시한데다, 6자회담 개최도 마지못해 동의하는 등 미국의 대북·북핵 정책이 강경 일변도로 가던 시기였다. 2005년 12월 결혼을 앞둔 시점에 그린은 백악관을 떠나 CSIS로 자리를 옮기게 된다.

그의 직책상 그리고 당시 북핵문제가 전면에 부각된 이상 한반도문제를 피할 수 없었지만, 사실 그는 일본 전문가로 더 널리 알려져 있다. 일본어를 유창하게 구사하는데다, 일본에도 적지 않은 인맥을 구축하고 있기 때문이다. 특히 코이즈미 준이찌로오(小泉純一郎) 총리 밑에서 관방장관을 지낸 아베 신조오 현 총리와도 친분이 두터운 것으로 알려져 있다. 아베 총리가 그린의 결혼피로연 때 토오꾜오에서 축하전화를 했다는 일화도 있다.

인터뷰에서 그린은 미국 외교라인을 일본을 중시하는 '해양주의자'와 중국을 중시하는 '대륙주의자'로 분류했다. 스스로 인정하듯이 그는 해양주의자로, 중국의 부상에 맞서 미국이 아시아에서의 영향력을 유지해야 한다고 주장한다. 한—미—일의 외교적·군사적 공동전선을 구축해 중국의 부상에 대응해야 하며, 특히 전수방위에 국한된 자위대의 활동을 확대하는 등 동아시아에서 일본의 역할 확대가 불가피하다고 역설해왔다. 이번 인터뷰에서도 한일관계가 악화되면 미국 외교정책의 이해관계가 손상될 거라며 우려했는데, 기존 그의 주장에 비춰보면 그럴듯했다. 한—미—일 공동전선이 흐트러지고, 중국이 그 틈새를 비집고 들어와 양국과 미국 사이를 떼어놓으려고 할 것이라는 게 그의 논리다. 박근혜 정부와 일본 아베 신조오 정부의 외교정책에 대한 그의 비판도 이에 바탕을 두고 있다.

따라서 마이클 그린을 포함해 미국 전문가들이 과거사에 대한 일본의 사과 필요성을 강조하는 데는 도덕적 당위성뿐만 아니라, 이런 전략적 복선이 깔려 있는 것이다. 발언의 단면만 보고 '미국은 일본 편이 아니라 우리 편'이라는 식의 일부 언론보도가 얼마나 단선적인지를 알 수 있는 셈이다. 그린이 미국 입장에서 일본과 한국 중 어느 나라가 전략적으로 더 중요한가에 대해 냉정하게 평가하고, "전략문제에서는 역사에 대해 이야기할 필요가 없다"라고 명확하게 선을 긋는 부분은 주목할 필요가 있다.

이번 인터뷰에서 마이클 그린은 "천안함과 연평도 사건 이후, 한국·미국·일본 외교장관들이 「집단적 안보에 관한 합의문」(collective security agreement)을 거의 발표하기 직전까지 진행했으나 한국 쪽이 마지막 순간에 발을 뺐다"며 한─미─일 간의 '준 군사동맹'이 준비되고 있었음을 처음으로 공개했다. 이명박 정부 때인 2012년 6월 29일, 체결을 앞두고 국내 여론의 반발로 전격 보류되기는 했지만 「한일 군사비밀정보보호협정」(GSOMIA)은 한─미─일 집단적 안보에 대한 논의가 무산되자 삼각공조로 가기 위해 새로 시동을 건 첫 단추였던 셈이다. 마이클 그린의 인터뷰는 한일관계에 대한 미국의 의도, 그리고 미국의 관점에서 바라본 한국과 일본의 상대적 전략 가치를 냉정하게 평가하고 있다는 점에서 한국 외교전략에 시사하는 바가 적지 않다. 재일본조선인총연합회의 부침을 일본 정치파벌의 부침과 연관지어 설명하는 부분도 흥미로운 대목이다.

일본에서 '동아시아공동체'가 실현될 수 없는 이유

1955년 이래 54년간 계속되어온 자민당 장기집권 체제를 끝내고 2009년 9월 일본 민주당 정권의 첫 수상이 된 하또야마 유끼오(鳩山由紀夫)는 취임 직후부터 '동아시아공동체' 건설을 대외정책의 목표로 내걸었다. 동아시아 국가 간 차이를 인정하면서도 상호 신뢰 구축을 통해 유럽연합(EU)과 같은 하나의 공동체를 지향하자는 것이었다. 이는 전후 일본 외교 노선의 근간이었던 미일동맹 체제에 대한 의존에서 벗어나 부상하고 있는 중국과의 새로운 관계 설정을 염두에 둔 포석이었다.

그러나 이런 하또야마의 움직임에 대해 미국은 상당한 불쾌감을 표시하며 집중적으로 견제했다. 내부고발 사이트 위키리크스가 폭로한 바에 따르면, 2009년 10월 일본을 방문한 커트 캠벨 동아태 차관보는 하또야마의 '동아시아공동체' 구상이 "미국정부의 수뇌부를 놀라게 했다" "미일관계를 위기로 몰아넣고 있다"라고 경고했다.

하또야마 총리는 집권 전부터 오끼나와 현에 있는 후뗀마(普天間) 미군기지를 현외로 이전시키겠다고 약속했다. 그러나 이는 2006년 미일 양국이 합의한 '현내 이전'을 뒤집는 것이었다. '현외 이전'을 요구하는 오끼나와 주민들의 여론과 '현외 이전'을 반대하는 미국의 강한 압박 속에서 혼선을 거듭하던 하또야마 총리는 결국 2010년 6월 총리 취임 8개월 만에 물러났다. 하또야마 총리에 대한 미국의 거부감은 이번 마이클 그린과의 인터뷰에서도 확인해볼 수 있었다.

대담자 당신은 미국 외교 전문가들 가운데 일본 전문가로 손꼽힌다. 메이지 시대까지 거슬러 올라가는 커다란 이슈지만, 아시아 국가로서의 일본의 정체성에 대해 먼저 이야기해보자. 하또야마 유끼오 전 총리가 임기 초반에 제안했던 '동아시아공동체'가 일본의 정체성 고민을 보여주는 좋은 사례일 것 같다.

그린 일본은 아시아의 중심이면서, 동시에 아시아로부터 지리적으로 약간 떨어져 있는 섬나라다. 일본의 정치문화는 성격이 다른 이 두 차원 사이에서 긴장을 겪고 있다. 일본은 동아시아 국가가 되기를 원하면서도, 메이지 시대 이후로는 서구적인 방식을 지향해왔다. 일본의 유명한 사상가도 썼듯이, 19세기 이후로 정책결정자들의 대부분이 일본의 이상적인 외교정책 입장을 동양과 서양의 가교, 태평양을 가로지르는 가교가 되는 것이라 여겼다.

그러나 현실적으로는 두 입장 사이에 긴장이 있게 마련이다. 하또야마 전 총리가 그의 전임자인 자민당 총리들을 비판한 것도 그런 긴장을 반영한 것이다. 코이즈미 준이찌로오나 아베 신조오, 후꾸다 야스오(福田康夫), 아소 타로(麻生太郎) 총리 등이 미국과 너무 가까워지면서 일본이 동아시아로부터 멀어졌다는 것이 그의 주장이었다. 그런 맥락에서 하또야마는 '동아시아공동체'를 주창했다.

하또야마는 미국의 영향력을 상쇄해야 할 필요가 있다고 주장하면서도, 중국의 영향력에 대응하려면 미일동맹을 활용해야 한다고 말했다. 그러나 그것은 환상이다. 그는 현실에 기반하지 않은 학구적 사상가 같은 사람이었다. 그러나 다른 한편으로 그의 주장은 일본의 전략적 특성에 내재한 역사적 긴장을 어느정도 반영한 것이었다.

2차대전 이후 일본은 외교정책의 핵심으로 미국 그리고 미일동맹을 수용해왔다. 역사적으로 보면 일본은 항상 최상위 강대국을 수용하거나 그들과 공조해왔다. 역사의 대부분을 중국과 그렇게 공조해왔고, 중국 다음으로는 영국과 그 같은 관계를 맺었다. 그리고 아주 짧지만 독일과 공조했는데 그것은 실수였다. 그다음이 미국이었다. 그러나 어떤 국가든 자신보다 크고 강력한 국가와 공조하게 되면 겪을 수밖에 없는 딜레마가 있다. 강대국에 연루될 위험을 피하면서 어떻게 독립성을 유지할 것인가, 또한 그 국가의 전략적 중요성이 떨어질 경우 강대국으로부터 방기될 위험을 어떻게 피해야 하는가에 대한 고민에 빠지게 된다.

사실 자민당도 일본정부도 이 문제와 계속 씨름해왔는데, 하또야마 전 총리의 답은 '동아시아공동체'를 활용하는 것이었고, 미국의 영향력을 상쇄하기 위해 아시아를 이용하는 것이었다. 그다음에 또 중국의 영향력을 상쇄하기 위해 미일동맹을 활용하자는 것이다.

대담자 하또야마의 '동아시아공동체'는 실패한 것으로 평가받고 있다. 적어도 현실에서는 말이다. 미국도 그의 구상에 대해 부정적으로 평가한 것으로 안다. 그의 구상이 왜 실패했다고 보는가?

그린 하또야마의 생각은 단순하기 짝이 없고, 순진하며, 효과도 없는 것이다. 첫째, 그것은 15~20년 전의 낡은 생각이다. 하또야마는 1980년대와 90년대를 풍미하며 저술활동을 했던 사상가들의 영향을 받았다. 그 당시 일본은 이른바 세계에서 경쟁자가 없는 '일극 체제의 순간'에 있던 미국과 격렬한 무역갈등을 겪고 있었다. 즉 일본의 정치·경제에 미국이 가장 큰 위협으로 비쳤던 시기였다.

그런데 지금 일본의 경제는 상당히 변했다. 또한 중국이 부상했고,

북한이 주요 위협으로 떠올랐다. 그리고 일본 내에서 미국에 우호적인 여론은 2001년을 기점으로 최고치를 기록했으며 이 추세는 지금도 이어지고 있다. 따라서 하또야마의 생각은 20년 전의 것이고, 그의 측근들도 20년 이상 뒤떨어진 사람이다. 왜 그럴까? 측근들의 대부분은 자민당에서 쫓겨난 사람들이고 부적절한 인사들이다. 또한 하또야마가 2009년 민주당 대표로 선출되었을 때는 '자민당이 하던 것만 빼면 무엇이든 괜찮다'[1]는 분위기였다. 따라서 이들이 그의 측근으로 되돌아올 수 있었다.

하또야마도 순진했다. 왜냐하면 '동아시아공동체'라는 개념은 실제로는 한국의 김대중 대통령이 처음으로 제안했다. 그다음에 일본에서 그것을 수용한 첫번째 지도자는 자민당의 코이즈미 총리였다. 코이즈미는 2002년 1월 이 개념을 수용했다. 그뿐 아니라 자민당 지도자들 모두가 아시아 구상을 내놓으면서 환태평양권의 강력한 유대 및 아시아와의 강력한 유대를 내걸었고, 그 일부로 '동아시아공동체' 개념을 수용했다.

대담자 아베 총리는 2013년 2월 CSIS에서 연설하며 강한 일본을 되찾겠다고 말했다. 미국 내 전문가들 역시 '강한 일본'을 지지하는 듯 보인다. 미국의 아시아 전략에서 일본이 차지하는 전략적 위상과 일본에 기대하는 전략적 역할은 무엇인가?

그린 일본은 200년 동안 미국의 아시아 전략의 중심에 있었다. 1812년 발발한 영미 간 전쟁에서 미 해군이 영국해군을 공격하기 위해 처음으로 프리깃함인 U.S.S. 에섹스호를 이끌고 태평양 지역에 진입했다. 당시 함장이었던 포터는 복귀한 뒤 '일본'이라 불리는 곳이 있으며, 태평양 국가인 미국이 언젠가는 가야 할 곳이자 전초기지로 삼아야 할, 미국에게 아주 중요한 곳이 될 것이라고 보고했다. 그리고 1850년대에 페리 제독이 일본으로 가서 문호를 열게 한 뒤, 제1도련선과 제2도련선에 전초기지를 만들어야 한다고 주장했다. 당시 미국 함선은 증기선이었기에 석탄기지가 필요했다.

한국은 해양국가인 미국의 전략적 전통에서 보면 다소 예외적인 곳이다. 미국이 아시아 해양 쪽이 아니라 대륙 쪽에 전초기지를 세운 것이기 때문이다. 지미 카터(Jimmy Carter) 대통령을 포함해서 일본에서의 미군 철수보다는 한국에서의 미군 철수를 주장하는 목소리가 역사적으로 강했던 이유도 여기에 있다. 2차대전 후 미국은 한국에서 철수하고 싶어했지만, 일본에 대해서는 통제력을 유지하고 싶어했다.

해양국가인 미국에 일본은 가장 중요한 도련선이었다. 또 미국의 관점에서 일본은 역사적으로 아시아에서 가장 선진화되고 민주화된 '서구적' 국가다. 그런 생각이 미국인의 유전자(DNA) 안에 자리잡고 있다.

물론 이런 생각이 100퍼센트 합의된 것은 아니다. "중국이 더 큰 나라야, 중국을 중심으로 외교정책을 구축할 필요가 있어"라고 이야기하는 사람들도 있다. 나를 포함해 조지프 나이, 리처드 아미티지 등의 해양주의자들과 헨리 키신저, 즈비그뉴 브레진스키, 로버트 졸릭 등 좀더 대륙주의에 가까운 인사들 간에는 의견 차이가 있을 수 있다. 현실적으로는 둘 다 필요하다. 그러나 미국에서는 한쪽 전략을 선호하는 경향이 있고, 해양 강대국이기 때문에 아무래도 일본에 초점을 맞춰야 한다는 시각이 더 지배적이다.

2차대전 후 미국의 아시아 전략 내에서는 조지 캐넌(George F. Kennan)[2]은 물론 육·해·공군 모두가 일본을 전 분야에서 필요한 세력 중심이라고 보았다. 예를 들어 북한이 남한을 침공했을 때 트루먼 행정부는 남한을 지켜내야 한다는 판단에 따라 참전을 결정했다. 참전의 이유는 미국의 위신과 직결되어 있었다. 공산주의가 승리하도록 내버려둘 수 없었다. 그러나 미국의 이해관계와 관련해 그 결정에 내재된 한반도의 전략적 중요성을 어느 누구도 알지 못했다. 미군을 한국에 주둔시키고 한미동맹에 서명할 때에도 마찬가지였다. 그 이유 중의 하나는 일본을 보호하는 것이었다.

간단히 줄여 이야기하면 일본은 미국의 전략적 사고 속에 오랫동안 아주 중요한 나라였다. 또한 일본은 유엔이나 국제통화기금 및 모든 국제기구에 두번째로 크게 공여하는 국가다. 지금은 경기침체로 공여도가 좀 줄었지만 여전히 2위 국가다. 따라서 미국은 국제기구나 아시아 지역기구 유지를 위해서도 일본이 필요하다. 또한 유럽에서 미군이 점점 철수하면서 앞으로 일본은 미군의 가장 큰 해외주둔지가 될 것이다.

대담자 일본의 위상이 상대적으로 약해지자 미국은 한미관계를 이른바 '린치핀'(linchpin)으로 표현했다. 바퀴와 수레를 연결하는 축에 꽂힌 핀처럼 핵심관계라는 뜻인데, 이를 두고 한국 내 일부에서는 특히 이명박 정부에서는 한미동맹이 미일동맹보다 우위에 있는 듯 여기기도 했다.

그린 미국의 전략적 사고 속에 한국이 과거보다 더 중요해지기는 했지만, 궁극적으로 일본 없이 한국을 방어할 수는 없다. 국가 규모나 역할을 비교해봐도 한국이 일본을 대체할 수는 없다. 게다가 이른바 '전략적 유연성'은 여전히 한국에서 민감한 문제다. 한반도 동맹 수준을 넘어선 아시아태평양 동맹이나 글로벌 동맹으로서의 한미동맹은 여전히 한국정치에서 민감한 문제다.

따라서 일본이 경제회복에 실패하고 내부지향적이 되더라도, 미국은 일본을 포기하지 않을 것이다. 물론 이에 대한 대비책을 찾을 것이다. 한국이나 인도, 호주에서 할 수 있는 일을 좀더 찾아볼 것이다. 그러나 아시아 내에서 미국과 동맹국가 간의 관계망은 천편일률적이지 않다. 동맹국가들은 각기 다른 역할을 수행하고 있으며 국제 문제에 반응하는 정도도 다르다. 따라서 일본이 국제관계에서 어느정도의 영향력을 유지하지 못할 경우, 이는 미국에 타격을 줄 것이다. 일본의 영향력이 줄더라도 미국이 전략을 극적으로 수정하지는 않겠지만, 아시아에서 그리고 글로벌 무대에서 할 수 있는 일에는 제한과 제약이 따를 것이다. 물론 한국이나 호주가 보완적인 역할을 할수는 있다. 그러나 일본이 없다면 가운데 구멍이 뚫린 도넛의 모양새가 될 것이고, 미국의 외교정책에 아주 부정적인 영향을 끼칠 것이다.

일본의 과거사 반성과 주변국 관계

대담자 일본이 과거사를 반성하지 않는 통에 일본의 위상과 이미지는 역사문제와 관련해 계속 부정적인 영향을 받고 있다. 특히 한일관계에서 이는 주요한 관계 개선 시기 때마다 걸림돌로 작용해왔다.

그린 일본의 어떤 정치인도 신뢰할 만하고 항구적인 사과를 할 만큼 힘이 세지도 용감하지도 않다. 다양한 이유가 있을 것이다. 그동안 고위층을 포함해 일본정부 내 모든 관료 수준에서 수많은 사과가 있었다. 그러나 과거 역사적 사건에 대해 자국 내에서 논란이 있다는 이유로, 중국이 역사문제를 테이블 위의 패(霸)로 활용하고 있다는 이유로, 일본을 비난하는 중국의 권위주의적인 체제에 많은 일본인들이 화가 나 있다는 이유로, 2차대전 이후 독일과 달리 일본은 이전의 기업인들과 보수적인 정치인들의 도움으로 재건되어 보수적인 DNA가 존재한다는 이유로, 일본 같은 민주주의 국가가 항구적이고 신뢰할 만한 사과를 하기가 무척이나 어렵다고 일본사람들은 말한다.

그럼에도 매년 실시되는 영국 BBC 여론조사에서 일본은 호감도를 기준으로 상위권에 놓여 있다. 2013년에는 국제사회에 대한 기여로 가장 존경을 받는 나라 1위를 기록했다. 동남아시아, 남아시아에서 일본은 어떤 나라보다도 호감도가 높다. 아세안(ASEAN) 국가들에서는 응답자의 평균 96퍼센트가 일본을 국제사회의 긍정적 세력이라고 말한다. 이는 미국이나 한국, 중국, 호주보다 높은 수치다. 남아시아에서도 마찬가지다. 미국 내 대부분의 여론조사에서도 일본은 영국과 캐나다에 이어 가장 믿을 만한 동맹국으로 집계되었다.

한국이나 중국은 전세계가 또는 아시아 전역이 일본을 부정적으로 보고 있다고 생각하는 것 같다. 그러나 그렇지 않다. 물론 중국보다는 한국에 좀더 균형잡힌 견해들이 존재한다. 중국에서는 공식적인 선전이나 교육의 방향 탓에 일본에 대해 일차원적인 이미지만 갖게 되었다. 반면에 한국은 민주주의 국가이므로, 논쟁이 활발히 이루어질 수 있다. 그러나 한국의 일본관도 다른 아시아 국가들과 완전히 일치하는 것은 아니다. 아시아에서 일본의 쏘프트파워는 상당히 높은 편이다. 어떤 조사에서는 미국을 제외한 다른 어떤 나라보다도 높다. 그것이 현재 일본의 위상이다.

일본의 과제는 쏘프트파워의 강점을 살리면서 하드파워(hard power)를 재구축하는 것이다. 그러기 위해서는 나와 다른 사람들이 자주 언급했듯이 한일관계가 개선되어야 한다. 중일관계 역시 개선이 필요하지만 어려울 수 있다. 중국은 민주주의 국가도 아니고 선전이 중요하기 때문이다. 미국 입장에서는 일본이 한국과 관계를 개선할 수 없다면 동맹의 가치가 떨어지는 셈이다. 따라서 한일관계 개선이 미국의 대일정책에서 최우선 순위다.

대담자   그러나 신뢰할 만하고 지속적인 일본의 반성이 없는 상황에서 일본이 하드파워 재구축을 시도하게 되면, 한일관계는 지금까지 쌓아온 신뢰마저 역사의 무게를 버티지 못하고 붕괴할 수 있다.

그린   중요한 것은 한일관계의 전략적 차원이다. 전략문제에서는 역사에 대해 이야기할 필요가 없다. 역사문제는 옆으로 치워놓고, 한일관계가 미국, 한국, 일본, 북한 문제에 대해 의미하는 바가 무엇인지 이야기할 수 있는 것 아닌가.

대담자   2013년에도 일본 각료들이 야스꾸니 신사를 참배했다. 그렇다면 이런 문제에 대해 미국은 어떻게 대응해야 한다고 보는가? 또한 힐러리 클린턴 전 국무장관은 2012년 한일 과거사문제와 관련해

'위안부'(comfort women)라는 용어는 잘못되었다며, 강요된 '성노예'(sex slaves)로 표현하라고 했다. 그의 발언은 어떻게 평가하는가?

그린 둘 다 일본의 역사 대응방식과 관련되어 있지만 야스꾸니 신사 참배와 위안부 문제는 별개의 사안이라고 생각한다.

야스꾸니 신사 참배의 경우, 메이지 시대 이후 모든 일본인 전몰자들이 야스꾸니 신사에 안치되어 있다. 물론 시신이 안치되어 있는 것은 아니다. 신사의 승려가 위패에 이름을 적어 추도한다. 위패에 모든 일본인 전몰자들의 영혼이 담긴 것으로 여긴다. 일본의 보통 군인들, 징용된 한국인들과 대만인들도 이곳에 있다. 그들이 전쟁에 나가기 전에 한 마지막 말은 "야스꾸니에서 보자"라는 거였다고 한다. 전쟁터에서 살아남을 수 없다는 사실을 알고 있었기 때문이다. 그들의 가족, 부모도 참배하기 위해 야스꾸니 신사에 간다.

1970년대에 한 승려가 가족들의 동의없이 14명의 A급 전범들을 합사했다.[3] 내 개인적 생각으로는 A급 전범 합사가 없었다면 야스꾸니 신사 참배는 이슈가 되지 않았을 것이다. 모든 국가는 전몰자를 추모할 권리가 있다. 전몰자 중 90퍼센트는 기본적으로 징집된 사람들이며, 전쟁 그 자체의 희생자들이다.

A급 전범들 때문에 문제가 되고 있는데, 야스꾸니 신사에 참배하러 가는 일부 정치인들의 논리는 '어떤 나라에서든 모든 정치인들의 전몰자 추모가 허용되어야 한다'는 것이다. 또다른 정치인들은 A급 전범들이 무죄라고 주장하면서 이를 정치 쟁점화하려고 한다. 미국이 주도했던 토오꾜오 전범재판소는 승리자들의 법정이었다는 것이다. 공격적 전쟁이었다는 이유로 전범들에게 유죄판결이 내려졌지

만, 일본의 일부 정치인들은 방어적 전쟁이었다고 주장한다. 미국이 일본에 석유 금수조처를 취했고, 따라서 일본으로서는 선택의 여지가 없었다는 것이다.

대담자 일본은 자신들의 논리를 정당화하기 위해 이른바 미국−영국−중국−네덜란드가 연합한 대일 봉쇄망⁴을 든다. 과연 일본의 전쟁을 순수하게 방어 목적이었다고 해석할 수 있을까? 또한 일본은 한국 및 중국과 과거사 문제로 갈등을 겪고 있는데, 그런 갈등이 일본에 유리하다고 보는가?

그린 봉쇄전략에 대해서 이야기하는 것인가? 토오꾜오 전범재판소의 인도 출신 판사가 그러한 관점에서 전범은 무죄라는 입장을 취했다. 그는 일본의 보수주의자들 사이에서 인기가 높다. 어찌됐든 공격적 전쟁 여부에 대해 일본에서뿐 아니라 미국, 유럽, 인도 등의 국제법 전문가들 사이에서도 논쟁이 있다. 그것이 일본인들에게 야스꾸니를 참배해야 한다는 이유 또는 핑계를 주고 있다.

A급 전범과 관련해 나도 일본 정치인들에게 참배를 해서는 안 된다고 강하게 충고한다. 그러나 그렇다고 참배문제가 흑백을 철저하게 가릴 수 있는 문제는 아니다. 법적·역사적 측면에서 그리고 도덕적으로도 야스꾸니 문제는 다소 애매한 면이 있다.

그러나 외교정책의 관점에서 보면 일본이 야스꾸니 문제로 치러야 하는 비용이 너무 크다. 따라서 일본의 국익이라는 관점에서 보면 총리들이 참배하지 않는 편이 낫다. 동북아시아를 비롯해 동남아시아에서도 외교적 비용을 치러야 하니 말이다.

대담자 야스꾸니 신사 참배에 대한 설명이 길어진 것 같다. 아까 위안부문제는 참배문제와 성격이 다르다고 언급했는데, 그 이유는 무엇인가?

그린 위안부문제는 흑백의 문제다. 일본이 핑계를 댈 사안이 아니다.

현 아베 총리나 시모무라 하쿠분(下村博文) 일본 문부과학상이 1990년대 젊은 정치인일 때, 고노 요헤이(河野洋平) 당시 관방장관이 위안부에 대한 강제성을 인정하고 사과하는 담화를 발표했다. 위안부를 강제동원하기 위한 정부 프로그램이 있었다는 것이다. 젊은 보수 정치인들이 '우리를 세르비아와 비교하는 것이냐'라며 반발했다. 당시 세르비아는 여성을 모욕하고, 시민들에게 공포감을 심어주기 위해 강간을 전쟁무기로 활용하고 있었다. 아베를 포함해 몇몇 일본인들은 난징 등에서의 일부 사례가 있지만 일본제국의 군대는 강간을 전쟁무기로 활용하지 않았다며, 세르비아와의 비교는 부당하다고 주장했다.

문제는 일본이 강간을 전쟁무기로 활용한 사례가 분명하게 문서로도 존재한다는 점이다. 그리고 일본의 주장처럼 여성들을 위안소로 끌고 들어가지 않았거나 전장에서 강간한 것은 아니었을지라도 강제성은 있었다. 또한 일본 군대가 구체적인 것을 몰랐다고 해도, 그것이 쟁점이 되지는 않는다. 그런 행위 자체가 우리가 요새 흔히 이야기하는 '인신매매'이기 때문이다. 그것은 노예의 형태였다. 도덕적으로 잘못된 것이며, 여성들에게 어마어마한 고통을 주었다. 의심할 여지가 없고 좌시할 수 없는 일이다.

따라서 일본의 보수 정치인들이 고노가 사과하지 말았어야 한다고 주장하는 것은 역사적·도덕적 측면에서 설득력이 약하다. 만약에 아베가 이런 보수층과 동일한 주장을 펼친다면, 한국은 물론이고 호주, 미국 등 누구도 지지하지 않고 공개적으로 비난할 것이다. 일본 외교의 재앙이 될 것이다.

대담자 사실 힐러리 클린턴 국무장관의 발언이 있기 전까지는 미국이 위안부문제에 대해 적극적이고 공개적으로 일본을 비난했다고 보기는 어려웠다. 미국의 공식적인 입장은 무엇이며, 앞으로 어떤 입장을 취해야 한다고 보는가?

그린 미국정부는 위안부문제로 동맹국인 일본을 공개적으로 맹렬히 비난할 수는 없다. 첫째, 일본의 관점에서 보면 미국은 히로시마와 나가사끼에 원자폭탄을 투하했다. 게다가 아직 기소되지 않은 수천건의 강간사건이 미군의 일본 점령 당시에 벌어졌다. 미국인들은 생각지도 못했던 것들을 일본이 알고 있는 경우도 적지 않다.

물론 내가 양자, 즉 미국과 일본의 행위가 도덕적 등가성이 있다고 이야기하는 것은 아니다. 전쟁 중 일본의 행동은 수용될 수 없다. 그러나 미국에는 훨씬 더 높은 도덕적 기준이 있었지만, 미국 역시 전쟁 중 추악한 사건들을 많이 일으켰다. 미국정부가 공개적으로 일본을 비난한다면 그 판도라의 상자를 여는 셈이 된다. 그렇게 되면 미국은 일본과의 대화를 증진하기 어려울 것이다. 따라서 미국정부가 할 일은 조용히 있는 것이어서 조용히 그러나 심도있게 이 이슈를 다뭐왔다. 일본을 공개적으로 비난하는 것은 학자들이나 민간 쪽에서, 즉 트랙2가 해야 할 영역이다.

미국정부가 공개적으로 일본을 비난하거나 압력을 행사하지 못하는 이유가 또 있다. 일본을 비난함으로써 일본의 쏘프트파워, 즉 아시아에서 일본의 위상을 약화시키는 것이 전략적으로 미국의 이해와 부합하지 않기 때문이다. 즉 중국보다 일본이 도덕적으로 더 나쁘다고 주장하면 당장 티베트나 신장 문제 등이 걸리게 된다. 그것은 미국의 이해관계에 부합하지 않는다. 따라서 미국은 "정부는 '조용한 게임', 학자들은 '정부보다는 좀더 공개적인 노력'"이라는 입장을 취해야 한다.

미국의 아시아 회귀와 한─미─일 삼각안보협력

대담자 군사적 측면에서 '아시아 회귀' 전략이 한국과 일본에 요구하는 역할은 어떤 것이라 생각하는가? 흔히 미국의 한─미─일 삼각안보협력 추진을 동북아시아 쪽에서 아시아 회귀의 핵심정책으로 간주하고 있다.

그린 내 개인적 견해를 말하자면 아시아 회귀는 일차적으로 미국의 동남아시아로의 회귀다. 오끼나와 미군 재배치는 이미 클린턴과 부시 행정부 때 시작된 것이다. 즉 새롭지 않다. 호주 내 미군 배치나 오끼나와에서 괌으로의 미군 이동도 마찬가지다.

다만 미국이 동아시아정상회의(EAS)에 가입하고, 힐러리 클린턴 국무장관이 동아시아에 훨씬 더 적극적으로 개입한 것은 새롭다.

아시아 회귀 전략에서 한국 및 일본 문제와 관련해 한가지 정도를 제외하면 오바마 행정부가 충분하게 생각한 것 같지는 않다. 천안함과 연평도 사건 이후 한-미-일 외교장관들이 「집단적 안보에 관한 합의문」을 진행했는데, 발표가 임박한 마지막 순간에 한국이 발을 뺐다.

어찌됐든 아시아 회귀 전략에서 그런 한-미-일 삼각관계는 유용하지만 새로운 것은 아니다. 클린턴 행정부 때부터 삼각관계를 구축하려고 노력해왔기 때문이다. 냉전기간에는 한미, 미일 식으로 각각 분리된 양자동맹이 미국에 유리했다. 미국은 이승만 대통령이 일본을 전쟁으로 끌어들이지 않을까 우려했다. 따라서 한국과 일본을 분리시키는 게 좋았다. 그러나 냉전이 끝나자 서로 협력할 수 있는 동맹이 될 필요가 있었다. 따라서 한-미-일 삼각관계 구축은 클린턴 행정부 이후 미국의 목표가 되었다. 심지어 그것은 냉전의 막바지였던 아버지 부시 대통령 때부터 중요한 주제가 되기 시작했다. 한국도 민주주의 국가가 됐고, 일본도 50년 전처럼 행동에 제약을 받는 상황이 아니어서 더 많은 일을 하고 싶어했기 때문이다.

한일관계가 나쁘면 미국 외교정책의 이해관계도 손상된다. 북한문제에 대한 합의를 끌어내려는 미국의 능력도 손상된다. 또한 한일관계가 나쁘면 중국은 한국을 미국에서 떼어낼 수 있는 기회로 간주할 것이다.

대담자 박근혜 정부와 아베 정부가 출범한 지 얼마 안 되었지만, 이 두 정부의 외교정책을 비교해본다면?

그린 박근혜 대통령의 외교정책은 기본적으로 훌륭하다. 그러나 내 개인적 견해로 보면 한가지 결점이 있다. 박 대통령은 미국에 우호적이며 강한 한미동맹에 정책의 초점을 맞추고 있다. 그러면서 동시에 중국과의 관계 개선을 원한다. 따라서 두 행보 사이에는 긴장이 내재되어 있는 것처럼 보인다.

청와대 내부에는 한국이 일본과 거리를 두면 중국이 좋아할 것이라는 생각이 있는 것 같다. 그러나 그런 판단에는 큰 결점이 있다. 첫째, 그것은 결코 미국이 바라는 바가 아니다. 한국이 일본을 밀어낸다면 결국에는 한미관계가 손상될 것이다. 미국정부가 그것을 공식적으로 이야기하지는 않을 것이다. 그러나 그것은 진실이다. 둘째, 그렇게 한다고 중국이 한국을 존중하지는 않을 것이다. 한국이 일본을 밀어내고 중국과 더 가까워지려 한다는 판단이 들면, 중국인들은 한국을 자신들의 세력권 안에 들어온 조공국가로 여길 것이다. 반대로 한일관계가 좋으면 중국은 한국을 복수의 선택지를 가진 독립적인 행위자로 진지하게 대할 것이다. 사업계약을 협상할 때 상대방이 당신을 진지하게 대하도록 만들려면 다른 파트너들도 보유하고 있어야 한다. 그렇게 하는 것이 항상 유리하다.

아베 총리의 외교정책에도 심각한 결함이 있다. 내가 보기에 그의 외교정책은 기본적으로 훌륭하다. 그는 중국과의 관계를 안정시키고 싶어하는데, 그렇게 하려면 인도, 호주, 동남아시아, 유럽, 심지어 러시아와 유대를 강화해야 한다는 사실을 잘 안다. 아베 총리는 실제 그런 식으로 움직이고 있다. 중국을 포위하려는 전략이 아니고, 중국이 일본을 고립시킬 수 없다는 점을 깨닫게 하려는 방향으로 말이다.

그러나 일본 입장에서 미국을 제외한 인도, 호주, 동남아시아 등 다른 어떤 나라들도 한국만큼 중요하지는 않다. 거기에 아베 외교정책의 빈틈이 있다. 박근혜 대통령과 아베 총리의 외교정책 모두에 개선해야 할 허점이 있다.

일본의 불안정한 리더십과 극우 정치인의 등장

2001년부터 2006년까지 재임했던 코이즈미 준이찌로오 총리 이후 일본의 총리는 거의 1년에 한번꼴로 교체되었다. 코이즈미 이후 아베 신조오, 후꾸다 야스오, 아소 타로, 하또야마 유끼오, 칸 나오또(菅直人), 노다 요시히꼬(野田佳彦), 다시 아베 신조오가 총리가 되었다. 8년간 총리가 7번이나 바뀐 것이다. 이런 이유로 일본문제에서 불안정한 리더십이 종종 거론된다. 일본 총리의 단명은 안정된 정책을 끌어가기 힘들게 함은 물론이고, 미국과 한국 등 주변국들도 이를 이유로 중요한 외교적 합의를 꺼려왔다. 외교적 합의를 하더라도 이행 여부를 확신할 수 없고, 언제든 뒤집힐 수 있다고 판단했기 때문이다. 2013년 7월 21일 치러진 참의원 선거에서 연립여당인 자민당과 공명당이 대승을 거두면서, 아베 정부는 참의원과 중의원을 모두 장악하게 되어 7년 만에 안정된 리더십을 확보했다는 평가를 받고 있다. 그러나 아베 정부가 이를 바탕으로 자위대의 역할 강화, 국수주의적 교육 강화, 과거 침략적 역사 인식에 대한 후퇴 등의 우경화 행보를 하고 있어 한국과 중국의 우려도 커지고 있다.

대담자 일본 총리 교체가 잦아 주변국들은 일본과의 외교활동을 보류하게 된다. 일본의 정치구조가 불안정해진 이유는 무엇이라고 보는가?

그린 그건 정말로 아주 큰 문제다. 총리가 1년 안에 많은 일을 해낼 수는 없다. 특히 잦은 교체로 사람들이 '총리가 오래가지 못할 거야'라고 생각하기 시작하면 일을 더 못 하게 된다. 유능하면서도 강력한 총리는 나까소네(中曾根康弘)와 코이즈미였는데, 그들은 오랫동안 총리를 했다. 그들이 유능했기 때문에 오래 재임한 측면도 있지만, 오래 재임했기 때문에 유능해진 측면도 있다.

일본 전문가들 사이에 논쟁이 있다. 어떤 전문가들은 이런 현상이 사라질 수 없는 구조적 문제라고 주장한다. 미국에서 '스윙 보터즈'(swing voters)라고 불리는 부동층 유권자가 일본에서는 50퍼센트에 이른다. 따라서 큰 선거가 있을 때마다 특정 집단들이 썰물, 밀물처럼 나가고 들어오고 한다.

어떤 사람들은 1993년에 도입된 소선거구제가 거대한 부동층을 양산했다고 말한다. 그러나 대선거구제나 소선거구제는 그리 중요하지 않다고 생각한다. 더 큰 문제는 일본이 아주 어려운 사회 및 경제 복지정책의 선택에 직면해 있다는 것이다. 구조적 이유라고 하는 것도 이런 이유 때문이다. 지난 50년간 삭감이나 감축이 아니라 분배에 기초해 통치해온 일본에 그러한 선택은 굉장히 어려운 일이다. 어찌됐든 야당이 거의 초토화되었다. 야당 초토화가 좋은 현상은 아니지만 일본정치가 당분간 약간의 안정을 유지할 것이라고 생각한다.

대담자 위안부문제를 정당화하는 하시모또 도루(橋下徹) 오오사까 시장 같은 아주 독특한, 극우적인 인물이 떠오르고 있다. 이런 현상이 일본에서 진행 중인 일종의 우경화와 맥을 같이한다고 보는가.

그린 그들은 자민당이 신뢰를 잃고, 민주당이 인기를 잃자 생겨난 세력이다. 민주당이 집권하면서 더이상 포퓰리스트가 될 수 없었고, 따라서 이들이 포퓰리즘을 공략할 공간이 생겨났다. 하시모또나 와따나베 요시미(渡邊喜美)[5] 같은 사람들이 그 빈자리를 채운 사람들이다.

어느 나라에나 특이한 주변부 정치인들이 존재한다. 미국에도 미주리 주의 공화당 상원의원 후보였던 토드 아킨(Todd Akin)[6]이 있지 않나. 다른 나라보다 더 특이한 정치인이 일본에 더 많은 것 같지는 않다. 그런 정치인들은 몇년 안에 자민당에 흡수되거나 그 영향력이 미미해질 것이다.

총련에 대한 압박과 북일관계

토오꾜오 지요다구 소재 재일본조선인총연합회(이하 총련) 본부 건물과 토지가 경매에 넘어가 2013년 3월 매각된 사건은 1955년 북한의 '해외공민단체'로 출범한 총련의 몰락을 상징적으로 보여준다. 앞서 2012년 2월 일본 경시청 공안부는 산하 3개 기관의 사무실을 압수수색했다. 2010년 4월부터 시행된 고교 무상교육 대상에서 총련계 조선학교는 제외되었다. 좀더 거슬러 올라가면 2006년 10월 북한의 1차 핵실험 이후 일본정부는 북일 연락선인 만경봉호의 입항을 금지시키는 등 대북제재를 단행했다. 이처럼 총련에 대한 일본정부의 압박이 공개적이고 전방위적으로 진행되어왔다.

1959년부터 1984년까지 9만 3340명이 북한으로 건너간 이른바 '재일동포 북송사업'과 김정일 국방위원장이 2002년 일본인 납치사건을 인정하면서 총련에 대한 재일동포들의 민심은 이반되었다. 여기에다 일본정부의 총련에 대한 '탄압'은 총련을 약화시키는 외부적 기폭제로 작용했다.

총련은 1990년대 말까지만 해도 전성기를 구가했다. 중앙본부와 각 지자체별 지부를 두고 금융기관, 무역회사, 학교, 언론 등을 거느렸다. 일본 정치인들도 총련의 기념행사에 앞다퉈 축전을 보냈다. 따라서 지난 10여년간 총련의 '몰락'에는 단순히 총련에 대한 내부 민심 이반, 북한의 핵실험, 일본정부의 제재만으로는 설명할 수 없는 부분이 있다. 마이클 그린은 일본 정치파벌의 부침과 총련의 부침이 밀접하게 연관되어 있음을 흥미롭게 지적했다.

대담자 일본정부가 2000년대 들어 총련을 옥죄고 있는 것 같다. 이런 현상을 어떻게 해석해야 하나? 이것 역시 일본의 우경화와 맥을 같이하고 있다고 봐야 하는가?

그린 그 바탕에는 이른바 자민당 독주체제로 확립된 '1955년체제'가 어떻게 작동해왔느냐의 문제가 깔려 있다. 1970년대에 타나까 카꾸에이(田中角榮)[7]가 1955년체제의 변화를 주도했다. 그는 이른바 '선심정치'를 통해 농촌 쪽으로 돈을 재분배했다. 더불어 돈을 빨아들이는 방법도 잘 알아 건설 리베이트와 우정 예금 씨스템을 통해 돈을 벌었다. 타나까 파벌은 최대 파벌이 되었다.

그런 타나까 파벌의 자금 창구 가운데 하나가 일본 어디에나 있는 파찐꼬였다. 파찐꼬 일부는 남한에서 온 한국인이나 총련이 소유하고 있었다. 타나까 파벌은 특히 총련계 파찐꼬와 밀접한 공생관계를 유지했다. 그들은 정치권력을 형성하기 위해 파찐꼬로부터 많은 현금을 받았고, 그 댓가로 그들을 보호했다.

당시 주류였던 타나까 파벌에 맞선 파벌들이 아베 총리의 외할아버지인 기시 노부스께(岸信介) 파벌과 후꾸다 야스오 총리의 아버지였던 후꾸다 타께오(福田赳夫) 파벌이었다. 그들은 좀더 이데올로기적이었고, 따라서 미국과의 동맹을 더 중시하고 북한과 타나까 파벌의 고리를 깨고 싶어했다.

그래서 코이즈미가 총리가 되었을 때 타나까 파벌의 자금줄을 공격했는데, 그것이 우정 예금 씨스템이었다. 우정사업이 민영화되면서 타나까 파벌은 자금 확보에 타격을 입었다.

다른 하나는 아베의 총련에 대한 공격이었다. 우정사업보다 비중이 크지는 않지만 여전히 총련은 타나까 파벌의 돈과 권력의 일부분이었다. 북한의 일본인 납치문제가 불거지고 북한이 미사일을 발사하면서, 또 전반적으로 타나까 파벌이 붕괴되면서 총련에 대한 공격이 가능해졌다고 할 수 있다. 아베는 코이즈미를 위해 총련에 대한 공격을 주도해 총련을 해체시키려 했다. 일본 니까따항과 북한을 오가는 만경봉호의 운항도 중지시켰다. 총련계가 대북 송금 창구로 이용하던 아시까가은행이 지급 불능상태에 빠지자 구조조정을 마친 뒤 매각했다.

이와 더불어 김정일도 영향을 끼쳤다. 1960년대와 1970년대 총련의 형제와 친척 들이 평양에 살고 있었다. 총련 사람들은 실제로 김일성을 어느정도 존경했다. 그러나 김정일은 떠받들지도 존경하지도 않았다. 김정일은 평양의 친척들을 협박해 총련 사람들에게서 돈을 받아냈고, 연락도 끊게 했다. 그러면서 김정일에 대한 존경심은 급격히 사라졌다. 이것 역시 방정식의 한 변이라고 할 수 있다.

그러나 어찌됐든 타나까 파벌과 사회주의자들의 권력 기반을 허물어뜨린 것은 아베와 보수주의자, 비주류 파벌이었다. 1990년대 총련에서 북한으로 흘러들어가는 돈이 1년에 6억달러에서 10억달러에 이르렀던 것으로 추정되지만, 지금은 2000만달러나 그 이하일 것이다.

대담자　이른바 타나까 파벌이 총련을 엄호했던 것은 단순히 총련이 자금줄이었기 때문만이 아니라 그들의 외교 노선과도 관련이 있을 것 같다.

그린　그렇다. 타나까 파벌의 또다른 흥미로운 점은 미일동맹, 즉 미국에 대한 지나친 의존을 불편해했다는 것이다. 그들은 자신들의 호주머니를 채우면서 세계관의 중심을 아시아 쪽으로 옮겨왔다. 실제 그들은 북한과의 관계가 정상화될 수 있다면, 미국에 대한 의존성이 줄어 보다 독립적이 될 것이라고 생각했다. 이에 따라 카네마루 신(金丸信) 등 타나까 파벌은 북한을 여러차례 방문했으며, 김일성과 협상을 시도했다. 카네마루 신 당시 자민당 부총재가 1990년 김일성 주석과 회담을 마친 뒤 취하도록 술을 마시고 "백인 없는 아시아를 만들 것"이라고 말했다고 한다. 그는 정말 취해 있었고, 그의 말은 일본 DNA의 일부인 일종의 '대동아 공영 비전'을 뜻하는 것이었다.

대담자　일반적으로 일본은 한반도 통일을 원하기보다는 분단이라는 현상유지를 선호하는 것으로 알려져 있다. 당신도 이런 견해에 동의하는가?

그린 그것이 한국에서는 일반적인 견해인지는 모르겠지만 내가 보기에는 맞지 않는 것 같다.

일본에서 1990년대 후반에 한국의 통일에 대해 여론조사를 한 적이 있다. 그때 일본인 대다수는 한국의 통일을 선호한다고 대답했다. 2006년경 『요미우리』인가에서 조사한 여론조사도 있다. 그때 여론조사 질문이 '북한 핵프로그램에 대처하는 가장 좋은 방법은 무엇인가'였던 것으로 기억하는데, 가장 좋은 선택지는 북한의 레짐 체인지(regime change, 정권 교체)라고 대답했다. 그것 역시 통일을 의미하는 것이었다.

일본인들은 과거에는 한반도 통일에 반대했다. 막대한 비용이 드는 일이며, 일본인들은 기본적으로 불확실성을 싫어하기 때문이다. 그러나 지금 북한은 일본을 겨냥할 수 있는 300기의 노동미사일을 보유하고 있고, 피랍자들은 돌아오지 않았으며, 김정은은 예측 불가능하다. 따라서 지금 여론조사를 한다면 일본인 대다수가 통일을 원하는 결과가 나올 것이다.

내가 보기에 동북아 6개국 가운데 통일을 가장 두려워하는 나라는 북한이고, 그다음이 중국이다. 통일을 가장 원하는 나라가 한국인지는 알 수 없다. 어쩌면 미국이나 일본일 수도 있다. 미국은 핵무기 유출을 걱정한다. 즉 북한정권이 붕괴했을 때 핵무기 유출을 어떻게 막을 것인지 걱정이 크다. 그것은 정말 끔찍한 일이다. 여론조사를 해보면 6개국 가운데 일본은 통일을 원하는 지표에서 최상위에 있을 것이다. 장담컨대 일본인들은 "그래, 통일이 지금 우리가 보고 있는 현실보다 나을 거야"라고 말할 것이다. 다른 이유 때문이 아니라 두려움 때문에 그럴 것이다.

중국 견제를 위한 인도의 역할

대담자 아베 총리는 2013년 초 중국에 대한 일종의 견제 제스처의 하나로 인도를 방문해 민주주의의 가치에 대해 논의한 바 있다. 미국의 전략적 사고에서 인도에 기대하는 역할은 무엇인가?

그린 인도는 인도-태평양 지역의 세력균형에 중요한 새 축이다. 인도는 한국이나 일본과 달리 미국의 동맹이 되지는 않을 것이다. 그러나 미국의 적이 되지도 않을 것이다. 인도의 부상과 성공은 아시아에서의 건강한 균형을 유지하는 데 도움이 될 것이다.

중국인들은 다극체제를 선호한다. 중국이 미국에 대해 세력균형을 잡으려 할 때, '극'에 해당하는 다른 국가들이 중국을 도와줄 것이라고 생각하기 때문이다. 그러나 아시아에도 이미 다극체제가 존재한다. 인도가 성공적으로 부상하고 있고, 일본도 잘하고 있고, 한국도 부상하고 있다. 이들은 대부분 민주주의 국가이고, 일부는 미국의 동맹국가다. 어찌됐든 이들 국가는 대체로 개방적인 환태평양 질서를 선호하며, 현재의 질서가 중화주의로 인해 수정되는 상황을 원하지 않을 것이다.

물론 인도에는 비동맹 때의 사고방식이 여전히 강력하게 남아 있어 즉각 협력체제를 이루어낼 수는 없다. 그러나 아시아가 중화주의로 급격하게 쏠리는 것을 막고 건강한 균형을 유지해야 한다는 측면에서 인도는 중요하다.

대담자 마지막으로 개인적인 질문을 하나 하고 싶다. 당신의 사고에 가장 큰 영향을 끼친 책이나 사람이 있나?

그린 전략적 관점에서 보면 리처드 아미티지 전 국무부 부장관을 꼽을 수 있다. 커트 캠벨 전 동아태 차관보도 있다. 그도 그렇게 말하겠지만 나도 캠벨에게 영향을 미쳤다는 점에서 상호적이라 할 수 있겠다.

책으로는 앨프리드 세이어 머핸(Alfred Thayer Mahan)[8]이 쓴 『아시아의 문제와 국제 정책에 미치는 효과』(*The Problem of Asia and Its Effect Upon International Policies*)를 들 수 있다. 1900년에 나온 책으로, 아시아에 대한 에세이 모음집이다. 여기에 가치관·무역·해군·일본·중국 등 모든 문제들이 들어 있다.

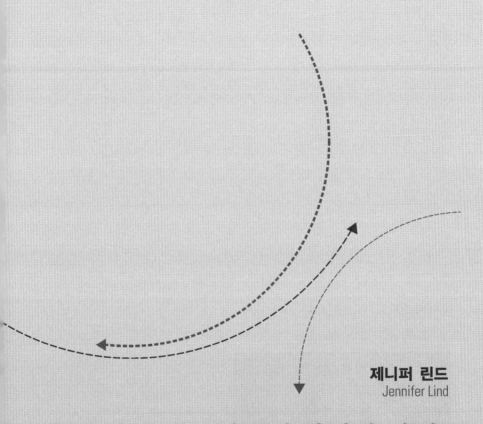

제니퍼 린드
Jennifer Lind

일본의 과거사 사죄,
꼭 필요한가

●
●
●

제니퍼 린드 Jennifer Lind(1969~)

현 다트머스대학 행정학 부교수

인터뷰가 막바지로 향하던 2013년 5월 28일 제니퍼 린드 교수가 재직하고 있는 다트머스대학으로 가기 위해 아침부터 부지런을 떨었다. 워싱턴에서 차로 10시간가량 걸리는 거리여서 뉴햄프셔 주의 맨체스터공항까지 비행기를 이용하고, 거기서 차를 빌려 1시간이 좀 넘는 거리를 달렸다. 오후 2시 약속 시간을 맞추려면 시간이 빠듯했다. 교통경찰이 숨어 있는지 살피며 액셀을 밟느라 5월의 신록이 우거진 뉴햄프셔 주의 완만한 산세를 즐길 여유는 없었다. 돌아오는 길에는 워싱턴까지 직항이 없어 필라델피아공항에서 환승을 했는데, 필라델피아에서 워싱턴으로 오는 비행기는 40인승 프로펠러 비행기였다. 그렇게 작고 앙증맞은 비행기는 처음이었다.

린드 교수는 캘리포니아대학 버클리 캠퍼스를 졸업하고, 캘리포니아대학 쌘디에이고 캠퍼스에서 태평양 국제관계학 석사를, MIT대학에서 정치학 박사학위를 받았다. 현재 그는 미국의 일본 전문가들 모임인 미-일 미래 네트워크(the U.S.-Japan Network for the Future)의 회원이며, 미 국방부와 랜드(RAND)연구소의 컨설턴트로도 활동하고 있다. 그가 교수로 있는 다트머스대학은 미국 뉴햄프셔 주 하노버에 위치한 아이비리그 대학 가운데 하나다. 린드 교수도 인터뷰에서 잠깐 언급했는데, 한국계인 김용현 세계은행 총재가 2009년부터 2012년 6월까지 총장으로 재임해 한국에도 비교적 잘 알려져 있다.

일본에 정통한 소장학자인 린드 교수와 일본의 인연은 상당히 깊다. 그는 고등학교 때 재즈밴드에서 활동했는데 콘서트 투어로 일본을 다녀오고부터 일본에 매력을 느껴 대학에서 일본어를 공부했고, 이후 일본에 머물며 영어를 가르쳤다. 미국으로 돌아와 일본계 기업에서 몇년을 일하다 뒤늦게 대학원에 진학해 본격적으로 일본 연구를 시작했다.

린드 교수는 박사학위 논문을 바탕으로 2008년 전쟁의 기억이 국제사회의 화해에 미치는 영향을 연구한 『사과하는 국가들: 국제정치에서의 사죄』(Sorry States: Apologies in International Politics)를 출간했으며, 2009년 외교전문지인 『포린어페어즈』에 요약본을 기고하기도 했다. 해당 연구를 바탕으로 그는 동아시아에서 화해가 이루어지려면 일본이 '독일처럼' 전쟁 피해자들에 대해 분명한 사과와 배상을 해야 한다는 일반적인 통념을 반박하고 있다.

그는 자신의 주장을 입증하기 위해 서독의 과거사 정책을 두가지로 구분했다. 1950년대와 60년대 초 보수적인 콘라트 아데나워(Konrad Adenauer) 기민당 총리가 주도했던 타협적인 과거사 정책과 60년대 후반 이후 진보적인 사민당이 주도했던 적극적인 과거 극복 모델이 그것이다. '아데나워 모델'에 따라 독일은 침공과 학살을 '인정'하고 이스라엘 및 몇몇 국가의 홀로코스트 생존자에게 배상을 했지만, '사죄'(apology)는 하지 않았다. 대부분의 교과서는 현대사 서술을 기피했고,

홀로코스트를 히틀러 개인의 잘못으로 돌렸다. 그럼에도 서독과 프랑스는 놀랄 만한 화해를 했다고 린드 교수는 주장한다.

이에 비해 사민당은 좀더 적극적인 과거 극복 노력을 기울였다. 홀로코스트 범죄자를 처벌했으며, 전세계 홀로코스트 생존자들에게 수십억 달러를 배상하고 희생자 박물관과 기념관을 지었으며, 교과서에도 과거의 어두운 역사와 그에 대한 속죄를 정직하게 담았다.

린드 교수는 이러한 비교를 통해 60년대 후반 이후 서독의 사민당 모델은 아주 '예외적인' 것이라고 단정한다. 또한 그는 서독은 냉전시기에 재통일과 소련으로부터의 보호라는 두가지 주요 외교정책 목표를 갖고 있었기 때문에 보수주의자들도 이런 과거사 정책에 반발하지 않고 침묵했다고 말한다. 서독의 주요 지도자들도 재무장과 통일에 대한 동맹국들의 의구심을 풀기 위해 진정으로 과거와 단절할 필요성을 이해하고 있었다는 것이다.

하지만 일본이 공식적인 사과 등 적극적인 과거 극복을 시도했던 1960년대 후반 서독의 예외적인 모델을 따를 경우 보수층을 중심으로 한 국내 반발(backlash)로 여론 양극화 등의 위험에 빠질 우려가 있다고 지적한다. 이에 따라 린드 교수는 과거의 폭력을 '인정'하고 일본의 자부심을 높이는 미래지향적인 비전을 결합시키는 '아데나워 모델'을 따를 것을 일본에 권고하고 있다. 일본이 이런 제스처를 취할 경우 한일 양국의 온건파들에게 호소할 수 있으며, 특히 중국의 부상이라는 가장 중요하고도 점증하는 불안 앞에서 양국을 묶어줄 수 있을 것이라고 결론 내리고 있다.

린드의 주장에 몇가지 의문점을 제시할 수 있다. 냉전이 끝나고 독일이 통일하고도 과거 극복에 대해 반발이 크게 일어나지 않았던 이유는 무엇인지, 반발의 강도는 어떻게 측정할 것인지에 대해 말이다. 또한 한국 입장에서 보면 그의 주장은 일본을 편드는 것처럼 여겨질 수도 있다. 현재 아베 정권의 움직임을 보면 일본이 과거사에 대한 '사죄'는 고사하고, 앞으로 과거의 잘못을 진정으로 '인정'할지도 불투명하다. 그럼에도 린드의 주장은 한-미-일 삼각안보협력을 통한 중국 견제라는 미국의 동북아시아 전략 속에서 여전히 약한 고리인 한일관계의 주요 문제를 해결하기 위한 '미국식 해법'을 제시하고 있다는 점에서 눈여겨볼 필요가 있다.

린드 교수는 북한문제에 대해서도 관심을 갖고 있다. 그는 2011년 랜드연구소의 브루스 베넷(Bruce Bennet) 박사와 함께 북한의 붕괴에 대비한 군사적 작전과 거기에 소요되는 군 인력을 산출한 논문을 발표했다. 이 논문은 한국언론에서도 크게 주목한 바 있다. 이 논문은 김정일 국방위원장의 사망 직전에 발표된 것으로, 저자들은 김정일 위원장이 김정은 당시 당중앙군사위원회 부위원장을 후계자로 지목했지만 그가 경험이 없고 나이가 어려 김정일 위원장이 갑자기 사망할 경우 북한 내에서 권력 투쟁이 촉발되고 정권이 붕괴할 것이라는 전제하에 이 논문을 썼다. 권력 투쟁은 있었겠지만 북한 붕괴는 발생하지 않았으므로 결국 이 전제는 틀린 꼴이 되었다. 린드 교수는 2010년 조지타운대학의 대니얼 바이먼(Daniel Byman) 교수와 공저한 논문에서는 북한정권의 공고성을 주장하기도 했다. 상충되는 주장을 전개하는 논문을 연이어 발표한 셈이다.

그럼에도 린드 교수의 주장을 소홀히 넘겨서는 안 되는 까닭은 다음과 같다. 우선 그의 논문은 미국 주류사회의 막연했던 북한붕괴론 시각에 보다 사실적이고 정책적인 외양을 입혀놓았다. 이 같은 분석과 연구 작업은 앞으로도 생명력을 유지하거나 늘어날 가능성이 높다. 둘째로 그의 논문은 미국의 북한붕괴에 대한 관심의 폭이 대량파괴무기(WMD) 확보를 넘어 안정화문제로 넓혀지고 있음을 구체적으로 보여준다. 마지막으로 치안유지와 인도주의 위기에 대응하는 안정화 작업에는 상당한 규모의 병력이 필요하고, 이는 결국 미국이나 유엔 개입을 정당화하는 구실이 될 수 있어 한국의 국익과 충돌할 수 있음을 보여준다. 이런 점을 염두에 두고 인터뷰를 읽어보면 '과정 없는 통일'은 결코 대박이 될 수 없는 이유를 조금이나마 짐작할 수 있을 것이다.

일본의 과거사 사죄와 미일동맹

대담자   당신은 『사과하는 국가들』을 통해 프랑스와 독일의 사례를 들어 두 국가가 협력하거나 화해하기 위해 가해국의 사죄가 필수 전제조건은 아님을 주장했다. 이에 대해 좀더 자세히 듣고 싶다.

린드   동아시아 역사문제를 논할 때 사람들은 늘 독일과 일본을 비교한다. 독일과 프랑스가 지금 우호적으로 지내고 있는 것은 독일이 참회를 하고 희생자 박물관과 기념관을 지었기 때문이라고 말한다. 또한 독일 교과서는 역사를 정직하게 가르치고, 정치 지도자들도 과거의 끔찍한 일을 진심으로 인정하는 연설을 여러번 했다고 말이다. 이를 들어 국가 간 화해를 위해서는 독일이 그랬듯 가능한 모든 일을 해야 한다고 주장한다.

그러나 프랑스-독일 사례를 보면 독일이 참회하기에 앞서 양국 간 화해가 먼저 있었다. 독일이 가장 먼저 한 일은 참회가 아니라 자국의 범죄 사실을 인정한 것이다. 그다음에 시간을 두고 참회를 했다. 독일의 예를 아시아의 상황에 적용하려는 이들과 달리 화해에 있어 독일처럼 참회가 우선시되지 않아도 된다는 것이 내 책의 주장이다.

또한 독일은 독일일 뿐이다. 일본을 독일과 비교하는 일은 터무니없이 불공평하다. 독일처럼 행동하는 국가는 세계 어디에도 없다. 전 세계적으로 외국인에게 자행한 범죄를 시인하고 속죄한 사례는 극히 드물다.

외국인에게 자행한 범죄는 종종 '원주민에 대한 호주인의 사죄'나 '원주민에 대한 캐나다인의 사죄' 등의 범주와 한데 묶이기도 한다.

그러나 이들은 자국 내 주민을 대상으로 한 범죄로 제법 흔하게 일어나는 일이다. 미국 역시 2차대전 동안 일본계 미국인들을 억류한 적이 있다.[1]

다시 말해 국가가 자국민에게 자행한 인권위반을 해결한 사례는 일반적으로 있는 일이다. 그러나 외국인에게 자행한 범죄에 대해서는 사죄하지 않는다. 사죄한 사례가 아주 드물다. 그렇기 때문에 '독일의 사례를 들이대면 버틸 수 있는 국가가 전세계 어디에도 없는데, 독일과 비교해서 일본만 불공평하게 지목당하고 있다'라는 일본 우파 정치인들의 주장에 동의한다.

대담자 사죄가 과거사문제 해결에 도움이 되지 않는다는 뜻인가?

린드 역사문제를 '사죄'의 틀('apology' framing)로 보는 것은 정말로 도움이 안 되는 것 같다. 사죄에 관한 책을 썼던 내가 이런 말을 하는 것이 좀 아이러니하기는 하지만 말이다. 역사적 화해를 말할 때 대체로 한 국가가 다른 국가에 사죄하는 문제에 모든 초점을 맞추게 된다. 왜 그런지는 모르겠다. 아마도 사죄라는 것에 극적인 요소가 있고, 사람들이 그것에 큰 관심을 보이기 때문인지도 모르겠다.

대담자 일본의 보수주의자들 혹은 극우주의자들은 자신의 범죄사실 자체를 인정하지 않는 데에 문제가 있다.

린드 물론 일본은 여전히 다른 나라들에 비해 뒤떨어져 있다. 예를 들어 미국은 "베트남전 당시 그 누구도 다치게 하지 않았고 그것은 침략전쟁이 아니었다"라고 말하지 않는다. 미국의 우익과 폭스 뉴스(FOX News)가 미심쩍은 언급을 빈번하게 하지만 말이다.

두가지를 구분해서 살펴보려고 한다. 먼저 보수 성향의 일본 학자들은 '일본이 정복전쟁에 참여할 당시의 전략적 상황을 고려하면 어쩔 수 없었다'라고 주장한다. 이는 전략 분석에 관한 문제이므로 공개적으로 논쟁할 만하다.

하지만 일본의 학자가 '일본은 난징에서 아무도 죽이지 않았다'라고 주장한다면, 그 주장은 논의의 여지가 없다. 일본이 난징에서 얼마나 많은 사람을 죽였는지 정확한 숫자는 알 수 없다. 하지만 너무 많은 사람이 죽어서 '다소 충격적'이라 할 수 있는 수준을 넘어선 것은 알려진 사실이다.

첫번째 주장은 탐구와 학문연구의 문화를 가진 민주주의 국가의 틀에서 정말로 수용할 만하다. 반면에 난징학살 같은 경우는 우리가 답을 이미 알고 있고, 역사가들도 답을 이미 확립해놓았다. 왜 굳이 부정이나 정당화로 들릴 만한 말을 해서 진흙탕 물을 만들려고 하는지 모르겠다.

또한 한국인들과 대화를 나누다보면 '우리가 원하는 것은 사죄가 아니다. 우리는 누군가 일어나서 사죄문을 낭독하기를 원하는 것이 아니다. 일본이 역사를 정확하게 가르치기를 원한다'라는 말을 자주 듣는다.

한국인들이 이런 식으로 요구하면 한일 간 역사문제에 대한 해결 전망은 좀더 나아질 것이다. 사죄란 어려울 뿐만 아니라 이에 수반되는 댓가가 크고, 국가 간에는 이루어지는 경우도 매우 드물기 때문이다. 사죄에 모든 것을 걸게 되면 낙관적인 미래를 기대하기가 어렵다.

가해국이 '우리가 그런 일을 저질렀다. 나쁜 행동이었다. 다른 국가들이 저지른 일들만큼이나 나쁜 일이었다'라고 자신의 행동을 인정한다면 피해국은 이를 받아들일 수도 있을 것이다. 이제는 다음 단계로 넘어갈 시기다. 잘못을 인정하는 일은 사죄보다 훨씬 쉬운 일이며, 문제해결에 보다 낙관적인 전망을 갖게 할 것 같다. 그래서 나는 역사문제를 '사죄'의 틀로 바라보는 단계가 지나가기를 바란다.

대담자   일본의 일부 보수주의자들은 여성 대상 범죄가 전세계 모든 지역의 전쟁에 내재된 지속적인 특징이라고 주장한다. 실제로 구소련 해체 후 동유럽에서 많은 전쟁이 일어났고 여성들에 대한 강간이 빈번했다는 것이다. 일본은 이런 사례들을 들며 자국 정부가 추진했던 정책에 면죄부를 주려 한다.

린드   나는 하버드대학 케네디스쿨의 다라 케이 코언(Dara Kay Cohen) 교수와 공동작업을 하고 있다. 코언 교수는 '전시 여성 대상 성폭력'에 관해 연구하고 있다. 그녀가 쓴 글을 보면 전시 여성 대상 성범죄는 전쟁에 내재된 지속적 특징이 아님을 알 수 있다. 상황에 따라 성폭력이 일어나기도 하지만 일어나지 않을 때도 있다.

따라서 일본의 행위를 정당화하려는 주장은 분석적인 관점에서도 지지를 받을 수가 없다. 하지만 전시 성폭력이 일본만의 특수한 문제는 아니다. 코언 교수는 아프리카 내전에 관한 연구도 하고 있는데, 그것은 현재 진행 중인 이슈다. 그런 점에서 역사적 사례로 왜 일본만 지목당해야 하느냐는 하시모토 도루 오오사까 시장의 말은 분명히 맞다. 하지만 다른 국가의 사례를 지적하려면 자국 행위를 정당화

하려 해서는 안 된다.[2]

대담자 힐러리 클린턴은 국무장관으로 재직하던 2012년에 한일 과거사문제와 관련해 '위안부'는 잘못된 용어라며, 강요된 '성노예'로 표현하라고 했다. 클린턴 장관의 발언이 적절했다고 보는가?

린드 클린턴 장관은 직무수행을 하던 당시 여성문제, 특히 성노예문제에 관심이 많았다. 그녀는 이 문제에 관해 상당한 리더십을 보여주었다. 본질적으로는 일본이 미국의 주요한 동맹국이며 미국은 일본을 100퍼센트 신뢰한다는 맥락에서 한 말이지만, '일본이 과거에 대해 이야기할 때 완곡어법을 쓰는 것은 더이상 통하지 않는다'라는 메시지를 담고 있다. 클린턴 전 장관이 이 부분은 참 잘했다고 생각한다.

대담자 일본 내에서는 이 발언이 미일관계를 손상시킬 것이라는 우려도 있었다.

린드 미국은 국가적 가치관에 준하는 행동을 할 필요가 있다. '위안부'와 같은 완곡어법 사용을 반대하는 것만큼이나 간단한 이야기다. 나는 클린턴 장관이 대단한 조처를 취했다고 본다. 유력인사가 문제를 제기하면 한일 양국뿐 아니라 전세계 사람들에게 이 이슈를 부각시키는 효과가 있다.
하지만 미일동맹은 굳건하고 동맹의 존립 근거는 더욱 강해지고 있다. 따라서 2차대전 피해자들에 대해 미국이 특정한 단어를 사용했다고 해서 이를 동맹이 깨질 가능성으로 보는 이들이 있다면 그들은 미일관계의 강력함을 모르는 것이다.

한일 협력을 추동할 중국의 부상

대담자 오바마 대통령에게 한일관계에 대해 조언한다면?

린드 먼저 한일 간의 안보협력이 양국의 상호이익에 부합하며 미국에게도 매우 중요하다는 점을 강조할 것이다. 향후 중국과 경쟁하게 될 것이라고 전망한다면 두 나라의 협력이 미국에게도 우선사항이 되어야 한다.

둘째로 한일 양국 간에는 수십년에 걸쳐 적대감이 쌓여왔고, 역사문제가 해결되지 않고 남아 있음을 분명히 이해해야 한다. 이는 한일 양국 간에 서로 타협이 필요한 문제다.

마지막으로 강조하고 싶은 점은 한일 양국이 현재는 서로 타협할 동기가 충분하지 않으니 크게 기대해서는 안 된다는 점이다. 미국은 동맹관계를 통해 한국과 일본의 안보를 보장해왔으며, 이에 따라 이 두 나라는 국내 정치에만 몰두할 수 있었다. 이런 구조 속에서는 역사문제를 해결하려고 애쓰지 않을 것이다.

대담자 한미·미일동맹이 유지되는 현 구조 속에서는 한일이 역사문제를 해결하려 들지 않을 것이라고 보는가?

린드 한일 양국이 상호 타협의 방식으로 진전을 이루어낼 것이라는 기대를 접어야 한다는 것이다. 한국과 일본 모두 그렇게 해야 할 동기가 전혀 없기 때문이다.

그러나 한일 양국이 중국을 진정한 위협으로 여기게 될 경우 현 상황을 바꾸려는 전략적 여건이 만들어질 것이다. 중국이 정말로 굉장히 위협적으로 보이는 경우에만 한일 양국은 협력의 장애물을 뛰어넘어야 한다는 압박감을 느낄 것이다.

나는 오바마 대통령에게 미국이 한일 간의 협력을 항상 장려해야 한다고 조언할 것이다. 이는 미국뿐만 아니라 한일 양국에도 이롭다. 그러나 양국 간의 협력이 잘 이루어지지 않는 현 상황의 구조를 제대로 이해하고, 이런 구조적 조건하에서 최선을 다해야 한다고 조언할 것이다.

대담자　한일 간 안보협력은 한―미―일 삼각안보협력을 위한 전제조건인데, 한국인들은 이를 중국의 부상에 물리적으로 대응하려는 '반(反)중국 연합'으로 인식하며 우려하고 있다.

린드　이와 관련해 2012년 무산된 협정이 하나 있다.[3] 당시 나는 서울에 머물며 사람들과 재미있는 대화를 나누게 되었다. 한국에서 직접 들은 견해와 한국을 방문하지 않았을 경우 가졌을 견해가 얼마나 다른지를 깨닫게 되었는데, 그 대화가 없었다면 나 역시 미국의 분석가들이 일반적으로 말하듯 '동맹이 되어야 하는 두 국가를 역사가 완전히 쪼개놓았다'라고 생각했을 것이다.

한국인들은 중국의 부상에 대해 좀더 큰 그림에서 말하고 있었다. 즉 일본과의 양자안보협력이 결국에는 미국이 주도하고 한국과 일본, 아마 호주 등이 참여하는 반중 연합으로 갈 것이라는 우려였다. 사실 처음에는 그런 생각을 하지 못했다. 그 점에서 당시 한국에 머무르며 이런 대화를 나눌 수 있었던 것에 감사한다.

또한 이것은 미국과 중국 중 어느 편에 서야 할지 확신하지 못하는 한국인들이 안게 될 중대한 전략적 문제의 전조다. 그렇지만 꼭 누구의 편을 들어야만 하는가? 또 줄을 서야 할 편이 존재하기는 하는가? 지금은 미중 간에 경쟁이 출현한 아주 초기 단계에 지나지 않는다. 또 중국이 미국과 경쟁할 여력을 갖추지 못할지도 모른다. 한국인들은 이런 구체적인 대목에 대해서는 입장 표명을 꺼리고 있다.

결국은 전략적 상황이 한일 간 역사적인 화해를 추동할 것이라고 본다. 유럽에서도 이런 사례를 찾을 수 있고 협력 후 화해라는 순서로 방향을 바꾸기도 한다. 한국과 일본이 과거사에 대해 타협하거나 일본이 사죄하기 전까지는 화해할 수 없다고 말하는 이들도 있다. 과거사에 대한 타협이나 사죄가 이루어진 뒤에야 화해라는 마법의 세계로 들어설 것이라는 주장이다.

그러나 한일이 서로를 정말로 필요로 한다는 사실을 깨닫게 되면 공통의 역사 서술을 바탕으로 공존할 수 있는 방안을 찾아낼 것이다. 아마도 일본이 교과서 서술 등의 문제에 대해 성명을 발표하거나 한일 간 협력을 선언하는 식이 될 것이다. 전략적 상황만 뒷받침되면 역사문제를 해결할 방법을 찾아낼 것이다.

대담자 한국인들과 많은 대화를 나눈 것으로 알고 있다. 당신이 파악한 한국 내 반일 정서의 수준은 어느 정도인가? 한국에서 반일 정서가 지속되는 까닭은 무엇이라 보는가?

린드　저술에 필요한 조사를 하면서 한국인의 대(對)일본 인식에 대해 나 스스로 편향된 견해를 갖고 있었음을 깨닫게 되었다. 주로 정부 관계자들과 역사문제에 대한 이야기를 나누었고, 언론인, 학자들과도 이야기를 나누었는데, 그들은 일본과 공조하는 일에 거부감이 없었고 매우 실용적이었다. 물론 그들은 여전히 역사문제에 상당히 화가 나 있었고 일본이 과거사를 인정하고 역사를 정직하게 가르치기를 원한다. 그러나 한편으로는 일본을 훌륭한 안보 협력자로 여긴다.

대담자　그렇다면 한국의 정부 관계자들이 과거 일본의 침략 역사 내지는 언론에 등장하는 한일 간 이슈를 우려하지 않는다는 말인가?

린드　나는 그러한 우려가 정치권이나 언론에서 비롯된다고 본다. 언론은 역사적 적대감에 기대어 신문을 더 많이 팔고 싶어한다. 하시모토 오오사까 시장처럼 과거사를 부정하는 사람이 나오면 엄청난 관심을 불러일으키고 대중의 감정을 자극하게 된다. 그것은 한국 언론계에 좋은 장사거리다. 또한 일부 정치인들은 포퓰리즘적인 분노가 지지를 끌어내는 데 도움이 된다고 생각하는 것 같다.

대담자　이명박 전 대통령이 전격적으로 독도를 방문했던 것처럼 말인가?[4]

린드　그렇다. 결국 반일 정서는 정치인, 언론, 대중이 영합하는 통에 나타난다. 언론은 일본의 유명인사가 한 발언을 싣고서 정말 끔찍하지 않느냐고 보도한다. 또는 특정 인사를 가리키며 일본 내 민족주의가 부흥하고 있다, 우경화되고 있다고 보도한다. 언론이 다루어야 할 내용은 이게 전부가 아니다. 물론 성공한 일본 정치인의 충격적인 발언에는 주목하게 된다. 그것은 흥미로운 일이기 때문이다. 그러나 동시에 그러한 발언이 일본의 시민사회와 정치권에서 어떻게 받아들여지는지에도 주목해야 한다. 해당 발언에 대한 일본 내 부정적인 반응은 생략한 채 '일본은 나쁘다'는 식의 기사만 싣는다.

일본정부가 어떠한 제스처를 취해야 한국의 반일 정서가 잠잠해질지는 알 수 없다. 전반적으로 나는 한일이 합쳐지는 다소 큰 규모의 지전략적(geo-strategic) 변화에 대해서는 낙관적이지 않다.

대담자 아베 총리는 당선 후 줄곧 이른바 '가치 외교'를 내걸며 범민주주의 국가들 간의 결속을 주장하고 있다. 이는 하또야마 전 총리가 '우애 외교'를 내걸었던 것과 여러모로 비교가 된다.[5]

린드 한국과 일본이 공유하기에 가장 적절한 언술은 민주주의에 대한 것이다. 민주주의가 한국과 일본을 묶어줄 수 있다. 한국이 민주주의 국가가 된 이후 한일관계는 상당히 호전되었다. 물론 아직은 완벽하거나 충분히 개선되지는 않았지만 분명 이전보다는 나아졌다.

또한 중국의 부상에 대항하는 세력 균형 연합을 만들려고 할 때 이데올로기적 연대는 국가 간 화해를 위한 완벽한 언술이 된다. 이 언술로 북한을 대항자로 규정할 수도 있다. 따라서 '어둠의 세력에 맞서는 자유주의 세력'이라는 언술은 아시아에 아주 잘 들어맞는다.

공상과학 소설처럼 200년 전쯤으로 시계를 돌려보면 '미국은 나쁜 놈'이라는 반미적 언술이 아시아 국가 간에 공유되었음을 알 수 있다. 상황이 바뀌면 '미국의 침입, 제국주의, 미군기지, 동아시아 여성에 대한 학대와 강간' 등의 언술이 다시 동아시아에 등장해 공유될 수도 있다.

미국 입장에서는 동아시아 국가들이 이런 언술을 사용하지 않기를 간절히 바란다. 요즘 같은 상황에서는 동아시아 국가들이 실제로 이를 사용하지는 않을 것 같다. 하지만 '서로 다른 국가들 간에 어떠한 언술을 공유할 것인가? 어떠한 방향의 언술로 각 국가들을 이끌 것인가?' 등에 대해 고민하는 것은 흥미로운 일이다.

따라서 기본적인 발상은 각 국가가 함께 모여 공유된 언술을 다듬고 만들자는 것이다. 만들 수 있는 언술들이 많다.

북한 급변사태에 대한 군사적 대응 씨나리오

제니퍼 린드 교수는 랜드연구소의 브루스 베넷 박사와 함께 2011년 계간지 『국제안보』(International Security) 가을호에 공동 게재한 「북한의 붕괴: 군사임무와 소요사항」(The Collapse of North Korea: Military Missions and Requirements)라는 논문을 통해 북한의 붕괴에 대비한 군사적 작전과 거기에 소요되는 군 인력을 산출해 발표했다. 공교롭게도 저자들이 논문을 발표하고 몇달 뒤인 2011년 12월 김정일 위원장이 사망했지만, 저자들이 우려했던 권력 투쟁에 따른 북한체제 붕괴는 발생하지 않았다.

해당 논문의 정책적·국제정치적 의미에 대해서는 도입서문에서 소개했으므로 여기서는 논문의 내용을 좀더 자세히 언급하고자 한다. 린드 교수는 논문에서 북한이 붕괴할 경우 필요한 병력 규모를 다음과 같이 산출했다. 북한 전역에 대한 안정화 작전에 18만~31만 2000명, 대량파괴무기(WMD) 확보에 3000~1만명, 난민 유입이 예상되는 북한과 중국, 러시아, 한국 간 국경지대에 대한 국경통제에 2만 8000명, 저항세력 억지 및 궤멸 작전에 7000~1만 500명, 재래식 무기 무장해제에 4만 9000명 등으로, 이를 합하면 최소 26만 7000명, 최대 40만 9500명의 병력 소요가 발생하게 된다.

최소치와 최대치의 차이는 북한 붕괴 시 식량부족 사태 등 인도주의적 위기 상황에 대처하고 치안을 유지하는 안정화 작전에서 비롯된 것이다. 최소치는 군사분계선에서 중국 국경선 쪽으로 순차적·단계적 안정화 작전을 할 경우, 최대치는 북한 전역에 대한 동시적 안정화 작전을 할 경우 소요되는 예상 병력이다. 또한 안정화 작전에 필요한 병력은 이라크나 코소보 등에서 미군이나 나토(NATO) 평화유지군이 수행한 활동 결과를 바탕으로 한 랜드연구소의 연구 결과를 근거로 한 것이다. 린드 교수는 이를 통해 북한인구 1000명당 13명의 안정화 병력이 필요하다고 추산했다. 다만 이러한 병력 요구 수준은 북한군의 큰 저항이나 공격이 없는 낙관적 상황을 가정했을 때의 수치다.

대담자 당신은 2011년 베넷 박사와 함께 북한 붕괴 씨나리오의 세부계획을 다룬 바 있다. 북한이 내일 당장 붕괴하는 것이 최선이라고 보는가? 아니면 갑작스러운 붕괴에 따른 위험과 비용을 줄이기 위해 장기적으로 다른 대북정책 접근법을 채택해야 한다고 보는가?

린드 북한정권을 왜 무너뜨려야 하는지 사례를 찾으려는 강경파들 입장에서는 내일 당장 북한이 무너지는 것이 낫다는 주장을 지지할 논거가 있다. 예를 들면 이런 것이다. 'WMD를 보자. 시간이 흐를수록 북한은 더 많은 폭탄을 만들 것이고, 더 많은 핵물질을 생산할 것이고, 더 많은 생화학무기를 제조해 결국 그들의 무기보유 상태는 걷잡을 수 없이 위험해질 것이다.' 북한 붕괴 씨나리오와 관련해 사람들이 가장 우려하는 사항 중의 하나가 WMD를 안전하게 확보하는 일이다.

북한은 핵프로그램을 비롯해 여러 무기 프로그램에 많은 투자를 하고 있는데, 그것이 북한정권을 빠른 시일 내에 무너뜨려야 한다는 논거가 된다. 여기서 다른 질문을 할 수도 있다. 정반대의 접근법인데, 확실한 대북정책을 채택해 장기간 추진하면 북한체제의 이행에 따른 위험을 줄이고 결국 통일에 드는 비용을 낮출 수 있다.

베넷 박사와 나는 이 논문을 통해 북한이 붕괴하면 얼마나 끔찍한 상황이 발생할지를 보이고 싶었다. 하지만 우리가 기술한 씨나리오는 현실에서 발생할 수 있는 상황보다는 덜 끔찍하다. 게다가 이 씨나리오는 끔찍한 씨나리오 중에서도 그나마 '제일 나은' 것이다. 우리는 이런 씨나리오에 대비한 계획을 짜기 위해 투자하고 실행해야 하는 사항들에 대한 관심을 환기시키려고 했다.

베넷 박사는 북한군인들과 접촉해 휴대전화 번호가 적힌 명함을 건네며 중요한 상황이 발생하면 자신에게 알려달라는 식의 일에 관심이 많았다. 북한처럼 쿠데타 대비책이 철저하게 세워진 사회에서 그가 어떤 계획을 통해 목적을 달성하려는 것인지는 잘 모르겠다. 외부인이 북한주민과 접촉하기는 힘들다. 북한주민들은 외부인과 대화를 나누었다는 이유만으로도 총살에 처해질 수 있다. 그러니 베넷 박사의 계획은 아주 어려운 일이다. 하지만 고도의 쿠데타 방지대책이 세워진 이라크에서도 미국은 그런 일을 했으니 어쩌면 해볼 만할 수도 있다.

동아시아 행위자와 외교적으로 조율하는 것도 또 하나의 일이 될 것이다. 가장 큰 지역 행위자는 중국이다. 북한체제 붕괴와 관련해 중국은 공식적인 참여는 않고 있다. 나는 미국인과 중국인 들이 한방에 앉아 대화할 수 있기를 간절히 바란다. 퇴역군인, 컨설턴트, 학자 등이 참여하면 될 것 같다. 우리가 만든 보고서가 아니라 중국이 독자적으로 연구한 결과를 통해 북한 붕괴가 아주 위험한 상황임을 깨달아야 할 것이다.

우리가 만든 보고서는 북한 붕괴 이후 수행하고자 하는 다양한 임무와 수행방법을 제시하고 있다. 북한 붕괴 이전에 국제적 차원의 조율을 더 많이 해놓을수록 임무 수행의 토대를 더욱 단단하게 쌓을 수 있음을 알게 되었다. 즉 북한 붕괴 후 관리를 잘할 수 있도록 준비가 될 때까지 가능한 한 북한 붕괴를 늦춰야 한다. 물론 수십년간 가만히 앉아서 요행을 기다리자는 것은 아니다. 붕괴에 따른 관리 비용을 줄일 수 있는 일들을 진행할 필요가 있다.

대담자 당신은 그나마 '나은 씨나리오'에도 북한 붕괴시 26만 내지 40만명 정도의 병력이 필요하다고 봤다. 이렇게 많은 병력 규모가 필요한 탓에 일정 수준의 미국 또는 중국의 개입이 요구된다고 보는 것인지 다시 확인하고 싶다. 또한 한국이나 미국의 관여에 대해 중국은 반대할 텐데, 한국이 그 정도 규모의 지상군을 투입하는 것이 가능하다고 보는지 궁금하다.

린드 한국은 상당히 많은 정규군을 보유하고 있고, 예비군을 소집해 병력을 추가할 수 있다. 또한 유엔군과 미군을 적극적으로 수용할 것이다. 실제 미국과 한국은 이미 연합 작전계획에 관여하고 있다.[6] 또한 미국의 능력에 적합한 임무가 있을 것이고, 한국이 이를 미국에 요청할 것이라고 생각한다.

한국이 어느 정도까지 외국의 개입을 원하는지는 잘 모르겠다. 한국은 완전히 독자적인 힘으로 한반도 상황에 대처하기를 선호하는 듯하나 일정 부분 미국의 도움을 바랄지도 모른다. 내 추측으로는 중국의 도움에 대해서는 의심의 시선을 보낼 것이다. 한국이 유엔 안정화 임무단(UN Stabilization Mission)은 반기고 지원할 것 같다. 이런 맥락에서 나는 미국이든 중국이든 어느 국가가 되었든 간에 한반도에 관여하는 것은 괜찮다고 생각한다.

중국이 어떤 식으로든 관여할 가능성이 있다고 미국 군부 인사들에게 이야기할 때마다 그들의 얼굴에 핏기가 사라지는 모습을 볼 수 있었다. 중국 인민해방군이 북한에 주둔하리라는 가정은 그들에게는 상상조차 하기 싫은 일이다. 그러나 북한에 미군이 주둔하는 것에 대해 중국 역시 같은 반응을 보일 것이라는 점을 깨달아야만 한다. 미국은 상대방의 관점으로 상황을 바라보는 일에 그리 능숙하지 않다. 그래서 나는 유엔이 잠재적으로 매우 유용한 해결책이 되리라 생각한다.

대담자 안정화 작업과 관련해 북한주민들이 미국과 남한은 북한의 영원한 적이라고 교육받아왔음을 짚어봐야 할 것 같다. 북한주민들의 거부감을 고려할 때 안정화 작업이 단기적으로 가능할까?

린드　미국과 남한에 대한 북한주민의 생각이 앞으로 어떠한 역할을 할까? 알 수 없다. 그러나 '과거 소련의 주민들은 미국인에 대해 어떻게 생각했는가?' 혹은 '동유럽 주민은 서유럽 주민에 대해 어떠한 생각을 갖고 있었는가?' 같은 질문은 여러번 제기된 적이 있다.

우선 답은 잘 모르겠다. 꼭 답해야만 한다면 선전활동이 지배하는 사회에서 자라나 세뇌된 특정 국가 주민들의 사례를 참고해볼 수 있을 것이다. 또한 탈북자들을 대상으로 한 여론조사를 통해서도 약간은 알아낼 수 있다. 스티븐 해거드(Stephan Haggard) 캘리포니아주립대학 쌘디에이고 캠퍼스 교수와 마커스 놀런드(Marcus Noland) 피터슨국제경제연구소(Peterson Institute for International Economics) 부소장의 공동연구 결과가 기억난다. 북한주민들이 가장 살고 싶어하는 나라가 한국이 첫번째, 미국이 두번째였다. 나는 이 조사 결과에 관심을 갖게 되었는데, 평소 '북한주민이 미국인을 자신들을 총칼 등으로 위협하는 자로 인식하지 않을까'라고 생각했기 때문이다.

다른 이야기를 하나 더 하자면 상당한 정보가 북한 국경을 넘어 흘러들어가고 있고, 주민들은 당의 공식 노선에 상당한 회의감을 느끼고 있음을 우리 모두가 잘 알고 있다는 점이다. 소련에서 자란 이들과 대화를 해보면 "우리는 세상이 어떻게 돌아가는지, 다른 국가들 상황은 어떠한지 알고 있었다. 또한 밀수된 책과 잡지를 읽고 있었다"라고 말한다. 인터넷이 보급되기 이전의 이야기다. 북한주민들은 라디오로 바깥소식을 듣고 남한 드라마를 시청하고 있다.

얼마 전 재미있는 책 한권을 읽었는데 할레드 호세이니(Khaled Hosseini)가 쓴 『천개의 찬란한 태양』(A Thousand Splendid Suns)이라는 소설이었다. 정보가 매우 엄격하게 통제되던 탈레반 정권 시기에 영화 「타이타닉」이 어떻게 해서 아프가니스탄 전역을 휩쓸고 지나갔는지를 이야기하는 대목은 특히 재미있었다. 아프가니스탄에서는 모든 것에 '타이타닉'이라는 단어가 붙었다. '타이타닉 담배'도 있었고 '타이타닉 치약'도 있었다. 지역 이름을 '타이타닉 시(市)'로 짓기도 했다. 그렇게 억압적인 환경에서도 사람들이 무엇인가에 사로잡히고, 정부가 전달하는 것과 다른 견해를 지닐 수 있다니 나로서는 미처 상상해보지 못한 생소한 모습이었다.

북한에서 이와 유사한 일이 일어난다고 해도 놀라지 않을 것 같다. 주민들 사이에서 퍼져나가는 이야깃거리가 강남이든 유치한 미국영화든 말이다.

대담자 한국의 헌법은 한반도 전체와 부속 도서를 대한민국의 영토로 명시하고 있는데, 북한에 대한 외국의 개입은 1945년 모스크바 3상회의에서 결정된 한반도 신탁통치안을 연상시킬 수도 있을 것 같다. 미국이 최우선 관심사인 WMD를 확보하는 것을 넘어 안정화 작업에도 참여한다면 말이다.

린드 미국은 북한의 WMD만 확보하고 평화유지와 인도주의 활동에는 참여하지 않는다? 최소한의 역할만 수행할 수 있다면 미국국민들이 얼마나 기뻐하겠는가. 물론 미 국방부에서는 보다 큰 역할을 원하겠지만 말이다.

국방부는 막대한 비용을 쓰면서 북한 안정화 작업에 참여하기를 원할 것이다. 국방부 인사들은 중국이 개입하지 않을까 끊임없이 의심한다. 그렇다 하더라도 국방부 인사들은 선출직 공무원들이 아니다. 의회나 국민은 분명 비용 지출에 반대할 것이다. 미국의 선출직 공무원들은 국민들이 원하는 것에 귀를 기울이는 한편, 동시에 동맹관계의 미래를 고민할 것이다.

하지만 미국국민들이 실제로 어떤 씨나리오를 찬성할지는 알 수 없다. 나는 미국국민들이 미국의 개입주의적 혹은 군사지향적 외교정책에 찬성하는 비율을 볼 때면 언제나 놀라게 된다. 이라크 침공 때처럼 미국의 신뢰 제고를 위해 개입을 해야 한다는 주장들이 여기저기서 쏟아질지도 모른다.

동아시아에 대한 관심

대담자 동아시아에 대한 미국의 관심이 늘고 있다. 당신이 재직하는 대학에서도 동아시아 과목 수강생이 늘어나는 추세인가?

린드 그렇게 말하기에는 아직 이른 감이 있다. 다만 이 학교에 재학하는 한국계 미국인과 한국유학생의 숫자가 많기 때문에 아시아에 대한 관심이 항상 많았다고 할 수 있다. 김용 현 세계은행 총재가 이곳 총장이었을 때 한국의 관심이 높아져 한국학생 숫자가 더 늘어났다.

확실히 일본학생들은 숫자가 적다. 일본을 공부해온 사람들, 즉 미국의 유명한 일본 전문가들과 대화를 해보았는데 그들은 이런 현상에 대해 걱정하고 있었다.

지금까지 아시아 관련 과목들만 가르쳤기 때문에 미국학생들 사이에서 일종의 '아시아 회귀'가 있었는지 답을 하기는 어렵다. 다만 2012년에야 중국의 부상에 관한 과목을 도입했는데, 예상했던 대로 엄청난 호응이 있었다.

내 남편이 이 대학에서 국방분석 세미나 과목을 가르치고 있는데 학생들이 제출한 과제물을 보면 분명한 '회귀'가 있다고 말해 웃은 적이 있다. 학생들은 '미국이나 이스라엘이 이란의 핵시설을 제거할 수 있는지, 또한 그 작전이 성공하려면 어떻게 해야 하는지' 따위의 특수한 군사작전에 관해 심화연구를 한다. 또 예전에는 학생들이 한 반도와 관련해 과제를 제출하는 일이 드물고, 대체로 시리아에서의 인도주의 활동, 아프리카에서의 안정화 작업이나 인도주의 활동 등에 관한 과제물을 제출했다고 한다. 그런데 회귀가 일어났다고 한다. 학생들 모두가 반(反)중국적 임무에 관심이 생겼다는 것이다. 예를 들면 '중국의 석탄 수송열차를 파괴할 수 있을까' 같은 것 말이다. 이 학생들이 생각하고 쓰고 있는 주제들을 알면 편집증이 있는 중국의 전략가들은 기겁할 것이다. 그 수업 수강생들 중 상당수가 중앙정보국(CIA)으로 들어간다. 대학생들이 국방분석에 유용한 분석기술을 습득할 수 있는 흔치 않은 수업 중의 하나이기 때문이다.

대담자　당신은 학계에 종사하기 전에 국방부와 랜드연구소에서 일한 적이 있다. 다시 행정부에서 정책을 맡아볼 생각이 있는가?

린드 나도 그런 상황을 상상해본다. 굉장히 힘든 일이겠지만 그 일에 상당한 관심이 있다. 모든 현안을 고민하고 글로 쓰고 정책에 영향을 줄 수 있기 때문이다. 무엇인가에 직접적인 영향을 끼칠 수 있다는 것은 매우 매력적이다. 국방부에서 일할 때 정책결정자들과 대화하고 있다는 사실이 무척 즐거웠다. 연구 주제를 선정할 때에는 반드시 그 주제가 정책적 관점에서 중요한 것이어야만 한다고 항상 생각해왔다. 또한 글을 쓸 때에는 이해하기 쉽게 써야 한다고 생각해 왔다.

대담자 당신이 동아시아와 동아시아 정치에 관심을 갖게 된 계기가 궁금하다.

린드 고등학교 재학 중에 일본에 간 적이 있다. 내가 속한 고등학교 재즈밴드의 콘서트 투어였는데, 내 생애 첫 해외여행 경험이었다. 일본은 굉장히 이국적이고 미국과 너무도 달랐다. 나는 캘리포니아 주에서 성장했고, 캘리포니아 주는 거의 하나의 독자적인 국가 같은 곳이다.

당시에는 일본이 곧 세계 제일의 국가로, 세계를 지배하게 될 것이라는 말이 나오던 시기였다. 그토록 전망있는 국가에 머물고 싶어 일본어를 공부하게 되었다. 이후 대학에서 일본어를 공부하고 일본으로 가서 영어를 가르쳤다. 미국으로 돌아와 일본계 기업에서 몇년을 일한 뒤 대학원에 진학하기로 결심했다. 일본에서 직접 쌓은 경험과 외교관계에 대한 관심사를 결합하고 싶었다. 게다가 일본의 호황기가 휘발성 물질처럼 금방 날아갈지, 아니면 일본이 차기 초강대국이 될지 궁금하기도 했다.

내가 공부할 때는 무역관계에 대한 논의가 많았다. 자동차 부품 거래나 섬유산업 같은 것들 말이다. 그럭저럭 참고 버티면서 '이것이 정작 미일관계에서 다루는 내용인가 보구나' 하고 생각했다. 그러다가 국제안보 수업을 처음 듣고 나서 비로소 '지금껏 이런 내용을 어디에다가 숨겨두고 있었던 거야'라며 '우와' 하고 놀랐다. 그때 안보야말로 내가 좋아하고, 또한 해나가야 할 분야임을 깨달았다. 당시 일본을 공부한 사람들은 국제안보는 거의 다루지 않았고, 모두 정치경제학에 관심이 있었다. 그후로 나는 내 삶의 전부를 아시아와 아시아 연구에 바쳐왔다. 고등학교 시절의 경험 덕분이었다.

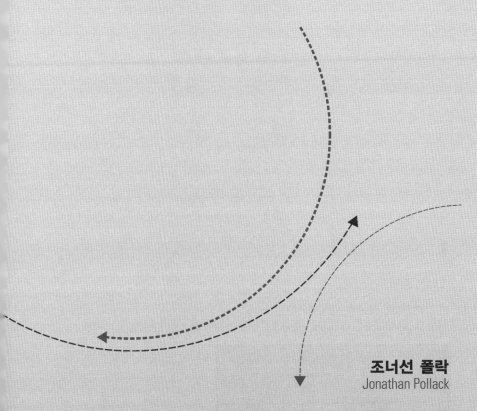

조너선 폴락
Jonathan Pollack

미중관계와 남중국해·동중국해

조너선 폴락 Jonathan Pollack(1947~)

전 미 해군대학 아시아태평양지역학 연구소장
현 브루킹스연구소 산하 존 손톤 중국센터장 및 외교정책 선임연구위원

조너선 폴락은 미시간대학에서 정치학 석·박사학위를 받았다. 랜드연구소에서 22년간 근무했고, 2000년부터 2010년까지 미 해군대학에서 아시아태평양지역학 교수와 아시아태평양지역학연구소 소장으로 재직했다. 이후 브루킹스연구소로 자리를 옮겼다.

그는 동아시아 지역에 관한 '모든 문제' 전문가라고 할 수 있을 만큼 연구와 관심의 폭이 넓다. 중국 내부 문제와 미중관계, 미국의 아시아 정책과 전략 등에 해박하다. 특히 한반도문제에 대해서는 워싱턴에서 전문가로 통한다. 한국의 외교부 장관 등이 미국을 방문하면 거의 빠짐없이 한반도 전문가들과 회동하는 공식적인 모임을 갖는데, 폴락은 단골손님으로 초청된다. 아주 짧게 몇줄의 코멘트를 따는 정도라도, 한반도에 상황 변화가 발생할 때마다 미국의 언론은 물론 한국의 언론에서 그의 말이 인용된다.

실제 그는 오바마 행정부 출범 직후인 2009년 2월 북한을 찾은 미국 방문단 일원 가운데 하나였다. 당시 폴락을 비롯해 스티븐 보즈워스 전

주한대사, 모튼 아브라모위츠(Morton Abramowitz) 전 국무부 차관보, 리언 시걸 동북아안보협력프로그램 국장 등 미국의 전직 고위관리들과 한반도문제 전문가들이 북한을 방문해 일종의 '민간 특사' 역할을 한 바 있다. 2011년에는 『출구가 없다: 북한, 핵무기, 국제안보』(*No Exit: North Korea, Nuclear Weapons and International Security*)라는 북핵 관련 책을 펴내기도 했다(한국에서는 '출구가 없다'라는 제목으로 번역 출간되었다. 이하 번역명으로 표기).

폴락이 미국 내에서 북한 연구를 하는 소수의 전문가 중 한 사람이지만, 중국을 통한 북핵문제 해결이나 북한 붕괴에 대비한 정책 우선순위 강조 등의 측면에서 보면 워싱턴의 주류적 시각에서 크게 벗어나 있다고 보기는 어렵다. 또한 중국 외교정책 전문가로서 미국의 대아시아 정책에서 중국을 중시하는 입장을 강하게 관철하고 있는 점도 무시할 수 없다. 즉 북핵문제를 매개로 하여 중국과의 관계를 어떻게 설정할 것인가가 그의 주요 관심사라 할 수 있다.

폴락은 북한문제와 관련해 한국에도 잘 알려져 있어 가능한 한 질문의 절반가량을 그의 '실질적인 전공'이라고 할 수 있는 미중관계와 중국문제에 맞추려고 했다. 브루킹스연구소 연구자들이 2013년 1월 오바마 행정부 2기를 위해 만든 외교정책 제안서 「Big Bets Black Swans」에서 폴락은 리처드 부시 등 연구소 동료들과 함께 동아시아에서의 해양 분쟁 분야를 맡아 정책 제안을 했다. 빅 벳(big bet)은 거대한 도박, 블랙 스완(black swan)은 예측 불가능한 사건을 뜻한다.

이 제안서에서 폴락 등 연구진은 동중국해와 남중국해의 '작은 바위섬'들을 놓고 동맹국과 우방국의 체면을 살리기 위해 전쟁을 벌이는 것은 절대적으로 미국의 이해관계에 반한다는 점을 강조하고 있다. 이들은 "동아시아에서 미국의 이해를 보호하고 우방국들의 자신감을 북돋우기 위해 중국과 다툴 필요가 있다면 (동중국해나 남중국해 분쟁이 아니라) 더 중요한 문제를 놓고 다퉈야 한다"라고 말한다. 따라서 동중국해와 남중국해와 관련해서는 갑작스러운 문제의 돌출과 위험성을 줄이기 위해 적절하고 구체적인 노력을 기울여야 한다고 강조한다.

폴락 등이 우려하는 바는 동중국해와 남중국해 무력 갈등에 미국이 '연루될 위험'이다. 이들은 미일 상호방위조약은 일본이 관할하는 모든 영토에 적용되며, 여기에는 센까꾸/댜오위다오도 포함된다고 해석한다. 또한 미국이 오랫동안 견지해온 입장에 따르면, 미국과 필리핀의 상호방위조약은 육지의 군사방위에는 적용되지 않지만 필리핀 선박에는 적용된다. 그런데 최근 충돌 위험의 원천들은 주로 분쟁 국가 선박들 간의 물리적 충돌이나 대치에서 비롯되고 있고 이런 흐름이 증가하고 있다. 따라서 필리핀에 대한 미국의 법적 책임에 따라 '꼬리가 몸통을 흔드는 상황'이 올 수 있다고 이들은 우려하고 있다.

그렇다고 미국이 근원적으로 문제를 해결하겠다며 영토 분쟁을 중재하려는 것은 헛고생이 될 것이므로, 그런 중재는 시도하지 말라고 제안한다. 또한 분쟁 당사국들이 극도로 흥분한 상황이므로 당사국 간 자원 분배 협정을 체결하도록 지원하는 노력도 하지 말라고 조언한다. 대신에 미국은 중기적으로 관련 당사국들이 해양기관 간에 상호활동을 규제할 수 있는 좀더 제도화된 '위험 감소 조처'(risk reduction measures)를 도입하도록 지원해야 한다고 주장한다. 폴락 등은 냉전시기 미소 간에 해양과 베를린 상공에서의 상호 활동을 규제했던 메커니즘이나 최근 국제적 협력의 좋은 사례가 되고 있는 북극에 대한 자원 관리 방식을 연구해보라는 아이디어를 제안했다. 그에게 미소 간에 논의되었던 구체적인 위험 감소 조처에 대해 질문했는데 그의 답변은 약간 벗어난 측면이 있다. 이는 냉전사에 대한 좀더 심도 깊고 추가적인 연구가 필요한 부분이라 후일로 미뤄놓아야 할 것 같다.

폴락은 베트남전쟁을 보면서 중국에 관심을 갖게 되었다고 했다. 베트남전쟁은 베트남과의 전쟁이 아니라 중국과의 전쟁이라는 당시 딘 러스크(Dean Rusk) 국무장관의 말에 '미지의 땅' 중국에 흥미를 갖게 되었다는 것이다. 이후 폴락은 중국문제에서 한반도까지 관심의 폭을 넓히게 된다.

그는 인터뷰에 선뜻 응해주었고, 인터뷰 내내 가능한 한 점잖고 친절하게 답변하려고 애썼다. 워싱턴 싱크탱크 연구자들이 종종 내뿜는 권력에 대한 강한 열망 따위가 그에게서는 느껴지지 않았다. 조용하면서도 차분한 말투 등을 보면 전형적인 학자의 풍모가 느껴졌다. 그가 인터뷰로 선호되는 이유에는 현안에 대한 식견뿐 아니라 상대방에 대한 배려도 있음을 짐작할 수 있었다. 그러나 답변을 풍부하게 해주려다 보니 설명이 길어지거나 다른 이슈로 옮겨가기도 했다.

미국 대외정책에 연속성은 존재하는가

조너선 폴락은 미국 대선을 앞둔 2012년 3월, 브루킹스연구소 동료인 케네스 리버설과 함께 펴낸 정책보고서 「신용과 신뢰 구축하기: 차기 대통령은 미국의 가장 중요한 관계를 관리해야 한다」(Establishing Credibility and Trust: The Next President Must Manage America's Most Important Relationship)에서 미국 내 문제를 잘 관리하는 것이 향후 미중관계 형성에서 '유일하고도 가장 커다란' 요소라고 주장했다.

폴락은 차기 대통령은 이 점을 분명히 인식해야 하며, 미중관계는 미국의 국내 문제 해결 여부에 달려 있음을 강조한다. 그는 중국과 여러 아시아 국가들이 미국에 거는 기대가 중요한데, 현재의 미국이 기능이 마비된 자국의 정치 상황을 잘 극복해 활기차고 강력한 세계경제 성장의 엔진이자 혁신의 중심지로 재도약할 수 있을지에 대해 여전히 불확실성이 남아 있다고 본다. 이는 미국이 정치적으로나 경제적으로 혼란을 겪으면서 중국이나 아시아 국가들에게 '만만하게' 보이게 되었고, 이로 인해 미중관계의 불안정이 초래되었다는 분석에 기인한 것으로 '미국의 부활'과 맞닿아 있다고 할 수 있다.

대담자 당신은 미국의 국내 문제 관리 여부가 미중관계의 방향을 정하는 가장 크고 중요한 요인이라고 주장해왔다. 국내 문제를 잘 관리한다는 것이 의미하는 바와 그것이 왜 중요한지를 듣고 싶다.

폴락 그 문제는 현재 미 의회의 심의과정이 제 기능을 완전히 상실한 것과 직접적으로 관련이 있다. 어떻게 지칭하든지 간에 재조정 정책을 보면서 더욱 그런 생각이 든다. 미국이 재조정 정책과 관련해 국내에서 일정한 무게중심을 잡지 못하거나 타협에 도달하지 못한다면 이 정책은 우방국들의 신뢰를 잃게 된다. 동아시아 지역의 신뢰를 얻기 위한 미국의 장기 전략, 즉 재조정 전략과 관련해 미국 내부의 타협을 통해 이를 실행할 수 있는 자원 동원 방법을 진지하게 찾고 있음을 보여줄 수 있어야 한다.

내가 얼마 전에 싱가포르에서 참석했던 대화를 포함해 아시아 국가들과 여러차례 대화하면서 알게 된 사실이 있다. 그들은 미국이 아시아에 대한 연루 및 관여를 유지해주기를 바라는 욕구에 못지않게 미국의 현재 행보가 지속 가능한지에 대한 깊은 우려를 품고 있다. 그리고 이는 장기적이고 효과적인 국제 전략에 영향력을 행사하는 데 필요한 자원을 미국이 유지하고 운용할 만한 능력을 지니고 있는지의 문제와 직접적으로 연결되어 있다.

물론 분명히 다른 요인도 많다. 그러나 재조정 전략의 출발점은 바로 여기, 워싱턴이다. 오바마 대통령이 재조정 전략을 제안했을 당시로 되돌아가보자. 그때가 정확하게 의회와의 중요한 협상에 오바마 대통령의 발목이 묶여 있던 시점(정부부채 상한선을 올리는 문제와 재정적자 감축 협상 등으로 오바마 대통령과 공화당이 씨름하던 시기)이었다. 그럼에도 그는 무슨 일이 있더라도 재조정 전략을 수행하겠다고 했다. 그리고 그의 메시지는 전체적으로 아주 진취적이었다. '미국은 재조정 전략을 위해 자원을 사용할 것이고, 미국의 미래는 재조정 전략에 달려 있다'라는 것이었다.

말은 그럴싸하다. 그러나 미국 내 문제들이 제자리를 찾을 수 없다면 아시아의 그 어떤 국가도, 심지어 중국의 의도를 경계하는 국가라

할지라도 장기적으로 이러한 재조정 전략과 관련한 협의에 동참하지 않을 것이다. 이렇게 정리하면 참으로 간단하다.

대담자 미국 내 문제와 미중관계의 연관성을 논할 때 빼놓을 수 없는 요소가 선거에 따른 리더십 교체다. 미국의 대선운동 기간에 이루어지는 중국에 대한 비난 그리고 대통령마다 다른 대중정책 등이 미중관계의 불안정 요인으로 꼽힌다.

폴락 미국의 행정부 지도자에 대해 말하자면, 미중관계의 핵심 요소와 관련해 놀랄 만한 연속성이 있다.

닉슨 대통령이 1972년 처음 중국을 방문한 이래 최소 3명의 대통령이 선거전략을 짜면서 정책 방향에 변화를 주려고 했었다. 아니면 적어도 정책에 변화를 주겠다고 언급을 했는데 때로는 아주 근본적인 변화를 거론했다. 그러나 시간의 차이는 있지만, 세 대통령 모두가 중도적인 미중관계로 선회했다. 다시 말해 미중관계를 유지하거나 좀더 중도적인 지점으로 정책을 바꾸었다.

대담자 세 대통령이라면 레이건, 클린턴 그리고 또 누구인가?

폴락 아들 부시 대통령이다.

특히 레이건 대통령은 당선 전에 대만에 연락사무소(liaison office)를 개설하겠다고 말했다. 중국인들은 즉각 분노를 표출했으며, 선거운동이 진행되는 동안 상당한 수준으로 이에 대응했다.[1] 당시 레이건의 러닝메이트였던 아버지 부시는 그 시점에 중국을 방문해 중국인들을 안심시켰다. 이에 따라 레이건 진영은 매우 초기에 자신들의 강경한 입장을 내려놓을 수 있었다.

클린턴 대통령의 경우 취임 이전부터 중국에 대한 그의 공격적인 수사는 이미 널리 알려져 있었다. 따라서 재임 초기 미중관계는 많은 난관을 겪었고, 재임 시에도 미중관계를 개선하기까지 오랜 시간이 걸렸다.

아들 부시 대통령의 사례를 보자. 9·11사건이 일어나면서 관계 개선은 훨씬 더 빠르게 이루어졌다. 기본적으로 미국은 중국에 대한 모든 공세를 중단할 계획이었다. 동시에 부시 대통령은 천 수이볜 대만 총통의 행동에 너무나 화가 나 있었던 나머지, 역으로 미중관계를 고양시켰다. 부시 재임 당시 미중관계는 정치적 측면에서 아주 원활하게 작동했다. 이것이 바로 현실이다. 대화에는 많은 비용이 들지 않는다.

대담자 미트 롬니 전 매사추세츠 주지사가 당선되었어도 결국은 전임 지도자들처럼 대중관계에서 중도적 위치로 선회했을까?

대담자 롬니 전 주지사가 대통령에 당선되었더라면 취임 첫날부터 틀림없이 미중관계에 전기톱 소리 같은 엄청난 잡음을 일으켰을 것이다.[2] 하지만 그는 당선되지 못했다.

물론 관계 개선 노력이 반드시 편안한 관계의 형성으로 이어진다고 볼 수는 없다. 행정부에서 미중관계를 다루는 사람이라면 관계 개선이 얼마나 어려운지를 잘 알고 있다. 그러나 우리는 끈질기게 노력해야 한다.

힐러리 클린턴에 이어 오바마 2기 행정부에서 국무장관을 맡은 존 케리는 취임 뒤 첫 해외순방지로 2013년 2월 24일부터 열흘 동안 유럽과 중동 지역 9개국을 방문했다. 유럽에서는 영국을 시작으로 독일, 프랑스, 이탈리아, 터키, 이집트, 사우디아라비아, 아랍에미리트연합 및 카타르 등을 차례로 방문했다. 고위 당국자들의 동선은 대체로 외교적인 신호나 의미를 담고 있다. 이런 이유로 케리가 '힐러리의 작품'인 아시아 회귀 정책보다는 중동문제 해결에 더 관심을 가질 것이라는 해석이 적지 않게 나왔다. 이번 인터뷰에 응했던 일부 외교안보 전문가들조차도 케리 장관이 국무부 회의 등을 주재하면서 했던 전언들을 귀띔해주면서 그가 중동과 유럽에 상당히 관심이 있는 것 같다고 말했다. 그러나 폴락은 이런 해석을 강하게 반박했다.

대담자 미국의 대외정책의 연속성을 논의할 때 존 케리 국무장관의 2013년 2월 첫 해외순방을 언급하지 않을 수 없다. 그는 중국이 아닌 유럽과 중동을 첫 순방지로 택했다. 이에 관해 언론은 미국이 아시아 회귀 정책을 포기했다는 뜻으로 해석했다. 아시아 회귀 정책을 공식적으로 선언한 지 1년 조금 넘은 시점에 말이다.

폴락 부분적으로 이는 요즘 언론인들이 상사에게 자신의 기사를 판매해야 하는 상황 때문에 벌어진 일이라고 생각한다. 기자들은 극적효과, 논쟁, 갈등을 부각시키는 방식으로 기사를 써내려고 한다.

때로는 그러한 기사 작성 방식이 약간의 진실을 포함하고 있을 수도 있다. 예를 들어 힐러리 클린턴 전 국무장관이 첫 순방지로 아시아를 방문한 것을 근거로 그 같은 주장을 펼 수는 있다. 실제로 클린턴 전 장관의 아시아 방문은 아주 드문 일이었으며, 일종의 신호를 담고 있었기 때문이다. 그러나 그런 것들이 거대한 전략적 원칙을 담고 있지 않을 때도 종종 있다. 그것은 오히려 상황, 정황, 기회 등과 관련이 있는 문제일 수 있다.

케리 국무장관의 사례를 짚어보자. 당시 중국에서는 권력승계가 진행 중이었는데, 케리 장관이 고정관념에 얽매여 중국을 첫 순방지로 택해야 했을까? 나는 그렇게 생각하지 않는다. 그가 중국을 첫 순방지로 택하지 않았다고 해서 중국과 교류할 방법과 시간을 찾을 생각이 없다고 해석할 수는 없다. 곧 유럽순방을 마치고 한달 뒤에 중국순방을 하기로 하지 않았나? 공식적인 측면 등을 고려해 더 적절한 시기를 고른 것일 뿐이다. 게다가 당시 동아태 차관보도 공석이었다. 즉 케리 장관이 유럽을 먼저 순방한 것은 그랜드 전략의 원칙을 보여주는 것이 아니라 평범한 고려 사항들 때문이라는 것이다.

대담자   중국의 의도나 관점을 분석할 때도 비슷한 오류를 범할 수 있을 것 같다. 미국 쪽에서 중국 내부의 문제나 관점을 이해하는 데 가장 빠지기 쉬운 위험은 무엇인가?

폴락   우선 중국에 대한 관념적인 인식에서 벗어나야 한다는 것을 강조하고 싶다. 모든 사람을 중국이라는 한 바구니에 넣을 수도 없을 뿐만 아니라 그렇게 하는 것은 매우 비현실적인 접근이다. 중국의 내부 논의 과정을 조금이라도 관찰해본 사람이라면 여론형성층 또는 정부관료 안에서의 관점이나 관료주의적 이해관계가 상당히 복잡함을 알게 될 것이다. 그들은 지지기반이 서로 다르기 때문에 의사결정 과정에서 완전히 서로 다른 요소들에 주목한다.

분명 중국 내에도 어느정도의 무게중심은 있다. 하지만 외부에서 직접적으로 무게중심까지 접근할 수는 없다. 다만 정책발표 등 외부 인으로서 관찰할 수 있는 것들을 통해 유추할 뿐이다.

요즘 중국인들이 제기하는 '신형 대국관계론'을 예로 들어보자. 스물다섯 단어 이내로 이것이 무엇을 뜻하는지 설명할 수 있겠는가? 나도 못한다. 중국인들은 이처럼 신축성 있는 개념을 선호한다. 혹자 는 이를 완전히 공허한 개념이라고 말할 것이다. 또 혹자는 구체적인 내용은 없는 원칙의 표명에 지나지 않는다고 할 것이다. 바로 이것이 우리가 직면한 문제의 일부다.

이에 비해 미국인들은 대체로 문제해결 지향적이다. 미국인들은 '우리가 논의해야 할 이런 문제들이 있다. 따라서 공허한 말들을 하 는 것은 적절하지 않다'라고 말한다. 물론 중국과 일련의 협의나 후 속 협의를 이어가기 위해 종종 이러한 공허한 말에 동의하곤 하지만 말이다.

즉 중국 내 핵심적인 정책집단에서 명목적으로 동의하는 부분이 야 있겠지만 중국 내에 오직 하나의 시각만 존재한다는 추정은 경계 해야 한다. 또한 이 말도 덧붙이고 싶다. 최근 중국에서는 지도부 교 체가 광범위하게 이루어졌다. 하지만 새 지도부 역시 이전 지도부에 속해 있던 이들이다. 즉 몇몇 경우에는 서로 돌아가면서 감투를 쓰고 있다고 봐도 무방하다. 단 이번 지도부 교체로 미국과의 협상에서 그 들이 이전과는 다른 기대, 다른 가능성을 만들어낼지를 알게 되기까 지는 상당한 시간이 걸릴 것이다.

중국의 대외정책과 인민해방군의 역할

대담자　중앙정치국 상무위원회에 포진한 상무위원 7인을 살펴보니 외교정책과 관련해 탄탄한 준비과정을 거친 이가 아무도 없던데, 이를 바탕으로 중국이 외교의 중요성에 무게를 두고 있지 않다고 해석해도 되겠는가?

폴락　외교 업무는 중국의 정책 우선순위에서 그다지 높은 순위에 있지 않다. 예를 들어 많은 사람들이 이야기하듯이 중국 외교부는 실질적인 영향력의 측면에서 다소 제약을 받는다. 단지 몇명만이 공산당 중앙위원회에 들어가 있는 정도다. 실제로 치엔 치천(錢其琛) 전 외교부장 이래로 20년이 넘도록 외교부 구성원이 정치국 위원으로 선발된 적이 없다. 치엔 전 외교부장은 실제로 힘을 쓸 수 있었던 최후의 외교부장이었다.[3]

이는 여론지도층의 대부분이 매 순간의 현안에 사로잡혀 있음을 입증한다. 물론 미국의 경우에도 이를 일반화해 적용해볼 수 있다. 미국의 국무부 예산을 살펴보면 과거보다는 좀 늘어났지만 국방부나 정보 예산과 비교하면 뾰루지 수준이다.

대담자　중국의 외교정책 결정 과정에서 인민해방군의 역할 역시 늘 논란이 된다. 당신은 인민해방군이 중국의 대외정책 결정에 미치는 영향력을 어느 정도라 평가하는가?

폴락 아무도 모른다는 것이 정답이다. 그러나 나는 인민해방군 내의 인사들이 공산당 권력자들과 결정적으로 엇박자를 내고 있다는 증거를 거의 보지 못했다. 인민해방군은 당의 군대이며 당을 따른다.

인민해방군이 당의 정책 방향과 우선순위를 정하는 데 있어 과거에 비해 더 큰 재량권을 가진다는 말이 들리기도 한다. 또 혹자는 일정 수준의 다양한 긴장이 인민해방군 내부의 서로 다른 지지 그룹의 이해관계를 반영하는 것일 수도 있다고 주장한다. 물론 모든 상호작용의 결과가 지금 여기에 존재하는 것일 테지만 말이다.

실제 현실은 인민해방군이 중국의 정치체제 안에서 광범위한 현안들에 대해 더이상 단일한 행위자로의 역할을 수행하지 못한다는 것이다. 주요 기구에서의 군대의 대표성과 같은 문제들을 살펴보면, 지난 20년간 중앙정치국 상무위원회에 인민해방군 인사는 아무도 없었다. 과거에는 인민해방군 인사들이 중앙정치국에 대다수 포진하고 있었다. 이제는 그렇게 많은 인사를 찾아볼 수 없다.

심지어 현재 정치국에서 활동하는 2명의 군부 인사를 보면, 이들 중 한 사람은 한번에 두 계급이나 승진했다. 그는 군 지역사령관이었으며 그전까지 중앙군사위원회에 선출된 적도 없었다.[4] 이 사실이 정확하게 무엇을 의미하는지는 명확하지 않다. 사실 이를 알아내는 일은 정말 만만치가 않다. 왜냐하면 미국이 인민해방군 내부의 '생각'을 제대로 알지 못해 생기는 좌절감을 표출할 때, 상당수 중국인들도 같은 심정이라고 말하기 때문이다.

어찌됐든 중요한 것은 인민해방군 내의 인사들이 대미문제와 관련해 자신들의 역할과 관여를 모호하게 보이려고 특별한 노력을 기울이는 것은 아니라는 점이다. 모호함은 오히려 군대가 하나의 기구로서 독자적인 자율성을 누리면서도 동시에 여전히 당의 보호 아래 기능하고 있다는 사실과 더 큰 관련이 있다. 미국이 오랫동안 중국 군대를 파악하지 못한 이유도 여기에 있다.

북한이라는 걱정거리와 미중관계

대담자 미중관계를 논의한 터라 이제 북한을 거론하기에 적합할 듯하다. 북한에 대한 미중 간의 전략적 이해의 차이가 좁혀질 수 있다고 보는가? 일부에서는 미중 간 갈등을 일으키는 여러 이슈 가운데 북한문제가 가장 합의에 도달하기 쉬운 문제라는 분석도 있다.

폴락 미국이 중국에 제기하는 주장 가운데 하나는 북한이 다른 국가들에게처럼 중국에도 문제가 되고 있으며 이러한 상황은 향후 더욱 심화될 것이라는 점이다. 그리고 이를 반영하는 듯한 몇몇 논평들이 중국에서 나오고 있다.

최근 흥미롭게 읽은 논평이 있다. 대개 북한을 중국의 '완충국가'(buffer state)라고 보는데, 이 글에서는 "북한이 중국의 완충지대가 아닐 수도 있다. 오히려 중국이 북한의 완충지대"라고 표현했다. 상황을 제대로 분석한 글이라고 생각했다.

이 문제는 어찌 보면 향후 중국이 북한의 행동에 따라 북한에 대한 이해계산을 수정할 수 있는지에 대한 관점의 차이라 할 수 있다. 내가 보기에 한반도에 대한 중국의 이익계산은 30년 이상 끊임없이 재정의되었다. 때로는 중국 내부의 개혁 노력이 반영되기도 하고, 때로는 북한에 대한 신의를 엄격하게 고수하는 중국 지도자들의 신념과 인식이 반영되면서 말이다.

중국은 여전히 그리고 최소한 명목상으로는 북한의 이익을 부분적으로 방어하는 듯한 정책을 표명하겠지만, 점차 고려하는 변수들이 좀더 넓게 바뀌고 있다. 북한이 중국에 가하는 잠재적 위험에 대한 인식이 커지고 있기 때문이다.

대담자 흔히 중국인들을 불안하게 만드는 요인으로 북한난민의 유입을 꼽고, 이는 북한의 붕괴 가능성에 대비하자는 미국 쪽의 근거로 제시되기도 한다. 현 상황에서 중국은 북한 붕괴 가능성을 어느 정도로 보고 있나?

폴락 북한에 대한 중국의 걱정거리들을 살펴보면, 중국은 확실히 북한 붕괴의 가능성을 매우 낮게 보고 있다. 무엇보다 현재 중국과 북한은 광범한 지역에서 순찰을 벌이는 등 난민 유입 사태에 대한 준비를 잘하고 있다. 또한 난민들이 대규모로 유입되던 1990년대 대기근과 같은 상황도 없다.

중국은 인정하지 않으려 하나 중국의 가장 깊은 우려는 북한이 우리가 흔히 '도발'이라고 딱지를 붙이는 군사행동을 또다시 일으키고, 이에 대해 한국이 과거와는 달리 강경히 대응하고 보복할 수도 있다는 점이다. 객관적으로 보면 충돌이 발생할 경우 미국과 중국은 멀리 떨어져 있는 것이 이해관계에 부합하지만, 실제로는 다시 개입할 수밖에 없을 것이다. 그렇게 되면 통제하기 어려운 일들이 생길 수도 있어 중국은 이 점을 걱정한다. 중국인들은 실제 겉으로는 드러내지 않고 있지만 이런 위험을 막기 위해 막후에서 열심히 작업을 하고 있다.

대담자 북한이 2013년 2월 3차 핵실험을 하자 일부 전문가들은 미국이 북한의 핵보유 사실을 암묵적으로 인정하되, 핵무기 규모를 제한하고 핵무기가 확산되지 않도록 한반도 정책의 목표를 수정해야 한다고 주장했다. 당신은 이런 견해를 어떻게 평가하는가?

폴락 그런 구상은 실현되지 않을 것이다. 더이상 논할 필요도 없다. 미국은 북한의 핵무기 보유나 정당성을 인정하는 일에 있어서는 그 어떤 방식, 형태, 형식이 될지라도 결코 받아들이지 않을 것이다.

미국에 대한 상술이라 할 수 있는 북한의 언행이 지닌 근본적인 한계는 한반도에 하나가 아닌 2개의 코리아가 존재한다는 점이다. 이 중 하나는 엄청난 성공을 이루어냈다. 세계 12~13위에 해당하는 경제대국이자 세계화의 주축세력이며, 민주국가에다 미국이 이미 엄청난 기득권을 누리는 곳이다. 미국의 어느 정책결정자가 북한의 문호를 개방하기 위해 이러한 한미관계를 협상안으로 쓰겠는가? 따라서 북한은 승산이 없는, 아주 위험한 내기를 하고 있는 셈이다.

북한 내의 일부 사람들이 어떠한 꿈을 품고 있든지 간에 나는 감히 말할 수 있다. 워싱턴 내에서 북한만큼 지지세력이 적은 국가는 이 지구상에 없다고 말이다. 바로 이 점이 논의를 시작하는 출발점이다.

물론 현재의 비정상적인 상황은 인정한다. 북한이 1948년 국가를 수립한 이래 비정상적인 상황은 계속되어왔다. 미국은 북한과 정상적 관계를 맺어본 적이 없으며, 이는 미국이 국제체제 안에서 가장 오랫동안 유지해온 적대관계에 해당한다.

그러나 굉장히 역설적이게도 북한이 미국과의 적대적 상태를 즐

기고 있는 건 아닌지 하는 생각이 간혹 든다. 이런 상태를 자신들 행위의 상당부분을 정당화시키는 방법으로 삼는 듯 보인다. 북한의 태도와 외교정책에 근본적인 전환이 없는 현 상황에서 미국은 빠져나갈 길이 없다. 나는 이런 상황에 대해 '출구가 없다'라고 썼다.

대담자 그렇다면 오바마 행정부의 대북정책인 '전략적 인내'만이 유일하게 실현 가능한 옵션인가?

폴락 전략적 인내가 짊어질 수 있는 잠재적 부담이 있다. 북한이 핵프로그램을 진전시키는 동안 개발이 끝나기만을 마냥 기다릴 수는 없다. 물론 이는 지금 미국이 추구하는 목적과 부합하지 않을 수 있다. 결국 '북한과 협상할 만한 근거가 있느냐?'라는 질문으로 되돌아가게 되지만, 내 생각에 이는 북한의 내부적 변화와 아주 밀접하게 연관되어 있다. '2·29합의'가 타결됐을 당시 기이할 정도로 일이 순조롭게 진행되었다. 일이 순조로우면 경계해야 하는데도 말이다. 결국 겨우 2주가 지나자 합의는 날아가버렸다.[5] 일종의 믿음이 있었던 것 같다. 김정은 체제하에서는 기회의 창이 존재한다는, 그래서 가능성을 타진해보자는 믿음 말이다.

이제 당분간은 미국인들 대부분이 기회의 창은 닫혀 있다고 여길 듯하다. 중국 내 정서도 그럴 것이다. 김정은은 그의 아버지 김정일이 남긴 유산만 주워 모으려고만 하는 것 같다. 이러한 정서 때문에 미국과 북한과의 관계에 중대한 변화가 생길 가능성은 사그라질 것이다.

대담자 최근 미얀마가 민주화 및 개혁·개방에 나선 점을 들어 오바마 행정부는 북한도 미얀마로부터 배워야만 한다고 강조하고 있다.[6] 북한과 미얀마를 비교하는 것이 어느 정도 유의미한 유추라고 보는가?

폴락 '버마'를 면밀하게 관찰해보지는 않았다. 그러나 버마에서 벌어지고 있는 일에 모두가 놀라고 있다. 물론 버마가 가야 할 길이 아직 멀기 때문에 과장하고 싶지는 않다.

양쪽의 상황이 전적으로 유사한지 잘 모르겠다. 서로 다른 측면을 먼저 살펴보면, 버마는 외부 세계와의 교류를 일정 수준 유지했고 지금도 그렇게 하고 있다. 중국에만 접근한 것이 아니라 태국 및 인도와도 상당한 무역관계를 맺어왔다. 과거 미국에 잘 알려져 있거나 미국에서 경험을 쌓은 인물도 있다. 아웅산 수치(Aung San Suu Kyi) 여사만 해도 개인사를 보면 외부 세계와 연결고리를 갖고 있다.[7] 또한 버마 내에는 시민사회 비슷한 것이 존재했고 지금도 존재한다. 그러나 북한에서는 이와 유사한 것을 찾지 못하겠다.

물론 북한도 버마를 따르라는 그런 주장이 왜 나왔는지 이해한다. 그렇지만 버마를 북한과 다르게 볼 수밖에 없는 요소가 또 있다. 이론적으로만 보면 북한도 매우 생산성 높은 사회가 될 수 있다. 북한에는 광물자원이 풍부하게 매장되어 있기 때문이다. 하지만 버마는 원유, 천연가스, 철광석, 석탄 등 보다 즉각적으로 사용할 수 있는 자원들을 더 많이 보유하고 있다. 이렇게까지 말하고 싶지 않지만 사람들이 버마에서 문전성시를 이루고 있다. 버마의 자원 이용 가능성을 탐사하려고 지금까지 상당한 노력들을 기울여왔기 때문이다.

대담자 북한−한국의 관계와 달리 미얀마에는 국제무대에서 정통성을 놓고 체제경쟁을 하는 이른바 '남미얀마'도 없다. 그래서 부담이 덜한 면도 있을 것이다.

폴락 그렇다. '남미얀마'가 없다. 경제적으로 매우 부유한 '남미얀마'가 없다. 도와줘서 고맙다.

상이한 이해관계들

대담자 당신은 동중국해에서 중일 간의 갈등이나 남중국해에서의 갈등과 관련해 미국과 러시아가 고안해낸 조처와 유사한 일종의 제도화된 위험 감소 조치가 있어야 한다고 제안한 바 있다. 그 취지를 간단히 설명해달라.

폴락 메커니즘을 꼭 만들어야 하는 경우가 있다. 남중국해와 동중국해 사례가 그러하다. 특히 동중국해 문제에서는 각국 정부 간에, 비록 군부끼리는 안 되겠지만, 유관기관들 간에 정말로 솔직한 논의를 통해 '항행규칙'(rules of the road)이나 '해로규칙'(rules of the water)이라고 부를 만한 것들을 제정할 수 있을 것이다.

그 이유는 매우 간단하다. 중국과 일본 양국의 해양 관련 기구들이 과거에 비해 훨씬 더 맹렬하게 활동하고 있기 때문이다. 그런데 해양 활동과 관련한 작전 경험은 두 국가 모두 그다지 많지 않다. 따라서 사건이나 사고의 위험성이 정상적인 상황일 때에 비해 훨씬 높다.

그리고 그러한 사건이나 사고가 발생하면, 예를 들어 한 국가나 양국 모두에서 인명손실이 발생하면 그 결과는 양국 사회 내부에서 이루어지는 대중동원으로 인해 엄청난 파장을 일으킬 것이다. 게다가 두 국가는 궤도를 쉽사리 이탈하게 만들 수 있는 오해나 계산착오, 군사적 혹은 준군사적 작전 등의 잠재적 위험성을 파악하는 전통이 없다.

간혹 양국이 이런 메커니즘 구축의 가능성을 검토해보려는 의지를 보이기는 한다. 그러나 근원적인 난제는 여전히 남아 있다. 일본은 센까꾸/댜오위다오 지역에서 중국이 직접적으로 어떤 행동이나 역할을 하는 것도 원치 않기 때문에 이와 관련한 어떤 것도 중국에 양도하거나 제안하려 하지 않는다. 동시에 중국도 동중국해와 남중국해에서 어느정도 현상유지 상태를 바꾸었다고 스스로 여기고 있고, 실제로도 그렇다. 만일 중국과 영토분쟁을 겪는 국가들이 대화를 통해 영토의 합법성을 획득하려 한다면, 중국은 한발 더 나아간 것이고 해당 국가들은 후퇴하는 셈이 된다.

대담자 다른 국가들이 영토분쟁을 사실상 인정한 꼴이 된다는 말인가?

폴락 정확하다. 내 생각에 아마도 사태가 장기적으로 그렇게 흘러갈 것 같다.

대담자 아시아 회귀에 대한 미국 내 비판 가운데 하나는 중국과 아시아 쪽에 자원 배분을 집중한다면 미국이 전통적으로 중요하게 여겼던 유럽과 중동을 등한시할 우려가 있다는 것이다. 이러한 이유로 유럽도 아시아 회귀 전략으로 끌어들여야 한다는 견해가 있는데, 당신은 이에 대해 어떻게 생각하는가?

폴락 유럽과 중국 간 무역액은 상당하다. 내가 잘못 알고 있는 것이 아니라면 미국과 중국 간의 무역 규모를 여전히 앞지르고 있을 것이다.

유럽 입장에서는 중국과 별도의 채널을 가지고 있을 때 더 나은 성과를 거둘 수 있을 것이다. 유럽인들은 독자적 활동을 통해 얻은 정보나 통찰 등을 미국에 제공할 것이다. 미국이 어느 테이블이든 당연히, 반드시 참석해야 하는 것은 아니다. 우리는 이제 그런 세상에 살고 있다. 이는 모두가 적응해야 하는 새로운 현실이다.

내가 보기에 유럽의 관심사는 미국 내의 관심사와 제법 상이하다. 그것만으로도 유럽 나름의 분명한 특성이 엿보인다. 예를 들어 유럽은 주요 군사적 자산을 동북아에 배치하지 않고 있다. 미국과 연결된 의제들도 있지만 유럽은 독립적인 의제를 갖고 있다.

굳이 그 'p'자로 시작하는 무서운 용어를 쓰자면 오바마 행정부의 관료들은 '회귀'(pivot) 정책에 유럽을 참여시키려고 노력해왔다. 그런데 나는 회귀 정책이 무엇을 의미하는지 모르겠다. 중국정부가 말하는 '신형 대국관계론'만큼이나 내용이 없다. 미국이 아시아를 다르게 바라보려 하고, 또 그래야만 한다는 생각 자체에 퇴짜를 놓고 싶지는 않다. 다만 아시아 회귀의 진정한 전략적 개념이 무엇인지 알고 싶을 뿐이다.

대담자 미중 간에 중앙아시아에서의 개발 지원을 조율하는 것 같은 보완적 방식의 협조가 필요하다고 지적한 짧은 글을 봤다. 중앙아시아에서 미중 간 협력의 가장 큰 장애물은 무엇이라고 보는가?

폴락 양국 간 협력에는 정당성 문제가 걸려 있다. 중앙아시아에 관한 주요 쟁점을 놓고서 미국이 과연 중국과 공통의 혹은 적어도 상호보완적인 명분을 찾을 수 있을지, 그리고 어떻게 찾을 수 있을지에 관한 문제라고 할 수 있다.

완벽하게 대칭을 이루는 사례는 아니지만 의미 있는 비교 척도로 미국이 아프가니스탄에서의 철군 방법을 모색할 시점으로 돌아가보자. 당시 아프가니스탄 안정화 활동 일부에 중국군을 참여시킬 수 있지 않겠느냐는 주장이 제기된 바 있다. 이 주장에 대한 냉소적 반응은 '당신이라면 오랫동안 지속되어온, 엉망이 된 전쟁을 할인된 가격에라도 구매하겠는가?'였다. 실질적으로는 중국에 '떠넘기는' 것이라는 말이다. 미국 행정부 안에 미국의 빈자리를 중국이 채워줄 거라고 기대하는 사람이 있음을 말하는 것이 아니다. 다만 그런 것은 중국 방식도 아니고, 무엇보다도 그 문제에 관한 중국의 이익관계 계산이 우리와 똑같지 않았을 것이라는 말이다.

그러나 충분한 노력을 기울이면 양국이 서로 협력할 수 있는 일정한 조건들을 만들어낼 기회가 있을지도 모른다. 실제로 중국의 한 저명한 학자가 논문을 통해 흥미로운 제안을 했다. 중국이 자신들의 동쪽에서 일어나고 있는 문제에 집착하기보다는 서쪽을 바라보는 것이 어떻겠냐는 것이다. 미국과의 제로섬 경쟁 구도를 넘어보자는 것이다.[8]

대담자 　개인적인 질문을 하고 싶다. 어떻게 동아시아에 관심을 갖게 되었나?

폴락 　재미있는 이야기를 하나 들려주겠다.

1981년에 헨리 루스 재단(Henry Luce Foundation)[9]의 후원으로 40세 이하의 젊은 중국 전문가 6인이 세계를 돌아다니는 컨퍼런스 투어를 떠난 적이 있다. 일본, 중국, 싱가포르, 인도, 이딸리아 등 우리가 어디를 가든 사람들이 물었다. 내가 이 컨퍼런스 투어에 관심을 갖게 된 계기를 말이다. 나는 그들에게 이런 이야기를 들려주었다. 베트남전이 한창일 때 나는 대학생이었다. 당시 딘 러스크 국무장관은 미국이 베트남과 전쟁을 하는 것이 아니라 중국과 전쟁을 하는 것이라고 했다. 중국은 상상조차 어려웠던 격변, 베트남전쟁의 한가운데에 있었다. 물론 그 격변은 내가 당시 이해하고 있던 것보다 훨씬 좋지 않게 끝났지만 말이다. 소련에 대한 수업도 들었지만 중국은 내게 너무나 복잡한 역사를 지닌 미지의 땅으로 보였다. 그래서 중국에 흥미를 갖게 되었다.

이것이 내가 동아시아에 관심을 갖게 된 주요 동기다. 아시아의 혁명적인 민족주의와 미국 사이의 굴곡진 상호 작용, 그리고 이로부터 파생한 결과들을 이해하려고 노력했다. 그리고 시간이 흐르면서 나는 한국에 더 많은 관심을 갖게 되었다. 한국은 나의 학문 연구의 출발점은 아니지만 그 자체로 몹시 매력적인 나라다.

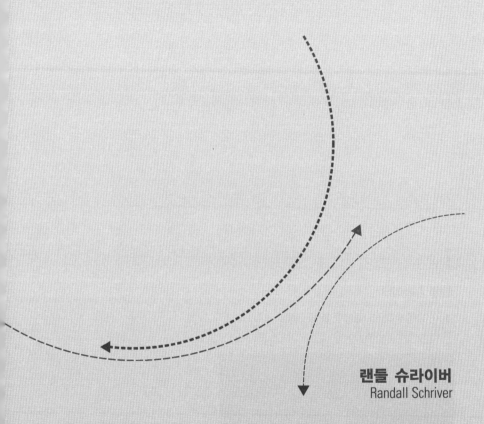

랜들 슈라이버
Randall Schriver

미국은 왜 대만에
개입해야 하는가

랜들 슈라이버 Randall Schriver(1967~)

전 미 국무부 중국·대만 담당 부차관보
현 프로젝트2049연구소장

랜들 슈라이버는 필자들이 처음으로 인터뷰를 한 전문가였다. 2013년 6월까지 인터뷰를 마친다는 계획에 따라 서너 그룹 정도로 나눠 순차적으로 인터뷰 요청서를 보내기로 하고, 1월 초 첫번째 그룹의 전문가들에게 인터뷰를 요청했다. 하지만 보름여 동안 응답이 없었다. 한국문화와는 달리 응답이 늦을 수 있음을 이미 알고 있었지만, 책을 출판하겠다는 프로젝트의 앞날이 순탄치 않을 것 같은 느낌마저 들기 시작했다. 그러던 와중에 랜들 슈라이버가 처음으로 인터뷰에 응했다. 일본에 머물고 있는데 돌아가면 바로 인터뷰를 하겠다는 거였다. 1~2월에는 외교안보 전문가들이 중국이나 일본, 한국 등 자기 '전공 지역'을 돌면서 1년 동안의 연구계획을 논의하고 연구소 운영자금 지원 여부도 타진하는 등의 활동으로 워싱턴에는 거의 없다는 사실을 그때 알게 되었다.

아무튼 랜들 슈라이버는 첫 인터뷰 대상자라는 점에서 그와의 인터뷰 성사는 '프로젝트'의 앞날에 약간의 희망, 작은 기쁨, 다소의 설렘을 안겨주었다. 그와의 인터뷰는 2013년 1월 31일 워싱턴에서 차로 20여분 정도 걸리는 버지니아 주 알링턴의 아미티지 인터내셔널(Armitage International) 사무실에서 이루어졌다. 아미티지 인터내셔널은 2005년 리처드 아미티지 전 국무부 부장관이 세운 컨설팅 회사로, 국제적인 사업개발과 전략을 주로 다룬다. 슈라이버는 이 회사의 창립 파트너 5명 가운데 하나다.

각진 얼굴과 머리 양쪽을 짧게 친 헤어스타일 등으로 그의 첫인상은 무척 강해 보였다. 대학원 시절 "하드파워를 중시하는 현실주의자들은 겉모습도 좀 강한 편이다"라는 한 교수님의 농담이 떠올랐다. 물론 슈라이버를 철저한 현실주의자로 분류하기는 어렵지만 말이다. 인터뷰를 마친 뒤 첫인상은 선입관일 수도 있겠다는 생각이 들었다. 그는 열정적으로 인터뷰에 응했고, 중간 중간 유머를 사용하며 분위기를 부드럽게 만들기 위해 애를 썼다. 자신이 부시 행정부 때 국무부에서 담당했던 일들을 쭉 열거하면서 "워싱턴에서는 직함이 길수록 맡고 있는 업무의 중요도가 떨어진다는 농담이 있다"라거나 "공화당이 정신을 차려서 다음 대선에서 이긴다면 우리 연구소의 일부 인력이 차기 행정부에서 일하게 될지 누가 알겠느냐. 한반도 통일보다도 가능성이 낮겠지만 말이다"라는 식이었다.

슈라이버는 하와이에서 태어나 태평양과 접한 오리건 주에서 어린 시절을 보냈다고 한다. 그런 성장 배경 때문에 그는 "미국이 태평양 지역의 국가라고 생각해왔다"라고 말한다. 윌리엄스 칼리지에서 역사를 공부했으며, 1994년 하바드대학에서 공공정책학으로 석사학위를 받았다. 대학 4년 동안 학교 테니스 대표팀 선수였으며, 지금까지 철인 3종경기를 4번이나 완주한 운동 마니아다.

대학을 졸업하고는 해군 정보장교를 지내고 민간 군무원으로 국방부

장관실 등에서 중국과 대만, 몽골 관련 업무를 담당했다. 이후 2000년 미국 대선에서 조지 부시-딕 체니 공화당 후보의 캠프에서 아시아 정책팀원으로 선거운동을 도왔으며, 부시가 대통령으로 선출되자 정권 인수위에도 참여했다. 2001년 3월에 리처드 아미티지가 국무부 부차관보로 입각하면서 그의 비서실장 겸 선임 정책 보좌관 등으로 2년 동안 근무했으며, 이후 부시 행정부 1기의 나머지 2년 동안을 중국, 대만, 홍콩, 호주, 뉴질랜드 등을 관할하는 국무부 부차관보로 보냈다.

그는 대선 때마다 공화당 후보를 도왔다. 2008년에는 존 매케인(John McCain) 공화당 후보의 외교정책 보좌관으로 선거운동에 참여했으며, 2011년부터 2012년 초까지는 중국 주재 미국대사를 역임한 존 헌츠먼(Jon Huntsman) 전 유타 주지사 캠프의 외교정책 책임자로 공화당 대선후보 경선을 도왔다. 이런 오랜 인연 때문에 공화당이 다시 집권할 경우 행정부 고위직으로 입각할 주요 인물 가운데 하나로 꼽힌다. 현재는 2008년 1월 자신이 설립한 싱크탱크인 프로젝트2049연구소(Project2049 Institute)의 소장 겸 최고경영자로 있다. 그는 연구소 이름에 '2049'를 넣은 것은 장기적인 관점에서 아시아 안보에 특화된 연구를 하겠다는 의미라고 설명했다.

슈라이버는 스스로를 아미티지 학파나 아미티지 사단으로 분류될 수 있다고 말할 정도로, 비서실장으로 근무한 인연이나 정책 측면에서 리처드 아미티지 전 국무부 부차관보의 영향을 절대적으로 받았다고 한다. 리처드 아미티지와 조지프 나이가 주도해 만든 미국의 '초당적 대아시아 전략지침서'인 2차 아미티지 보고서(2007년)의 작성자로 참여하기도 했다. 2차 아미티지 보고서 작성에 함께 참여한 커트 캠벨 편에서도 언급했듯이, 보고서 내용의 핵심은 "미국의 이익은 아시아에 크게 달려 있고, 아시아는 일본을 중심으로 관리되어야 한다"라는 것이다. 그러한 면에서 슈라이버도 캠벨과 마찬가지로 대륙주의자라기보다는 해양주의자에 가까워 보인다. "민주당 사람이지만 커트 캠벨과는 막역한 사이로, 나는 그를 깊이 존경한다"라는 말로 캠벨과의 돈독한 관계를 내비치기도 했다.

슈라이버는 또한 군사력과 함께 쏘프트파워의 중요성을 강조하는 아미티지의 영향을 받았다는 점에서 공화당 내에서도 대외정책과 관련해 온건파로 분류되기도 한다. 하지만 미국기업연구소(AEI)의 댄 블루멘설과 「아시아에서 자유를 강화하기」(Strengthening Freedom in Asia: A Twenty-First Century Agenda for the U.S.-Taiwan partnership)라는 보고서를 AEI에서 공저로 출간하는 등 미국식 시장과 민주주의를 지키고 확대해야 한다는 미국 보수주의의 가치에 충실하다. 네오콘이 득세하던 2000년 대통령 선거에서부터 부시-체니 팀과 호흡을 맞췄다는 점도 주목해야 할 부분이다.

또한 대만 전문가로도 분류되는 슈라이버의 언급을 보면 대만과의 관계 강화를 통해 중국을 견제하려는 공화당 강경파들과의 견해 차이를 발견하기가 어렵다. 그는 대만에 대한 미국의 무기 판매를 강력하게 지지하고 있고, 중국-대만 양안관계의 진전에 따라 미국의 대만 개입을 축소해야 한다는 주장에 대해서도 강하게 반박하고 있다. 미국의 대만 지원이 약화될 경우 중국에 의한 무력 사용을 포함한 강제적인 통일이 이루어질 것이라고 주장한다. 위구르족의 인권신장을 위해 일본의 지원을 적극적으로 요청하는 라비야 카디르(Rebiya Kadeer) 같은 인사의 석방을 중국정부에 요구하고, 카디르가 미국으로 망명한 이후에는 그와 관계를 지속하고 있는 데에서도 슈라이버의 중국관을 확인할 수 있다.

양안관계의 현황과 전망

1949년 국공내전 종결 이후 중국-대만 관계는 대립과 갈등을 반복해 왔다. 1996년 중국의 미사일 발사 훈련과 이에 대응한 클린턴 행정부의 항공모함 파견 등으로 불거진 대만해협 위기 때는 미중관계가 일촉즉발의 순간으로 치닫기도 했다.

2000년 3월 민진당 천 수이볜 정권 출범과 이후 8년간의 집권기에도 양안관계는 늘 긴장상태에 있었다. 대만해협을 사이에 두고 한쪽에 한 나라씩 존재한다는 '일변일국론'을 제시하며 중국으로부터의 독립을 내 건 천 총통과 '하나의 중국' 원칙을 고수하는 중국은 늘 갈등을 빚었다.

극도로 냉각되었던 양안관계는 2008년 3월 '하나의 중국' 원칙을 승인한 마 잉주 총통 시대가 시작되면서 급변했다. 마침 중국도 올림픽을 앞두고 양안관계의 안정이 필요하던 시기였다. 2012년 1월 치러진 대만 총통 선거에서도 '대만의 지위' 문제가 쟁점이 되었고, '하나의 중국'을 수용한 마 잉주 총통이 '대만 독립' 노선을 내세운 민진당의 차이 잉원 (蔡英文) 후보를 물리치고 재선에 성공했다.

1996년 대만해협 미사일 위기에서 알 수 있듯이 양안관계는 대만에 대한 미국의 이해관계와 영향력을 생각하지 않고서는 제대로 이해하기 어렵다. 미국 입장에서 대만은 지정학적으로 중국의 '옆구리'를 겨누는 전략적 요충지이며, 중국 입장에서는 동중국해를 거쳐 태평양으로 나아 가는 핵심 거점이기 때문이다. 그런 점에서 즈비그뉴 브레진스키가 그의 책 『전략적 비전』에서 언급했듯이, 대만은 세력변동의 시기에 남한과 마찬가지로 지정학적으로 취약한 지역이다. 또한 최악의 경우 대만을 둘러싼 미중 간의 무력충돌이 발생한다면 한국도 그 소용돌이로부터 자유로울 수 없다. 대만에 주목하는 이유도 여기에 있다.

대담자　당신은 대만에 대해 오래 연구하고 많은 글을 써온 것으로 알고 있다. 지금의 양안관계를 간단하게 평가해달라.

슈라이버　국민당의 마 잉주 총통이 집권한 이후 확실히 중국―대만 간 양안관계가 안정되었다. 많은 협정과 활동이 놀라운 속도로 이루어졌다. 정확하게 기억하지는 못하겠는데, 마 총통 집권 이후 대략 18건의 양안협정이 맺어졌다. 중국―대만은 '쉬운 것 먼저, 어려운 것은 나중에(先易後難)'라는 접근법을 택했다.

쉬운 것들은 아주 신속하게 실행되었고, 이제 그들은 안보나 정치적 쟁점 등 일련의 아주 어려운 쟁점들을 검토하고 있다. 그러나 대만 입장에서는 대만의 지위문제를 논의하는 것이나 곤란한 정치적 쟁점들을 끌어들이는 것이 썩 내키는 일은 아니다. 중국도 안보 쟁점과 관련해서는 미사일 하나 제거하지 않는 등 실행한 것이 없다. 오히려 대만해협에 배치되는 중국 인민해방군은 계속 증강되고 있다. 따라서 대만이 상황을 안정시켰고, 그것은 나쁘지 않지만 그러한 동력을 계속 유지하기란 다소 까다로울 것이다.

또한 내 개인적인 생각이지만 미국 입장에서 보면 문제는 여전히 풀리지 않았다. 대만의 여론조사를 살펴보면 마 총통 집권 동안에도 독립에 대한 지지가 계속 증가하고 있다. 반면에 궁극적 통일에 대한 지지는 계속 줄고 있다. 장담컨대 민진당이 다음 선거에서 승리할 것이다.

또한 마 잉주 총통 지지율은 10퍼센트대다. 게다가 국민당 안에서 그의 뒤를 이을 확실한 후계자가 없다. 반면 민진당 내에는 최소 2명의 강력한 후보자들이 존재한다. 민진당 지도자가 당선되면 양안관계의 소용돌이를 촉발할 수 있다. 따라서 양안관계는 지금은 안정되어 있지만 결코 해결된 문제는 아니다.

대담자   미국이 대만과 맺고 있는 양자관계의 성격에 대한 논란이 많다. 특히 공식 수교 국가가 아님에도 미국이 대만에 무기를 판매하는 등 대만 방어에 일정한 역할을 함으로써 미중 간 갈등의 원인이 되어왔다. 미국 입장에서 보면 그것은 어떻게 정당화될 수 있는가?

슈라이버   대만은 인구가 약 2300만밖에 되지 않는 상대적으로 작은 규모의 국가임에도 미국의 중요한 무역상대국이다. 정확한 수치는 기억나지 않지만 열번째 혹은 열한번째로 큰 무역상대국일 것이다. 이는 결코 미미한 규모가 아니다.

또한 미국은 대만의 발전과 민주주의 촉진 및 지지에 직접적인 역할을 해왔다. 따라서 미국이 대만 방어를 지원하는 데 일정 부분 책임이 있다고 생각한다.

중국의 입장에서는 썩 유쾌하지는 않겠지만 미국의 대만 지원은 전반적으로 양안관계를 안정적으로 유지하는 데 기여를 했다. 미국이 지원하고 있다는 확신을 대만에 심어줌으로써 대만은 비이성적이거나 변덕스러운 행보를 할 필요가 없어졌다. 중국 측에서도 어느 정도는 이 점을 인정할 것이다.

물론 대만에 대한 미국의 무기 판매는 중국 입장에서는 논란거리가 될 수밖에 없다. 그러나 무기 판매가 주는 영향에 대해서는 많은 오해가 있다. 데이터로 뒷받침되지 않는 내용이 사람들의 입에 오르내리고는 한다. 미국의 무기 판매가 양안 무역관계에 방해가 된다는 식이다. 하지만 실제로는 그 반대의 경우가 오히려 사실에 부합한다. 데이터를 들여다보면 미국의 주요 무기 판매 실적과 양안관계의 돌파구 마련 사이에 높은 상관관계가 있음을 알 수 있다.

대담자 지금까지의 통념과는 다른 흥미로운 지적이다.

슈라이버 미국은 이를 문서로 잘 정리해놓았다. 나 역시 이에 대해 기고를 해왔다. 미국-대만 관계에서 역사상 가장 큰 규모의 무기 판매 거래는 1992년 9월에 이루어졌다. 여기에는 F-16 전투기 150대도 포함되어 있었다. 두달 뒤에 중국과 대만은 '하나의 중국에 대한 공동인식(92공식, 1992 consensus)'[1]에 합의했다.

오바마 행정부 시기에도 2010년 1월과 2월에 걸쳐 미국은 64억 달러어치의 무기를 대만에 판매했고 두달 후 경제협력기본협정(Economic Cooperation Framework Agreement, ECFA)이 이루어졌다.[2]

인과관계가 선명하다는 주장을 하려는 것은 아니다. 하지만 양자는 높은 상관관계를 보인다. 앞서 제시한 수치들을 보면 미국의 무기 판매가 양안관계를 해친다는 주장과는 정반대인 셈이다. 미국이 공식성명에서 밝힌 대로 미국의 무기판매가 실효를 거두고 있다고 생각한다. 또한 이는 데이터에 의해 뒷받침되고 있다. 따라서 왜 미국이 무기 판매를 중지해야 하는지 모르겠다.

중국–대만 관계와 중국–홍콩 관계

2012년 3월 25일, 직선을 요구하는 대규모 시위 속에 선거인단 1200명의 투표로 진행된 홍콩 행정수반인 행정장관 선거에서 친중국계 인사인 렁 춘잉(梁振英) 후보가 당선되었다. 선거인단 대부분이 중국 영향권의 인사로 짜여 있어 중국의 '선택'이 결정적 영향을 미친다는 것은 공공연한 비밀이었다.

홍콩에는 중국과 다른 '일국양제(1국2체제)' 씨스템이 적용되지만, 이러한 중국의 '통제'에 대한 불만도 갈수록 높아가고 있다. 특히 '홍콩의 일국양제 실험'은 대만에 적지 않은 정치적·심리적 파급효과를 가져올 수 있다. 즈비그뉴 브레진스키 같은 학자들은 미중관계 갈등의 주요 근원 가운데 하나인 대만을 미국이 '포기'해야 하며, 중국이 홍콩과 대만 등을 포함하는 '일국다제'로 가는 것을 용인해야 한다고까지 말한다. 홍콩의 정치 씨스템이 민주주의에서 벗어나고 주민들의 불만이 쌓일수록 브레진스키의 이런 주장은 설득력을 잃을 수 있으며, 대만 내에서 독립 세력의 목소리를 키워줄 수 있다.

대담자 대만사람들이 '일국양제'인 홍콩의 상황을 유심히 지켜보고 있을 것 같다. 2012년 3월 중국이 지지하는 렁 춘잉 후보가 간접선거를 통해 행정장관에 당선되었다. 홍콩의 이런 현상들이 대만의 독립 세력에 힘을 실어줄 것이라고 보는가?

슈라이버 재미있는 질문이다. 그럴 수도 있고 그렇지 않을 수도 있다. 홍콩의 상황이 불안해지면 대만사람들은 '저거 봐라, 우리는 저런 식은 원하지 않아'라고 말할 것이다. 반대로 홍콩의 상황이 안정되면 '홍콩과 우리는 달라. 홍콩사람들은 돈만 벌려고 하고 정치적 견해가 없는 사람들이야'라고 말할 것이다. 그러나 최근 홍콩에서 일어난 사건들은 통일이나 화해의 위험성과 관련해 일부 대만사람들의 견해에 틀림없이 영향을 미쳤을 것이다.

나는 홍콩을 꽤 자주 가는데, 홍콩의 중국반환이 홍콩경제나 기본적인 생활방식에 해를 끼치는 쪽으로 바뀌었다고 말할 만한 것은 없다고 본다. 그러나 중국반환이 홍콩의 정치환경에 긍정적으로 기여했다고 말할 수는 없다. 아마도 크리스 패튼(Chris Patten)[3]이 떠났을 때 중국은 상당히 기뻐했을 것이다. 그뒤로 직접선거로 가던 흐름은 뒤집혔다. 우리의 관점에서 볼 때 정치적 환경은 향상되지 않았다.

대담자 반환 당시와 비교할 때 홍콩인들이 중국인이라는 정체성을 수용하지 못했다고 보는 것인가?

슈라이버 오히려 다소 악화되었다. 최근 '홍콩사람'이라는 정체성에 대한 연구 결과가 있었다. 이는 아주 새로운 현상으로 영국의 지배를 받을 때조차도 홍콩 고유의 정체성은 없었기 때문이다. 당시 홍콩인들에게는 그저 '광둥성사람' 또는 '중국인'이라는 개념만 있었다. '홍콩사람 정체성'은 본토 중국인들이 홍콩에 들어와 쇼핑하고, 홍콩 디즈니랜드 등 곳곳을 다니는 것에 대한 반작용이다. 중국인들이 홍콩에 와서 아기를 낳는 것도 포함된다. 홍콩인은 우리는 이 사람들(중국인)이 아니다, 우리는 다른 사람들이다, 우리는 '홍콩사람이다'라고 말하게 되었다.

중일 갈등으로 열린 기회의 창

대담자　센까꾸/댜오위다오를 둘러싼 중일 간의 갈등이 2010년부터 격화되었다. 특히 2012년 7월 일본정부의 센까꾸/댜오위다오에 대한 국유화 방침이 중일 갈등의 중요한 분기점이 된 것 같다. 일본이 중국과 겪고 있는 이런 긴장들이 미일동맹에 어떤 영향을 미치리라고 보는가?

슈라이버　중일 간 긴장이 오히려 미일동맹의 영역에서 기회의 창을 열어준 것 같다. 일본은 중일 긴장으로 자신들의 안보환경에 닥쳐온 도전을 깨닫고 있다. 일본이 국방예산을 증액한 것에서 그 증거를 찾을 수 있다. 수십년 만에 처음 있는 일일 것이다. 현재 일본경제가 엄밀한 의미에서 잘나가는 상황이 아니라는 점에서 더욱 주목할 만하다. 따라서 일본의 국방예산 증액은 매우 과감한 선택이었으며, 중국의 행보에 대한 대응이라는 평가가 지배적이다.

하지만 이 기회의 창은 닫힐 수도 있다. 미국이 중국에 대한 불신을 공유하는 것만으로 유지되는 미일동맹을 원하는 것은 아니지 않는가. 따라서 중일 긴장으로 미국에 기회의 창은 열렸지만 그것이 반드시 미일동맹의 관계 진전을 위한 토대가 될 필요는 없다고 생각한다.

요약해서 말하자면 일본은 미국과 동맹을 강화하는 데 새롭게 관심을 갖게 되었으며 이는 아베 내각이 다룰 의제에 포함되어 있다고 생각한다.

대담자 전통적으로 동아시아에서 미국의 안보구조는 '허브앤스포크' 모형에 의하여 작동하는 것으로 묘사된다. 그 이상의 것으로서 한국, 일본, 호주 등을 아우르는 보다 통합적인 접근법이 필요하다고 보는가?

슈라이버 전적으로 필요하다고 본다. 사실 나는 이에 관한 글을 계속 써왔고, 또 동료인 댄 블루멘설과 함께 앞으로의 동맹 관리와 전략에 관한 보고서를 내놓기도 했다. 보고서에 담긴 내 주장은 간명하다. 우리의 안보는 보다 통합된 방향으로 나아가야 한다는 것이다. '허브앤스포크' 구조나 개별국가들을 모아놓은 지역동맹 구조가 아니라 통합 전략에 가까운 방향으로 말이다. 여기에는 공식적으로 조약을 체결한 동맹국들뿐 아니라 우방국들, 그리고 동맹국과 유사한 협력 국가들(alliance-like partners)도 포함될 수 있다고 생각한다.

대담자 주로 베트남이나 인도를 염두에 둔 것인가?

슈라이버 인도도 가능할 것이다. 다만 인도와 함께하는 데는 일정 부분 한계가 있다. 사실 나는 싱가포르나 인도네시아를 고려하고 있다.

큰 틀에서 보면 통합 전략이 미국이 추구해야 할 방향이라고 생각한다. 오바마 행정부가 이 방향으로 몇가지 조처를 시행하고 있는데, 그런 조처들이 아시아 회귀 전략의 사고방식을 보여주고 있다.

한-미-일 삼각안보협력과 집단적 자위권

대담자 아마도 '통합전략'의 핵심 부분 중의 하나는 한일관계 개선을 통한 한-미-일 삼각관계의 강화라고 할 수 있겠다. 그러나 한일관계는 역사문제나 영토문제로 갈등이 반복되고 있다. 미국이 이런 문제를 해결하기 위해 할 수 있는 일들이 있다고 보는가?

슈라이버 역사문제든 영토분쟁이든 양국이 다투는 특정 문제의 해결을 미국이 돕기란 사실 버겁다. 현재의 독도/타께시마 분쟁에 큰 변화가 생길 것이라고 말하기는 힘들다. 하지만 그것이 한일 양국이 서로 협력하는 데 방해가 된다면 기회비용이 발생하게 되는 것이다. 그리고 그러한 상황은 잠재적으로 미국에도 매우 중대한 영향을 미치게 된다.

그래서 미국의 역할은 양국을 계속해서 회담 테이블로 끌어와 보다 큰 전략적 현안(중국의 부상에 대한 대응 등)에 집중하게끔 하는 것이다. 한일 양국이 그런 전략적 현안들을 처리해야 할 것 아닌가. 미국은 그간 맺은 한미, 미일 양자관계를 기반으로 한일 간 양자협력, 그리고 한-미-일 간 삼자협력의 필요성을 강조할 수 있겠다.

대담자 한-미-일 삼각협력 강화 과정에서 한국은 일본의 재무장, 군사 대국화 부분을 우려한다. 과거 일본 식민지 시절을 겪은 한국의 입장에서는 수용하기가 쉽지 않은 부분이다.

슈라이버 역사문제, 즉 얼마나 힘들고 비극적인 역사였는지를 고려하면 일본의 재무장에 대한 한국의 우려를 이해할 수 있다. 그러나 그러한 우려가 상당히 과장된 면도 있다.

대담자   아베 정부가 평화헌법 9조에 대한 재해석을 통해 집단적 자위권을 추진하는 등 이른바 '정상국가'로 가기 위한 가시적인 조처들을 실제로 취하고 있지 않나.

슈라이버   헌법 9조와 관련된 집단적 자위권과 몇해 전 방위청을 방위성으로 승격시킨 일 등은 정상화 과정의 일부다.[4]
　나는 일본에서 많은 시간을 보낸다. 일본 전문가라고는 할 수 없지만 1년에 서너번 일본을 방문해 정부 관계자들, 자위대 사람들, 민간인들과 만난다. 내가 느끼기에 그들은 민족주의와 우파정치, 군국주의에 대해 진심으로 우려하고 있다. 무엇보다도 일본인들이 그런 것들을 수용하고 싶어할 정도로 일본 내의 무게중심이 이동했다고 볼 수는 없다.
　또한 일본이 평화주의 채택을 통해 2차대전으로 타국에 안겨준 비극과 엄청난 고통을 지난 65년간 잘 대처해왔다는 데 매우 큰 자부심을 느끼고 있다는 점이다. 물론 전후 일본의 개혁은 일정 부분 외부 세계에 의해 강제적으로 이루어졌다. 기본적으로는 미국이 일본의 헌법을 입안했다. 그렇지만 일본은 평화주의적 사고를 아주 적극적으로 수용했고 지금은 국가 정체성의 일부로, 소중한 가치로 여기고 있다.
　헌법 9조는 2개의 조항으로 나누어져 있고, 이를 개정한다 해도 제1항에 대한 변경은 없을 것이라고 장담할 수 있다. 일본은 근본적으로 평화에 헌신하며 평화를 주창하는 국가라는 부분 말이다.[5] 이 부분은 이미 일본이 가치있게 여기는 특성 중 하나가 되었다.

개인적으로는 헌법 재해석을 통해서든 아니면 헌법 개정을 통해서든 일본의 집단적 자위권이 인정되는 것을 보고 싶고, 그 문제가 해결되기를 바란다. 일본이 집단적 자위에 관여할 능력이 없어 동맹국인 미국이 여러가지 심각한 제약을 받고 있기 때문이다.

과거 혼란의 시기나 그와 인접한 시기를 버티며 살아남은 사람들에게 일본의 재무장은 복잡하고도 어려운 문제임을 이해한다. 하지만 언론에서 다루는 재무장의 위험은 대체로 과장되어 있는 것 같다.

대담자 좀더 넓은 의미에서 한일관계는 말할 것도 없고, 중일관계 등 동북아의 많은 국제적 현안들이 해결되지 않은 채 반복적으로 갈등을 유발하고 있다. 그 이유는 무엇이라고 보는가? 동북아의 모든 주요 행위자들을 아우르는 다자주의 기구가 없는 점도 한가지 이유로 꼽을 수 있을까?

슈라이버 왜 국제적 현안들이 해결되지 않고 지속될까. 나는 그에 대해 정리된 결론이 있다. 번뜩이는 통찰은 아니지만 한국, 일본, 중국에 있는 전문가들과 공유하고 있는 견해다. 즉 국내 정치가 이런 현안들이 지속되도록 조장하고 있다고 본다. 해당 국가들이 현안들을 근본적으로 해결하려 하지 않는다는 것이다.

이러한 현안들을 제쳐두거나 일시적으로 보류하고 다른 사안에 초점을 맞추려면 정말 용기있고 과감한 지도부나 현안을 압도하는 강력한 또다른 무언가가 필요할 것이다. 이런 것이 결여된 상태에서는 각국 정치인들이 민족주의적 감정에 호소하고 자국적 이익을 위해 국제적 현안을 이용하게 된다. 이것이 실제로 한-중-일 삼국에서 벌어지는 일들이다.

다자기구들이 이 첨예한 갈등을 해결할 수 있을지에 대해서는 다소 회의적이다. 물론 전혀 쓸모없다고 볼 수는 없다. 하지만 행정부에 근무해보면 다자기구에 참석하느라 문서 작성에 많은 시간을 할애하고, 또 대통령이 1년에 3번 가량은 아시아 순방에 나서도록 설득해야한다. 3번이면 적은 횟수처럼 들리겠지만 대통령은 통상 1년에 몇번은 유럽 순방에 나설 필요가 있고, 미주대륙도 가야 한다. 동아시아정상회의(EAS), 아시아태평양경제협력체(APEC), 주요20개국회의(G20) 같은 게 있으면 일년에 대략 3번 아시아를 방문하는 셈이 된다.

근심에 싸인 아시아 국가들이 보낸 신호에 대한 응답

대담자 '아시아 회귀 전략' 혹은 '재조정 전략'에 대한 견해를 듣고 싶다.

슈라이버 실질적으로 모든 인류 행위의 무게중심이 아시아로 이동했다는 오바마 행정부의 평가에 동의한다. 경제 규모, 인구, 에너지 사용, 이산화탄소 배출, 군대 규모 등을 고려하면 과장된 말이 아니다. 미국은 이를 반영하는 태도를 가져야 하며, 관여와 투자를 소홀히 해서는 안 된다.

그러나 현 시점에서 정책적 문제의 관점에서 보면 회귀 전략은 대체로 수사적인 측면에 가깝다. 따라서 어떻게 실행할 것인지, 또 끝까지 관철할 수 있을 것인지에 대해서는 지켜봐야 할 것 같다.

또한 회귀 전략이 힐러리 클린턴 전 국무장관 및 커트 캠벨 전 동아태 차관보와 밀접하게 연관되어 있다는 점에서, 현재 존 케리 장관이 이끄는 국무부가 동일한 열정을 갖고 회귀 정책을 추진할지 약간의 우려가 든다.

회귀 전략과 관련해 내가 특별히 논박해야 할 쟁점이 있는 것은 아니다. 다만 나는 현 국무부가 무역문제와 환태평양경제동반자협정(TPP)에 진지하게 임하기를 바란다. 오바마 행정부는 여태껏 단 한 건의 무역자유화 구상에도 착수해본 적이 없다. 한국, 꼴롬비아, 빠나마와의 자유무역협정(FTA)과 TPP 등을 비롯해 모든 무역협정은 이전 부시 행정부로부터 물려받은 것이다. 그래서 나는 케리 장관의 국무부가 TPP에 대해 진지해지기를 바란다.

마지막으로 회귀 전략 가운데 훗날 평가의 잣대가 될 수 있고 측량이 가능한 몇가지 세부사항이 있다. 이 가운데 대표적인 것이 국방예산 및 미군의 아시아 배치와 관련한 것이다. 예를 들어 오바마 행정부의 전략지침[6]을 보면 이게 아시아 회귀 전략에 특별히 도움이 될 것 같지는 않다. 미군의 60퍼센트가 아시아에 주둔하게 될 것이라고 했는데, 이 수치에 도달하는 방법은 여러가지가 있다. 병력을 증강시킬 수도 있지만, 다른 지역의 병력을 감축해 60퍼센트의 일부분을 채울 수도 있다. 현재 씨퀘스터로 미국의 국방예산은 2006년의 수준으로 되돌아간 상황이다.

나는 '회귀 전략'에 찬성하며 적절한 접근법이라고 본다. 단지 오바마 행정부가 '회귀 전략'을 계속해서 수용하고 또한 의미있는 방법을 동원해 이 계획을 완수하기를 바란다.

대담자 미국은 아시아 회귀를 정당화하는 근거로 아시아의 경제적 역동성과 이를 통한 미국의 핵심이익 유지 및 증대, 중국의 부상에 대한 대비 등을 드는데, 지리적으로 아시아와 떨어져 있는 미국이 이를 합리화할 수 있는 또다른 근거가 있는가?

슈라이버 나는 항상 미국이 태평양 지역의 국가라고 생각해왔다. 아마도 내가 하와이 태생이고 오리건 주에서 자라서 그럴 것이다.[7]

로버트 게이츠 전 국방장관이 몇년 전 샹그릴라 안보대화에서 연설을 하면서 이 점을 강조한 적이 있다. '미국이 태평양 지역의 국가가 아니라고 생각한다면 지도를 보고 있지 않기 때문'이라고 말이다. 같은 맥락에서 미국의 영토인 하와이, 알류샨열도, 괌이 어디에 있지는 살펴봐라. 게이츠 장관의 언급이 나에게도 큰 반향을 불러일으켰듯이, 태평양으로 인해 미국은 아시아와 단절돼 있는 것이 아니라 사실상 연결되어 있다는 사실을 눈으로 확인할 수 있을 것이다.

따라서 미국이 '아시아태평양'에서 '태평양'에 해당하는 지역의 일부분임은 자명하다. 미국이 실제로 아시아에 자리하고 있는 국가는 아닐지 몰라도 아시아와 긴밀하게 연결되어 있으며, 아태 지역의 일부를 구성한다고 생각한다.

이 점이 이야기의 출발점이고, 그다음으로 내가 위에서 언급한 다른 것들이 아시아의 중요성과 미국의 이익이 무엇인지를 말해준다. 아시아는 상품 운송, 에너지 사용 등 모든 경제활동이 이루어지는 곳이고, 또 기후변화, 에너지 안보, 전염병 및 보건 등 전지구적 문제들이 해결되어야 하는 곳이다. 그런 것들이 모두 아시아에 있다.

이러한 상황에 대처하려면 군 주둔 해당 국가들과의 관계, 수단, 능력 등을 두루 갖추고 있어야 한다. 아울러 아시아는 여전히 하드파워가 중요한 지역이다. 향후에도 아시아의 불확실성은 높을 것이고, 미국의 우방국과 동맹국 들이 이 지역에 대한 미국의 관여를 바랄 것이다. 미국은 이에 응해야 하고, 따라서 아시아의 일부가 되어야 한다.

대담자 아시아에서 군사력의 유지와 증가는 결국은 예산문제와 연결될 수밖에 없다. 미국국민들이 그것을 쉽게 납득할 수 있다고 보는가? 그리고 정치인들이 이를 납득시켜야 한다고 보는가?

슈라이버 그 질문에 대답을 잘 할 수 있을지 모르겠다. 국방예산을 삭감해야 한다는 입장에 동의하지 않는 것은 아니다. 사실 아시아 내 미국의 군사 배치에는 냉전의 유산으로 남은 협정이 영향을 미치는 탓도 있다. 하지만 한편으로는 전진 주둔(forward presence) 없이 미국이 아시아 안보에 기여하기란 어려울 것 같다. 미국의 정치인들이 국민들에게 이를 공개적으로 연설하고, 교육시키는 역할을 수행해야 하는가? 나는 그렇게 해야 한다고 생각한다.

'회귀'인지 '재조정'인지 용어에 대한 의견이 분분한데, 오바마 대통령이 '회귀'라고 하니 나도 그렇게 말하겠다. 오바마 대통령은 다양한 장소에서 '회귀'에 대해 이야기했다. 신년연설에서도 대선토론에서도 회귀를 언급했다. 즉 '회귀 전략'은 관료제 안에서 독자적으로 수립된 것이 아니다. 대통령에서부터 시작해 최고위급 인사들이 지지하고 있는 것이다.

오바마 행정부가 이처럼 '회귀'에 진지한 태도를 견지하고 있다면 교육과 홍보 역시 정책시행의 한 부분이 되어야만 한다. 긴축재정을 펴고 자원은 감소하는 상황에서 해당 정책을 시행하고 싶다면 특히 그래야만 한다.

대담자 중국의 부상에 대비하거나 균형을 맞추려는 미국의 '회귀 전략'이 아시아의 안보를 위협할지도 모른다는 불안감이 제기되고 있다. 그것이 중국의 강한 대응을 초래해 결국 자기실현적 예언이 되거나 안보 딜레마를 유발할 것이라는 부정적인 전망인데, 이에 대한 의견을 듣고 싶다.

슈라이버 구조적인 요인만을 놓고 본다면 미국은 일정 기간, 나아가 일정한 시대에 걸쳐 중국과 경쟁하게 될 것이다. 물론 선의의 경쟁이 있을 수 있다. 양국이 올바른 방식으로 경쟁한다면 여러 방면에서 양국과 아시아에 이득이 될 수 있다.

그렇지만 단호하면서도 공격적인 중국의 태도에 어떤 대안이 있는지 묻고 싶다. 도표를 그려보면 알겠지만 언제부터 이 같은 중국의 행보가 두드러지기 시작했을까? 2008년 후반부터 2010년 7월 클린턴 전 국무장관이 하노이 아세안지역포럼(ARF)에서 연설하기 전까지다.

중국의 이 같은 행보는 미국을 쇠퇴하는 국가로 보게 되면서 시작되었다는 주장이 설득력이 있다고 생각한다. 그때가 바로 2008년 금융위기 직후로 정말 불가사의한 하또야마 수상이 집권하면서 미일동맹이 최저점에 도달했던 시기다. 하또야마 총리는 동등한 미일관계를 주장했는데, 내가 보기에 이때부터 중국의 공세적 행보가 두드러졌던 것 같다. 중국인들은 미국이 쇠퇴하고 있다고 믿었던 모양이다.

회귀 전략은 커트 캠벨 전 동아태 차관보와 같은 똑똑한 사람들 집단이 생각해냈기 때문에 수립된 것이 아니다. 근심에 싸인 아시아 국가들이 이를 강력히 요구하는 신호를 보냈기 때문에 수립된 것이다.

동남아시아의 관점에서 보면 특히나 부시 행정부 말기의 상황은 바람직하지 못했다. 콘돌리자 라이스(Condoleezza Rice) 전 국무장관은 4번의 아세안지역포럼(ARF) 중 2번을 불참했고, 그러다보니 동남아시아 국가들은 라이스 전 국무장관이 과연 자신들에게 신경을 쓰고 있는 것인지 궁금해했다. 미국은 '한가지밖에 생각하지 못하는 남자'(테러리즘을 지칭함)가 되어 동남아시아의 현안을 경시한 채 테러방지와 자국 문제에만 관심을 기울이고 있었다.

중국의 공세적 행보의 상당부분은 오바마 행정부가 들어서서 중국과의 '전략적 보증'이나 'G2' 같은 개념을 논의하던 때에 형성되었다. 그리고 정말 솔직하게 말하면 이에 대해 미국은 그런 중국의 행보가 상당히 거슬린다고 최종 결론을 내리게 되었다.

그렇다면 대안은 무엇인가? 발생할 수 있는 모든 비상상황과 나쁜 씨나리오, 나쁜 결과의 위험에 대비하는 것이다. 다시 말해 관건은 양자관계의 긍정적 측면을 조성하기 위한 일을 하면서 동시에 능숙하고도 세련된 방식으로 위험에 대비한 작업을 하는 것이다.

중국과의 양자관계에서 긍정적인 영역은 거의 없고, 요원한 듯 보인다. 이것이 양국이 겪고 있는 여러 문제들 중 하나다. 무역처럼 미중관계를 받치는 핵심이 되는 분야에서도 긴장과 논쟁이 야기되고 있다. 양국은 거대한 교역관계를 맺고 있지만, 이 영역에서도 미국의 노동시장과 경제에 미치는 영향에 대한 인식 탓에 긴장이 형성된다.

불공정 무역관행에 대한 비난 등으로 인해 말이다.

중국의 행동, 그리고 향후 중국이 보다 공세적으로 행동할 가능성에 대해 위험 대비책을 마련하는 것 이외에 다른 영리한 대안이 있는지 잘 모르겠다. '회귀 전략'이 안보 딜레마의 원인이 될 수도 있다는 점은 이해한다. 그러나 그것 이외에 합리적인 대안을 보지 못했다. 관여와 위험 대비 정책을 적절하게 조합하고, 또 적절한 방법으로 양자의 균형을 맞추는 것 이외에는 대안이 없다. 물론 그렇게 하기 위해서는 능숙함과 정교함이 요구된다.

대담자 로버트 졸릭 전 국무부 부장관이 내세운 '책임있는 이해상관자' 개념처럼 중국의 위상을 있는 그대로 인정하고 그에 걸맞은 역할과 책임을 요구하는 것이 대안이 될 수도 있지 않을까?

슈라이버 그 개념이 순전히 로버트 졸릭만의 아이디어는 아니었다.

대담자 처음 듣는 이야기다.

슈라이버 그 개념은 클린턴 행정부 때 추진되던 정책 기조와 몹시 흡사하다. 단지 당시에는 이를 홍보하기 위한 범퍼스티커가 없었을 뿐이다. 반쯤은 농담으로 하는 이야기다.

중국을 독려해 고립된 상태에서 벗어나 다자기구의 성원, 국제사회의 성원이 되게 하자는 아이디어는 1990년대 미 행정부의 지침이었다. 당시에는 '책임있는 이해상관자'라는 용어가 사용되지 않았을 뿐이다. 대신에 중국이 지역기구나 국제기구의 구성원이 되면 스스로를 이해상관자로 여길 것이고, 국익이 걸려 있으니 행동도 그에 따라 변화할 것이라는 믿음이 있었다.

나는 2005년 9월 로버트 졸릭 전 부장관이 미중관계 전국위원회(NCUSCR)에서 했던 당시의 연설을 잘 기억하고 있다. 원고는 졸릭의 중국 담당 보좌관이었던 에반 페젠바움(Evan A. Feigenbaum)이 썼다.

대담자 원래의 질문으로 돌아와서 중국의 공세적인 행동에 대한 대안으로 '책임있는 이해상관자'라는 개념이 아직도 유용하며 지속 가능한 목표라고 보는가?

슈라이버 '책임있는 이해상관자' 개념이 중국의 공세적 행동에 대한 대안인지는 모르겠다. 물론 과거에 미국은 중국이 고립에서 벗어나 다자기구에 참여할 수 있도록 만들자고 말하곤 했다. 그러나 이제 중국은 국제사회 어디에나 자리하고 있다. 따라서 머뭇거리는 중국을 미국이 구축한 국제체제에 편입시키는 일은 더이상 중요하지 않게 되었다. 중국은 대부분의 국제기구 내에서 이미 주요 행위자가 되었다. 이제 문제는 '중국이 앞으로 책임있는 행동을 할 것인가?'에 달려 있다.

사실 '책임있는 이해상관자' 개념이 지닌 문제점 중의 하나는 용어 자체를 경제학에서 빌려왔다는 점이다. 2005년 연설 이후로도 졸릭은 줄곧 경제학에서 표현을 빌려다 썼다. '미국은 중국이 무임승차자가 되지 않기를 바란다'라는 식으로 말이다.

경제학에서 '책임있는 이해상관자'의 반의어는 '무임승차자'다. 하지만 국제정치에서 '책임있는 이해상관자'의 반의어는 '무책임한 이해상관자' 혹은 '방해하는 이해상관자'다. 또한 2005년과 현재 미국이 맞닥뜨린 도전은 사뭇 다르다. 이제 관건은 중국이 어떤 방식으로 행동하는 것이 그들의 국익에 부합하는지를 설득하는 것이다. 나는 미국이 중국을 어떤 형태로 만들어야 한다고 말하고 싶지는 않다. 그것은 정말로 우리의 능력을 과장하는 것이다.

양국의 경쟁이 오랫동안 지속되고 있지만 미중 양국의 이익이 공유되거나 포개지는 영역도 적지 않다. 양쪽의 이익이 완벽하게 일치하지는 않을지라도 겹치기는 한다는 뜻이다. 이러한 영역을 강조하면서 협력하는 패턴과 습관을 발전시키기 위해 노력하는 것 자체가 상당히 가치있는 일이다.

대담자 그런 협력적 노력의 성공 여부를 어떻게 가늠할 수 있나?

슈라이버 아주 좋은 질문이다. 고인이 된 포터 스튜어트(Potter Stewart) 연방대법관의 판결을 인용해보면 어떨까. 그는 '포르노를 정의하기는 어렵지만 보면 안다'라는 판결을 한 바 있다.[8] 주변환경에 대한 느낌이라는 것이 있다. 예컨대 우방국들이나 동맹국들이 어떻게 반응을 하는지, 우리가 관심을 기울이고 있는 일에 대해 미중이 얼마만큼 협력하고 있는지에 대한 느낌 같은 것 말이다. 우리는 이러한 것들을 감지해낼 수 있다.

하지만 현재로서는 '이것이 미중 협력으로 성과를 본 분야다'라거나 '미중 협력이 없었다면 해결하지 못했을 문제를 양국이 협력해 해결했다'라고 말하기가 힘들 것 같다. 성과를 논할 만한 사례가 아직은 한건도 없다고 본다.

2008년 금융위기에 대응하면서 특히 G20 내에서 양국이 상당히 공조를 잘했다고 말할지도 모르겠다. 하지만 실제로는 양국이 과거의 관행을 그대로 답습했을 뿐이다. 미국은 더 큰 재정적자를 감수하면서 평소 방식대로 무분별하게 지출을 늘렸다. 중국은 여전히 과거의 방식대로 국영기업을 운영하고, 수출주도형 성장모델에 정부지원을 엄청나게 투입했다. 양국의 협력이 실질적인 성과를 보인 사례가 한건도 없다. 만일 미래에 그런 사례가 나타난다면 그것이 바로 성공을 가늠하는 일종의 기준이 될 것이다. 비록 작은 성공일지라도 말이다.

프로젝트2049연구소 설립 배경

대담자 인터뷰를 끝마치기 전에 당신의 배경에 관한 질문들을 몇 가지 하고 싶다. 당신은 프로젝트2049연구소의 회장이자 최고경영자다. 이 연구소의 설립 배경과 주요 임무가 무엇인지 궁금하다.

슈라이버 이전까지는 오로지 아시아에만, 특히 아시아의 안보문제에만 초점을 맞춘 싱크탱크가 없었다. 이러한 싱크탱크를 운영할 수 있는 시장 상황이 되는지 일종의 실험을 했다. 올해(2013년)로 설립된 지 5년째인데 잘 운영되고 있다.

연구소 규모가 작아서 우리의 목표는 흥미롭고 독특한 일을 하는 것에 맞추어져 있으며, 다소 장기적인 관점을 견지하려고 한다. 그래서 연구소 이름에도 '2049'가 들어가 있다. 항상 21세기의 중간지점을 바라보려고 한다는 뜻은 아니고, 좀더 장기적으로 생각하려 한다는 뜻이다. 우리 연구소는 행정부나 의회 내의 인사들과 매우 우호적인 관계를 유지하고 있으며 이를 통해 우리의 견해를 알리려 노력하고 있다. 공화당이 정신을 차려서 다음 대선에서 이긴다면 우리 연구소의 일부 인력이 차기 행정부에서 일하게 될지 누가 알겠나. 한반도 통일보다도 가능성이 낮겠지만 말이다.

대담자 민간 부문에 종사하기 전에 당신은 국무부에서 근무했다. 당시 맡았던 주요 현안들과 특히 인상적인 현안이 있었다면 소개해 달라.

슈라이버 동아태 차관보 밑에서 중국, 대만, 몽골, 호주, 뉴질랜드, 태평양제도를 관할하는 부차관보로 일했다. 흥미로운 업무 목록이라고 할 수 있다.

대담자 이 모든 지역을 총괄했나?

슈라이버 그렇다. 농담 하나 하자면 워싱턴에서는 직함이 길수록 맡고 있는 업무의 중요도가 떨어진다는 말이 있다. 실제로 맞는 말이다. 당시 우리는 호주와의 관계에 있어서 많은 일을 했는데, 이러한 노력이 최근 보인 돌파구의 토대를 놓았다고 생각한다. 우리는 호주와의 동맹 조직화나 정보 공유를 증진하기 위해 많은 일을 했다. 물론 호주는 아프가니스탄전이나 이라크전에서 미국의 곁에 있었지만 말이다.

또한 내가 아주 애틋하게 기억하고 있고 또 실제로 많이 생각하는 일 중 하나가 아마도 위구르족 망명지도자 라비야 카디르⁹의 석방이 아닐까 싶다. 지금도 그녀를 지켜볼 수 있기 때문에 그런 것 같다. 당시 국무부는 그녀의 석방에 상당히 중요한 역할을 했다.

내가 국무부를 떠나기 전 마지막으로 한 일이 콘돌리자 라이스 당시 국무장관에게 '카디르의 석방을 당신의 첫 방중 조건으로 내걸면 중국이 그녀를 석방시킬 것'이라고 건의한 것이다. 라이스가 장관 취임 후 첫 중국순방에 나설 때였다. 관료들 중 일부는 중국이 카디르를 놔줄 리 없다고 주장했다. 그러나 라이스 전 장관은 중국 쪽에 편지를 썼다. '이것이 국무장관으로서 나의 첫 방문이다. 이 방문이 성공을 거두고 양국관계에 긍정적 영향을 주기를 바란다. 카디르가 석방된다면 나에게는 적지 않은 의미가 있을 것이다'라는 내용이었다. 결국 카디르는 풀려났다. 그녀는 현재 미국 버지니아 주에 있다. 나는 아직도 가끔 그녀를 만나곤 한다.

대담자 어떻게 동아시아에 관심을 갖게 되었나?

슈라이버 의사가 되기를 포기하고 대학을 중퇴하기로 결정했을 때였다. 교수님과 예과과정 수업들이 나를 그렇게 결심하도록 만든 것 같다. 그때 국제관계에 관심이 생겼고, 교수님 중 한분이 내게 중국어를 배워보라고 권했다. 그래서 학부 2학년 때부터 중국어 수업을 듣기 시작했는데, 당시만 해도 드문 일이었다. 1986년도인가 87년도였으니까 말이다. 당시 내가 가장 많이 들은 질문이 왜 일본어 수업을 안 듣고 중국어 수업을 듣느냐는 거였다. 첫해에 내가 수강한 중국어 수업의 수강 인원은 4명이었다. 반면 일본어 수강 인원은 30명인가 35명이었다. 어학을 통해서 나는 중국의 역사, 문화, 정치 등에 관심을 갖게 되었다.

대담자 미국의 외교정책이나 동아시아 국제관계 영역과 관련해 당신의 사고나 시각에 가장 큰 영향을 준 책이나 논문, 인물이 있다면 소개해달라.

슈라이버 두말할 나위 없이 리처드 아미티지 전 국무부 부장관이다. 학파가 있다면 나는 아미티지 학파나 아미티지 사단으로 분류될 수 있다. 존경하는 사람들이 많고 그들의 책도 많이 읽지만, 아미티지 전 부장관만큼 나에게 큰 영향을 끼친 인물은 없다.

민주당 사람이지만 커트 캠벨 전 동아태 차관보도 나에게 영향을 미쳤다. 예전에 그의 결혼식에 참석하기도 했다. 그런 것들을 보면 워싱턴 외교가에는 초당적인 측면이 어느정도 있다. 캠벨 전 차관보와 나는 막역한 사이고, 그를 깊이 존경한다.

내가 상관으로 모셨던 제임스 켈리 전 동아태 차관보도 지식이 풍부하고 뛰어난 인물이지만 많은 측면에서 그의 역량이 과소평가되었다는 생각이 든다.

| 감사의 글 |

미국 워싱턴의 존스홉킨스대학 국제관계대학원(SAIS) 산하 한미연구소(USKI)에서 연수를 시작한 지 3개월 남짓 흐른 2012년 11월 초였다. 같은 층 연구실에 있던 서재정 교수님과 두런두런 대화를 하던 중 '한국으로 돌아갈 때 무엇을 갖고 갈 생각이냐'라는 질문을 받았다. 애초 염두에 두었던 계획이 어그러지면서 필자도 방향성을 잃고 있던 터라 정신이 번쩍 들었다. 일년하고도 넉달이 더해진 짧지 않은 여정은 그렇게 시작되었다.

2012년 7월 말 워싱턴으로 연수를 오기 전부터 필자의 관심은 온통 미중관계에 있었다. 이런 사실을 알고 있던 서 교수님은 미국의 미중관계 전문가들을 인터뷰해서 책을 내보면 어떻겠느냐고 제안하셨다. 미국 전문가들 각각의 관점과 담론 지형을 있는 그대로 보여주자는 취지였다. '빈손'으로 한국에 돌아갈 수 없다는 막연한 자존심, 책을 출간하는 과정에서 밀도 있는 지식을 축적할 수 있을 것 같다는 기대감 등으로 서 교수님의 아이디어를 덥석 물었다. 필자의 영어공부를 도와주던 테일러 워시번도 공동저자로 인터뷰 작업에 합류하게 되었다.

그해 11월과 12월, 몇몇 지인들로부터 미중관계 전문가들을 추천받은 뒤 그들의 칼럼과 논문 등을 읽으며 인터뷰 대상자 선정 작업을 시작했다. 2013년 1월 한달 동안 섭외를 하고 1월 말부터 시작한 인터뷰는 많을 때는 한주에 1명, 적을 때는 2주일에 1명꼴로 6월 초까지 숨 가쁘게 이어졌다. 인터뷰 과정도 쉽지 않았지만 7월 말 한국으로 돌아온 뒤 회사 생활을 병행하면서 번역과 편집을 해야 했기에 작업의 진도는 늘 머릿속 일정을 빗나가기 일쑤였다.

서 교수님은 초기 아이디어 제공 및 전문가들 추천과 섭외는 물론 한국어 번역본에 대해서도 '빨간펜 선생님'을 자처하며 꼼꼼히 수정하고 살을 붙여주셨다. 처음부터 끝까지 서 교수님의 넘치는 애정과 도움이 없었다면 이 책은 불가능했을 것이다.

인터뷰이 섭외와 인턴 배정 등 지원을 아끼지 않은 구재회 소장님, 제니 타운, 안젤라 최 등 SAIS의 한미연구소 관계자분들께도 깊은 감사의 말씀을 드리고 싶다. 녹취록 작성을 도와준 연구소 인턴 학생들과 이원희 학생에게 특별한 감사의 말을 전하고 싶다. 이원희 학생은 필자의 한국어 번역본을 꼼꼼히 검토해 오류를 잡아주고, 일부 초벌 번역까지 도맡아 해주었다. SAIS 한미연구소로 연수를 가지 않았더라면 누릴 수 없었던 소중한 인연과 혜택들에 감사한다.

우드로윌슨센터 방문연구원으로 와 있던 성신여대 사학과 홍석률 교수님과 일본 게이오대학의 니시노 준야 교수님도 서 교수님의 소개로 만날 수 있었다. 두 교수님은 미국 전문가들에 대한 많은 정보를 알려주고 질문지에 대한 조언을 아끼지 않았다. 특히 미중관계

438

와 한반도문제의 연결고리 및 상호영향에 대한 인식 틀은 홍 교수님의 책 『분단의 히스테리』(창비 2012)에 기대고 있음을 밝히고 싶다. 필자와 같은 연구소에 있던 중국 다롄대 허 통메이 교수님은 중국 내부 상황에 대한 유익한 정보를 제공해주었다. 고려대 임혁백 교수님을 비롯해 같은 연구소에 있던 한국인 방문연구원들은 인터뷰 작업을 핑계로 모임에 소홀했던 필자를 늘 너그럽게 이해해주었다. 주미 한국대사관의 외교관들도 전문가들을 추천해주는 등 보이지 않는 도움의 손길을 얹어주었다.

2011년 11월 미국 방문 때 인연을 맺은 뒤 멘토가 되어주신 라나 선생님은 시카고에서 일부러 워싱턴까지 찾아와 아낌없이 격려해주셨다. 미국에 있는 1년 동안 익숙하지 않은 생활에 어려운 일이 생길 때마다 내 일처럼 달려와 해결사 역할을 해주신 '사람사는세상 워싱턴지부' 분들께도 감사를 전하고 싶다.

인터뷰 내용을 번역하고 원고를 쓰기 위해 자주 휴가를 낼 수밖에 없었다. 부서 선후배들께 그 부담을 떠안긴 것 같다. 안재승 선배, 동기 이종규 씨 그리고 우리팀 후배들 모두에게 미안함과 고마움을 전하고 싶다. 권태선 선배, 오태규 선배 등 여러 회사 선후배들로부터도 출판 작업과 관련해 음으로 양으로 적잖은 도움을 받았다. 인터뷰이들이 언급한 미중관계와 관련한 역사나 사건에 대한 해설은 정의길, 박민희, 성연철 등 『한겨레』 선후배들의 과거 기사를 주로 참고했다. 일일이 출처를 밝히지 못한 점을 양해해주셨으면 좋겠다.

무엇보다 바쁜 시간을 쪼개 인터뷰에 응해준 미국의 전문가들에게 감사해야 할 것 같다. 제임스 스타인버그 전 미 국무부 부장관, 커트 캠벨 전 국무부 동아태 차관보 등 지금까지 한국언론이 접촉하기 어려웠거나 접촉했더라도 간단한 인터뷰에 그쳤던 '스타급' 전문가들이 적지 않았는데, 바쁜 중에도 인터뷰에 응해 자신의 의견을 개진하는 모습이 참 인상깊었다. 사실 공동저자인 테일러를 만난 것은 행운이었다. 풍부한 역사 지식과 유머 감각, 그의 인맥은 인터뷰 작업이 어려움에 부딪힐 때마다 활력과 돌파구가 되었다. 또한 창비의 염종선 국장님, 박대우 팀장님, 김경은 편집자님께도 감사를 드린다. 그들의 편집 능력은 창비의 명성이 하루아침에 쌓인 것이 아님을 알게 해주었다.

한국으로 돌아온 후에도 소중하고 절친한 회사와 사회 선후배들의 만남을 계속 미루기만 해왔다. 행여라도 서운함이 있다면 책 출판이 조그만 용서거리가 됐으면 하는 혼자만의 바람이 있다. 와이프한테도 미안하고 고맙다. 연수 중에도 그다지 함께할 수 있는 여유로운 시간이 많지 않았고, 한국에 와서도 주말을 도서관에서 보내야 했기 때문에 외롭고 힘들었을 텐데 어두운 낯빛 한번 비춘 적이 없다.

자신감으로 가득 차 달려들었던 인터뷰 작업은 겸손함으로 끝났다. 인터뷰를 진행하면서 밑천이 바닥나는 느낌을 수없이 겪었다. 이제 겨우 출발선에 선 것 같다. 부족한 부분이 무엇인지, 가야 할 방향이 어디인지를 어렴풋하게 감을 잡은 것만도 개인적으로는 감사할 뿐이다.

이 책이 작은 디딤돌이 되어 미중관계에 대한 후속 인터뷰들이 이어졌으면 좋겠다. 이 책의 인터뷰는 미중관계의 큰 전략 틀에 주로 초점을 맞추고 있다. 미중관계의 좀더 세분화된 분야, 예컨대 경제나 군사, 기후변화, 사이버전쟁 등에 대한 인터뷰 작업에 뜻을 가진 사람이 나온다면 한국사회의 미중관계에 대한 인식 지평이 훨씬 넓어질 것이다. 앞으로 모든 분야에서 미중관계의 구속력은 더욱 커질 것이기 때문에 이런 작업은 빠를수록 좋다. 마지막으로 한국어 번역본의 잘못이나 실수가 있다면 그건 오롯이 필자의 책임이다.

공동필자를 대표하여
이용인 올림

제1부 미국의 '아시아 회귀 전략' 논쟁

커트 캠벨 회귀인가, 재조정인가

1) 환태평양경제동반자협정(TPP)은 미국이 주도하는 아태 지역의 다자 간 자유무역협정(FTA)으로, '예외 없는 관세 철폐'를 추구하는 등 '높은 수준의 무역자유화와 포괄적 FTA'를 표방하면서 2010년 3월부터 본격적인 협상에 들어갔다. 2013년 말 협상타결을 목표로 했지만 달성하지는 못했다. 일본은 2013년 3월 15일 TPP에 참여한다고 전격 선언했으며, 2014년 3월 말 현재 미국, 말레이시아, 일본, 호주, 베트남 등 12개국이 협상에 참여하고 있다. 한국도 TPP 협상 참여를 목표로 기존 12개 참가국의 동의를 얻기 위한 예비 양자협의를 벌이고 있다. 공식적으로는 중국의 TPP 협상 참여를 거부하지 않았지만, TPP에는 국유기업의 불공정한 지위나 행위에 대한 규제와 정부 구매, 지적재산권, 노동권 및 환경보호 등 정부주도 경제인 중국이 수용하기 어려운 내용이 많다. 또한 TPP 참여국 가

운데 한곳이라도 거부하면 협상에 참여할 수 없다. 이 때문에 TPP가 중국을 배제한 미국 주도의 경제 질서를 아태 지역에 구축하기 위한 것이라는 분석이 지배적이다.

데이비드 램프턴 중국에 관한 오해를 깨라

1) 외교부 자료를 보면, 시 진핑 주석은 1979년 칭화대학 화공과 학사를 마쳤으며, 2002년 칭화대학 인문사회학원에서 법학박사(맑스주의 이론 및 사상정치교육 전공) 학위를 받았다.
2) 에이브러햄 링컨 대통령이 남북전쟁이 진행되던 1863년 11월 19일, 펜실베이니아 주 게티즈버그의 전사자 추도식에서 한 연설로, "국민의 정부, 국민에 의한 정부, 국민을 위한 정부"라는 발언으로 유명하다.
3) 장 쩌민은 실제 서구 유학 경험은 없지만 서구문물과 외국어에 심취했던 것으로 알려져 있다.
4) 램프턴 교수는 장 쩌민에게 상당히 호의적인 것으로 알려져 있다. 램프턴 교수의 말에서 장 쩌민을 높게 평가하는 듯한 뉘앙스가 느껴지는 것도 이런 이유 때문이다.
5) 시 진핑의 부친인 시 중쉰은 1978년부터 80년까지 광둥성 당서기를 지냈으며, 이때 광둥성 선전을 경제특구로 지정하는 데 결정적 역할을 했다. 시 진핑은 2012년 11월 16일 제18차 전대에서 총서기로 취임하고 20여일 만인 12월 7일 첫 지방 시찰로 광둥성 선전시를 방문했다.
6) 지난 2012년 2월 시 진핑은 당시 부주석 자격으로 미국을 방문했으며, 이때 조 바이든 부통령은 시 진핑과의 공식적인 회동 이외에도 시 진핑의 일정 상당부분을 동행하며 오랜 시간을 함께 보냈다. 시 진핑은 방미 당시 차기 중국 지도자로 선출되는 것이 확실시된 상황이었다.
7) 1989년 4월 15일 개혁파였던 후 야오방(胡耀邦) 전 총서기가 사망하자 그

의 명예회복과 민주화를 요구하는 대규모 시위가 이어진다. 당국은 계엄령을 선포하지만, 시위는 계속되었고 그 규모도 커졌다. 결국 6월 3일 밤에 이루어진 무력 진압으로 국제인권단체 추산 2000여명이 넘는 사망자가 발생하게 된다. 이러한 '톈안먼사건'을 '학살'(massacre)로 표현할지 '사건'(incident)으로 표현할지는 정치적으로 예민한 문제이나, 램프턴 교수가 사용한 용어를 그대로 반영했다.

8) 예를 들어, 광둥성 우칸에서는 2012년 3월 3일과 4일 민주적인 방식으로 촌위원회 선거를 실시해 그간 농민시위를 이끌었던 지도자들이 촌위원회의 행정책임자 등으로 선출되었다.

9) '굴욕의 세기'에 대한 자세한 설명은 제임스 스타인버그 편 참조.

10) 램프턴 교수와 인터뷰하기 이틀 전인 4월 20일, 『뉴욕타임스』는 사모펀드계의 거물인 스티븐 슈워츠먼(Stephen A. Schwarzman)이 중국 칭화대학에 3억달러 규모의 장학금을 조성할 예정이라고 보도했다.

11) 의화단이 1900년 베이징에 들어가 외국 외교관들을 공격하는 등 '반외세 운동'을 펼치자 영국, 프랑스, 러시아, 미국, 일본, 독일 등 8개국 연합군 2000여명이 이를 진압한 사건을 말한다. 이듬해 청 대표 리 훙장(李鴻章)과 서양 11개국 대표가 체결한 「베이징 의정서」에는 청나라가 배상금을 지불하는 조항이 포함되었다.

12) 1942년 일본군이 버마를 점령하면서 미국 등 연합국의 마지막 남은 대중국 육상 보급로가 막히자 연합국은 항공기를 이용해 히말라야산맥을 넘어 인도에서 중국으로 물자를 공급했다. 그러나 수송거리가 길고, 기상조건도 좋지 않아 사고가 잦았다.

13) 1919년 5월 4일 학생들의 주도로 베이징에서 시작된 항일·반제국주의·반봉건주의 운동인 5·4운동을 뜻한다.

14) 중국공산당은 1921년에 창당했다.

15) 힐러리 클린턴 장관은 2011년 11월 16일 필리핀 마닐라 만에 정박한 미

구축함 피츠제럴드호 갑판 위에서 알베르트 델 로사리오(Albert F. del Rosario) 필리핀 외교부 장관과 함께 양국 방위조약 체결 60주년을 기념하는 선언문에 서명하며 군사적 측면에서 경제적 협력에 이르기까지 광범위한 지원을 약속했다. 필리핀은 중국과 남중국해 영유권 분쟁을 겪고 있다.

16) 리언 패네타 장관은 2012년 6월 3일 베트남 캄란 만에 정박 중인 미 해군 수송선 리차드 E. 버드를 방문한 자리에서 캄란 만이 미군에 핵심 역할을 할 수 있을 것이라고 말했다.

17) 경기가 과열되지도 않고 위축되지도 않는, 즉 높은 성장을 이루면서도 물가상승은 없는 이상적인 경제상황을 가리킨다.

18) 언론인 출신으로 신미국안보센터(CNAS) 선임연구원 등을 거쳐 현재 전략정보 분석업체인 스트랫포(Stratfor)에서 일하고 있다. 중국이 부상하면서 시장과 자원, 해로 안전 확보 차원에서 필연적으로 미국이나 일본과 충돌할 것이라는 견해를 갖고 있다. 『몬순』(*Monsoon*), 『지리의 복수』(*The Revenge of Geography*) 등 적지 않은 저서를 펴냈다.

19) 개입주의 외교정책을 지지하는 사우스캐롤라이나 출신의 공화당 상원의원. 이란에 대한 이스라엘의 공격 지지, 시리아에 대한 군사적 공격, 중국에 대한 무역보복 등을 주장했다.

댄 블루멘설 중국을 봉쇄하라

1) 미국의 2012년 '국방수권법'(National Defense Authorization Act)은 이란산 원유를 수입하는 국가의 금융기관에 대해 자국 금융기관과의 거래를 중지시키는 '제재'를 뼈대로 하며, 지난 180일간 이란산 원유 수입을 상당 수준 감축한 국가에 한해서만 제재에 대한 '예외 지위'를 부여했다. 이에 따라 한국은 대이란 원유 수입을 점차 줄여왔다.

2) 셰일가스는 진흙 등이 굳어 만들어진 퇴적암에 함유된 메탄가스로, 최근 시추 기술 등이 개발되면서 에너지 시장의 큰 이슈로 떠올랐다. 미국 중심으로 개발이 이루어지고 있으며, 오바마 대통령은 2012년 초 새해연설에서 개발에 대한 지지의사를 표명하기도 했다.

3) 1996년 4월 중국 상하이에서 러시아·중국·카자흐스탄·키르기스스탄·타지키스탄 5개국 정상이 테러, 극단주의, 마약·무기 밀매 등에 대한 공동대처를 목표로 '상하이 5국' 창설에 합의했다. 이후 2000년 우즈베키스탄이 합류한 뒤, 2001년 6월 15일 상하이에서 정식으로 '상하이협력기구'(SCO)로 출범했다. 중국은 1990년대 이후 미국의 패권에 홀로 맞서기보다는 다자주의 방식으로 여러 국가들과 협력해 대응하는 것이 유리하다는 판단하에 다자주의를 적극 활용하게 되는데, SCO뿐만 아니라 북핵 6자회담도 이런 맥락에서 중국이 주도적으로 추진했다는 분석이 많다. 한편 터키는 2007년부터 SCO 정회원 가입신청이 세차례나 거부되자 2011년에 '대화 협력국' 지위를 신청했으며 2012년 6월에 신청이 받아들여졌다. 터키가 SCO에 계속 관심을 보이고 있는 것과 관련해, 일부에서는 유럽연합(EU)에 가입하려는 시도가 가로막히자 반서구적인 성향의 SCO에 가입하려는 제스처를 통해 EU에 압력을 행사하려는 것 아니냐는 분석을 내놓고 있다.

4) 2009년 7월 5일 신장 우루무치에서 위구르인 1000여명이 중국 중앙정부의 종교·문화 탄압에 항의하는 무장시위에 나서 최소 197명이 숨졌다. 이에 대해 레세프 에르도안(Recep T. Erdoğan) 당시 터키 총리는 "대량학살의 하나"라며 중국정부를 맹비난하는 등 중국—터키 관계가 긴장 국면을 맞았다. 중국 영토의 6분의 1을 차지하는 신장에는 터키어를 쓰며 이슬람교를 믿는 위구르족 900만명이 살고 있다(『연합뉴스』 2009년 7월 11일자 참조).

5) 인도가 아프가니스탄과 파키스탄에 발이 묶여 중국의 부상 등에 대응하

기 어렵다는 뜻이다. 인도는 아프가니스탄과의 협력을 통해 지리적으로 중간에 위치한 파키스탄을 견제하는 외교 전략을 취해왔다.

6) 부시 대통령은 2006년 3월 2일 인도에서 만모한 싱(Manmohan Singh) 인도 총리와 정상회담을 열고 '특별한' 원자력협정을 체결했다. 이 협정에 따라 미국은 핵확산금지조약(NPT)에 가입하지 않은 국가에게는 평화적인 목적이라 하더라도 원전기술을 제공할 수 없다는 원칙을 깨고 인도에 원자력기술과 핵물질을 제공하게 된다. 이 같은 파격적인 협정 체결에는 인도를 끌어들여 중국과 러시아를 견제하기 위한 전략적 포석이 깔려 있었다. 하지만 수차례 핵실험을 하고 핵무기까지 보유한 인도에 원자력기술을 제공한 것에 대해 미국 안팎에서 '이중 잣대'라는 비판이 적지 않았다.

7) 오바마 행정부가 다른 지역을 희생하면서까지 아시아에 회귀한다고 솔직하게 고백하면 미국민들이 이를 지지하겠느냐는 회의가 깔린 발언으로 읽힌다.

8) 대만과 태국을 영어식으로 읽으면 각각 타이완(Taiwan)과 타일랜드(Thailand)이기 때문에 혼동할 수 있다는 뜻이다.

9) '대만관계법'은 미국이 중국과 1979년 수교하면서 폐기한 대만과의 상호방위조약을 대체하기 위해 같은 해 4월 제정·발표했다. 대만관계법 제2조는 "대만주민과 사회경제제도를 위협하는 무력 및 강제행동에 대해 미국은 대항한다"라고 밝히고 있으며, 미국은 이를 근거로 대만에 무기를 판매하고 대만해협에서 위기가 발생할 경우 개입할 수 있다고 주장한다. 그러나 대만관계법은 미 국내법이어서, 안보동맹의 상호방위조약처럼 과연 미국이 자동 개입할 수 있는 근거가 되는가에 대해 논란이 적지 않다.

10) 애런 프리드버그는 프린스턴대학 교수로 재직 중이며, 대중 강경론자로 꼽힌다. 지난 2012년 미국 대선 때 공화당 미트 롬니 후보의 외교안보 참모로 활동했다.

11) 리처드 하스는 2003년 6월부터 미국외교협회(CFR) 회장으로 재임하고 있다. 2001년부터 2003년까지 제1기 부시 행정부에서 콜린 파월(Colin Powell) 국무장관 밑에서 국무부 정책기획국장을 역임했다. 로버트 졸릭은 2007년 7월부터 2012년 6월까지 세계은행 총재를 지냈으며, 부시 행정부 2기 때인 2005년 1월부터 2006년 5월까지 국무부 부장관을 지냈다.

12) '책임있는 이해상관자'란 로버트 졸릭이 미 국무부 부장관으로 재직하던 2005년 9월, 뉴욕에서 열린 미중관계 전국위원회(NCUSCR) 연설 중에 나온 용어로 중국의 위상을 있는 그대로 인정하고 그에 걸맞은 역할과 책임을 요구한다는 뜻을 담고 있다. 그는 이 연설에서 "미국은 중국과의 더 큰 협력 없이는 개방된 국제경제 씨스템을 유지할 수 없다"면서도 "중국은 국제경제 문제에 대해 책임을 공유하고 있는 이해상관자다. 중국은 자신의 성공을 가능하게 해준 국제체제를 강화해야 할 책임이 있다"라고 촉구했다.

13) 인터뷰 당시만 해도 센까꾸/댜오위다오와 관련해 가장 강력한 미국의 발언은 힐러리 클린턴 장관이 2013년 1월 18일 미 국무부에서 키시다 후미오 일본 외무상과 만나 "미국은 영유권에 대해 어느 편도 들지 않는다"며 "센까꾸 열도가 일본 행정권에 포함된다는 점을 인정하며 이를 훼손하려는 일방적 행위에 반대한다"고 언급한 것이었다. 클린턴의 발언에 대해 영유권 문제에 대해서는 개입하지 않겠다는 쪽에 방점이 찍혀 있다는 해석이 적지 않았다. 그러나 센까꾸/댜오위다오를 방공식별 구역으로 편입한 중국의 조처에 대응해 2013년 11월 27일 척 헤이글(Chuck Hagel) 미 국방장관은 오노데라 이쯔노리(小野寺五典) 일본 방위상과의 통화에서 "미국과 일본 간 방위조약 대상에 센까꾸 열도가 포함된다"고 분명히 명시했다. 그러나 척 헤이글의 발언도 일본을 진정시키고 중국과 기싸움을 하겠다는 성격이 짙다.

저스틴 로건 '아시아로'가 아닌 '미국으로' 돌아오라

1) 케이토연구소에 대한 소개는 홍일표의 『세계를 이끄는 생각』(중앙북스, 2008)에서 빌려왔다.

2) 보수적 싱크탱크 가운데도 1973년 설립된 헤리티지재단이 가장 직접적이고 적극적으로 공화당 우파의 의제를 전파하고 있다. 조지 소로스(George Soros) 등의 지원으로 2003년 설립된 미국진보센터(CAP)는 '자유주의 진영의 헤리티지재단'을 표방하고 있으며, 오바마 행정부의 정책 이념과 의제 들을 만들어내는 데 핵심적인 역할을 한 것으로 알려져 있다.

3) 미국은 2011년 9월 예멘에서 미국 시민권을 지닌 이슬람 극단주의 성직자 안와르 알 아울라키(Anwar Al-Awlaki)를 드론으로 공격해 사살했다. 미국 NBC 방송은 2013년 2월 '명백한 증거가 없어도 테러조직과 연계되어 있다는 의심이 들 경우에는 미국시민이라도 암살할 수 있다'며 드론 공격을 정당화하는 미 정부의 극비 문서를 공개해 논란이 일었다.

4) 잘마이 칼릴자드는 아프가니스탄에서 태어나 부시 행정부에서 아프가니스탄 대사, 이라크 대사, 유엔 대사 등을 역임한 네오콘적 성향의 인물이다.

5) 저스틴 로건의 인터뷰는 15명의 전문가 인터뷰 가운데 두번째로 진행되었다. 필자들이 향후 인터뷰할 사람들의 목록과 계획을 앞서 듣고는 발언한 내용이다.

6) Justin Logan, "China, America, and the Pivot to Asia," *Policy Analysis*, No. 717, January 8, 2013.

7) 일본 전체 인구에서 청장년층이 차지하는 비중이 상대적으로 작아서 경제 활동과 군사적 팽창을 위한 활동이라는 두가지 일을 동시에 하기가 어렵다는 뜻이다.

8) 센까꾸/댜오위다오를 '실효적'으로 지배하고 있는 일본이 중국의 현상

변경 시도를 비판하면서도, 동시에 독도를 실효적으로 지배하고 있는 한
국에 공세적으로 대응하는 것은 일관된 태도가 아니라는 뜻이다.

9) 로건의 발언이 무엇을 염두에 둔 것인지는 불분명하지만, 일본이 가전이
나 반도체 분야에서 한국에 밀리고 있는 현실을 일본인이 들려준 것으로
추정해볼 수 있다.

10) 워싱턴 외교가의 폐쇄적인 논의 구조를 무너뜨리는 것을 소련의 개방
(glasnost)에 빗대었다.

제2부 미중관계의 현황과 해법

제임스 스타인버그 불신 해결의 열쇠, '전략적 보증'

1) 세력전이 이론은 전 미시간대학 교수인 오갠스키(A. F. K. Organski)가
1958년 발표한 이론으로, 국제정치사상 큰 전쟁들이 강대국 간의 세력변
경에 따른 결과라고 보았다. 피라미드형 위계구조의 최상층에 위치한 지
배국가 혹은 패권국가에 대항해 그 아래의 부상하는 국가가 기존의 질서
에 불만을 갖고 현상변경을 시도하려 하고, 지배국가가 이를 견제하거나
힘으로 억압하려 할 경우 이들 간의 상호 동학으로 인해 세력전이 전쟁이
일어날 가능성이 높다는 이론이다.

2) 존 미어샤이머는 시카고대학 정치학과 교수로, 국제안보 정책의 세계적
권위자로 꼽힌다. 지구상의 유일한 패권국이 되는 것이 자국의 안전을 보
장하는 최선의 방책이기 때문에 강대국들은 서로 우월한 지위를 점하려
하고, 이 과정에서 필연적으로 전쟁이 일어난다고 주장하는 '공격적 현
실주의'(offensive realism)를 주창해왔다. 이에 따르면, 중국 입장에서는
패권을 추구하는 것이 국가의 생존을 위한 최선의 보장이고, 미국은 이러

한 중국을 저지해야만 한다. 결국 중국과 미국 사이에서는 냉전시대 소련과 미국처럼 심각한 안보경쟁이 야기될 수밖에 없다.

3) 힐러리는 이 연설에서 "서로 이야기할 만한 유대도 거의 없고 관계도 거의 없던 두 나라가 이제는 불가피하게 상호의존적인 관계가 되었다. 오랫동안 별개의 국가로 지내온 두 국가가 이제는 서로의 문화와 역사에 깊숙이 뿌리내렸다. 이것은 아주 특이한 상황이다"라고 말했다(원문 참조─http://www.state.gov/secretary/20092013clinton/rm/2012/03/185402.htm).

4) 기원전 5세기, 그리스의 신흥 세력으로 떠오른 아테네에게 주도권을 빼앗길 것을 우려한 스파르타는 펠로폰네소스 전쟁을 일으킨다. 아테네 출신의 역사가 투키디데스는 30년에 걸친 이 전쟁에서 스파르타가 승리했지만 아테네는 물론 스파르타 역시 쇠퇴했다고 썼다. 이에 기원해 기존 세력과 신흥 세력의 대립과 긴장이 불가피하게 충돌로 이어진다는 논리는 '투키디데스적 충돌'(Thucydidean clash) 혹은 '투키디데스의 함정'(Thucydides trap)이라 불린다.

5) 인터뷰 당시 집필 중이라고 소개한 책은 2014년 5월 프린스턴대학출판부에서 'Strategic Reassurance and Resolve: U.S.-China Relations in the Twenty-First Century'라는 제목으로 출간되었다.

6) 2001년 4월 1일 일본 오끼나와 기지에서 이륙한 미국 EP-3 정찰기가 하이난 섬 인근에서 근접비행을 하던 중국 전투기와 충돌했다. 이 충돌로 중국 조종사는 사망했으며, EP-3 정찰기는 하이난 섬의 군용공항에 불시착했다. 정찰기에 탑승했던 미국 쪽 승무원 24명은 중국에 체포되었다가 사고 열하루만인 4월 12일 미국으로 송환되었다. 당시 미국은 '정상적인 정찰 활동'이라고 주장한 반면, 중국은 '미군 정찰기가 불법적으로 중국 영공에 침범해서 일으킨 사건'이라고 반박하는 등 양쪽의 주장이 맞섰다. 미군 정찰기가 아무런 예고없이 하이난 섬 공군기지에 불시착했는데도 중국 쪽 대방공망은 이를 감지하지 못해 중국은 충격에 빠졌다고 한다.

7) 정상무역관계(NTR) 대우 국가는 미국시장에 수출하는 상품에 대해 저 관세 혜택을 받게 되는데, 항구적 정상무역관계란 정상적 무역관계를 영 구적으로 허용한다는 뜻이다. 미 하원은 2000년 5월 중국이 WTO에 가입 한 이후부터 효력이 발생하는 것을 전제(미중은 1999년 11월 WTO 가입 협정을 타결했으며, 중국은 2001년 12월 WTO에 공식 가입했다)로, 중국 상품에 PNTR 지위 부여안을 통과시켰다. 중국은 항구적 지위를 부여받 기 전까지 매년 미국 의회의 심사를 거쳐 정상무역관계 대우를 연장받아 왔다.

8) 원문은 다음과 같다. "[The United States] is the well-wisher to the freedom and independence of all. She is the champion and vindicator only of her own."

9) 명나라 영락제의 명령에 따라 정화는 대규모의 남해원정단을 이끌고 1405년부터 1433년까지 일곱차례의 대원정을 완수했다. 동남아시아에 서 서남아시아를 거쳐 아프리카 케냐의 스와힐리에 이르는 30여국을 원 정했다고 한다. 이 항해를 통해 명나라와 교류가 없던 동남아시아의 여러 나라가 명나라와 조공을 맺게 되었다.

10) 19~20세기 초 제국주의 시대에 지정학적으로 가장 중요한 곳 중 하나 였던 중앙아시아 지역을 두고 영국과 러시아가 벌인 쟁탈전을 일컫는다.

11) 동아시아정상회의(EAS)는 2002년 11월 제6차 ASEAN+3(한·중·일) 정 상회의에서 '동아시아 공동체' 형성을 위해 동아시아연구그룹(East Asia Study Group)이 권고한 26개 협력사업의 하나로 제안되었으며, 2005년 12월 말레이시아 쿠알라룸푸르에서 정상회의 체제로 공식 출범했다. ASEAN+3 이외에도 인도, 호주, 뉴질랜드 등이 참여하고 있으며, 2010년 옵저버로 초청받은 미국과 러시아가 2011년 정식으로 회의에 참여하면 서 현재 회원국은 18개국이 되었다. 부시 행정부는 EAS에 큰 관심을 기울 이지 않았으나, 오바마 행정부가 들어서면서 이 회의체의 전략적 가치에

주목하기 시작했다. 오바마 행정부는 핵확산방지나 해상안전, 기후변화 같은 전략적 사안들은 EAS, 역내 경제협력은 아시아태평양경제협력체(APEC)를 통해 아시아태평양 전략을 펼친다는 구상을 갖고 있다.

12) 허브(Hub)는 자전거 바퀴의 축을 말하고 스포크(Spoke)는 바퀴살을 가리킨다. 미국은 전통적으로 항구적 동맹관계를 맺는 것을 꺼려왔지만 2차대전 이후 냉전을 겪으면서 소련에 대항하기 위해 유럽과 아시아에서 동맹 씨스템을 구축하기 시작한다. 유럽 쪽에서는 집단안보동맹체제인 북대서양조약기구(NATO), 아시아 쪽에서는 지역통합보다는 미국 중심의 양자동맹관계, 즉 허브앤스포크 씨스템을 구축한다. 이에 따라 한국, 일본, 호주, 필리핀, 태국 등이 미국과 동맹관계를 맺었다. 그러나 탈냉전 이후에도 미국은 아시아 지역에서 허브앤스포크 씨스템을 기본틀로 유지하고 있다. 최근 들어 미국은 중국의 부상을 염두에 두고 한-미-일, 미-일-인도 등 스포크 간의 네트워크화를 추진하는 움직임을 보이고 있다

13) 버락 오바마 대통령은 주요 지지층인 자동차 노조가 일자리 축소를 우려해 반대했던 한미 FTA에 대해 부정적이었다. 게다가 한미 FTA는 부시 행정부 시절 체결한 것이다. 이러한 이유로 오바마 대통령은 대선 후보 시절인 2008년 한미 FTA를 '불공평한 협정'이라고 비판했으며, 대통령에 취임하고도 한동안 반대 입장을 보였다.

더글러스 팔 미중관계의 네가지 쟁점들

1) 한미 연합훈련은 한반도 유사시를 상정해 미군 증원전력의 신속한 투입과 한국군의 지원 절차를 숙달한다는 차원에서 1976년 처음 실시되었다. 1994년 한미 연합전시증원연습(RSOI), 2008년 '키리졸브'(key resolve)로 이름이 바뀐 채 현재까지 계속 시행되고 있다.

2) 1992년 1월 뉴욕에서 김용순(金容淳) 당시 북한 노동당 국제부장과 아놀

드 캔터(Arnold L. Kantor) 당시 국무부차관 간에 사상 처음으로 북미 고위급회담이 열렸다. 이 회담에서 김용순 국제부장은 주한미군의 주둔을 용인할 수 있다는 발언을 미국 쪽에 전한 것으로 알려져 있다.

3) 제네바합의는 "대체에너지는 난방과 전력생산을 위해 중유로 공급된다. 중유의 공급은 본 합의문 서명 후 3개월 내 개시되고 양측 간 합의된 공급일정에 따라 연간 50만톤 규모까지 공급된다"고 명시했다. 그러나 팔의 지적대로 구체적이고 안정적인 중유 조달 방법이 명시되지 않아 실제로 클린턴 행정부 시절 공화당이 주도하는 의회의 반대로 예산을 확보하지 못해 중유 공급이 지연되는 상황이 발생했다. 양당 간의 정치적 타협이 결여된 까닭에 제네바합의가 실패했다는 그의 지적은 시사하는 바가 적지 않다.

4) 미국은 1989년 6월 톈안먼사건에 대응해 대중국 무기금수, 군 및 정부의 고위 인사 교류 동결 등의 대중국 제재조처를 단행했지만, 한달 뒤인 같은 해 7월과 12월 스코우크로프트를 보내 양국관계 개선을 위한 막후협상을 벌였다. 스코우크로프트의 첫번째 방중은 노출되지 않았지만, 두번째 방중이 노출되면서 미국 내에서 적잖은 논쟁이 벌어졌다. 중국을 '처벌'해야 한다는 미국 내 여론이 비등했음에도 아버지 부시 행정부가 중국과 관계 개선을 시도했기 때문이다.

5) 1992년 대선 과정에서 빌 클린턴은 아버지 부시 행정부가 '베이징 학살자들'에게 아부하고 있다며 중국에 대해 강경한 입장을 취했다. 특히 클린턴은 중국의 인권정책이 개선되지 않는다면 정상무역관계(NTR)를 파기할 수도 있다고 언급했다.

6) 1999년 '대화를 통한 중국의 인권 증진'을 내걸고 미국 쌘프란시스코에 설립된 비영리 인권단체. 중국의 사법 씨스템을 연구해 중국의 정치적·종교적 양심수, 투옥 중인 청소년이나 여성의 인권 개선을 목표로 하며, 건설적인 관계와 교류를 통해 중국의 긍정적 변화를 실현한다는 것을 활

동의 전제로 삼고 있다. 이들의 활동방식은 중국어로 '대화'를 뜻하는 '두이화'라는 이름에서도 잘 드러나듯이 온건하다.

7) 아난 빤야라춘(Anand Panyarachun)을 가리킨다. 아난 빤야라춘은 1967년 주 유엔 태국대사 겸 주 캐나다 대사를 지냈고, 1972년부터 1975년까지는 주 유엔 태국대사 겸 주미대사로 활동했다. 그는 쿠데타를 일으킨 군부의 추대로 1991년 3월 태국의 18대 총리에 임명되었다.

8) 제임스 베이커는 레이건 1기 행정부에서 백악관 비서실장을 역임했으며, 아버지 부시 행정부에서 국무장관과 백악관 비서실장을 지낸 정치인이다.

9) 2005년 12월에 실시된 3개 지방선거(광역 및 기초단체장, 광역의회 의원)에서 천 수이볜 총통이 이끄는 집권 민진당이 야당인 국민당에 참패했다. 또한 1년 뒤인 2006년 타이베이와 가오슝 시장선거에서 민진당은 타이베이에서는 국민당에 완패했으며, 가오슝에서는 가까스로 승리했다. 더불어 천 수이볜은 2008년 5월 20일 총통직에서 물러난 뒤 그해 11월 뇌물수수, 비자금 조성 등의 혐의로 구속되어 20년형을 선고받고 현재 교도소에서 복역 중이다.

10) 오바마 대통령의 불분명한 언급 때문에 아프가니스탄정부나 탈레반 양쪽 모두 미국이 장기 주둔하지 않을 것이라고 생각하게 되었다는 뜻이다.

11) 전미자동차노조(UAW) 등 민주당의 주요 지지기반인 노조가 TPP에 민감하게 반응하는 점을 지적한 것이다.

12) 센까꾸/댜오위다오는 1951년 9월 미일 강화조약 체결 때 일본에서 미국으로 이양되었으며, 1972년 5월 미국이 오끼나와를 일본으로 반환하면서 일본령으로 편입되었다.

13) 1938년 9월 30일 독일·영국·프랑스·이딸리아가 독일 뮌헨에서 맺은 '뮌헨협정'의 결과를 두고 유래한 표현으로 '순간적인 평화'를 얻기 위한 약소국가 희생의 상징, 한치 앞도 내다보지 못하는 유화정책의 상징으로

곧잘 거론된다. 즉 '뮌헨의 순간'은 공격적인 행보를 보이는 국가에 대해 단호한 입장을 취해야 하는 결정의 순간을 일컫는다. 여기서 더글러스 팔은 중국을 지칭해 단호한 입장을 취해야 한다고 말한 것은 아니며, 포괄적으로 '분쟁 관련국'이라고 하는 것이 정확하다.

쑤전 셔크 다자안보기구를 향한 노력

1) 미국 주도로 창설되기는 했지만 유럽에서는 북대서양조약기구(NATO) 같은 다자안보기구가 존재했는데, 아시아에서는 왜 지역통합 없이 미국과 개별국가 간 양자조약 형태의 동맹 및 우방 관계가 지배적인 위치를 차지하는지가 냉전 후 학자들의 관심사였다. 쑤전 셔크는 통합적 안보기구 출범의 저해 요인으로 꼽혔던 중일관계의 복잡성 및 미군 주둔의 정당성 문제 등을 거론하고 있는 것이다.

2) 리처드 홀브룩은 카터 행정부 당시 국무부 동아태 담당 차관보였으며, 클린턴 행정부에서는 유럽 담당 차관보를 지냈다. 2010년 12월 13일 사망하기까지 아프가니스탄·파키스탄 특별대표를 지냈다. 앨런 롬버그는 1964년부터 1985년까지 동아시아 지역 업무를 주로 담당하는 외교관으로 근무했다. 이후 1994년까지 미국외교협회(CFR)와 미국 평화연구소 등에서 연구하다가 클린턴 행정부 때부터 2000년까지 국무부 정책기획국 선임 부국장, 해군 참모총장 특별보좌관 등을 지냈다. 2000년 9월부터는 워싱턴 싱크탱크인 스팀슨센터(The Stimson Center)에서 일하고 있다.

3) Susan L. Shirk, "Asia-Pacific Regional Security: Balance of Power or Concert of Powers?," *Regional Orders: Building Security in a New World*, eds. David A. Lake and Patrick M. Morgan, Pennsylvania: The Pennsylvania State University Press 1997, 245~70면.

4) 외교부 공식 설명을 보면, "우리 정부는 동북아 지역의 안보환경을 개선

하고 평화를 정착시키기 위하여 역내국 간 다자안보협력의 틀이 필요하다고 인식"하여 "1994년 5월 아세안지역포럼(ARF) 고위관리 회의에서 동북아 지역 국가들이 참여하는 동북아다자안보대화(NEASED)를 공식 제의했다"라고 쓰여 있다. 동북아다자안보대화(Northeast Asia Security Dialogue)는 남북한과 미국·일본·중국·러시아 등 동북아 6개국의 참여를 상정한다. 약칭으로 NEASD, 또는 NEASED를 혼용한다. 외교통상부는 NEASED를 쓰고 있다.

5) 윈스턴 로드는 1971년 닉슨의 베이징 방문 때 헨리 키신저의 보좌관이었으며, 이후 1985년부터 1989년까지 주중 미국대사를 지냈다. 클린턴 행정부 시절 1993년부터 1997년까지 동아태 차관보를 역임했다.

6) 알 카먼은 『워싱턴포스트』의 유명 칼럼니스트다.

7) 1979년 1월 1일 미중 간 정식 국교가 수립되고 1월 28일 덩 샤오핑은 미국 방문을 시작했다. 그는 일주일간 포드자동차, 보잉항공사 등 미국 전역을 돌아다니며 자신의 개혁·개방 노선의 정당성을 확인하려 했다.

8) 중국공산당 기관지 『인민일보』가 펴내는 국제문제 전문지로 1993년 창간되었다. 『환구시보』의 논조는 중국정부의 공식 입장으로 보기에는 미국이나 이웃국가들에 대해 지나치게 적대적이나 공격적인 것이 많아 한국 안에서도 종종 논란이 되었다.

9) 보 시라이 충칭시 당서기의 심복이었던 왕 리쥔(王立軍)이 충칭시 공안국장에서 직위해제된 직후인 2012년 2월 6일 미국 총영사관에 망명을 시도하면서 터져나온 중국의 정치스캔들이다. 보 시라이는 충칭 당서기로 재직하면서 농민들에 대한 차별을 줄일 도농 통합발전모델, 토지개발 수익의 사회 환수, 저소득층 복지 확대 정책 등 이른바 '충칭모델'을 추진했다. 이 과정에서 발생한 비리와 부정부패가 폭로되면서 보 시라이는 2012년 3월 충칭 당서기 직을 박탈당하고, 부패와 직권남용 혐의 등으로 조사받다가 2013년 9월 종신형을 선고받았다. 시 진핑 체제 출범을 앞두고 치열

하게 벌어진 중국 권력투쟁의 이면을 보여준 사건이라는 해석이 많다.

케네스 리버설 미중은 '신형 대국관계'를 만들어낼 수 있을까

1) 케네스 리버설은 미국이 중국과 세계무역기구(WTO) 가입 협상을 벌일 당시 백악관 국가안보회의에서 아시아 담당 선임국장을 맡고 있었다.

2) 한국정부는 2013년 11월 29일 TPP 협상에 공식적으로 관심을 표명하고 기존 협상 참여국과 예비 양자협의에 나서기로 했다. 케네스 리버설과 인터뷰를 했던 2013년 4월 17일, 한국은 TPP 가입을 놓고 고민하고 있었다. 중국과의 관계 등을 고려해 TPP 참여를 공식적으로 선언하지 않고 있었을 뿐 결국은 참여할 것이라는 관측이 우세했다.

3) 케네스 리버설이 브루킹스연구소의 동료인 마틴 인디크(Martin Indyk, 책을 펴낼 당시 브루킹스연구소의 외교정책국장이었으며, 2013년 7월 29일 중동평화 특사로 임명되어 연구소를 잠시 떠나 있다)와 2012년 2월 펴낸 책 *Bending History: Barack Obama's Foreign Policy*를 말한다. 오바마 대통령이 자신의 외교정책 비전과 관련해 '더 큰 정의와 자유, 평화 쪽으로 역사의 방향을 바꾸겠다'('to bend the arc of history toward greater justice, freedom, and peace')고 한 발언에서 책 제목을 따온 듯하다.

4) 오바마 이전에는 공화당 대선후보뿐 아니라 민주당 대선후보들도 선거 기간 동안 보수 표와 공화당의 반격을 의식해 전임자들의 대중국 유화정책을 비난하며 중국에 대한 강경발언을 쏟아놓았다. 이런 발언들 때문에 대통령 취임 뒤 임기 초반에는 중국과의 관계가 한동안 불편했으며, 이후 관계 회복을 위해 많은 시간과 비용을 치러야 했다. 오바마는 선거 기간 동안 이런 악순환을 반복하지 않겠다며 중국에 대한 비난 발언을 가능한 한 자제했다고 한다.

5) 오바마 대통령이 2010년 2월 18일 달라이 라마를 백악관에서 만나자 마

자오쉬 중국 외교부 대변인은 19일 성명을 통해 "오바마 대통령이 중국의 항의를 무시하고 달라이 라마와 면담을 의도적으로 강행했다. 중국은 미국에 강한 불만과 함께 결연한 반대의 뜻을 표명한다"고 밝혔다. 한 국가의 공식 성명에서 상대방 대통령 이름을 직접 거론하고 '의도'까지 언급한 것은 상당한 수위의 비난이라고 할 수 있다(『한겨레』 2010년 2월 19일자 참조).

6) 백악관 국가안보회의 참모조직은 크게 지역국과 기능국으로 이원화돼 있으며, 국가안보 보좌관이 업무를 총괄한다. 지역국은 아시아, 남아시아, 유럽, 러시아 및 유러시아, 걸프만 국가, 아프리카 등을 관리하며, 기능국은 전략기획, 비확산, 테러리즘, 국방, 사이버안보 등의 특정 전문 분야를 관리한다. 국무부도 크게 보면 지역국과 기능국으로 나눠져 있어, 백악관 NSC 참모조직과 업무적으로 조응하고 있다.

7) 정부 대표인 국무원 총리는 당연직으로 정치국 상무위원에 임명된다.

8) 정식 명칭은 '기후변화협약에 대한 쿄오또의정서'다. 지구 온난화를 규제하고 방지하기 위한 국제연합의 기본 협약인 기후변화협약의 구체적 이행 방안으로, 1997년 12월 일본 쿄오또에서 개최된 제3차 유엔기후변화협약(UNFCCC) 당사국총회에서 채택되었다. 쿄오또의정서는 선진국(38개) 및 유럽연합(EU)만을 온실가스 감축 의무 대상국으로 규정하고, 이들 국가들에게 1990년 대비 2012년까지 총배출량 대비 평균 5.2퍼센트의 감축 의무를 지우고 있다. 온실가스 배출량 1위인 중국과 3위 인도는 개발도상국이라 의무 감축 대상 국가에서 제외되었다. 온실가스 배출량 2위인 미국은 쿄오또의정서에 비준을 하지 않은 상태다. 한편, 2012년 12월 8일 카타르 도하에서 열린 제18차 UNFCCC 당사국 총회에서 쿄오또의정서의 효력을 2020년까지 연장하기로 합의했다. 중국과 인도는 개발도상국으로 분류되어 있어 이번 연장에 따른 적용 대상과는 무관하다.

9) '기후변화 협력 성명'(Statement on Cooperation on Climate Change)에

대해서는 다음의 링크 참조. http://www.state.gov/r/pa/prs/ps/2013/04/207465.htm

제3부 미국과 중국 그리고 주변국들과의 관계

보니 글래서   한반도에 대한 미국과 중국의 이해관계

1) 본서 제3부 조너선 폴락의 인터뷰 참조.

2) Bonnie S. Glaser, Brittany Billingsley, "Reordering Chinese Priorities on the Korean Peninsula" *CSIS*, November 2012, 19~22면. 글래서가 언급한 섹션은 '중국은 북한에 압력을 행사하는가?'(Does China Pressure North Korea?)라는 부분이다.

3) 2002년 부시 행정부의 '북한 농축우라늄 의혹' 제기로 시작된 '2차 북핵 위기'를 돌파하기 위해 2003년 초부터 관련국의 다자간 해법, 즉 6자회담이 모색되던 시기에 중국은 6자회담 성사를 위해 북한에 석유를 공급하는 단둥의 송유관을 차단한 것으로 알려져 있다. 그러나 중국이나 북한이 이를 공식적으로 확인한 적은 없다. 제1차 6자회담은 2003년 8월 27일부터 29일까지 열렸다.

4) 이 부분에 대해서는 2006~2011년 미국 국방장관을 지낸 로버트 게이츠가 2014년 1월 발간한 회고록 『임무』(*Duty*)에 잘 나와 있다. 게이츠 전 장관은 회고록에서 "한국의 애초 보복 계획은 군용기와 대포가 동원된, 비례성의 원칙에 맞지 않게 공격적인 것이었다"라고 밝혔다. 이에 따라 그는 한반도 상황이 위험해질 것을 우려해 자신과 미 대통령, 국무장관, 합참의장이 한국 카운터파트너들과 며칠간 통화해 사태 악화를 막았다고 썼다. 또한 "중국도 북한 지도부를 상대로 상황을 누그러뜨리려고 노력

했다"라고 밝혔다.

5) 결국 한미 간의 협의를 거쳐 북한의 연평도 포격이 있은 지 한달여 만인 12월 20일 한국군은 오후 2시 30분부터 1시간 30여분 동안 K9 자주포 등으로 수천발을 발사하는 포사격 훈련을 벌였다. 포사격 훈련에는 주한미군 20여명, 유엔사 군사정전위원회 및 유엔사 회원국 대표 등 9명이 참관했는데, 이들은 무력충돌로 이어지지 않도록 일종의 안전판 역할을 한 측면이 있다.

6) 정식 명칭은 '조선민주주의인민공화국과 중화인민공화국 간의 우호·협조 및 호상원조에 관한 조약'이다. 이 조약은 1961년 7월 11일 체결되었다. 조약의 제2조는 "체약 쌍방은 체약 쌍방 중 어느 일방에 대한 어떠한 국가로부터의 침략이라도 이를 방지하기 위하여 모든 조치를 공동으로 취할 임무를 지닌다. 체약 일방이 어떠한 한개의 국가 또는 몇개 국가들의 련합으로부터 무력 침공을 당함으로써 전쟁상태에 처하게 되는 경우에 체약 상대방은 모든 힘을 다하여 지체없이 군사적 및 기타 원조를 제공한다"며 '자동군사개입'을 명시하고 있다. 이에 대해 이종석 전 통일부 장관은 그의 책『북한-중국 관계 1945~2000』(중심 2000)에서 "중국 지도부는 자동군사개입 조항을 가급적 축소 해석하거나, 아니면 아예 구속되지 않으려 하는 경향을 보이고 있다"라고 분석했다.

7) 「핵태세검토보고서」는 미 행정부가 발표하는 핵과 관련한 종합보고서로, 미 행정부는 이를 바탕으로 향후 5~10년 동안의 핵무기 정책과 예산을 편성한다. 미국은 지금까지 1994년의 클린턴 행정부, 2001년의 부시 행정부, 2010년의 오바마 행정부 등 냉전 종식 뒤 해당 보고서를 세차례 발표했다. 특히 2010년 보고서는 핵확산금지조약(NPT)을 준수하는 비핵국가에 대해서는 핵공격을 배제한다는 '소극적 안전보장'을 담고 있어 이전 행정부보다 진일보한 것으로 평가된다. 그러나 북한과 이란은 NPT를 탈퇴하거나 위반해 보장 대상에서 제외된다.

8) 동중국해와 남중국해에 대한 중국의 군사전략 개념으로, 대함탄도미사일 등을 활용해 해상방어선인 도련선(島鍊線)에서 잠재적 적국의 항공모함 접근을 막고, 진입하는 해상전력에 대해서는 공격하겠다는 전략이다 (이에 대응하는 미국의 전략이 '공해전'이다. 자세한 설명은 리처드 부시 편 참조).

9) 제1도련선은 일본 열도-오끼나와-대만-필리핀 북부-보르네오-베트남을 연결하는 선을 말하며, 제2도련선은 일본 혼슈우 동쪽-보닌 제도-마리아나 제도-괌-팔라우 제도 남쪽을 연결하는 선을 지칭한다. 미국은 중국이 그동안의 소극적인 연안 방위 전략을 넘어서 제1도련선 안쪽 지역에 대한 영향력을 확보하려는 적극적인 해양 방위 전략을 구사하고 있다고 여긴다. 또한 장기적으로 중국이 제1도련선을 돌파하고 제2도련선까지 영향력을 확보하는 전략을 구사할 것이라 보고 있다.

10) 오바마 대통령은 2011년 11월 호주 캔버라에서 줄리아 길라드(Julia Gillard) 총리와 함께한 공동기자회견에서 2500명의 미 해병이 순환근무 형식으로 호주 북부 다윈 인근의 로버트슨 해군기지에 주둔하게 될 것이라는 합의문을 발표했다. 다윈은 2차대전 당시 매카서(Douglas MacArthur)가 일본 점령 작전의 핵심기지로 사용했던 전략적 요충지로, 현재는 중국의 남중국 해역을 견제하기 위한 필수적인 기지로 평가된다.

11) 「위조품의 거래 방지에 관한 협정」은 지적재산권 집행 강화를 위한 최초의 복수국 간 협정으로, 한국을 비롯해 미국, 일본, 유럽연합(EU), 캐나다 등 11개국이 참여하고 있지만 지적재산권의 주요 침해국으로 분류되는 중국, 인도 등이 참여하지 않아 실효성이 떨어진다는 비판도 받고 있다.

12) 오바마 행정부는 지정학적 관점에서 중국에 인접한 메콩 지역 국가들과의 협력 필요성을 인식하고 2009년 '미-메콩 하류지역 협력 이니셔티브'를 출범시켰다. 미국은 메콩강 하류지역의 5개국(캄보디아, 라오스, 미얀마, 태국, 베트남)을 대상으로 보건·환경·교육·인프라 분야의 협력 사

업을 추진하고 있으며, 한국·미국·일본·호주·뉴질랜드·EU 등 6개국은
재정 등을 지원하는 공여국으로 참여하고 있다.

13) 글래서는 이 부분에서 약간 착오가 있었던 듯하다. 싱가포르에서 열린
아시아 지역 국방 관련 관료·전문가 회의인 연례 아시아안보회의(샹그릴
라 대화)에서 이런 발표를 한 것은 로버트 게이츠 국방장관의 후임인 리
언 패네타 국방장관이었다. 패네타는 2012년 6월 2일 샹그릴라 호텔에서
기자회견을 열고 "2020년까지 태평양과 대서양 지역에 현재 50:50의 비
율로 배치된 전력을 60:40으로 재배치하겠다"라고 밝혔다(원문 참조—
http://www.defense.gov/speeches/speech.aspx?speechid=1681).

리처드 부시 미국이 바라보는 북미 간 '외교게임'

1) 정몽준 의원을 지칭한다. 그는 대표적인 자체 핵무장론자로 알려져 있
으며, 2013년 4월 9일 미국 워싱턴에서 카네기 국제평화재단이 주최한
'2013년 국제 핵정책 컨퍼런스' 기조연설에서 미국의 전술핵 재배치가
필요하며, 한국은 NPT 탈퇴를 고려해야 한다고 주장했다.

2) 안드레이 란코프는 러시아 출신의 북한 전문가로 1980년대 김일성대학
에서 유학했으며 현재 국민대학교 교수로 재직 중이다. 해당 주장이 담
긴 기사는 다음을 참조— "North Korea is a nuclear power," http://www.
foreignpolicy.com/articles/2013/02/12/

3) 2010년 9월 7일 센까꾸/댜오위다오 주변에서 조업 중이던 중국 어선과
이를 불법조업으로 간주하고 단속을 실시한 일본 해상보안청 소속 순시
선 사이에 충돌이 발생했다. 일본 나하 지방검찰은 공무집행방해의 용의
로 중국 선원 15명을 체포했으며, 선장을 제외한 선원 14명을 사건 6일 만
에 석방했다. 그러나 중국이 희토류 수출을 중단하는 등 '힘의 외교'를 펼
치자 애초 자국법에 따라 엄정하게 대처한다는 입장이었던 일본은 17일

만에 선장도 석방했다. 이 사건으로 중일관계는 크게 악화되었다. 사건 뒤 일본정부는 여론 자극을 우려해 중의원 30명에게만 충돌 당시의 동영상을 편집해 보여주었는데, 이 동영상에는 중국 어선이 속도를 늦춰 일본 순시선의 후미를 들이받는 장면이 담겨 있었다고 한다. 그러나 이 동영상은 유투브를 통해 유포되었으며, 편집된 동영상에는 선장이 술을 마시는 장면 등 중국을 자극할 수 있는 핵심적인 내용이 빠져 있었다고 일본 언론은 보도했다.

4) 미군의 공해전은 구체화된 계획이라기보다는 현재로서는 추상적인 작전개념에 가깝다. 기본적으로는 공군과 해군(해병대 일부 포함)의 합동 작전 능력을 극대화시켜 자신의 세력권을 지키려는 잠재적 적국의 '반접근/지역거부'(A2/AD) 능력을 무력화시키겠다는 개념이다. 구체적으로는 중국의 서태평양 일대 제해권 장악 시도에 대비하기 위해 '도련선'이라고 불리는 중국의 해상 방어선을 스텔스 폭격기와 스텔스 잠수기 등 수중·수상·공중·우주·사이버 무기들을 동원해 중국 본토까지 군사력을 투입하겠다는 구상이다. 공해전은 그동안 공중·육상 작전에서 공중·해상 작전으로 미 군사전략의 중심이 이동하고, 잠재적으로 중국을 겨냥하는 측면이 있어 미국의 아시아 회귀 전략 가운데 군사적 내용으로 간주된다.

5) 1979년 1월 1일 미중 수교 시 중국이 수교 조건으로 요구한 '하나의 중국' 정책에 따라 미국은 대만과의 공식적인 외교관계를 단절했다. 그러나 단교 이후에도 비공식적 관계를 계속 유지했는데, 미국은 타이베이와 가오슝에 대만 미국연구소를 설치했고, 대만은 워싱턴에 타이베이 경제문화 대표부를 설치해 실질적인 외교관계를 이어갔다. 대만 미국연구소는 워싱턴 근처 버지니아 주 알링턴에 본부 성격의 작은 사무실을 두고 있다.

6) '이중 억지'는 특정 국가에 대한 일방적 지지를 피하는 전략적 모호성을 바탕으로 중국과 대만 양쪽의 도발행동을 모두 억지한다는 전략으로, 미국의 전통적인 양안관계 접근법이다.

7) 마 잉주 총통은 2008년 제12대 대만 총통 선거에서 국민당 후보로 출마해 천 수이볜 전 총통을 꺾고 당선되었으며, 2012년 1월 열린 총통 선거에서 연임에 성공했다. 2008년 집권 뒤 상호 부인하지 않는다는 호불호인 (互不否認), 3불(三不: 불독립, 불통일, 무력불사용)정책을 표방했다. 이러한 양안 화해 정책에 따라 직항 개설, 우편 왕래, 중국인들의 대만 관광 등을 허용했으며, 특히 집권 1기 기간인 2010년 6월 중국과 자유무역협정 성격의 경제협력기본협정(ECFA)을 체결했다.

빅터 차 북한문제의 해법은 '매파적 관여'다

1) 대외무기판매(FMS) 프로그램은 미국정부가 무기수출통제법에 의거해 우방국·동맹국 또는 국제기구를 대상으로 정부 간의 계약에 의해 군사상 필요한 무기·방위·용역 등을 판매하는 방식을 말한다. 한국은 해당 프로그램 내 세번째 그룹인 '비(非) NATO 주요동맹국'이었으며, 참여정부 때부터 두번째 그룹인 'NATO+3국' 수준으로 올리기 위해 노력해왔다. 2007년 한국의 FMS 지위 향상을 위한 특별법이 미 의회에 제출되었으나, 실제로 관련 법안이 미 의회에서 통과된 것은 이명박 정부 들어서다. 2그룹으로 지위가 상승될 경우 미 의회의 심의기간 단축, 행정처리비 절감 등의 혜택이 있다. 그러나 FMS 프로그램으로 무기를 구입할 경우 대규모 무기 도입 사업에 따르는 핵심 기술 이전 등이 원천적으로 미 정부에 의해 통제된다는 비판도 있다.

2) 미국정부가 지정한 국가의 국민에게 최대 90일간 비자 없이 관광 및 상용 목적에 한하여 미국 방문을 허용한 제도로, 참여정부 때 한미 간 현안으로 부각시켜 적극 추진했으며, 이명박 정부 들어 2008년 11월 17일부터 시행되었다.

3) 한미 양국의 청년 교류를 확대한다는 차원에서 한국 대학생들이 미국에

서 18개월간 체류하면서 어학연수와 인턴 생활, 관광 등을 경험하도록 하는 프로그램으로, 참여정부 때부터 추진했으며 이명박 정부 때인 2008년 8월 한미 정상회담에서 최종 합의되어 2009년부터 시행되었다.

4) Victor Cha, "Hawk Engagement and Preventive Defense on the Korean Peninsula," *International Security*, vol. 27(Summer 2002).

5) 어떤 종류의 무기 또는 그와 관련된 물자·기술 등이 보다 많은 행위자에게 이전되는 것을 '확산'(proliferation)이라고 한다. 특히 대량파괴무기(WMD), 소형무기 등 다양한 형태의 군비가 확산되는 것을 방지하기 위한 외교적 노력을 '비확산'(non-proliferation)이라고 한다. 비확산을 위한 가장 중요한 수단은 수출통제다. 그러나 9·11 테러 이후 WMD와 테러의 연계 위협이 대두되고, 수출통제 등 전통적 수단만으로 WMD의 확산을 방지하는 데 한계가 있다는 견해가 제기되면서, 보다 적극적인 반확산 정책이 부상했다. '비확산'이 전략물자의 이전을 미연에 방지하는 데 중점을 두고 있다면 '반확산'은 이미 이동중인 자원의 물리적 차단을 상정한다는 점에서 차이가 있다. 또한 반확산 개념은 군사전략적 차원에서는 WMD 공격을 받은 피해국의 피해 복구 조치와 보복공격을 포함하기도 한다.

6) 확산방지구상(PSI)은 대표적인 반확산 조처 중 하나로 WMD 및 미사일의 이전을 중간에서 차단하는 것을 목표로 한다. 2003년 5월 31일 부시 대통령이 폴란드에서 개최된 주요 8개국(G8) 회담에서 이를 제안했다. PSI는 관심국 간 자발적 협조에 기초한 것으로 국제규범적 정당성을 확보한 것은 아니다.

7) 고노담화는 1993년 8월 당시 고노 요헤이 관방장관이 위안부 동원 과정에서 일본 군과 관리가 관여했다는 강제성을 인정하고 사죄한 담화를 말한다.

마이클 그린 한—미—일 삼각관계의 함수

1) Anything But the LDP(Liberal Democratic party, 자민당). 부시 대통령은 집권 뒤 전임인 클린턴 행정부가 했던 것이 아니라면 무엇이든 다 좋다는 식으로 클린턴 대통령의 모든 유산을 지우려 했다. 이를 'ABC(Anything But Clinton) 정책'이라고 일컫는데 이후 'Anything But' 식의 조어가 유행했다. 하또야마의 정치적 동지 가운데 대표적인 '1993년 자민당 탈당파'는 오자와 이치로오(小澤一郎)인데, 그는 2009년 5월 중의원선거를 앞둔 시점에서 자신의 비서가 정치자금 수수혐의로 구속되자 책임을 지고 민주당 대표직에서 물러났다. 하지만 오자와를 따라 자민당을 탈당했으며, 민주당 정권에서 부총리와 외상을 지낸 오카다 가쓰야(岡田克也)는 '부패 인사'로 분류되지는 않는다. 또한 하또야마 다음 총리였던 칸 나오또는 시민운동가 출신이고, 노다 요시히꼬 총리도 자민당 출신은 아니다. 따라서 민주당의 인적 구성을 '자민당에서 쫓겨난 사람들이고 부적절한 인사들'이라고 표현한 것은 민주당에 대한 마이클 그린의 개인적 평가가 강하게 들어간 것으로 보인다.

2) 1940년대에 옛소련 주재 외교관으로 근무한 조지 캐넌은 당시 미국의 대소정책에 결정적 영향을 미쳐 '봉쇄정책의 아버지' '냉전의 설계자'로 불렸다. 그러나 1952년 모스크바 주재 대사를 끝으로 국무부에서 나온 뒤에는 자신의 구상을 벗어난 군사적 봉쇄정책이 냉전을 장기화시켰다며 미국의 대소정책에 비판적인 입장을 보였다.

3) 마이클 그린은 야스꾸니 신사가 독자적, 독단적으로 A급 전범을 합사한 것이라고 이야기했으나 A급 및 B, C급 전범을 합사하는 과정에서 일본정부가 관여한 사실이 담긴 문서들이 발견되고 있다. 특히 NHK의 2007년 3월 28일 보도를 보면, 지난 1967년에 A급 전범이 포함된 합사 대상 명단을 일본정부가 야스꾸니 신사에 전달했으며 2년 뒤인 1969년 A급 전범의

주 467

합사가 최종 결정되었다. 그러나 일본정부와 야스꾸니 신사 쪽은 이 같은 결정을 외부에 알리지 않기로 합의한 뒤 지난 1978년 도조 히데끼(東條英機)를 비롯한 2차대전 A급 전범 14명을 야스꾸니에 합사했다.

4) 중국과 인도차이나에서 전쟁을 일으킨 일본의 전력을 약화시키기 위해 미국(American)—영국(British)—중국(Chinese)—네덜란드(Dutch) 등이 취했던 대일 무역봉쇄망을 일컫는다. 석유 소비의 상당부분을 미국에 의존하던 일본에 미국의 수출금지(엠바고)는 치명적이었다. 일본언론들은 당시 정부의 선전 논리에 따라 이를 해당 네 국가의 알파벳 첫 글자를 따 'ABCD 포위망'이라고 불렀다.

5) 와따나베 요시미는 '다함께당' 대표로 하시모또와 공조를 추진해왔다. 그러나 하시모또가 2013년 5월 "총탄이 폭우처럼 퍼붓는 속에서 생명을 걸고 싸울 때 (군인들에게) 어딘가 쉴 수 있도록 해주려 한다면 위안부 제도가 필요하다"라고 주장해 논란이 일자, 그와 정책협의를 중단한다고 밝힌 바 있다.

6) 토드 아킨은 2012년 8월 당시 미주리 주의 공화당 하원의원으로 낙태법과 관련한 지역방송과의 인터뷰에서 '성폭행으로 인한 임신일 경우 낙태를 허용해야 하느냐'라는 질문에 "정말 강간이라면 임신으로 이어질 가능성은 거의 없다"라고 말해 논란을 일으켰다.

7) 타나까 카꾸에이는 1972년 7월부터 74년 12월까지 총리를 역임한 정치인이다. 1972년 2월, 리처드 닉슨 미 대통령의 중국 방문으로 미중관계가 원만해지자 그해 9월 중국을 전격적으로 방문해 중국과 관계정상화를 선언했다. 총리 사임 이후 여러 정치적 고비를 겪었지만 엄청난 정치자금을 바탕으로 막후에서 막강한 권력을 휘둘러 '어둠의 쇼군'으로 불렸다.

8) 앨프리드 세이어 머핸은 미 해군제독과 해군대학교장을 역임한 해군장관이자 전쟁사학자다. 강력한 해군을 보유한 국가가 세계적으로 더 강력한 영향력을 점유할 수 있다는 주장을 펴, 미국의 해양력 증강의 논리적

기반을 제시한 것으로 평가받는다.

제니퍼 린드 일본의 과거사 사죄, 꼭 필요한가

1) 일본의 진주만 폭격 이후 미국정부는 1942년 캘리포니아 주 등 서부해안 지역에 살던 일본계 미국인 12만명을 수용소 열곳에 강제로 격리시켰다. 로널드 레이건 미 대통령은 1988년에 생존한 일본계 피수용자들과 유족들에게 모두 16억달러의 배상금을 지급하고 사과한다는 내용을 담은 법안에 서명했다. 법안은 일본계 미국인들을 억류한 것이 "인종적 편견, 전쟁 공포 그리고 정치적 리더십의 실패"에서 비롯된 미국정부의 과오였다고 명시했다.

2) 하시모또 도루 오오사까 시장은 2013년 5월 13일 오오사까 시청에서 기자들과 만난 자리에서 일본군 위안부 제도에 대해 "왜 일본의 종군 위안부 제도만 문제가 되느냐. 당시는 세계 각국이 (위안부 제도를) 갖고 있었다"라고 주장했다.

3) 이명박 정부 때인 2012년 6월 29일, 체결을 앞두고 국내 여론의 반발로 전격 보류되었던 '한일 군사비밀정보보호협정'(GSOMIA)을 일컫는다.

4) 이명박 대통령은 임기가 몇개월 남지 않은 2012년 8월 10일, 현직 대통령으로는 처음으로 독도를 전격 방문했다. 이 때문에 임기 말 친인척 비리 등으로 권력누수에 빠진 이 대통령이 곤경에서 벗어나기 위해 외교적 사안에 초강수를 둔 것 아니냐는 비판이 국내에서도 제기된 바 있다(『한겨레』 2012년 8월 11일자 참조).

5) 아베 총리는 2013년 1월 28일 정기국회 시정방침 연설에서 "세계 전체를 바라보며 자유·민주주의·인권 등 기본적 가치를 고려한 전략적 외교를 해야 한다"고 주장하는 등 여러차례에 걸쳐 '가치 외교'를 선언했다. 이는 명백히 중국을 겨냥한 것으로, 한국·호주·뉴질랜드·인도·유럽 등 이

른바 '자유민주주의 국가'와 네트워크를 형성해 중국을 견제하겠다는 뜻을 담고 있다. 아베 총리의 '가치 외교'는 하또야마 유끼오 전 총리의 이른바 '우애 외교'와 비교할 수 있다. 하또야마 전 총리는 총선(2009년 8월 30일) 직전인 8월 10일 발매된 일본 시사월간지 『보이스』(Voice) 9월호에 특별기고한 '나의 정치 철학'이라는 제목의 글을 통해 "일본과 가치관이 다른 나라에 대하여 서로의 입장을 인정하면서, 공존·공영을 해나간다"라는 내용의 '우애 외교'를 제창했다.

6) 북한의 급변사태에 대비해 작성된 '개념계획 5029'를 지칭하는 듯하다. 개념계획은 '작전계획' 이전의 단계로, 구체화가 덜된 이론적 또는 개념적 차원에서만 작성된 것이다. 노무현 정부는 주권침해 요소가 있다고 보고 북한 안정화 작업에 미국이 참여하는 것에 반대해 개념계획 5029를 작전계획으로 전환하자는 미국의 제안을 거부했으나, 이명박 정부 들어 실질적으로 작전계획 수준으로 구체화되었다. 또한 '키 리졸브' 등 한미 연합훈련 시 한미 양국은 비공식적으로 북한 붕괴에 대비한 훈련을 하는 것으로 보도되고 있다.

조너선 폴락 미중관계와 남중국해·동중국해

1) 대개 연락사무소는 국가 간에 공식적으로 외교관계를 수립하기 전 단계에 설치한다. 따라서 중국 입장에서는 1979년 미중 수교로 대만과의 국교를 단절했던 미국이 이를 다시 복원하려는 것 아니냐는 의심을 품을 수 있다.

2) 2002년 미국 공화당 대통령 후보였던 미트 롬니는 오바마 대통령의 대중국 정책을 비판하면서, 취임하는 첫날 중국을 환율 조작국으로 지정하겠다고 밝혔는데, 폴락의 발언은 이를 염두에 둔 것이다.

3) 중국은 정부 건국 초기에는 비동맹 외교를 중시해 외교부 수장은 대부

분 정치국 위원이었으나, 치엔 치천(1988년부터 1998년까지 외교부장 역임) 이후로는 외교부 구성원이 정치국 위원이 된 적이 없다. 한편 치엔은 1998년까지 정치국원으로 있었으므로 "20년이 넘도록 외교부 구성원이 정치국 위원으로 선발된 적이 없다"라고 한 폴락의 지적은 사실과 다르다. 인터뷰 시점을 고려하면 15년이 맞다.

4) 2012년 11월에 열린 중국공산당 제18차 전국대표대회에서 선출된 25명의 정치국 위원 가운데 인민해방군 인사는 2명뿐이다. 쉬 치량(许其亮)과 판 창룽(范长龙)인데, 쉬 치량은 2007년 공군사령관으로 임명되면서 중앙군사위원회 위원이 되었으며 2012년 11월에 열린 17기 7차 당 중앙위원회 전체회의에서 정치국 위원 및 중앙군사위 부주석이 되었다. 이에 대해 육군 출신이 군사위 부주석직을 독점하던 관례를 깼다는 평가를 받았다. 판 창룽은 2004년부터 지난군구 사령관으로 재직하다 2012년 11월 쉬 치량과 함께 정치국 위원 및 중앙군사위 부주석으로 임명되었다. 판 창룽은 군사위원을 거치지 않고 곧바로 부주석에 올라 매우 이례적 인선이라는 평가를 받았다.

5) 북한과 미국이 7개월간 고위급 회담을 갖고 2012년 2월 29일에 합의문을 발표했다. 북한이 핵실험·장거리미사일 모라토리엄(유예), 우라늄농축 프로그램(UEP) 가동을 포함한 영변 핵활동 임시 중지, 국제원자력기구(IAEA) 사찰팀 복귀 등을 실행하는 조건으로 미국은 24만톤의 영양지원과 북한의 행동에 따라 '조건부 추가식량 제공'을 하기로 합의했다. 그러나 북한이 3월 16일 장거리 로켓 발사(광명성 3호)를 예고하면서 합의문의 효력은 실질적으로 정지되었다. 북한은 '2·29합의'에 담긴 유예 대상은 '미사일'이지 '인공위성'이 아니며, 자신들이 쏘려는 것은 인공위성이므로 '2·29합의'에 어긋나지 않는다고 주장했다. 이에 반해 미국은 북한이 쏘려는 것을 '장거리미사일'로 규정하고, 발사를 강행한다면 '2·29합의'를 위반하게 되는 것이라고 주장했다. 이런 논란을 뒤로하고 북한은

2012년 4월 13일, 장거리미사일을 발사했다.

6) 2013년 3월 11일 톰 도닐런(Thomas Donilon) 당시 백악관 안보 보좌관은 미국 아시아소사이어티에서의 연설에서 "오바마 대통령의 버마 방문이 바로 적대적 관계가 어떻게 훌륭한 협력관계로 바뀔 수 있는지를 보여주는 산 증거"라며 "북한이 지금이라도 길을 바꾸면 경제지원을 할 수 있다"라고 말했다. 그는 또 "오바마 대통령의 (대화하겠다는) 약속에 의심을 품는 자가 있다면 버마를 볼 필요가 있다"라고 강조했다. 오바마 대통령도 2013년 5월 7일 워싱턴에서 열린 박근혜 대통령과의 정상회담 뒤 공동 기자회견을 통해 "북한은 버마 같은 나라를 주시해야 할 것"이라며 "버마가 개혁하면서 더 많은 무역 투자가 이루어지고 미국과 한국을 포함해 외교관계를 구축하고 있다"라고 말했다. 미국이 언급한 '미얀마의 길'에 대해서는 캠벨 편을 참고하면 된다.

7) 아웅산 수치는 1960년 주인도 버마대사로 부임하는 어머니를 따라 인도로 건너가 1960년부터 64년까지 인도 뉴델리에서 고등학교 등 학창시절을 보냈으며, 1964년부터 67년까지는 영국 옥스퍼드대학에서 철학, 정치학, 경제학 등을 공부했다. 이후 1969년 대학원 공부를 위해 미국 뉴욕으로 갔다가 미얀마 출신의 우 탄트(U Thant)가 사무총장으로 있던 유엔에서 71년까지 근무했다. 1972년에는 영국학자인 마이클 에어리스(Michael Aris)와 결혼했다. 폴락은 이런 점을 염두에 둔 것으로 보인다.

8) 왕 지쓰 전 베이징대학 국제관계학원장이 2012년 10월 17일자 『환구시보』에 기고한 글에서 주장한 내용이다. 왕 지쓰는 이 글에서 개혁·개방 초기 중국의 대외 교역이 주로 미국, 유럽, 일본 그리고 '동아시아 네마리의 용' 등을 상대로 한 것이어서 중국 서부 지역의 경제적·사회적 발전 수준은 상대적으로 지체되었다고 지적했다. 이에 따라 2000년 중국정부가 내건 '서부대개발'은 국내 각종 자원 개발뿐 아니라 서부에서 국경을 맞댄 중앙·남아시아 국가들과의 경제협력을 도모하고, 신장·티베트 등 분

리주의 및 종교적인 극단주의, 테러 등을 안정시키는 함의도 있다고 설명
했다. 이에 따라 왕 지쓰는 동아시아와는 달리 중국의 서쪽 지역은 큰 나
라들 사이의 경쟁이나 협력이 확립되지 않은 상태이기 때문에 중미관계
의 균형이나 상호 신뢰 면에서 '서진(西進)'은 중요한 전략적 의미가 있다
고 주장했다.
9) 미국의 출판업자 헨리 루스가 중국에서 선교와 교육활동을 했던 자신의
부모를 기리기 위해 1936년 설립한 재단이다.

랜들 슈라이버 미국은 왜 대만에 개입해야 하는가

1) '92공식'은 1992년 중국의 '해협양안관계협회'와 대만의 '해협교류기금
회'를 통해 합의된 개념으로, '하나의 중국'이라는 개념에는 동의하나 해
석은 각자에게 맡긴다는 양안 간의 공감대를 말한다. 다 같은 '하나의 중
국'이지만 중국은 대륙 중심, 국민당은 대만 중심의 통일을 염두에 둔 일
국론이라는 점에서 내용은 다르다. 그럼에도 이런 외교적 절충을 통해 양
국은 평화를 유지할 수 있는 토대를 만들었다. 마 잉주 총통의 양안정책
도 '92 공식'에 기초하고 있다.

2) 2009년 5월 우 보숑(吳伯雄) 국민당 주석이 베이징을 방문해 경제협력기
본협정(ECFA)에 합의했으며 이후 제5차 양안회담이 열린 2010년 6월 29
일 공식적으로 중국-대만은 ECFA에 서명했다. ECFA는 양안 간 관세협
정으로, 상품·서비스·투자 등 교역 대부분을 적용 대상으로 하는 포괄적
FTA의 성격을 지닌다. 중국이 대만을 공식 국가로 인정하지 않기 때문에
일반적으로 사용되는 FTA의 대안으로 제시된 개념이다. 슈라이버는 미
국이 대만에 무기를 판매하고 두달 뒤에 ECFA가 '있었다'라고 했는데,
서명을 기준으로 하면 4~5개월 후가 맞다.

3) 영국이 임명한 홍콩의 마지막 총독이었다.

4) 1954년 설치한 방위청을 방위성으로 승격하는 일은 일본 우파의 숙원사업이었다. 현 총리인 아베 신조오가 첫번째 총리로 있던 2006년 12월 자민당은 야당의 반발에도 관련 법안을 참의원에서 확정했다. 특히 '성 승격' 법안과 함께 통과된 자위대법 개정안에는 유엔 평화유지 활동, 주변사태법에 근거한 후방지원 등의 해외 활동을 '부수적 임무'에서 자위대의 '본래 임무'로 격상시켰다.

5) 일본 헌법 9조는 '일본국민은 정의와 질서를 기조로 하는 국제평화를 성실히 희구하고, 국권의 발동에 의거한 전쟁 및 무력에 의한 위협 또는 무력의 행사를 국제분쟁을 해결하는 수단으로서는 영구히 포기한다'라는 제1항과 '이러한 목적을 성취하기 위하여 육·해·공군 및 그외의 어떠한 전력(戰力)도 보유하지 않는다. 국가의 교전권 역시 인정치 않는다'라는 제2항으로 구성되어 있다. 이를 근거로 일본은 사실상의 군대를 보유하면서도 명칭을 자위대로 하고, 역할도 전수방위(상대의 공격을 받았을 때에 한해 방위력을 행사하는 것)를 원칙으로 삼아왔다. 따라서 일본정부는 집단적 자위권과 관련해서도 '국제법에 따라 일본도 집단적 자위권을 갖고는 있지만 전쟁포기, 전력보유·교전권 불인정을 명기한 헌법 9조의 해석상 집단적 자위권을 행사할 수는 없다'라는 헌법 해석을 고수해왔다. 집단적 자위권은 일본이 직접 공격받지 않아도 미국 등 동맹국이 공격받았다는 이유로 타국에 반격할 수 있는 권리를 가리킨다. 그러나 현 아베 정부는 '국제사회 전체의 안보환경 변화를 고려해 일본의 안전을 확보하고 미일동맹과 지역의 평화·안정에 공헌하기 위해서'라는 명분으로 헌법 개정을 통해 집단적 자위권 보유를 정당화하려고 시도하고 있다.

6) 오바마 행정부는 2012년 1월 5일, 향후 10년간의 미 군사전략의 청사진을 담은 새 '국방 전략 검토'를 발표했다. 오바마 행정부는 여기서 아시아·태평양 지역을 중시하고 '2개의 전쟁 동시 수행' 독트린을 포기한다는 방침을 밝혔다. 특히 전자전이나 사이버전쟁, 미사일로 미군의 접근과

자유로운 작전을 막을 수 있는 적성국가 후보로 중국과 이란을 언급했다. 그러나 새 국방 전략 지침에 구체적인 예산 증액이나 실행 계획은 없는 것으로 평가된다. 민주당 성향의 전문가들은 이런 점을 '중국을 군사적으로 포위하기 위한 것은 아니다'라는 설득 근거로 사용하고 있으며, 반대로 공화당 성향의 전문가들은 똑같은 점을 들어 '대중 압박을 할 의지가 있는 것이냐'며 오바마 행정부를 비판하는 근거로 사용하고 있다.

7) 오리건 주는 서쪽으로 태평양과 마주하고 있으며, 북쪽은 워싱턴 주, 남쪽은 캘리포니아 주와 닿아 있다.

8) 1964년 미국에서 하드코어 포르노인지, 아니면 예술인지로 논란이 된 프랑스 영화 「연인들」의 판결에서 연방대법관이었던 포터 스튜어트(1915~1985)는 음란물의 기준에 대해 "나는 이런 류의 것들에 대해 정의하려고 시도하지는 않겠지만, 보면 안다"(I shall not today attempt further to define the kinds of material but I know it when I see it)라는 의견을 제시했다. 그리고 연방대법원은 해당 영화에 대해 음란물이 아니며 따라서 표현의 자유를 향유할 수 있다고 판시했다.

9) 라비야 카디르는 세탁업과 무역회사 등을 하며 돈을 벌어 갑부의 대열에 올랐지만 1997년 초 중국이 신장·위구르 지역의 시위를 유혈 진압하자 위구르족의 인권운동에 뛰어들었다. 1999년 국가기밀 유출 혐의로 중국 당국에 체포되어 수감되었으며, 콘돌리자 라이스 당시 미 국무장관의 방중을 앞두고 2005년 3월 석방되어 미국으로 망명했다. 위구르족의 인권 신장을 위해 일본의 지원에 호소하는 노선을 걸고 있으며, 이런 맥락에서 2012년 5월 야스꾸니 신사를 참배해 정치적 논란을 일으켰다.

국내외 간행 자료

이종석 (2000)『북한—중국 관계 1945~2000』, 중심.

임동원 (2008)『피스메이커』, 중앙북스.

홍일표 (2008)『세계를 이끄는 생각』, 중앙북스.

Barder, Jeffrey A. (2012) *Obama and China's Rise: An Insider's Account of America's Asia Strategy*, Washington D.C.: Brookings Institution Press.

Blumenthal, Dan and Schriver, Randall (2008) "Strengthening Freedom in Asia: A Twenty-First Century Agenda for the U.S.-Taiwan Partnership(A Report of the Taiwan Policy Working Group)," *A Joint Project of the American Enterprise Institute and Armitage International*, 2008.

Blumenthal, Dan and Swagel, Phillip (2012) *An Awkward Embrace: The United States and China in the 21st Century*, Washington D.C.: AEI Press.

Brzezinski, Zbigniew K. (1998) *The Grand Chessboard: American Primacy And Its Geostrategic Imperatives*, New York: Basic Books. (즈비그뉴 브레진스키『거대한 체스판: 21세기 미국의 세계전략과 유라시아』, 김명섭 옮김, 삼인

2000)

_____ (2012) *Strategic Vision: America and the Crisis of Global Power*, New York: Basic Books.

Bush, Richard C. (2005) *Untying the Knot: Making Peace in the Taiwan Strait*, Washington D.C.: Brookings Institution Press.

_____ (2010) *The Perils of Proximity: China-Japan Security Relations*, Washington D.C.: Brookings Institution Press. (리처드 C. 부시 『위험한 이웃, 중국과 일본』, 김규태 옮김, 에코리브르 2013)

_____ (2013) *Uncharted Strait: The Future of China-Taiwan Relations*, Washington D.C.: Brookings Institution Press.

Bush, Richard C. and Jones, Bruce and Pollack, Jonathan D. (2013) "Calming the Eastern Seas," *Big Bets & Black Swans: Policy Recommendations for President Obama's Second Term by the Foreign Policy Scholars at Brookings, Foreign Policy*, January 2013.

Campbell, Kurt M. and Patel, Nirav and Singh, Vikram J. (2008) "The Power of Balance: America in iAsia," *Center for a New American Security*, June 2008.

Cha, Victor D. (2002) "Hawk Engagement and Preventive Defense on the Korean Peninsula," *International Security*, Vol. 27, Summer 2002.

Cha, Victor D. and Kang, David C. (2003) *Nuclear North Korea: A Debate on Engagement Strategies*, New York: Columbia University Press.

Glaser, Bonnie S. (2011) "Tensions Flare in the South China Sea," *CSIS*, June 2011.

Glaser, Bonnie S. and Billingstey, Brittany (2012) "Reordering Chinese Priorities on the Korean Peninsula," *CSIS*, November 2012.

Lampton, David M. (2001) *Same Bed, Different Dreams: Managing U.S.-*

China Relations, 1989-2000, Berkeley: University of California Press.

_____ (2008) *The Three Faces of Chinese Power: Might, Money, and Minds*, Berkeley: University of California Press.

_____ (2014) *Following the Leader: Ruling China from Deng Xiaoping to Xi Jinping*, Berkeley: University of California Press.

Lieberthal, Kenneth G. and Indyk, Martin S. and O'Hanlon, Michael E. (2012) *Bending History: Barack Obama's Foreign Policy*, Washington D.C.: Brookings Institution Press.

Lieberthal, Kenneth G. and Jisi, Wang (2012) "Addressing U.S.-China Strategical Distrust," *John L. Thornton China Center Monograph Series*, No. 4, March 2012.

Lieberthal, Kenneth G. and Pollack, Jonathan D. (2012) "Establishing Credibility and Trust: The Next President Must Manage America's Most Important Relationship," *Campaign 2012 Papers*, No. 6, The Brookings Institution, March 2012.

Lind, Jennifer M. (2008) *Sorry States: Apologies in International Politics*, New York: Cornell University Press.

Lind, Jennifer M. (2009) "Apologies in International Politics," *Security Studies*, Vol. 18, No. 3, 2009.

Lind, Jennifer M. and Byman, Daniel (2010) "Pyongyang's Survival Strategy: Tools of Authoritarian Control in North Korea," *International Security*, Vol. 35, No. 1, Summer 2010.

Lind, Jennifer M. and Bennett, Bruce (2011) "The Collapse of North Korea: Military Missions and Requirements," *International Security*, Vol. 36, No. 2, Fall 2011.

Logan, Justin (2010) "The Domestic Bases of America's Grand Strategy,"

World Politics Review, March 2010.

_____ (2013) "China, America, and the Pivot to Asia," *Policy Analysis* No.717, January 2013.

Pollack, Jonathan D. (2011) *No Exit: North Korea, Nuclear Weapons, and International Security*, New York: Routledge. (조나단 폴락『출구가 없다: 북한과 핵무기, 국제 안보』, 이화여대통역번역연구소 옮김, 아산정책연구원 2012)

Shirk, Susan L. (1997) "Asia-Pacific Regional Security: Balance of Power or Concert of Powers?," *Regional Orders: Building and Security in a New World*, eds Lake David A. & Patrick Morgan, Pennsylvania: The Pennsylvania State University Press.

_____ (2007) *China: Fragile Superpower*, New York: Oxford University Press. (수잔 셔크『판도라의 상자 중국』, 강준영·장영희 옮김, 한국외국어대학교출판부 2013)

기타 미디어 자료

Andrei Lankov, "North Korea is a Nuclear Power: And It's Time for the West to Get Used to It," *Foreign Policy*(February 2012). http://www.foreignpolicy.com/articles/2013/02/12/

Dan Blumenthal, "Pivoting and Rebalancing: The Good, the Bad and the Ugly," *Foreign Policy*(July 03, 2012). http://www.aei.org/article/foreign-and-defense-policy/regional/asia/pivoting-and-rebalancing-the-good-the-bad-and-the-ugly/

Dan Blumenthal, "The Uncertainty Doctrine," *Foreign Policy*(April 24, 2012). http://www.aei.org/article/foreign-and-defense-policy/the-uncertainty-doctrine/

Douglas H. Paal, "China: Actions Belie Rhetoric,"(November 2, 2010). http://carnegieendowment.org/2010/11/02/china-actions-belie-rhetoric/3ow3

Douglas H. Paal, "Obama in Asia: Policy and Politics,"(December 6, 2011). http://carnegieendowment.org/2011/12/06/obama-in-asia-policy-and-politics/8339

Hillary Rodham Clinton Secretary of State, "America's Pacific Century," Foreign Policy(November 2011). http://www.foreignpolicy.com/articles/2011/10/11/americas-pacific-century

Hillary Rodham Clinton Secretary of State, "Remarks at the U.S. Institute of Peace China Conference,"(March 7, 2012). http://www.state.gov/secretary/20092013clinton/rm/2012/03/185402.htm

James B. Steinberg Deputy Secretary of State, "Administration's Vision of the U.S.-China Relationship,"(September 24, 2009). http://www.state.gov/s/d/former/steinberg/remarks/2009/169332.htm

"Joint U.S.-China Statement on Climate Change," http://www.state.gov/r/pa/prs/ps/2013/04/207465.htm(2013년 4월 15일 검색).

Robert B. Zoellick Department of State Deputy Secretary of State, "Whither China: From Membership to Responsibility?"(September 21, 2005). http://2001-2009.state.gov/s/d/former/zoellick/rem/53682.htm

"Secretary of Defense Speech: Shangri-La Security Dialogue," http://www.defense.gov/speeches/speech.aspx?speechid=1681(2012년 6월 5일 검색).

Thomas Donilon, "The United States and the Asia-Pacific in 2013,"(March 11, 2013). http://asiasociety.org/new-york/complete-transcript-thomas-donilon-asia-society-new-york

미국의 아시아 회귀 전략
미국의 전문가 15인에게 묻는다

초판 1쇄 발행 / 2014년 6월 27일

엮은이 / 이용인·테일러 워시번
펴낸이 / 강일우
책임편집 / 김경은
펴낸곳 / (주)창비
등록 / 1986년 8월 5일 제85호
주소 / 413-120 경기도 파주시 회동길 184
전화 / 031-955-3333
팩시밀리 / 영업 031-955-3399 편집 031-955-3400
홈페이지 / www.changbi.com
전자우편 / human@changbi.com